Ausführliches Verzeichnis der

Guttentagschen Sammlung

Deutscher Reichs- und Preußischer Gesetze

— Text-Ausgaben mit Anmerkungen; Taschenformat —

welche alle wichtigeren Gesetze in unbedingt zuverlässigen Gesetzestexten und in mustergültiger Weise erläutert enthält, befindet sich hinter dem Sachregister.

Guttentagsche Sammlung
Nr. 8. Deutscher Reichsgesetze. Nr. 8.
Text-Ausgaben mit Anmerkungen.

Die Reichsgesetze über den

Unterstützungswohnsitz,

in der Fassung der Novelle vom 12. März 1894,

die Freizügigkeit, den Erwerb und Verlust der Bundes- und Staatsangehörigkeit,

nebst den

auf ersteres Gesetz bezüglichen landesgesetzlichen Bestimmungen sämtlicher Bundesstaaten.

Text-Ausgabe mit Anmerkungen und Sachregister

von

Dr. J. Krech,
Kais. Geh. Regierungsrat,
Mitglied des Bundesamtes für das Heimatwesen.

Sechste, vermehrte und verbesserte Auflage.

Berlin 1907.
J. Guttentag, Verlagsbuchhandlung,
G. m. b. H.

Vorwort.

Die sechste Auflage bringt ebenso wie ihre Vorgängerin das Reichsgesetz über den Unterstützungswohnsitz in der Fassung, welche es durch die Novelle vom 12. März 1894 erhalten hat. Die abändernden und zusätzlichen Bestimmungen der Novelle sind durch fetten Druck hervorgehoben.

Die Anmerkungen zu den Reichsgesetzen sind auf ein geringes Maß beschränkt. Sie bezwecken — insbesondere durch Verweisung auf die Parallelstellen —, das Verständnis der Gesetze aus deren Texte selbst zu befördern.*)

Die Landesgesetzgebung der einzelnen Bundesstaaten hat seit 1900 man-

*) Aus der Rechtsprechung des Bundesamts sind hauptsächlich neuere Entscheidungen in Bezug genommen. Im Übrigen wird wegen derselben auf den Kommentar von Wohlers-Krech (Das Reichsgesetz über den Unterstützungswohnsitz, erläutert nach den Entscheidungen des Bundesamts für das Heimatwesen, X. Auflage, 1907) hingewiesen.

nigfache Änderungen namentlich insoweit erfahren, als in mehreren Staaten allgemeine Gesetze über das Verwaltungsstreitverfahren erlassen worden sind, welche auf die Streitigkeiten unter Armenverbänden Anwendung finden. Auch sind auf Grund des Art. 103 des Einführungsgesetzes zum Bürgerlichen Gesetzbuch vielfach neue Vorschriften über die Ersatzansprüche der Armenverbände gegenüber dem Unterstützten und dessen unterhaltspflichtigen Angehörigen ergangen. Endlich ist auch die Zwangserziehung (Fürsorgeerziehung) Minderjähriger fast in allen Staaten neu geordnet worden. Alle diese Änderungen sind teils durch Abdruck der betreffenden Gesetze, teils durch Hinweisung auf dieselben berücksichtigt worden, so daß auch diese Auflage ein vollständiges Bild des gegenwärtigen Rechtszustandes im Deutschen Reiche gewährt.

Die Wiedergabe der Landesgesetzgebung ist nicht durch den Abdruck der einzelnen zum Unterstützungswohnsitzgesetze erlassenen Ausführungsgesetze in der Reihenfolge der Paragraphen erfolgt, sondern im Anschluß an die in den §§ 8, 30, 33, 37, 60 des Gesetzes über den Unterstützungswohnsitz aufgestellten Kategorien in einzelnen, dieselbe Materie behandelnden Abschnitten des Anhangs. Dadurch ist eine größere Übersichtlichkeit des massenhaften Materials gewonnen. Wo die Vorschriften der einzelnen Landesgesetze mit den entsprechenden Bestimmungen der preußischen Gesetzgebung (wörtlich) gleichlauten oder (sachlich) übereinstimmen, ist der Raumersparnis wegen der wörtliche Abdruck durch eine entsprechende Bemerkung ersetzt. Die Abweichungen, soweit sie sich nicht, wie die Ersetzung der Allegate der betreffenden preußischen Gesetze durch die entsprechenden Paragraphen der Gesetze der anderen Bundesstaaten von selbst ergeben, sind überall ausdrücklich hervorgehoben.

Berlin, im Februar 1907.

Krech.

Inhaltsverzeichnis.

Abkürzungen.

AB. = Armenverband.

Entsch. = Entscheidungen des Bundesamts, herausgegeben von Wohlers, Heft 1—23; von Krech, Heft 24 ff.

FrG. u. FreizügG. = Freizügigkeitsgesetz.

LAB. = Landarmenverband.

OAB. = Ortsarmenverband.

PrAG. = Preußisches Ausführungsgesetz v. 8. März 1871.

PrLBG. = Preußisches Gesetz über die allgemeine Landesverwaltung.

UW. = Unterstützungswohnsitz.

UWG. = Ges. über den Unterstützungswohnsitz.

Über die Bedeutung der Worte „gleichlautend“ und „übereinstimmend“ s. das Vorwort am Schlusse.

Einleitung.

Die Artikel 3 und 4 der Verfassung des Norddeutschen Bundes vom 26. Juli 1867 (BGBl. S. 1) bestimmen:

Art. 3. Abs. 1—4: Für den ganzen Umfang des Bundesgebietes besteht ein gemeinsames Indigenat mit der Wirkung, daß der Angehörige (Untertan, Staatsbürger) eines jeden Bundesstaates in jedem anderen Bundesstaate als Inländer zu behandeln und demgemäß zum festen Wohnsitz, zum Gewerbebetriebe, zu öffentlichen Aemtern, zur Erwerbung von Grundstücken, zur Erlangung des Staatsbürgerrechts und zum Genusse aller sonstigen bürgerlichen Rechte unter denselben Voraussetzungen wie der Einheimische zuzulassen, auch in betreff der Rechtsverfolgung und des Rechtsschutzes demselben gleich zu behandeln ist.

In der Ausübung dieser Befugniß darf der Bundesangehörige weder durch die Obrigkeit seiner Heimath, noch durch die Obrigkeit eines anderen Bundesstaates beschränkt werden.

Diejenigen Bestimmungen, welche die Armenversorgung und die Aufnahme in den lokalen Gemeindeverband betreffen, werden durch den im ersten Absatz ausgesprochenen Grundsatz nicht berührt.

Ebenso bleiben bis auf Weiteres die Verträge in Kraft, welche zwischen den einzelnen Bundesstaaten in Beziehung auf die Uebernahme von Auszuweisenden, die Verpflegung erkrankter und die Beerdigung verstorbener Staatsangehörigen bestehen.

Art. 4. Der Beaufsichtigung seitens des Bundes und der Gesetzgebung desselben unterliegen die nachstehenden Angelegenheiten:

1. die Bestimmungen über Freizügigkeit, Heimaths- u. Niederlassungsverhältnisse, Staatsbürgerrecht, Paßwesen und Fremdenpolizei und über den Gewerbebetrieb, einschließlich des Versicherungswesens, soweit diese Gegenstände nicht schon durch den Artikel 3 dieser Verfassung erledigt sind, usw.

Zur Ausführung dieser Verfassungsbestimmungen sind ergangen:

1. das Gesetz über die Freizügigkeit v. 1. Nov. 1867 (BGBl. S. 55);*)

---

*) Materialien: Entwurf mit Motiven (StenBer. d. Reichstags I S. 215, II S. 119—121); Kommissionsbericht (a. a. O. II S. 185—191); Verhandlungen im Plenum (a. a. O. I S. 532—566, 567).

2. das Gesetz über die Erwerbung und den Verlust der Bundes- (Reichs-) und Staatsangehörigkeit vom 1. Juli 1870 (BGBl. S. 355);*)

3. das Gesetz über den Unterstützungswohnsitz vom 6. Juni 1870 (BGBl. S. 360).**)

Der Geltungsbereich aller drei Gesetze entsprach dem Gebiete des Norddeutschen Bundes (Art. 1 der Verf.). In demselben ist das erste Gesetz am 1. Januar 1868, das zweite am 1. Januar 1871 — die §§ 17 und 20 nach dem Gesetze vom 21. Juli 1870 schon am Tage der Verkündung des letzteren Gesetzes (BGBl. S. 498) —, das dritte am 1. Juli 1871 in Kraft getreten.

Die beiden ersten Gesetze gelten nach Art. 80 I. 3 und 24 der zwischen dem Norddeutschen Bunde und den Großherzogtümern Baden und Hessen vereinbarten Verfassung des Deutschen Bundes (BGBl. 1870 S. 627 ff.) auch

*) Materialien: Entwurf nebst Motiven (StenBer. I, S. 6, III S. 155—160); kein Kommissionsbericht; Verhandlungen im Plenum (a. a. O. I S. 85, 251—274; II S. 1076—1081).

**) Materialien: Entwurf nebst Motiven (StenBer. I S. 6, III S. 160—168); Kommissionsbericht (a. a. O. IV S. 563—591); Plenarberatungen I Lesung (a. a. O. I S. 85—94); II Lesung (a. a. O. II S. 899—988); III Lesung (a. a. O. II S. 1096—1108, 1119).

für diese Großherzogtümer; nach Art. I des Vertrages vom 25. November 1870 (BGBl. S. 654) für Württemberg; nach § 2 I. 3 und § 9 des Gesetzes vom 22. April 1871, betr. die Einführung Norddeutscher Bundesgesetze in Bayern (BGBl. S. 87), für Bayern (vgl. auch Schlußprotokoll vom 23. November 1870 I, II, III (BGBl. 1871 S. 23); nach dem Gesetz vom 8. Januar 1873 (RGBl. S. 51) für Elsaß-Lothringen. — Durch die §§ 9 und 12 des zitierten Gesetzes vom 22. April 1871 sind die Bestimmungen in § 1 Abs. 2, § 8 Abs. 3 und § 16 des Gesetzes, betr. die Erwerbung und den Verlust der Bundes- und Staatsangehörigkeit, für das ganze Reich aufgehoben. — In Helgoland ist das zweite Gesetz durch Art. I Nr. 1 der Ver. v. 22. März 1891 (GS. S. 21); das Freizügigkeitsgesetz aber bisher noch nicht eingeführt worden.

Das Gesetz über den Unterstützungswohnsitz ist durch Art. 80 der Verfassung des Deutschen Bundes (BGBl. 1870 S. 627 ff.) als Bundesgesetz in Hessen südlich des Mains vom 1. Juli 1871 an eingeführt.

Der § 2 des Gesetzes, betreffend die Verfassung des Deutschen Reichs, vom 16. April 1871 (BGBl. 1871 S. 63) bestimmt in Abs. 1 und 2:

„Die Bestimmungen in Artikel 80 der in § 1 gedachten Verfassung des Deutschen Bundes

(Bundesgesetzbl. vom Jahre 1870 S. 627),*) unter III § 8 des Vertrages mit Bayern vom 23. November 1870 (Bundesgesetzbl. vom Jahre 1871 S. 21 ff.), in Artikel 2 Nr. 6 des Vertrages mit Württemberg vom 25. November 1870 (Bundesgesetzbl. vom Jahre 1870 S. 656), über die Einführung der im Norddeutschen Bunde ergangenen Gesetze in diesen Staaten bleiben in Kraft.

„Die dort bezeichneten Gesetze sind Reichsgesetze. Wo in denselben von dem Norddeutschen Bunde, dessen Verfassung, Gebiet, Mitgliedern oder Staaten, Indigenat, verfassungsmäßigen Organen, Angehörigen, Beamten, Flagge usw. die Rede ist, sind das Deutsche Reich und dessen entsprechende Beziehungen zu verstehen."**)

Als Reichsgesetz ist das Gesetz über den Unterstützungswohnsitz in Württemberg und Baden vom 1. Jan. 1873 in Kraft getreten (Gesetz vom 8. November 1871, RGBl. S. 301). Da-

*) d. h. der zwischen dem Norddeutschen Bunde und der Großherzogtümer Baden und Hessen vereinbarten Verfassung (s. S. 3).

**) Für Elsaß-Lothringen vgl. Art. 2 Gesetz vom 8. Januar 1873 (RGBl. S. 51); § 7 Gesetz vom 25. Juni 1873 (RGBl. S. 161). — Die infolge des Abs. 2 im Texte der beiden ersten Gesetze vorgenommenen Veränderungen sind durch gesperrte Schrift angedeutet.

gegen gilt es, obwohl ein Reichsgesetz, **nicht in Bayern** (Art. 4 Nr. 1 der Verfassung des Deutschen Reichs, und Art. III des Vertrags vom 23. November 1870, RGBl. 1871 S. 9 ff.) und in **Elsaß-Lothringen**, auf welches sich § 2 des Gesetzes vom 16. April 1871 (s. o.) nicht bezieht, und in welchem das Gesetz über den Unterstützungswohnsitz nicht eingeführt ist. Auch in Helgoland ist das UWG. bisher nicht eingeführt. — Danach modifiziert sich auch der Begriff eines „**Deutschen Hilfsbedürftigen**" und eines „**Deutschen Armenverbandes**" im Sinne des Gesetzes über den Unterstützungswohnsitz dahin, daß darunter nur Hilfsbedürftige und Armenverbände zu verstehen sind, welche dem Geltungsbereich dieses Gesetzes angehören;*) Bayern, Elsaß-Lothringen und Helgoland sind als Ausland anzusehen, ebenso die deutschen Schutzgebiete.

Das Gesetz über den Unterstützungswohnsitz ist durch das Reichsgesetz, betr. die Abänderung des Ge-

*) Dies ist in den meisten Ausführungsgesetzen der einzelnen Bundesstaaten ausdrücklich ausgesprochen. Vgl. die Ausführungsgesetze für Preußen (§ 69), Württemberg (Art. 49), Baden (§ 7 MinVer. vom 6. Dezember 1872), Hessen (Art. 21), Braunschweig (§ 34), Sachsen-Altenburg (§ 17), Sachsen-Coburg-Gotha (§ 43), Anhalt (§ 3), Schwarzburg-Rudolstadt (§ 26), Waldeck (§ 31), Reuß ä. L. (§ 1), Reuß j. L. (§ 39), Schaumburg-Lippe (§ 58), Lippe (§ 35), Lauenburg (§ 57) und die Entscheidungen des BA. **9** 122, **11** 131, **12** 145, **13** 117, **15** 35, **18** 49, **26** 150.

setzes über den Unterstützungswohnsitz, und die Ergänzung des Strafgesetzbuches vom 12. März 1894 (RGBl. S. 259) abgeändert und ergänzt worden. Die Novelle ist nach Art. 3 mit dem 1. April 1894 in Kraft getreten. — Die dort verordnete neue Redaktion des Textes des Unterstützungswohnsitzgesetzes ist in Nr. 9 des Reichs-Gesetzblattes von 1894 S. 262 ff. bekannt gemacht worden.

Zur Ausführung des Reichsgesetzes über den Unterstützungswohnsitz und zur Ergänzung desselben in den der Landesgesetzgebung überlassenen Materien (§§ 8, 30 Abs. 3, 33, 37, 60 a. a. O.) sind in sämtlichen Bundesstaaten Ausführungsgesetze bzw. Verordnungen erlassen worden. Alle diese Gesetze sind in dem Anhange wiedergegeben. (Vgl. auch die Nachweisung der dort abgedruckten landesgesetzlichen Bestimmungen am Schlusse des Anhangs.)

I.

Gesetz über die Freizügigkeit

vom 1. November 1867 (BGBl. S. 55).

Materialien S. 2; Geltungsbereich S. 3, 4.

Wir **Wilhelm**, usw. verordnen usw. nach erfolgter Zustimmung des Bundesrathes und des Reichstages, was folgt:

§ 1. Jeder Deutsche hat das Recht, innerhalb des Reichs:[1]

1. an jedem Orte sich aufzuhalten oder niederzulassen, wo er eine eigene Wohnung oder ein Unterkommen sich zu verschaffen im Stande ist;
2. an jedem Orte Grundeigenthum aller Art zu erwerben;
3. umherziehend oder an dem Orte des Aufenthalts, beziehungsweise der Niederlassung, Gewerbe aller Art zu betreiben, unter den für Einheimische geltenden gesetzlichen Bestimmungen.[2]

In der Ausübung dieser Befugnisse darf der

Deutsche, soweit nicht das gegenwärtige Gesetz Ausnahmen zuläßt,[3] weder durch die Obrigkeit seiner Heimath, noch durch die Obrigkeit des Ortes, in welchem er sich aufhalten oder niederlassen will, gehindert oder durch lästige Bedingungen[4] beschränkt werden.

Keinem Deutschen darf um des Glaubensbekenntnisses[5] willen oder wegen fehlender Landes- oder Gemeindeangehörigkeit der Aufenthalt, die Niederlassung, der Gewerbebetrieb oder der Erwerb von Grundeigenthum verweigert werden.

1. Der Ersatz des Wortes „Bundesangehöriger" durch „Deutscher" entspricht dem Art. 3 der Verfassung des Deutschen Reichs; der Ersatz des Wortes „Bundesgebiet" durch „Reich" der neueren reichsgesetzlichen Sprachweise.

2. § 1 GewO.

3. aus polizeilichen Gründen: §§ 3, 10, 12; mit Rücksicht auf kommunale Interessen (Armenlast): §§ 4, 5, 9; s. a. zu § 12.

4. § 8 d. G., § 1 Ges. über das Paßwesen v. 12. Okt. 1867 (BGBl. S. 33).

5. Ges. über die Gleichberechtigung der Konfessionen usw. v. 3. Juli 1869 (BGBl. S. 292).

§ 2. (in der Fassung des Art. 37 EG. z. BGB.) Wer die aus der Reichsangehörigkeit folgenden Befugnisse in Anspruch nimmt, hat auf Verlangen den Nachweis seiner Reichsangehörigkeit und, sofern er unter elterlicher Gewalt oder unter Vormundschaft steht, den Nachweis der Genehmigung des gesetzlichen Vertreters zu erbringen.

Eine Ehefrau*) bedarf der Genehmigung des Ehemanns.

§ 3. Insoweit bestrafte Personen nach den Landesgesetzen Aufenthaltsbeschränkungen durch die Polizeibehörde unterworfen werden können, behält es dabei sein Bewenden.[1]

Solchen Personen, welche derartigen Aufenthaltsbeschränkungen in einem Bundesstaate unterliegen, oder welche in einem Bundesstaate innerhalb der letzten zwölf Monate wegen wiederholten Bettelns oder wegen wiederholter Landstreicherei bestraft worden sind, kann der Aufenthalt in jedem anderen Bundesstaate von der Landespolizeibehörde verweigert werden.[2]

Die besonderen Gesetze und Privilegien einzelner Ortschaften und Bezirke, welche Aufenthaltsbeschränkungen gestatten, werden hiermit aufgehoben.

1. Vgl. auch § 39 des StGB. – Für Preußen s. § 2 Ges. v. 31. Dez. 1842 (GS. 1843 S. 5) und Entsch. d. OVG. 9 S. 415, 10 S. 336. Verf. d. Min. d. Inn. v. 30. Nov. 1902 (MBl. f. i. V. 1903 S. 8). Für Bayern Art. 45 Nr. 5, 6, 9. Art. 46—49 Ges. über Heimath usw. v. 16. April 1868 (GesBl. Nr. 25), Art. 9 Ges. v. 27. Febr. 1872 (GesBl. Nr. 9). Für Sachsen s. § 17 Heimathges. v. 26. Nov. 1834 (Samml. S. 449),

*) Eine minderjährige Ehefrau steht nach §§ 1626, 1773 BGB. unter elterlicher Gewalt oder Vormundschaft; sie bedarf daher in dieser ihre Person betreffenden Angelegenheit (§§ 1633, 1800 BGB.) außer der Genehmigung des Mannes auch der ihres gesetzlichen Vertreters (Abs. 1).

Ges. v. 15. April 1886 (Ges. u. VBl. S. 85). Für Württemberg Art. 57, 58 Ges. v. 16. Juni 1885 (RBl. Nr. 30).

2. Zu Abs. 2 vgl. die Grundsätze des Bundesrats — mitgeteilt durch Zirk.-Reskript des preuß. Ministers des Innern v. 28. Juli 1894 (MBl. f. i. V. S. 147) und dazu die Reskripte v. 24. Jan. 1895 (MBl. f. i. V. S. 18) v. 7. Febr. und v. 2. Juni 1895 (MBl. f. i. V. S. 28 u. 166), v. 15. April 1901 (MBl. f. i. V. S. 128).

§ 4. Die Gemeinde ist zur Abweisung eines neu Anziehenden nur dann befugt, wenn sie nachweisen kann, daß derselbe nicht hinreichende Kräfte besitzt, um sich und seinen nicht arbeitsfähigen Angehörigen[1] den nothdürftigen Lebensunterhalt zu verschaffen, und wenn er solchen weder aus eigenem Vermögen bestreiten kann, noch von einem dazu verpflichteten Verwandten erhält. Den Landesgesetzen bleibt vorbehalten, diese Befugniß der Gemeinden zu beschränken.

Die Besorgniß vor künftiger Verarmung berechtigt den Gemeindevorstand nicht zur Zurückweisung.[2]

1. d. h. die zur armenrechtlichen Familiengemeinschaft des Anziehenden (Familienhauptes) gehörenden Personen, deren UW. durch den UW. des neuanziehenden Familienhauptes sich bestimmt. §§ 15—21 UWG., s. auch Grundsätze des Bundesamts über die armenrechtliche Familieneinheit (RZBl. 1883 S. 87).

2. Über Beschwerden wegen ungerechtfertigter Zurückweisung entscheidet nicht die Spruchbehörde in Armenstreitsachen (Entsch. 15 106, 21 145). Da die Ausweisung nur durch die Polizeibehörde durchgeführt werden kann, so macht sie — falls Zwang nötig — eine entsprechende

polizeiliche Verfügung notwendig, gegen welche die gesetzlichen Rechtsmittel stattfinden. (Vgl. f. Preußen §§ 127ff. LVG.; für Württemberg Art. 10 Nr. 1 Ges. v. 16. Dez. 1876, s. Anh. E, s. auch Anm. 4 zu § 6.)

§ 5. Offenbart sich nach dem Anzuge die Nothwendigkeit einer öffentlichen Unterstützung,[1] bevor der neu Anziehende an dem Aufenthaltsorte einen Unterstützungswohnsitz (Heimathsrecht) erworben hat,[2] und weist die Gemeinde nach, daß die Unterstützung aus anderen Gründen, als wegen einer nur vorübergehenden Arbeitsunfähigkeit[3] nothwendig geworden ist,[4] so kann die Fortsetzung des Aufenthalts versagt werden.[5]

1. Die Notwendigkeit einer Unterstützung wird durch die dauernde oder vorübergehende Hilfsbedürftigkeit (§ 4), die Notwendigkeit einer öffentlichen (armenrechtlich gebotenen) Unterstützung (§§ 1, 2, 28 UWG.) durch die Nichtbeseitigung der Hilfsbedürftigkeit auf anderem Wege (Verwandte, Dienstherrschaft, Kranken- und Unterstützungskasse, private oder kirchliche Armenpflege) begründet. — Vgl. §§ 57, 77 Krankenversicherungsgesetz in der Fassung der Novelle v. 10. April 1892 (RGBl. S. 417), § 25 Gewerbeunfallversicherungsgesetz, § 30 des landwirtsch. Unfallversicherungsgesetzes, § 9 des Bauunfallversicherungsgesetzes, § 29 des Seeunfallversicherungsgesetzes in der Fassung der Bekanntmachung v. 5. Juli 1900 (RGBl. S. 585), § 49 Invalidenversicherungsgesetz in der Fassung der Bekanntmachung v. 19. Juli 1899 (RGBl. S. 463) sowie § 1 II. 19 ALR., §§ 4, 23 Sächs. Armenordnung v. 22. Okt. 1840, Art. 2 AusfG. für Württemberg, §§ 2 und 3 Badisches Armenpflegegesetz v. 5. Mai 1870, Art. 71 §§ 1 und 2 RevGemOrd. v. 15. April 1873 für Oldenburg.

2. §§ 9—21 UWG.

3. oder sonstigen nur vorübergehenden Notstandes (Entsch. 12 86, 32 109).

4. Die notwendig gewordene Unterstützung muß auch gewährt sein (Entsch. 31 119).

5. s. jedoch § 56 UWG.

§ 6. Ist in den Fällen, wo die Aufnahme oder die Fortsetzung des Aufenthalts versagt werden darf, die Pflicht zur Uebernahme[1] der Fürsorge zwischen verschiedenen Gemeinden eines und desselben Bundesstaates streitig, so erfolgt die Entscheidung nach den Landesgesetzen.[2]

Die thatsächliche Ausweisung aus einem Orte darf niemals erfolgen, bevor nicht entweder die Annahme-Erklärung der in Anspruch genommenen Gemeinde oder eine wenigstens einstweilen vollstreckbare Entscheidung über die Fürsorgepflicht[3] erfolgt ist.[4]

1. Die Pflicht zur Übernahme ist an die Voraussetzung des § 5 geknüpft, § 31 UWG., vgl. auch §§ 14, 27, 34, 55 a. a. O. Entsch. 12 122, 24 162, 26 132.

2. §§ 36, 37 UWG. 3. §§ 31, 53 UWG.

4. Über das gegenseitige Verhältnis der Polizeibehörden und der Gemeindebehörden bei den auf Grund der §§ 4—6 FrGes. vorkommenden Ausweisungen s. a. den Bescheid des preuß. Min. d. Innern v. 29. Aug. 1891 (MBl. f. i. V. S. 170).

§ 7.[1] Sind in den in § 5 bezeichneten Fällen verschiedene Bundesstaaten betheiligt, so regelt sich das Verfahren nach dem Vertrage wegen gegenseitiger Verpflichtung zur Uebernahme der Auszuweisenden d. d. Gotha, den 15. Juli 1851, sowie nach den späteren, zur Ausführung dieses Vertrages getroffenen Verabredungen.[2]

Bis zur Uebernahme Seitens des verpflichteten Staates ist der Aufenthaltsstaat zur Fürsorge für den Auszuweisenden am Aufenthaltsorte nach den für die öffentliche Armenpflege in seinem Gebiete gesetzlich bestehenden Grundsätzen verpflichtet. Ein Anspruch auf Ersatz der für diesen Zweck verwendeten Kosten findet gegen Staats-, Gemeinde- oder andere öffentliche Kassen desjenigen Staates, welchem der Hülfsbedürftige angehört, sofern nicht anderweitige Verabredungen bestehen, nur insoweit statt, als die Fürsorge für den Auszuweisenden länger als drei Monate gedauert hat.[3]

1. § 7 kommt nur Bayern (§ 1 UWG.) und Elsaß-Lothringen (Art. I Ges. v. 8. Jan. 1873, RGBl. S. 51) gegenüber zur Anwendung, jedoch bestehen zwischen Preußen, Württemberg, Baden und Oldenburg einerseits und Elsaß-Lothringen andererseits besondere Übereinkommen, nach denen bei Personen, die nach zurückgelegtem 18. Lebensjahr mindestens fünf Jahr ihren gewöhnlichen Aufenthalt in dem betreffenden zur Ausweisung befugten Lande gehabt haben, und deren Familienangehörigen von dem Ausweisungsrecht kein Gebrauch gemacht werden soll. (Verf. des preuß. Min. d. Innern v. 15. Dez. 1899, MBl. f. i. V. 1900 S. 78. — Erlaß des württemb. Min. d. Innern v. 29. März 1897 — Amtsbl. S. 139 ff. — Badisches Übereinkommen v. 26. Sept. 1896 (nicht publiziert). — Bek. d. oldenb. Staatsministeriums v. 2. Juli 1900, GesBl. S 639.) Für die übrigen Staaten s. §§ 37 Abs. 2, 38—51 UWG.

2. Die nach Abs. 1 maßgebenden Bestimmungen sind

hinter diesem Gesetze in der Fassung abgedruckt, in welcher sie als Beilage zu dem Ges., betr. die Einführung des Gesetzes über die Freizügigkeit usw. in Elsaß-Lothringen, v. 8. Jan. 1873, zusammengestellt sind (GesBl. f. Elf. Lothr. 1873 S. 5).

3. Vgl. Nr. I Abs. 2 des Übereinkommens zwischen Preußen und Elsaß-Lothringen; sowie über Erstattung der Verpflegungskosten für aus Bayern nach Preußen übernommene Personen Verf. d. M. d. Innern v. 21. Dez. 1905 und den durch dieselbe mitgeteilten Schiedsspruch des Bad. Ministeriums (MBl. f. i. V. 1906 S. 1).

§ 8. Die Gemeinde ist nicht befugt, von neu Anziehenden wegen des Anzugs eine Abgabe zu erheben. Sie kann dieselben, gleich den übrigen Gemeindeeinwohnern, zu den Gemeindelasten heranziehen. Uebersteigt die Dauer des Aufenthalts nicht den Zeitraum von drei Monaten, so sind die neu Anziehenden diesen Lasten nicht unterworfen.

§ 9. Was vorstehend von den Gemeinden bestimmt ist, gilt an denjenigen Orten, wo die Last der öffentlichen Armenpflege verfassungsmäßig nicht der örtlichen Gemeinde, sondern anderen gesetzlich anerkannten Verbänden (Armenkommunen) obliegt, auch von diesen, sowie von denjenigen Gutsherrschaften, deren Gutsbezirk sich nicht in einem Gemeindeverbande befindet.[1]

1. Vgl. § 3 UWG. und Anhang B.

§ 10. Die Vorschriften über die Anmeldung der neu Anziehenden bleiben den Landesgesetzen mit der Maßgabe vorbehalten, daß die unterlassene Meldung nur mit einer Polizeistrafe, niemals aber mit dem Verluste des Aufenthaltsrechts (§ 1) geahndet werden darf.

§ 11. Durch den bloßen Aufenthalt oder die bloße Niederlassung, wie sie das gegenwärtige Gesetz gestattet, werden andere Rechtsverhältnisse, namentlich die Gemeindeangehörigkeit, das Ortsbürgerrecht, die Theilnahme an den Gemeindenutzungen und der Armenpflege, nicht begründet.

Wenn jedoch nach den Landesgesetzen durch den Aufenthalt oder die Niederlassung, wenn solche eine bestimmte Zeit hindurch ununterbrochen fortgesetzt worden, das Heimathsrecht (Gemeindeangehörigkeit, Unterstützungswohnsitz) erworben wird, behält es dabei sein Bewenden.

§ 12. Die polizeiliche Ausweisung Deutscher aus dem Orte ihres dauernden oder vorübergehenden Aufenthalts in anderen, als in den durch dieses Gesetz vorgesehenen Fällen, ist unzulässig.[1]

Im Uebrigen werden die Bestimmungen über die Fremdenpolizei[2] durch dieses Gesetz nicht berührt.

1. § 2 des Gef., betr. den Orden der Gesellschaft Jesu, v. 4. Juli 1872 (RGBl. S. 253) ist aufgehoben. RG. v. 8. März 1904 (RGBl. 139). Das Gef., betr. die unbefugte Ausübung von Kirchenämtern v. 4. Mai 1874 (RGBl. S. 43) ist aufgehoben (Gef. v. 6. Mai 1890). Das Gef., betr. die gemeingefährlichen Bestrebungen der Sozialdemokratie v. 21. Okt. 1878 (RGBl. 35) ist über den 30. Sept. 1890 hinaus (zuletzt durch Gef. v. 18. März 1888) nicht weiter verlängert worden.

2. Ges. über das Paßwesen v. 12. Okt. 1867 (BGBl. S. 33).

§ 13. Dies Gesetz tritt am 1. Januar 1868 in Kraft.

Urkundlich unter Unserer Höchsteigenhändigen Unterschrift und beigedrucktem Bundes-Insiegel.

Gegeben Schloß Blankenburg, den 1. November 1867.

(L. S.) **Wilhelm.**

Gr. v. Bismarck-Schönhausen.

Zu § 7 Abs. 1 (Anm. 2).

Gothaer Konvention.

1. Jeder Staat verpflichtet sich,
   a) diejenigen Individuen, welche noch fortdauernd seine Angehörigen (Untertanen) sind, und
   b) seine vormaligen Angehörigen (Untertanen), auch wenn sie die Untertanschaft nach der inländischen Gesetzgebung bereits verloren haben, so lange, als sie nicht dem andern Staate nach dessen eigener Gesetzgebung angehörig geworden sind,

auf Verlangen des andern Staates wieder zu übernehmen.*)

*) Luxemburg ist der Gothaer Konvention 1855 beigetreten (Preuß. GS. 1855 S. 31). Mit folgenden Staaten sind vom Deutschen Reiche Übernahmeverträge bezüglich ausgewiesener Deutscher und ehemaliger Deutscher, die zwar ihrer Staatsangehörigkeit

§ 2. Ist die Person, deren sich ein Staat entledigen will, zu keiner Zeit einem der anderen Staaten als

---

und damit der Reichsangehörigkeit verlustig geworden, also eigentlich Ausländer sind (§ 1 Ges. v. 1. Juni 1870), aber im Auslande eine andere Staatsangehörigkeit noch nicht erworben haben, geschlossen worden:

Italien (Übereinkunft v. 8. Aug. 1873, RZentrBl. S. 271).

Dänemark (Übereinkunft v. 11. Dez. 1873, RZentrBl. 1874 S. 31 u. Zusatz-Deklaration v. 25. Aug. 1881 (a. a. O. S. 407), Bekanntmachung v. 17. Juli 1884 (a. a. O. S. 201). — Vereinbarung v. 21. Febr. 1898 betr. Abänderung der Zusatzdeklaration v. 25. Aug. 1881 (RZentrBl. S. 149).

Österreich-Ungarn (Bekanntmachung des Reichskanzlers v. 2. Sept. 1875, RZentrBl. S. 475).

Schweiz (Niederlassungsvertrag v. 31. Mai 1890 (RGBl. S. 131); das Zusatzprotokoll zu dem früheren Niederlassungsvertrage (v. 27. April 1876) v. 21. Dez. 1881 (RZentrBl. 1882 S. 16) ist vorläufig in Wirksamkeit geblieben.

Belgien (Deklaration v. 7. Juli 1877, RZentrBl. S. 411).

Rußland (Übereinkommen v. 10. Febr. 1894, DRAnz. Nr. 44. — RZentrBl. S. 81 —) Zirkular des preuß. Ministers des Innern v. 6. Mai 1894 (MBl. f. i. V. S. 257).

Mit Frankreich ist durch Notenaustausch im Jahre 1880 (teilweise abgeändert 1888) eine Vereinbarung über das Verfahren bei der gegenseitigen Übernahme von hilflosen Personen usw. getroffen worden, deren Inhalt durch ZirkReskr. des preuß. Ministers des Innern zur Kenntnis der Regierungen gebracht ist (Cahn, Staatsangehörigkeit II. Aufl. S. 265).

Vgl. auch Anh. D. II.

Untertan angehörig gewesen (§ 1), so ist unter ihnen derjenige zur Übernahme verpflichtet, in dessen Gebiete der Auszuweisende

a) nach zurückgelegtem 21. Lebensjahre sich zuletzt fünf Jahre hindurch aufgehalten, oder
b) sich verheiratet und mit seiner Ehefrau unmittelbar nach der Eheschließung eine gemeinschaftliche Wohnung mindestens sechs Wochen inne gehabt hat, oder
c) geboren ist.

Die Geburt (c) begründet eine Verpflichtung zur Übernahme nur dann, wenn keiner der beiden andern Fälle (a und b) vorliegt. Treffen diese zusammen, so ist das neuere Verhältnis entscheidend.

§ 3. Ehefrauen sind in den Fällen des § 1 und 2, ihre Übernahme möge gleichzeitig mit derjenigen ihres Ehegatten oder ohne diese in Frage kommen, von demjenigen Staate zu übernehmen, welchem der Ehemann nach § 1 oder 2 zugehört.

Bei Witwen und geschiedenen Ehefrauen ist, jedoch nur bis zu einer in ihrer Person eintretenden, die Übernahmeverbindlichkeit begründenden Veränderung, das Verhältnis des Ehemannes zur Zeit seines Todes und beziehungsweise der Ehescheidung maßgebend.

Die Frage, ob eine Ehe vorhanden sei, wird im Falle des § 1 nach den Gesetzen desjenigen Staates beurteilt, welchem der Ehemann angehört; im Falle des § 2 aber nach den Gesetzen desjenigen Staates, wo die Eheschließung erfolgt ist.

§ 4. Eheliche Kinder sind, wenn es sich um deren Übernahme vor vollendetem 21. Lebensjahre handelt, in den Fällen der §§ 1 und 2 nicht nach ihrem eigenen Verhältnisse, sondern nach dem des Vaters zu beurteilen. Kinder, welche durch nachfolgende Ehe der Eltern legitimiert sind, werden den ehelich geborenen gleichgeachtet.

§ 5. Uneheliche Kinder sind nach demjenigen Untertansverhältnisse zu beurteilen, in welchem zur Zeit der Geburt derselben deren Mutter stand, auch wenn sich später eine Veränderung in diesem Verhältnisse der Mutter zugetragen hat.

Gehörte die Mutter zur Zeit der Geburt ihres unehelichen Kindes keinem der beteiligten Staaten als Untertanin an, so entscheiden über die Verpflichtung zu seiner Übernahme die Bestimmungen des § 2.

Auch auf uneheliche Kinder findet die Vorschrift des zweiten Absatzes des § 6 Anwendung.

§ 6. Ist keiner der im § 2 gedachten Fälle vorhanden, so muß der Staat, in welchem der Heimatlose sich aufhält, denselben behalten.

Doch sollen weder Ehefrauen noch Kinder unter 16 Jahren, falls sie einem andern Staate nach § 1 oder 2 zugewiesen werden könnten, von ihren Ehemännern und beziehungsweise Eltern getrennt werden.

§ 7. Wenn diejenige Regierung, welche sich einer lästigen Person entledigen will, die Übernahme derselben von mehreren Staaten zu fordern berechtigt ist, so hat sie denjenigen Staat zunächst in Anspruch zu nehmen, welcher in Beziehung auf den Verpflichtungsgrund oder die Zeitfolge näher verpflichtet ist.

Hat dieser Staat auch nach vorgängigem Schriftwechsel der obersten Landesbehörden, die Übernahme verweigert, so kann die ausweisende Regierung auch von demjenigen Staate, welcher nach den vorstehenden Bestimmungen hiernächst verpflichtet ist, die Übernahme fordern und demselben die Geltendmachung seines Rechts gegen den vermeintlich näher verpflichteten Staat überlassen.

§ 8. Ohne Zustimmung der Behörde des zur Übernahme verpflichteten Staates darf diesem kein aus dem anderen Staate ausgewiesenes Individuum zugeführt werden, es sei denn, daß

a) der Rückkehrende sich im Besitze eines von der Behörde seines Wohnortes ausgestellten Passes (Wanderbuchs, Paßkarte), seit dessen Ablauf noch nicht ein Jahr verstrichen ist, befindet, oder

b) daß der Ausgewiesene einem in gerader Richtung rückwärts liegenden dritten Staate zugehört, welchem er nicht wohl anders als durch das Gebiet des anderen Staates zugeführt werden kann.

§ 9. Sollte ein Individuum, welches von dem einen Staate dem anderen zum Weitertransport in einen rückwärts liegenden Staat nach Maßgabe des § 8 Litt. b. überwiesen worden ist, von dem letzteren nicht angenommen werden, so kann dasselbe in denjenigen Staat, aus welchem es ausgewiesen worden war, wieder zurückgeführt werden.

§ 10. Die Überweisung der Ausgewiesenen geschieht in der Regel mittels Transportes und Abgabe derselben an die Polizeibehörde desjenigen Ortes, wo der Transport als von Seiten des ausweisenden Staates beendigt anzusehen ist. Mit dem Ausgewiesenen werden zugleich die Beweisstücke, worauf der Transport gesetzlich gegründet wird, übergeben. In solchen Fällen, wo keine Gefahr zu besorgen ist, können einzelne Ausgewiesene auch mittels eines Passes, in welchem ihnen die zu befolgende Route genau vorgeschrieben ist, in ihr Vaterland gewiesen werden.

§ 11. Die Kosten der Ausweisung trägt innerhalb seines Gebietes der ausweisende Staat.

Wenn der Ausgewiesene, um seiner Heimat in einem dritten Staate zugeführt zu werden, durch das Gebiet eines anderen Staates transportiert werden muß, so trägt letzterer die bei dem Durchtransporte entstehenden Kosten.*)

---

*) So in der Fassung der Beilage II zu dem Gesetze v. 8. Jan. 1873 (GS. f. Elsaß-Lothringen S. 7); in dem

Muß der Ausgewiesene im Falle des § 9 in den Staat, aus welchem er ausgewiesen worden war, wieder zurückgebracht werden, so hat dieser Staat sämtliche Kosten des Rücktransportes zu vergüten.*)

---

ursprünglichen Texte lauten die Schlußworte: so hat dem letzteren der ausweisende Staat die Hälfte der bei dem Durchtransporte entstehenden Kosten zu erstatten. S. auch zu § 7 Anm. 1.

*) Über die Tragung der Kosten der Heimschaffung eines hilfsbedürftigen Ausländers, welche in einem Bundesstaate entstanden sind und deren anteilige Erstattung beansprucht wird s. Verf. d. Min. d. Innern v. 22. Dez. 1905 (MBl. f. V. 1906 S. 6).

II.

Gesetz über die Erwerbung und den Verlust der Bundes- (Reichs-) und Staatsangehörigkeit

vom 1. Juni 1870 (BGBl. S. 355).

Materialien S. 3, Geltungsbereich S. 3, 4.

Wir Wilhelm, usw. verordnen usw. nach erfolgter Zustimmung des Bundesrathes und des Reichstages, was folgt:

§ 1. Die Reichsangehörigkeit wird durch die Staatsangehörigkeit in einem Bundesstaate[1] erworben und erlischt mit deren Verlust.

Abs. 2 ist aufgehoben s. S. 4.

1. bez. in Elsaß-Lothringen (Gesetz v. 8. Jan. 1873, RGBl. S. 51). Wegen Deutscher, welche keinem Bundesstaate angehören, vgl. auch Ges. v. 15. Mai 1888 betr. die Rechtsverhältnisse der deutschen Schutzgebiete, RGBl. S. 71); § 6 s. unten zu § 6. — Vgl. auch §§ 1320, 1322, 1723, 1745 des BGB. und Art. 35 des EGBGB.

§ 2. Die Staatsangehörigkeit in einem Bundesstaate[1] wird fortan nur begründet:

1. durch Abstammung (§ 3),
2. durch Legitimation (§ 4),
3. durch Verheirathung (§ 5),
4. für einen Deutschen durch Aufnahme und
5. für einen Ausländer durch Naturalisation

(§§ 6ff.).

Die Adoption hat für sich allein diese Wirkung nicht.

1. s. Anm. 1 zu § 1.

§ 3. Durch die Geburt, auch wenn diese im Auslande erfolgt, erwerben eheliche Kinder eines Deutschen die Staatsangehörigkeit des Vaters, uneheliche Kinder einer Deutschen die Staatsangehörigkeit der Mutter.

§ 4. Ist der Vater eines unehelichen Kindes ein Deutscher und besitzt die Mutter nicht die Staatsangehörigkeit des Vaters, so erwirbt das Kind durch eine den gesetzlichen Bestimmungen gemäß erfolgte Legitimation die Staatsangehörigkeit des Vaters.

§ 5. Die Verheirathung mit einem Deutschen begründet für die Ehefrau die Staatsangehörigkeit des Mannes.

§ 6. Die Aufnahme, sowie die Naturalisation (§ 2 Nr. 4 und 5) erfolgt durch eine von der höheren Verwaltungsbehörde[1] ausgefertigte Urkunde.

1. Vgl. für Preußen: § 155 des Zuständigkeitsgesetzes v. 1. Aug. 1883 (GS. S. 237) und § 42 Abs. 2 LVG.

Ges. v. 15. März 1888 § 6: Ausländern, welche in den Schutzgebieten sich niederlassen, sowie Eingeborenen kann durch Naturalisation die Reichsangehörigkeit von dem Reichskanzler verliehen werden. Der Reichskanzler ist ermächtigt, diese Befugnis einem anderen Kaiserlichen Beamten zu übertragen. Auf die Naturalisation und das durch dieselbe begründete Verhältnis der Reichsangehörigkeit finden die Bestimmungen des Gesetzes über die Erwerbung und den Verlust der Bundes- und Staatsangehörigkeit v. 1. Juni 1870 (BGBl. S. 355), sowie Artikel 3 der Reichsverfassung und § 4 des Wahlgesetzes für den deutschen Reichstag v. 31. Mai 1869 (BGBl. S. 145) entsprechende Anwendung.

Im Sinne des § 21 des bezeichteten Gesetzes gelten die Schutzgebiete als Inland.

§ 7. Die Aufnahme-Urkunde wird jedem Angehörigen eines anderen Bundesstaates[1] ertheilt, welcher um dieselbe nachsucht und nachweist, daß er in dem Bundesstaate,[1] in welchem er die Aufnahme nachsucht, sich niedergelassen habe, sofern kein Grund vorliegt, welcher nach den §§ 2 bis 5 des Gesetzes über die Freizügigkeit vom 1. November 1867 (Bundesgesetzbl. S. 55)[2] die Abweisung eines Neuanziehenden oder die Versagung der Fortsetzung des Aufenthalts rechtfertigt.

1. s. Anm. 1 zu § 1. 2. s. S. 8ff.

§ 8. Die Naturalisations-Urkunde darf Ausländern nur dann ertheilt werden, wenn sie

1. nach den Gesetzen ihrer bisherigen Heimath dispositionsfähig sind, es sei denn, daß der

Mangel der Dispositionsfähigkeit durch die Zustimmung des Vaters, des Vormundes oder Kurators des Aufzunehmenden ergänzt wird;

2. einen unbescholtenen Lebenswandel geführt haben;
3. an dem Orte, wo sie sich niederlassen wollen, eine eigene Wohnung oder ein Unterkommen finden;
4. an diesem Orte nach den daselbst bestehenden Verhältnissen sich und ihre Angehörigen zu ernähren im Stande sind.[1]

Vor Ertheilung der Naturalisations-Urkunde hat die höhere Verwaltungsbehörde die Gemeinde, beziehungsweise den Armenverband desjenigen Orts, wo der Aufzunehmende sich niederlassen will, in Beziehung auf die Erfordernisse unter Nr. 2, 3 und 4 mit ihrer Erklärung zu hören.

Abs. 3 ist aufgehoben s. S. 4.

1. Vgl. zu Nr. 1—4 die §§ 2—5 FreizügG. und § 7 des Ges.

§ 9. Eine von der Regierung oder von einer Central- oder höheren Verwaltungsbehörde eines Bundesstaates[1] vollzogene oder bestätigte Bestallung für einen in den unmittelbaren oder mittelbaren Staatsdienst oder in den Kirchen-, Schul- oder Kommunaldienst aufgenommenen Ausländer oder Angehörigen eines anderen Bundesstaates[1] vertritt die Stelle der Naturalisations-Urkunde, beziehungsweise Aufnahme-Urkunde, sofern nicht ein entgegenstehender Vorbehalt in der Bestallung ausgedrückt wird.

Ist die Anstellung eines Ausländers im Reichsdienst erfolgt, so erwirbt der Angestellte die Staatsangehörigkeit in demjenigen Bundesstaate,[1] in welchem er seinen dienstlichen Wohnsitz hat.

1. s. Anm. 1 zu § 1 u. Ges. v. 20. Dez. 1875, betr. die Naturalisation von Ausländern, welche im Reichsdienste angestellt sind (RGBl. S. 324).

§ 10. Die Naturalisations-Urkunde, beziehungsweise Aufnahme-Urkunde, begründet mit dem Zeitpunkte der Aushändigung alle mit der Staatsangehörigkeit verbundenen Rechte und Pflichten.

§ 11. (Fassung des Art. 41 des EinfGes. z. BGB.) Die Verleihung der Staatsangehörigkeit erstreckt sich, insofern nicht dabei eine Ausnahme gemacht wird, zugleich auf die Ehefrau und auf diejenigen minderjährigen Kinder, deren gesetzliche Vertretung dem Aufgenommenen oder Naturalisierten kraft elterlicher Gewalt zusteht. Ausgenommen sind Töchter, die verheirathet sind oder verheirathet gewesen sind.

§ 12. Der Wohnsitz innerhalb eines Bundesstaates[1] begründet für sich allein die Staatsangehörigkeit nicht.

1. s. Anm. 1 zu § 1.

§ 13. Die Staatsangehörigkeit geht fortan nur verloren:

1. durch Entlassung auf Antrag (§§ 14 ff.);
2. durch Ausspruch der Behörde (§§ 20 und 22);
3. durch zehnjährigen Aufenthalt im Auslande (§ 21);
4. bei unehelichen Kindern durch eine den gesetzlichen Bestimmungen gemäß erfolgte Legitimation, wenn der Vater einem anderen Staate angehört als die Mutter;
5. bei einer Deutschen durch Verheirathung mit dem Angehörigen eines anderen Bundesstaates[1] oder mit einem Ausländer.

1. s. Anm. 1 zu § 1.

§ 14. Die Entlassung wird durch eine von der höheren Verwaltungsbehörde des Heimathsstaates ausgefertigte Entlassungsurkunde ertheilt.

§ 14a. (Vgl. Art. 41 des EinfGes. z. BGB.) Die Entlassung eines Staatsangehörigen, der unter elterlicher Gewalt oder Vormundschaft steht, kann von dem gesetzlichen Vertreter nur mit Genehmigung des Vormundschaftsgerichts beantragt werden.

Die Genehmigung des Vormundschaftsgerichts ist nicht erforderlich, wenn der Vater oder die Mutter die Entlassung für sich und zugleich kraft elterlicher Gewalt für ein Kind beantragt. Erstreckt sich der Wirkungskreis eines der Mutter bestellten Beistandes auf die Sorge für die Person des Kindes, so bedarf die Mutter in einem solchen Falle der Genehmigung des Beistandes zu dem Antrag auf Entlassung des Kindes.

§ 15. Die Entlassung wird jedem Staatsangehörigen ertheilt, welcher nachweist, daß er in einem anderen Bundesstaate[1] die Staatsangehörigkeit erworben hat.

In Ermangelung dieses Nachweises darf sie nicht ertheilt werden:

1. Wehrpflichtigen, welche sich in dem Alter vom vollendeten siebenzehnten bis zum vollendeten fünf und zwanzigsten Lebensjahre befinden, bevor sie ein Zeugniß der Kreis-Ersatzkommission darüber beigebracht haben, daß sie die Entlassung nicht blos in der Absicht nachsuchen, um sich der Dienstpflicht im stehenden Heere oder in der Flotte zu entziehen;
2. Militärpersonen, welche zum stehenden Heere oder zur Flotte gehören, Offizieren des Beurlaubtenstandes und Beamten, bevor sie aus dem Dienste entlassen sind;
3. den zur Reserve des stehenden Heeres und zur Landwehr, sowie den zur Reserve der Flotte und zur Seewehr gehörigen und nicht als Offiziere angestellten Personen, nachdem sie zum aktiven Dienste einberufen worden sind.

1. s. Anm. 1 zu § 1.

§ 16 aufgehoben, s. S. 4.

§ 17. Aus anderen als aus den in den §§ 15 und 16 bezeichneten Gründen darf in Friedenszeiten die Entlassung nicht verweigert werden. Für die Zeit eines Krieges oder einer Kriegsgefahr bleibt dem Bundespräsidium der Erlaß besonderer Anordnung vorbehalten.

§ 18. Die Entlassungs-Urkunde bewirkt mit dem Zeitpunkte der Aushändigung den Verlust der Staatsangehörigkeit.

Die Entlassung wird unwirksam, wenn der Entlassene nicht binnen sechs Monaten vom Tage der Aushändigung der Entlassungs-Urkunde an seinen Wohnsitz außerhalb des Reichs verlegt oder die Staatsangehörigkeit in einem anderen Bundesstaate[1] erwirbt.

1. s. Anm. 1 zu § 1.

§ 19. (in der Fassung des Art. 41 des EinfGes. z. BGB.) Die Entlassung erstreckt sich, insofern nicht dabei eine Ausnahme gemacht wird, zugleich auf die Ehefrau und auf diejenigen Kinder, deren gesetzliche Vertretung dem Entlassenen kraft elterlicher Gewalt zusteht.

Diese Vorschrift findet keine Anwendung auf Töchter, die verheirathet sind oder verheirathet gewesen sind, sowie auf Kinder, die unter der elterlichen Gewalt der Mutter stehen, falls die Mutter zu dem Antrage auf Entlassung der Kinder nach § 14a Abs. 2 Satz 2 der Genehmigung des Beistandes bedarf.

§ 20. Deutsche, welche sich im Auslande

aufhalten, können ihrer Staatsangehörigkeit durch einen Beschluß der Centralbehörde ihres Heimathsstaates verlustig erklärt werden, wenn sie im Falle eines Krieges oder einer Kriegsgefahr einer durch das Bundespräsidium für das ganze Bundesgebiet anzuordnenden ausdrücklichen Aufforderung zur Rückkehr binnen der darin bestimmten Frist keine Folge leisten.

§ 21. Deutsche, welche das Reich[1] verlassen und sich zehn Jahre lang ununterbrochen im Auslande aufhalten,[2] verlieren dadurch ihre Staatsangehörigkeit. Die vorbezeichnete Frist wird von dem Zeitpunkte des Austritts aus dem Reiche oder, wenn der Austretende sich im Besitz eines Reisepapiers oder Heimathsscheines[3] befindet, von dem Zeitpunkte des Ablaufs dieser Papiere an gerechnet. Sie wird unterbrochen durch die Eintragung in die Matrikel eines Bundeskonsulats. Ihr Lauf beginnt von Neuem mit dem auf die Löschung in der Matrikel folgenden Tage.

Der hiernach eingetretene Verlust der Staatsangehörigkeit erstreckt sich zugleich auf die Ehefrau und auf diejenigen Kinder, deren gesetzliche Vertretung dem Ausgetretenen kraft elterlicher Gewalt zusteht, soweit sich die Ehefrau oder die Kinder bei dem Ausgetretenen befinden. Ausgenommen sind Töchter, die verheirathet sind oder verheirathet gewesen sind. (Fassung nach Art. 41 des EG. z. BGB.)

Für Deutsche, welche sich in einem Staate des Auslandes mindestens fünf Jahre lang ununterbrochen aufhalten und in demselben zugleich die Staatsangehörigkeit erwerben, kann durch Staatsvertrag die zehnjährige Frist bis auf eine fünfjährige vermindert werden, ohne Unterschied, ob die Betheiligten sich im Besitze eines Reisepapieres oder Heimathsscheines befinden oder nicht.

Deutschen, welche ihre Staatsangehörigkeit durch zehnjährigen Aufenthalt im Auslande verloren und keine andere Staatsangehörigkeit erworben haben, kann die Staatsangehörigkeit in dem früheren Heimathsstaate wieder verliehen werden, auch ohne daß sie sich dort niederlassen.

Deutsche, welche ihre Staatsangehörigkeit durch zehnjährigen Aufenthalt im Auslande verloren haben und demnächst in das Gebiet des Deutschen Reiches zurückkehren, erwerben die Staatsangehörigkeit in demjenigen Bundesstaate,[4] in welchem sie sich niedergelassen haben, durch eine von der höheren Verwaltungsbehörde ausgefertigte Aufnahme-Urkunde, welche auf Nachsuchen ihnen ertheilt werden muß.

1. Die Schutzgebiete sind Inland im Sinne des § 21 (Ges. v. 15. März 1888 § 6).

2. Es entscheidet lediglich die Tatsache. Willens- und Handlungsfähigkeit kommen ebensowenig in Betracht, wie die Arten des Aufenthalts im Auslande, und Zweck und Dauer einer Rückkehr (RG. Straffenat. Urt. v. 4. Febr. 1895, 21. Nov. 1904 (37 308); — abweichend PrObVwGer.

Urt. v. 25. Jan. 1901 (40 417); s. dazu Verf. des Pr. Min. des Innern v. 27. Aug. 1903 (MBl. f. i. V. 187).

3. Verf. des Preuß. Min. des Innern betr. die Ertellung von Heimatscheinen v. 9. Dez. 1902 (MBl. f. i. V. 235). — Runderlaß v. 25. Juli 1898 (MBl. f. i. V. 150), Verf. v. 24. Nov. 1903 (MBl. f. i. V. 267), Verf. v. 24. März 1905 (MBl. f. i. V. 57).

4. s. Anm. 1 zu § 1.

§ 22. Tritt ein Deutscher ohne Erlaubniß seiner Regierung in fremde Staatsdienste, so kann die Centralbehörde seines Heimathsstaates denselben durch Beschluß seiner Staatsangehörigkeit verlustig erklären, wenn er einer ausdrücklichen Aufforderung zum Austritte binnen der darin bestimmten Frist keine Folge leistet.

§ 23. Wenn ein Deutscher mit Erlaubniß seiner Regierung bei einer fremden Macht dient, so verbleibt ihm seine Staatsangehörigkeit.

§ 24. Die Ertheilung von Aufnahme-Urkunden und in den Fällen des § 15 Absatz 1 von Entlassungs-Urkunden erfolgt kostenfrei.

Für die Ertheilung von Entlassungs-Urkunden in anderen als den im § 15 Absatz 1 bezeichneten Fällen darf an Stempelabgaben und Ausfertigungsgebühren zusammen nicht mehr als höchstens drei Mark erhoben werden.

§ 25. Für die beim Erlasse dieses Gesetzes im Auslande sich aufhaltenden Angehörigen derjenigen Bundesstaaten, nach deren Gesetzen die Staatsangehörigkeit durch einen zehnjährigen oder längeren Aufenthalt im Auslande verloren ging, wird der Lauf dieser Frist durch dieses Gesetz nicht unterbrochen.

Für die Angehörigen der übrigen Bundesstaaten beginnt der Lauf der im § 21 bestimmten Frist mit dem Tage der Wirksamkeit dieses Gesetzes.

§ 26. Alle diesem Gesetze zuwiderlaufenden Vorschriften werden aufgehoben.

§ 27. Dieses Gesetz tritt am 1. Januar 1871 in Kraft.[1]

1. s. a. S. 3.

Urkundlich unter Unserer Höchsteigenhändigen Unterschrift und beigedrucktem Bundes-Insiegel.

Gegeben Schloß Babelsberg, den 1. Juni 1870.

(L. S.) **Wilhelm.**

Gr. v. Bismarck-Schönhausen.

III.

Gesetz über den Unterstützungswohnsitz

vom 6. Juni 1870 (BGBl. S. 360)
in der Fassung der Novelle vom 12. März 1894
(RGBl. S. 259).

Materialien S. 3; Geltungsbereich S. 4 ff.

Wir **Wilhelm**, usw. verordnen usw., nach erfolgter Zustimmung des Bundesraths und des Reichstags, was folgt:

Gleichberechtigung der Bundesangehörigen.

§ 1. Jeder Norddeutsche[1] ist in jedem Bundesstaate in Bezug

a) auf die Art und das Maß[2] der im Falle der Hülfsbedürftigkeit[3] zu gewährenden öffentlichen Unterstützung,[4]
b) auf den Erwerb und Verlust des Unterstützungswohnsitzes

als Inländer zu behandeln.

Die Bestimmungen im § 7 des Gesetzes über die Freizügigkeit vom 1. November 1867 (Bundes-

Gesetzbl. S. 55) sind auf Norddeutsche ferner nicht anwendbar.[5]

1. Nach § 2 Ges. v. 16. April 1871 (BGBl. 1871 S. 63) und dem Einl. S. 6 Gesagten ist darunter ein Deutscher im Geltungsbereiche dieses Gesetzes zu verstehen.
2. Anhang A. 3. § 4 FreizügG., § 61 d. G.
4. Anm. 1 zu § 5 FreizügG., §§ 2, 14, 27.
5. Anm. 1 zu § 7 FreizügG.

Organe der öffentlichen Unterstützung Hülfsbedürftiger.

§ 2. Die öffentliche Unterstützung hülfsbedürftiger Norddeutscher[1] wird, nach näherer Vorschrift dieses Gesetzes, durch Ortsarmenverbände und durch Landarmenverbände geübt.

1. Wegen der Ausländer s. § 60 d. G.

Ortsarmenverbände.

§ 3. Ortsarmenverbände können aus einer oder mehreren Gemeinden und, wo die Gutsbezirke außerhalb der Gemeinden stehen, aus einem oder mehreren Gutsbezirken, beziehungsweise aus Gemeinden und Gutsbezirken zusammengesetzt sein. Alle zu einem Ortsarmenverbande vereinigten Gemeinden und Gutsbezirke[1] gelten in Ansehung der durch dieses Gesetz geregelten Verhältnisse als eine Einheit.[2]

1. Gesamtarmenverbände, Anhang B.
2. insbesondere in Beziehung auf Erwerb und Verlust des UW., Entsch. **14** 4, **32** 91.

§ 4. Wo räumlich abgegrenzte Ortsarmenverbände noch nicht bestehen, sind dieselben bis zum 1. Juli 1871 einzurichten. Bis zum gleichen Termine muß jedes Grundstück, welches noch zu keinem Ortsarmenverbande gehört, entweder einem angrenzenden Ortsarmenverbande nach Anhörung der Betheiligten durch die zuständige Behörde (§ 8) zugeschlagen, oder selbständig als Ortsarmenverband eingerichtet werden.

Landarmenverbände.

§ 5. Die öffentliche Unterstützung hülfsbedürftiger Norddeutscher, welche endgültig zu tragen kein Ortsarmenverband verpflichtet ist (der Landarmen), liegt den Landarmenverbänden ob. Zur Erfüllung dieser Obliegenheit hat jeder Bundesstaat bis zum 1. Juli 1871 entweder unmittelbar die Funktionen des Landarmenverbandes zu übernehmen, oder besondere, räumlich abgegrenzte Landarmenverbände, wo solche noch nicht bestehen, einzurichten.[1]

Dieselben umfassen der Regel nach eine Mehrheit von Ortsarmenverbänden, können sich aber ausnahmsweise auf den Bezirk eines einzigen Ortsarmenverbandes beschränken.[1]

1. s. Anh. B.

§ 6. Armenverbände, deren Mitgliedschaft an ein bestimmtes Glaubensbekenntniß geknüpft ist, gelten nicht als Armenverbände im Sinne des Gesetzes.

§ 7. Die Orts- und Landarmenverbände stehen

in Bezug auf die Verfolgung ihrer Rechte einander gleich. Hat ein Bundesstaat unmittelbar die Funktionen des Landarmenverbandes übernommen (§ 5), so steht er in allen durch dieses Gesetz geregelten Verhältnissen den Landarmenverbänden gleich.[1]

1. s. zu § 61.

§ 8. Die Landesgesetze bestimmen über die Zusammensetzung und Einrichtung der Ortsarmenverbände und Landarmenverbände,[1] über die Art und das Maß der im Falle der Hülfsbedürftigkeit zu gewährenden öffentlichen Unterstützung,[2] über die Beschaffung der erforderlichen Mittel,[1] darüber, in welchen Fällen und in welcher Weise den Ortsarmenverbänden von den Landarmenverbänden oder von anderen Stellen eine Beihülfe zu gewähren ist,[1] und endlich darüber, ob und inwiefern sich die Landarmenverbände der Ortsarmenverbände als ihrer Organe behufs der öffentlichen Unterstützung Hülfsbedürftiger bedienen dürfen.[2]

1. Anhang B. 2. Anhang A.

Erwerb des Unterstützungswohnsitzes.

§ 9. Der Unterstützungswohnsitz wird erworben durch

a) Aufenthalt,[1]
b) Verehelichung,[2]
c) Abstammung.[2]

1. Selbständiger Erwerb §§ 10—14, 17.
2. Abgeleiteter Erwerb §§ 15, 16, 18—21.

Erwerb des Unterstützungswohnsitzes durch Aufenthalt.

§ 10. Wer innerhalb eines Ortsarmenverbandes[1] nach zurückgelegtem **achtzehnten**[2] Lebensjahre[3] zwei Jahre lang[4] ununterbrochen[5] seinen gewöhnlichen[5] Aufenthalt[6] gehabt hat, erwirbt dadurch in demselben den Unterstützungswohnsitz.[7]

1. § 3 d. G. Entsch. **14** 4, **26** 1, **28** 1--7, **36** 1, **38** 1. — Sächs. OVG. **3** 179, BadVwZ. **28** 1, **28** 1, **1903** 76.

2. nach der früheren Fassung: vierundzwanzigsten.

3. Beginn der Fähigkeit zum selbständigen (vgl. Anm. 1, 2 zu § 9) Erwerb und Verlust (§ 22 Nr. 2) des UW. für alle Personen, ausgenommen Ehefrauen (§§ 15, 17), mit dem Anfang des 19. Geburtstages (18 J. alt).

4. Vor zurückgelegtem 20. Lebensjahre (Ablauf der Frist mit dem Ende des letzten Tages im 20. Lebensjahre) kann niemand selbständig den UW. erwerben oder verlieren (§ 22 Nr. 2).

Das Bundesamt legt den Vorschriften der Novelle, durch welche die Altersgrenze für den Erwerb und Verlust des UW. vom 24. auf das 18. Lebensjahr herabgesetzt wurde, rückwirkende Kraft bei, jedoch mit der Einschränkung, daß, insoweit es sich um vor dem 1. April 1894 (dem Tage, an welchem die Novelle in Kraft getreten ist) gewährte Unterstützungen handelt, das alte Recht in Anwendung kommt. Dasselbe gilt für alle vor dem 1. April 1894 begonnenen und über diesen Zeitpunkt hinaus fortgesetzten Pflegefälle. Im übrigen dagegen, d. h. bei allen erst nach dem 1. April 1894 eingetretenen Unterstützungsfällen, ist für die Frage des Unterstützungswohnsitzes der Aufenthalt oder die Abwesenheit nach vollendetem 18. Lebensjahre auch insoweit in Betracht zu ziehen, als der Aufenthalt oder die Abwesenheit vor dem 1. April 1894 stattgefunden hat, es sei denn, daß Aufenthalt oder Abwesenheit in diesem Zeitpunkte nicht mehr bestand. Entsch. 27 1. — Vgl. dazu auch Entsch. 28 12—26, 29 1—3. Aufenthalt und Abwesenheit müssen zu dieser Zeit so beschaffen gewesen sein, daß nach den allgemeinen Grundsätzen der Erwerb oder Verlust des UW. eintreten konnte. (Entsch. 27 11, 28 13 - 19, 29 29.)

5. Nicht jede Entfernung ist als Unterbrechung des gewöhnlichen Aufenthalts anzusehen, § 13 d. G.

6. Trotz des Aufenthalts beginnt der Lauf des Erwerbs nicht: § 11 Abs. 2, § 12 Abs. 1, oder ruht: § 12 Abs. 2, § 14 Abs. 1, oder wird unterbrochen: § 14 Abs. 2.

7. vgl. § 64 d. G.

§ 11. Die zweijährige Frist läuft von dem Tage, an welchem der Aufenthalt begonnen ist.[1]

Durch den Eintritt in eine Kranken-, Bewahr- oder Heilanstalt wird jedoch der Aufenthalt nicht begonnen.[2]

Wo für ländliches oder städtisches Gesinde, Arbeitsleute, Wirthschaftsbeamte, Pächter oder andere Miethsleute[3] der Wechsel des Wohnortes zu bestimmten, durch Gesetz oder ortsübliches Herkommen festgesetzten Terminen stattfindet, gilt der übliche Umzugstermin als Anfang des Aufenthalts, sofern nicht zwischen diesem Termine und dem Tage, an welchem der Aufenthalt wirklich beginnt, ein mehr als siebentägiger Zeitraum gelegen hat.[4]

1. Der Tag wird mitgerechnet; s. § 12 Abs. 1 — § 187

u. § 188 Abs. 2 BGB. kommen für die Berechnung der Erwerbs- und Verlustfrist nicht zur Anwendung (Art. 32 EGBGB.).

2. sondern erst mit dem Tage, an welchem die den Eintritt begründenden Umstände aufgehört haben (s. § 12 Abs. 1); in der Regel also mit dem Tage des Austritts. Entsch. 24 3; 26 9.

3. auch Wohnungsmieter. Entsch. 7 2, 11 10.

4. Der Tag des üblichen Umzugstermins und der Tag des wirklichen Zuzugs werden nicht mitgerechnet. Voraussetzung der Anwendung der Fiktion ist der von dem sich auf sie Berufenden zu erbringende Nachweis, daß der Umzug innerhalb des gesetzlichen Zeitraums sich vollzogen hat (Entsch. 32 9).

§ 12. Wird der Aufenthalt unter Umständen begonnen, durch welche die Annahme der freien Selbstbestimmung bei der Wahl des Aufenthaltsortes ausgeschlossen wird,[1] so beginnt der Lauf der zweijährigen Frist erst mit dem Tage, an welchem diese Umstände aufgehört haben.

Treten solche Umstände erst nach Beginn des Aufenthalts ein, so ruht[2] während ihrer Dauer[3] der Lauf der zweijährigen Frist.

1. wie Geisteskrankheit, behördlicher Zwang, Verhaftung; — s. auch § 26 d. G.

2. Die willensfreien Zeiten werden zusammengerechnet.

3. Das Ruhen beginnt mit dem Tage, an welchem der betr. Umstand eintrat; der Fortlauf der Frist mit dem Tage, an welchem der betr. Umstand aufhörte (s. Abs. 1).

§ 13. Als Unterbrechung des Aufenthalts wird eine freiwillige Entfernung nicht angesehen, wenn aus den Umständen, unter welchen sie erfolgt, die Absicht erhellt, den Aufenhalt beizubehalten.[1]

1. Anm. 5 zu § 10. — Solche Umstände nachzuweisen, liegt der Partei ob, welche den Erwerb des UW. nach § 10 behauptet. — Es kommt auf die tatsächlichen Umstände des einzelnen Falles an.

§ 14. Der Lauf der zweijährigen Frist (§ 10) ruht[1] während der Dauer[2] der von einem Armenverbande gewährten öffentlichen Unterstützung.[3]

Er wird unterbrochen[4] durch den von einem Armenverbande auf Grund der Bestimmung im § 5 des Gesetzes über die Freizügigkeit vom 1. November 1867 gestellten Antrag[5] auf Anerkennung der Verpflichtung zur Uebernahme eines Hülfsbedürftigen. Die Unterbrechung erfolgt mit dem Tage,[6] an welchem der also gestellte Antrag an den betreffenden Armenverband oder an die vorgesetzte Behörde[7] eines der betheiligten[8] Armenverbände abgesandt ist.

Die Unterbrechung gilt als nicht erfolgt, wenn der Antrag nicht innerhalb zweier Monate weiter verfolgt[9] oder wenn derselbe erfolglos geblieben ist.

1. Die unterstützungsfreien Zeiten werden zusammengerechnet.

2. Das Ruhen beginnt mit dem Tage, an welchem zuerst tatsächlich die Unterstützung gewährt ist; der Fortlauf der Erwerbsfrist mit dem ersten unterstützungsfreien Tage. Für welchen Zeitraum eine Unterstützung als gewährt gilt, bestimmt sich nach den Umständen des Einzelfalles.

3. Jede von irgend einem Armenverbande irgend einer zur Familiengemeinschaft (Anm. 1 zu § 4 FrG.)

gehörigen Person tatsächlich gewährte (notwendige) öffentliche Unterstützung (Anm. 1 zu § 5 FrG.; § 2 d. G.) hat diese Wirkung; s. jedoch § 77 des Krankenversicherungsgesetzes; Entsch. 24 28.

4. Die bisherige Aufenthaltszeit bleibt außer Berechnung. Die stärkere Wirkung in Abs. 2 rechtfertigt sich, weil bei dauernder Hülfsbedürftigkeit die Ausweisung (Zurückweisung an den verpflichteten AV.) erfolgen kann (§§ 5, 6 FreizügG.).

5. Nur ein bezüglich des Familienhaupts gestellter Antrag hat diese Wirkung. Entsch. 25 17. Wegen der Unterbrechung durch einen von dem übernahmpflichtigen OAV. Angestellten Überführungsantrag vgl. Entsch. 18 25, 25 11, 28 42, 38 12.

6. Es tritt (abgesehen von den Fällen des Abs. 3) dieselbe Wirkung ein, als sei eine Abwesenheit infolge der Ausweisung bereits mit diesem Tage eingetreten (s. Anm. 4).

7. Kommunalaufsichtsbehörde.

8. außer dem antragstellenden AV. auch der AV., von welchem die Anerkennung der Übernahmepflicht verlangt wird (§ 6 FreizügG.).

9. durch Anstellung der Klage.

Erwerb des Unterstützungswohnsitzes durch Verehelichung.

§ 15. Die Ehefrau theilt vom Zeitpunkte der Eheschließung ab den Unterstützungswohnsitz des Mannes.[1]

1. Sie verliert den bis dahin besessenen UW. und für die Dauer der Ehe die Fähigkeit zum selbständigen Erwerb und Verlust eines solchen (Ausnahme § 17). Ihr UW. bestimmt sich nach dem des Mannes; fehlt dem Manne ein UW., so ist auch die Frau landarm. — Vgl. §§ 1303 bis 1352

BGB. — Durch Verheiratung mit einem Ausländer verliert eine Frau mit der Staatsangehörigkeit den UW. — Die Kinder bleiben Inländer und werden landarm nach § 5 (Entsch. 25 163).

§ 16. Wittwen und rechtskräftig geschiedene Ehefrauen behalten den bei Auflösung der Ehe gehabten Unterstützungswohnsitz[1] so lange, bis sie denselben nach den Vorschriften der §§ 22 Nr. 2, 23 bis 27 verloren oder einen anderweitigen Unterstützungswohnsitz nach Vorschrift der §§ 9 bis 14[2] erworben haben.[3]

1. § 15. — Über Ehescheidung vgl. §§ 1564 ff. BGB.

2. Das Allegat des § 9 weist auf Erwerb des UW. durch zweite Ehe (§ 15) und Begründung eines Kindschaftsverhältnisses hin (§ 18 Anm. 1).

3. Auf bei Auflösung der Ehe bereits nach § 17 selbständige Ehefrauen findet § 16 keine Anwendung; es ändert sich nur der Grund der Selbständigkeit; der nach § 17 für die Frau begonnene Lauf der Frist setzt sich fort (Entsch. 19 43.).

§ 17. Als selbständig[1] in Beziehung auf den Erwerb und Verlust des Unterstützungswohnsitzes gilt die Ehefrau auch[2] während der Dauer der Ehe, wenn und solange[3] der Ehemann sie böslich verlassen hat,[4] ferner wenn und solange[3] sie während der Dauer der Haft des Ehemannes oder in Folge ausdrücklicher Einwilligung[5] desselben oder kraft der nach den Landesgesetzen ihr zustehenden Befugniß[3] vom Ehemanne getrennt lebt und ohne dessen Beihülfe[7] ihre Ernährung findet.

1. d. h. unabhängig vom Ehemanne, so daß Änderungen

im UW. des Mannes auf ihren UW. keinen Einfluß haben. (Entsch. **28** 24.)

2. d. h. § 16 findet entsprechende Anwendung.

3. Die Selbständigkeit beginnt mit dem Tage des Eintritts der Voraussetzungen (bösliche Verlassung, Haft usw.); dieselben müssen während der ganzen Dauer der Erwerbs- bzw. Verlustfrist vorliegen. Die Wiedervereinigung mit dem Ehemanne (oder die Beihilfe des letzteren zur Ernährung der Frau) heben die Selbständigkeit auf und stellen den Regelzustand des § 15 wieder her.

4. Entsch. **22** 34, **23** 48, 52, **24** 59. — Seit 1. Januar 1900 bestimmt sich der Begriff der böslichen Verlassung nach § 1567 BGB. Entsch. **35** 33, **37** 18, 24.

5. Entsch. **21** 46, **22** 42, **25** 22, **38** 15.

6. Entsch. **20** 30, 31, 40, **21** 45, **22** 34, **24** 46, **25** 29, **26** 50, **28** 43ff., **33** 18, **34** 40, **35** 36, **36** 23, **38** 15ff. — Vgl. § 1353, §§ 1564 bis 1576 BGB. — Der gesetzlichen Befugnis steht die Unmöglichkeit der Folgepflicht zu genügen gleich (Entsch. **15** 29, **16** 41, **25** 29, **28** 46ff., **37** 24.)

7. Entsch. **20** 34, **24** 52.

Erwerb des Unterstützungswohnsitzes durch Abstammung.

§ 18. Eheliche und den ehelichen gesetzlich gleichstehende[1] Kinder theilen,[2] vorbehaltlich der Bestimmung des § 20,[3] den Unterstützungswohnsitz des Vaters solange,[4] bis sie denselben nach Vorschrift der §§ 22 Nr. 2, 23 bis 27 verloren, oder einen anderweitigen Unterstützungswohnsitz nach Vorschrift der §§ 9 bis 14 erworben haben.[5]

Sie behalten diesen Unterstützungswohnsitz auch nach dem Tode des Vaters bis zu dem vorstehend gedachten Zeitpunkte, vorbehaltlich der Bestimmung des § 19.

1. Wegen des älteren Rechts vgl. Entsch. 27 32, 28 48, 29 42, 38 23. Über eheliche und den ehelichen gesetzlich gleichstehende Kinder siehe §§ 1591 ff., insbesondere über Kinder aus nichtigen Ehen §§ 1699 ff., über durch nachfolgende Ehe legitimierte Kinder (§§ 1719 ff.), über durch Verfügung der Staatsgewalt für ehelich erklärte Kinder §§ 1723 ff., über an Kindesstatt angenommene Kinder §§ 1741 ff. BGB.

2. d. h. ihr UW. wird durch den des Vaters bestimmt, und zwar vom Tage der Begründung des Kindschaftsverhältnisses an; doch sind sie nur bis zur Zurücklegung des 18. (früher 24.) Lebensjahres unfähig zu selbständigem Erwerb und Verlust des UW. (Anm. 2—4 zu § 10). Änderungen im UW. des Vaters berühren sie nach diesem Zeitpunkt nicht mehr. (Entsch. 10 35, 24 62.) Für Personen, die am 1. April 1894 zwischen 18 und 24 Jahre alt sind, gilt dasselbe von diesem Tage an. (Entsch 38 26.)

3. richtiger des § 19 Abs. 2 und des § 20.

4. d. h. sie behalten den UW., welchen sie durch Abstammung erworben hatten, bis usw. — vgl. auch Anm. 2 zu § 16.

5. der selbständige Erwerb oder Verlust ist nicht vor zurückgelegtem 20. (früher 26.) Lebensjahre möglich (Anm. 4 zu § 10); der abgeleitete Erwerb begründet eine Änderung des UW. ohne Rücksicht auf das Lebensalter mit dem Tage der Eheschließung, Adoption usw.

§ 19. Wenn die Mutter den Vater überlebt, so theilen nach Auflösung der Ehe durch den Tod des Vaters die ehelichen und den ehelichen gesetzlich gleichstehenden[1] Kinder den Unterstützungswohnsitz der Mutter[2] in dem Umfange des § 18.[3]

Gleiches gilt im Falle des § 17, sofern die Kinder bei der Trennung vom Hausstande des Vaters der Mutter gefolgt sind.[4]

1. Anm. 1 zu § 18 — in Betracht kommen nur Kinder, die im Verhältnis zu beiden Ehegatten den ehelichen gleichstehen. §§ 1699, 1719, 1749 BGB. (Vgl. Entsch. 17 62.)
2. § 15 (zweite Ehe), § 16 (Witwenstand). Vgl. Entsch. 28 30, 35 38.
3. Anm. 2—5 zu § 18.
4. Entsch 23 63, 24 34, 58.

§ 20. Bei der Scheidung der Ehe theilen die ehelichen und den ehelichen gesetzlich gleichstehenden[1] Kinder in dem Umfange des § 18[2] den Unterstützungswohnsitz der Mutter,[3] wenn dieser die Erziehung der Kinder zusteht.[4—5]

1. Anm. 1 zu § 18.
2. Anm. 2—5 zu § 18.
3. §§ 15, 16.
4. § 1635 BGB.
5. Über die Anwendbarkeit des § 20 auf Kinder aus nichtiger Ehe s. Entsch. 35 28, 30.

§ 21. Uneheliche Kinder theilen in dem Umfange des § 18 den Unterstützungswohnsitz der Mutter.[1]

1. §§ 15, 16, 17; Anm. 2—5 zu § 18. — Vgl. auch §§ 1589_2, 1591, 1593, 1705 ff. BGB.

Verlust des Unterstützungswohnsitzes.

§ 22. Der Verlust des Unterstützungswohnsitzes tritt ein durch

1. Erwerbung eines anderweitigen Unterstützungswohnsitzes,[1]
2. zweijährige ununterbrochene Abwesenheit nach zurückgelegtem achtzehnten Lebensjahre.[2]

1. § 9 — §§ 10—14. Anm. 2 zu § 16, Anm. 5 zu § 18.

2. Anm. 2—4 zu § 10. Vgl. a. § 64. — Nicht jede Rückkehr gilt als Unterbrechung § 25. — Trotz der Abwesenheit beginnt der Lauf der Verlustfrist nicht: § 23 Abs. 2, § 24 Abs. 1; oder ruht: § 24 Abs. 2, § 27 Abs. 1; oder wird unterbrochen: § 27 Abs. 2.

§ 23. Die zweijährige Frist läuft von dem Tage, an welchem die Abwesenheit begonnen hat.[1]

Durch den Eintritt in eine Kranken-, Bewahr- oder Heilanstalt wird jedoch die Abwesenheit nicht begonnen.[2]

Wo für ländliches oder städtisches Gesinde, Arbeitsleute, Wirthschaftsbeamte, Pächter oder andere Miethsleute[3] der Wechsel des Wohnortes zu bestimmten, durch Gesetz oder ortsübliches Herkommen festgesetzten Terminen stattfindet, gilt der übliche Umzugstermin als Anfang der Abwesenheit, sofern nicht zwischen diesem Termine und dem Tage, an welchem die Abwesenheit wirklich beginnt, ein mehr als siebentägiger Zeitraum gelegen hat.[4]

1. Anm. 1 zu § 11.
2. Anm. 2 zu § 11; s. a. § 24 Abs. 1.
3. Anm. 3 zu § 11. 4. Anm. 4 zu § 11.

§ 24. Ist die Abwesenheit durch Umstände veranlaßt, durch welche die Annahme der freien Selbstbestimmung bei der Wahl des Aufenthaltsortes ausgeschlossen wird,[1] so beginnt der Lauf der zweijährigen Frist erst mit dem Tage, an welchem diese Umstände aufgehört haben.

Treten solche Umstände erst nach dem Beginn

der Abwesenheit ein, so ruht[2] während ihrer Dauer der Lauf der zweijährigen Frist.[3]

1. Anm. 1 zu § 12. — Vgl. auch Anm. 1 zu § 3 und zu § 12 FreizügG.
2. Anm. 2 zu § 12. 3. Anm. 3 zu § 12.

§ 25. Als Unterbrechung der Abwesenheit wird die Rückkehr nicht angesehen, wenn aus den Umständen, unter welchen sie erfolgt, die Absicht erhellt, den Aufenthalt nicht dauernd fortzusetzen.[1]

1. Anm. 2 zu § 22. — Anm. 1 zu § 13.

§ 26. Die Anstellung oder Versetzung eines Geistlichen, Lehrers, öffentlichen oder Privat-Beamten, sowie einer nicht blos zur Erfüllung der Militärpflicht im Bundesheere oder in der Bundes-Kriegsmarine dienenden Militärperson gilt nicht als ein die freie Selbstbestimmung bei der Wahl des Aufenthaltsortes ausschließender Umstand.

§ 27. Der Lauf der zweijährigen Frist (§ 22) ruht während der Dauer der von einem Armenverbande gewährten öffentlichen Unterstützung.[1]

Er wird unterbrochen[2] durch den von einem Armenverbande auf Grund der Bestimmung im § 5 des Gesetzes über die Freizügigkeit vom 1. November 1867 gestellten Antrag[3] auf Anerkennung der Verpflichtung zur Uebernahme eines Hülfsbedürftigen. Die Unterbrechung erfolgt mit dem Tage,[4] an welchem der also gestellte Antrag an den betreffenden Armenverband oder an die vorgesetzte Behörde[5] eines der betheiligten[6] Armenverbände abgesandt ist.

Die Unterbrechung gilt als nicht erfolgt, wenn der Antrag nicht innerhalb zweier Monate weiter verfolgt[7] oder wenn derselbe erfolglos geblieben ist.

1. Die Anm. 1—3 zu § 14 finden entsprechende Anwendung.

2. Die bisherige Abwesenheitszeit bleibt außer Berechnung, s. a. Anm. 4 zu § 14.

3. Anm. 5 zu § 14.

4. Es tritt (unter Voraussetzung des Abs. 3) dieselbe Wirkung ein, als sei eine Rückkehr infolge der Ausweisung bereits mit diesem Tage erfolgt (s. Anm. 2).

5. Anm. 7 zu § 14. 6. Anm. 8 zu § 14.

7. Anm. 9 zu § 14.

Pflichten und Rechte der Armenverbände.

§ 28. Jeder hülfsbedürftige Norddeutsche[1] muß vorläufig[2] von demjenigen Ortsarmenverbande unterstützt werden, in dessen Bezirk er sich bei dem Eintritt der Hülfsbedürftigkeit befindet. Die vorläufige Unterstützung erfolgt vorbehaltlich des Anspruchs auf Erstattung der Kosten[3] beziehungsweise auf Uebernahme[4] des Hülfsbedürftigen gegen den hierzu verpflichteten Armenverband.[5]

1. §§ 4, 5 FreizügG. und Einl. S. 6.

2. bis zum Aufhören der Hilfsbedürftigkeit bzw. bis zur Übernahme (§§ 5, 6 FreizügG., § 31 b. G.). — Schuldhafte Nichterfüllung der vorläufigen Unterstützungspflicht (Abschiebung) begründet einen Anspruch gegen den abschiebenden AV. auf Ausgleichung der Armenlast nach Maßgabe der gesetzlichen Bestimmungen (Entsch. 4 94, 38 37).

3a. Die Kosten müssen durch eine armenrechtlich notwendige Unterstützung entstanden sein (Anm. 1 zu § 5 FreizügG, § 30 d. G.) und dürfen das Maß des Notwendigen nicht überschreiten, s. Anh. A und § 30 Abs. 3 und 4. Siehe über die Prüfungspflicht des vorläufig fürsorgepflichtigen AV. insbesondere wegen Heranziehung unterhaltspflichtiger Personen, Krankenkassen usw. Entsch. **24** 97, **25** 48, **36** 30 — **17** 131, **24** 79, **26** 81, **35** 74, **37** 48ff., **38** 57; ferner über die Frage, ob ein Armenpflegefall vorliegt bei Krankenhauspflege entlassener Gefangener (Entsch. **30** 46, **35** 69ff., **36** 63ff., **37** 69ff.) mit ansteckenden Krankheiten behafteter Personen (insbesondere Syphilis Entsch. **20** 107, **37** 77, **38** 93, Granulose **37** 75, Pocken **34** 88, Krätze **10** 84, **15** 60, **17** 88, **38** 97), gemeingefährlicher Geisteskranker (Entsch. **28** 75, **30** 70ff., **38** 81ff.) in den Fällen, der Zwangserziehung in Preußen (Entsch **18** 126 **32** 32, **35** 74); Sachsen Entsch. **38** 103ff.); Baden (Entsch. **22** 19); Großh. Sachsen (Entsch. **32** 146, **38** 107); Anhalt (Entsch. **24** 113); Sachsen-Koburg-Gotha (Entsch. **33** 47); Schwarzburg-Sondershausen (Entsch. **37** 66); Reuß j. L. (Entsch. **38** 109).

b. Der Erstattungsanspruch ist trotz mangelnder objektiver Hilfsbedürftigkeit begründet, wenn der vorläufig unterstützende AV. sich über die Notwendigkeit der Unterstützung in entschuldbarem Irrtum befunden hat (Entsch. **17** 73, **24** 70, **26** 90, **27** 36).

c. Nebenansprüche: Prozeßzinsen und Verzugszinsen §§ 288, 291 BGB. (Entsch. **28** 94), Kosten des Verfahrens (einschl. der Anmeldung nach § 34); nicht aber Kosten zur Ermittelung des verpflichteten Armenverbandes, und zur Feststellung der Hilfsbedürftigkeit oder der angemessenen Art und Höhe der Unterstützung.

d. Es kann auch auf Befreiung von übernommenen Verpflichtungen geklagt werden.

e. Über den verschiedenen Umfang des Erstattungsanspruchs gegenüber dem verpflichteten AV.

und gegenüber dem Unterstützten selbst bzw. anderen Personen und über die Anrechnung der von letzteren Personen geleisteten Zahlungen auf den Erstattungsanspruch gegen den AV. s. §§ 30 Abs. 3 und 62 d. G.

4. § 5 FreizügG., § 31 d. G.

5. gegen den endgültig verpflichteten, §§ 5, 30 d. G.; bei Abschiebung auch gegen den vorläufig verpflichteten AV., s. oben Anm. 1 und Anm. 3 zu § 29.

§ 29. Wenn Personen, **welche gegen Lohn oder Gehalt in einem Dienst- oder Arbeitsverhältniß stehen, oder deren ihren Unterstützungswohnsitz theilende Angehörige, oder wenn Lehrlinge am Dienst- oder Arbeitsorte**[1–2] erkranken,[3] so hat der Ortsarmenverband dieses Ortes die Verpflichtung, den Erkrankten die erforderliche Kur und Verpflegung zu gewähren.[4]

Ein Anspruch auf Erstattung der entstehenden Kur- und Verpflegungskosten beziehungsweise auf Uebernahme des Hülfsbedürftigen gegen einen anderen Armenverband erwächst **in diesen Fällen** nur,[5] wenn die Krankenpflege länger als **dreizehn**[6] Wochen fortgesetzt wurde, und nur für den über diese Frist hinausgehenden Zeitraum.

Dem zur Unterstützung an sich verpflichteten Armenverbande[7] muß spätestens sieben Tage vor Ablauf des **dreizehnwöchentlichen**[6] Zeitraums Nachricht von der Erkrankung gegeben werden, widrigenfalls die Erstattung der Kosten erst von dem, sieben Tage nach dem Eingange der Nachricht beginnenden Zeitraume an gefordert werden kann.

Die Bestimmungen der Absätze 2 und 3 finden keine Anwendung, wenn das Dienst- oder Arbeitsverhältniß, durch welches der Aufenthalt am Dienst- oder Arbeitsorte bedingt wurde, nach seiner Natur oder im Voraus durch Vertrag auf einen Zeitraum von einer Woche oder weniger beschränkt ist.[8]

Schwangerschaft an sich ist nicht als eine Krankheit[9] im Sinne der vorstehenden Bestimmung anzusehen.

1. in der bis zum 1. April 1894 gültigen Fassung: „welche im Gesindedienste stehen, Gesellen, Gewerbegehilfen, Lehrlinge an dem Orte ihres Dienstverhältnisses erkranken". — Es muß ein konkretes Dienst- oder Arbeitsverhältnis, bei dem der Bedienstete oder Arbeiter ein unselbständiges Glied in der Wirtschaft oder dem Gewerbebetrieb eines andern bildet, vorliegen (Entsch. 21 114, **30** 86, **31** 63, 67, **33** 63, **35** 105 Heimarbeiter).

2. Bei Erkrankung an einem andern Orte finden §§ 28, 30 d. G. Anwendung (Entsch. **33** 58). Durch § 29 Abs. 1 ist an und für sich keine endgültige Fürsorgepflicht des AV. des Dienst- oder Arbeitsortes begründet. (Vgl. Abs. 3 und Anm. 4). Nach Abs. 2 fällt nur der Erstattungsanspruch gegen den sonst endgültig verpflichteten AV. fort. Wenn aber der AV. des Dienstorts sich einer Abschiebung der nach §§ 28, 29 Abs. 1 begründeten Fürsorgepflicht schuldig gemacht hat, so findet ein Erstattungsanspruch nur gegen den AV. des Dienstorts statt (Entsch. **5** 70, **6** 41, **7** 72, **22** 116).

3. d. h. durch Erkrankung hilfsbedürftig werden.

4. Dazu ist er schon aus § 28 Satz 1 verpflichtet; vgl. Anm. 1 und 2 zu § 28.

5. Abweichung von § 28 Satz 2.

6. in der früheren Fassung: „sechs Wochen" bzw. „sechswöchentlichen".

7. Vgl. § 34 Abs. 1, 2, Entsch. 13 87, § 8 Badische Minist.-Ver. vom 6. Dez. 1872 (Ges. u. VerBl. S. 378).

8. Vgl. zu Abs. 4: Entsch. 28 106, 30 108, 31 64.

9. Krankheit einer Schwangeren: Entsch. 28 110, 31 69.

§ 30. Zur Erstattung der durch die Unterstützung eines hülfsbedürftigen Norddeutschen[1] erwachsenen Kosten,[2] soweit dieselben nicht in Gemäßheit des § 29 dem Ortsarmenverbande des Dienstortes zur Last fallen,[3] sind verpflichtet:

a) wenn der Unterstützte einen Unterstützungswohnsitz hat,[4] der Ortsarmenverband seines Unterstützungswohnsitzes;

b) wenn **ein Unterstützungswohnsitz des Unterstützten nicht zu ermitteln ist,**[5] derjenige Landarmenverband, in dessen Bezirk er sich bei dem Eintritt der Hülfsbedürftigkeit befand[6] oder, falls er im hülfsbedürftigen Zustande aus einer Straf-, Kranken-, Bewahr- oder Heilanstalt entlassen wurde,[7] derjenige Landarmenverband, aus welchem seine Einlieferung[8] in die Anstalt erfolgt ist.

Der Beweis, daß ein Unterstützungswohnsitz des Unterstützten nicht zu ermitteln gewesen ist, gilt schon dann als erbracht, wenn der die Erstattung fordernde Armenverband dargelegt hat, daß er alle diejenigen Erhebungen vorgenommen hat, welche nach Lage der Verhältnisse als geeignet zur Ermittelung eines Unterstützungswohnsitzes anzusehen waren. Wird

nach der Erstattung ein Unterstützungswohnsitz des Unterstützten nachträglich ermittelt, so ist der Armenverband, welcher die Erstattung vorgenommen hat, berechtigt, von dem Armenverbande des Unterstützungswohnsitzes für die gewährte Unterstützung und für die durch nachträgliche Ermittelungen entstandenen Kosten Ersatz zu beanspruchen.[9]

Die Höhe der zu erstattenden Kosten richtet sich nach den am Orte der stattgehabten Unterstützung über das Maß der öffentlichen Unterstützung Hülfsbedürftiger geltenden Grundsätzen,[10] ohne daß dabei die allgemeinen Verwaltungskosten[11] der Armenanstalten,[12] sowie besondere Gebühren für die Hülfeleistung fest remunerierter Armenärzte in Ansatz gebracht werden dürfen.

Für solche bei der öffentlichen Unterstützung häufiger vorkommenden Aufwendungen, deren täglicher oder wöchentlicher Betrag sich in Pauschquanten feststellen läßt (z. B. Verpflegungssätze in Kranken- oder Armenhäusern), kann in jedem Bundesstaate, entweder für das ganze Staatsgebiet gleichmäßig, oder bezirksweise verschieden, ein Tarif[13] aufgestellt und öffentlich bekannt gemacht werden, dessen Sätze die Erstattungsforderung nicht übersteigen darf.[14]

1. Anm. zu § 28. 2. Anm. 3 zu § 28.

3. Anm. 2, 3 und 4 zu § 29.

4. Der Kläger hat zu beweisen, daß der Unterstützte seinen UW. beim beklagten AV. zur Zeit des Beginns der Unterstützung n o ch hatte. Entsch. 15 6, 25 1. — Bei der Abtrennung von Teilen eines Ortsarmenverbandes

(auch Gesamtarmenverbandes), der Vereinigung desselben mit einem andern OAV., der Bildung eines neuen OAV. liegt die Unterstützungspflicht, mit welcher der frühere (ungeteilte) OAV. belastet war, ungeteilt und gemeinschaftlich den beteiligten OAV. ob, bis eine Auseinandersetzung über die Armenlast stattgefunden hat. (Entsch. **19** 102, **22** 109, 113, **23** 134, **24** 8, **31** 71, **32** 90, 92, **33** 67, **34** 125ff.).

5. in der bis zum 1. April 1894 gültigen Fassung: „wenn der Unterstützte keinen Unterstützungswohnsitz hat". — Der Begriff der Landarmeneigenschaft (§ 5) wird durch die neue Fassung nicht geändert; der Beweis der Landarmeneigenschaft soll, soweit es die Erstattungspflicht des LAV. angeht, schon bei Nichtermittelung eines UW. als erbracht gelten (Prozessuale Beweispräsumtion **34** 129). — Vgl. Abs. 2.

6. Anm. 2 zu § 28. Der LAV., in dessen Bezirk die Hilfsbedürftigkeit, sei es für das Familienhaupt, sei es für einen Familienangehörigen, zuerst für eine Armenbehörde erkennbar hervortrat, (Entsch. **18** 87, **19** 108, **21** 123, **22** 125, **31** 86, **32** 96), bleibt so lange verpflichtet, als das Unterstützungsbedürfnis bei irgend einer zur armenrechtlichen Familiengemeinschaft gehörigen Person (Anm. 1 zu § 4 FreizügG.) fortdauert. Ob Fortdauer oder Unterbrechung der Hilfsbedürftigkeit anzunehmen ist, kann nur nach den Verhältnissen des Einzelfalles entschieden werden. — Eine Unterbrechung liegt stets vor, wenn der Landarme inhaftiert worden ist und während der Haftzeit nicht Gegenstand der Armenpflege sein konnte. (Entsch. **29** 86, **30** 117, **33** 79, **35** 112); es sei denn, daß es sich um eine Schutzhaft wegen Hilfsbedürftigkeit handelt Entsch. **37** 127.

7. Verf. der Württembergischen Minister der Justiz und des Innern v. 22. März 1895 (RgBl. 98).

8. Gegensatz zu freiwilligem Eintritt; bloße Einweisung ist keine Einlieferung Entsch. **35** 116.

9. § 34 findet hier keine Anwendung.

10. s. Anh. A.

11. im Gegensatz zu den durch das individuelle Bedürfnis des Unterstützten entstandenen Kosten. Entsch. 6 67. Dem Unterstützten kann der AV. seinen Gesamtaufwand in Rechnung stellen, und das von diesem oder Drittverpflichteten (Unterhaltspflichtige, Arbeitgeber, Krankenkassen) Empfangene auf denjenigen Teil seines Gesamtaufwandes verrechnen, der durch das vom endgültig verpflichteten AV. zu Erstattende nicht gedeckt wird. Entsch. **13** 65, **22** 77, **23** 111, **25** 121.

12. Begriff: Entsch. **10** 101, **11** 102, **14** 92, **27** 66, **36** 100, **37** 140, **38** 127.

13. Anh. C.

14. Die Tarifsätze sind Pauschalsätze (ZirkReskr. des preuß. Min. d. Innern v. 28. April 1871, Entsch. **12** 70), es sei denn, daß die Tarifbestimmungen ausdrücklich nur Maximalsätze feststellen (z. B. Weimarscher Tarif § 5).

§ 30a. **Erstattungs- und Ersatzansprüche, welche auf Grund dieses Gesetzes[1] erhoben werden, verjähren in zwei Jahren vom Ablauf desjenigen Jahres ab, in welchem der Anspruch entstanden ist.[2]**

1. nach §§ 28, 30 Abs. 1 a u. b auf Grund vorläufiger Unterstützung, und wegen Verletzung der vorläufigen Fürsorgepflicht; nach § 30 Abs. 2 auf Grund vorläufiger Erstattung. — Aber auch sonstige Ansprüche, für welche die armenrechtlichen Spruchbehörden zuständig sind (z. B. wegen ungerechtfertigter Bereicherung, Entsch. **31** 111, **37** 105 ff.), dagegen nicht auch durch rechtskräftige Entscheidung völlig erledigte Ansprüche (Entsch. **31** 113) — Hemmung des Beginns Entsch. **30** 131, Unterbrechung Entsch. **33** 92, **34** 124, 167, **35** 125. — Geltendmachung durch Einrede **30** 159.

2. Vgl. Anm. 3 zu § 34.

§ 31. Der nach der Vorschrift des § 30 zur Kostenerstattung verpflichtete Armenverband ist zur Uebernahme eines hülfsbedürftigen Norddeutschen[1] verpflichtet,[2] wenn die Unterstützung aus anderen Gründen als wegen einer nur vorübergehenden Arbeitsunfähigkeit nothwendig geworden ist (§ 5 des Gesetzes über die Freizügigkeit vom 1. November 1867, Bundes-Gesetzbl. S. 55).[3]

1. Anm. 1 zu § 28.

2. Vgl. §§ 32 Abs. 1 und 2, 55 und 56.

3. Anm. 1, 3, 4 zu § 5 FreizügG. Entsch. 12 86, 32 109.

§ 32. Der zur Uebernahme eines hülfsbedürftigen Norddeutschen[1] verpflichtete Armenverband kann — soweit nicht auf Grund der §§ 55 und 56 etwas Anderes festgestellt worden ist — die Ueberführung desselben in seine unmittelbare Fürsorge verlangen.[2]

Die Kosten der Ueberführung hat der verpflichtete Armenverband zu tragen.[3]

Beantragt hiernach der zur Uebernahme eines Hülfsbedürftigen verpflichtete Armenverband dessen Ueberführung, und diese unterbleibt oder verzögert sich durch die Schuld des Armenverbandes, welcher zur vorläufigen Unterstützung desselben verpflichtet ist, so verwirkt der letztere dadurch für die Folgezeit, beziehungsweise für die Zeit der Verzögerung, den Anspruch auf Erstattung der Kosten.

1. Anm. 1 zu § 28.

2. Das Verlangen (der Antrag; Abs. 3) ist an den vorläufig unterstützenden AV. zu richten. Es kann vor

oder nach Erlassung der auf Übernahme lautenden Entscheidung (auch während des darüber geführten Prozesses) gestellt werden. — Die Nichterledigung des Antrages hat — soweit nicht nach §§ 55, 56 etwas anderes festgestellt worden ist Entsch. **16** 149, **26** 135, **28** 131, **34** 173 — ohne weiteres den Rechtsnachteil des Abs. 3 zur Folge. Doch ist auch eine Klage auf Überführung zulässig; Entsch. **24** 160, **31** 125, **37** 151.

3. s. auch § 58.

§ 32a. **Soweit nach Bestimmung der Landesgesetze einzelne Zweige der öffentlichen Armenpflege den Landarmenverbänden übertragen sind,[1] gehen auf diese die Rechte und Pflichten der Ortsarmenverbände über.**

1. z. B. in Preußen § 31 Pr. AG. (Ges. v. 11. Juli 1891); Anh. B., s. auch Entsch. **28** 136.

§ 33. Muß ein Norddeutscher,[1] welcher keinen Unterstützungswohnsitz hat, auf Verlangen ausländischer[1] Staatsbehörden aus dem Auslande[1] übernommen werden, und ist bei der Uebernahme der Fall der Hülfsbedürftigkeit vorhanden, oder tritt derselbe innerhalb sieben Tagen nach erfolgter Uebernahme ein, so liegt die Verpflichtung zur Erstattung der Kosten der Unterstützung, beziehungsweise zur Uebernahme des Hülfsbedürftigen, demjenigen Bundesstaate ob, innerhalb dessen der Hülfsbedürftige seinen letzten Unterstützungswohnsitz gehabt hat, mit der Maßgabe, daß es jedem Bundesstaate überlassen bleibt, im Wege der Landesgesetzgebung[2] diese Verpflichtung auf seine Armenverbände zu übertragen.

1. Einl. S. 6 und zu § 7 FreizügG.; die Gothaer Konvention und die Übernahmeverträge S. 21. — Für die Übernahme aus der Schweiz haben Preußen, Württemberg und Baden vereinbart, daß die AOB. der Übernahmeorte ohne Rücksicht darauf, ob sie dem Heimatsstaate des Hilfsbedürftigen angehören, die vorläufige Fürsorge zu übernehmen haben (Bek. v. 10. Nov. 1902, Preuß. MBl. f. i. V. 1903 S. 13).

2. s. Anh. D.

Verfahren in Streitsachen der Armenverbände:

Einleitung.

§ 34. Muß ein Ortsarmenverband einen hülfsbedürftigen Norddeutschen,[1] welcher innerhalb desselben seinen Unterstützungswohnsitz nicht hat, unterstützen, so hat der Ortsarmenverband zunächst eine vollständige Vernehmung des Unterstützten über seine Heimaths-, Familien- und Aufenthaltsverhältnisse zu bewirken,[2] und sodann den Anspruch auf Erstattung der aufgewendeten beziehungsweise aufzuwendenden Kosten bei Vermeidung des Verlustes dieses Anspruchs binnen sechs Monaten nach begonnener Unterstützung[4] bei dem vermeintlich verpflichteten Armenverbande[5] mit der Anfrage anzumelden, ob der Anspruch anerkannt wird.

Ist der verpflichtete Armenverband nicht zu ermitteln, so hat die Anmeldung behufs Wahrung des erhobenen Erstattungsanspruchs innerhalb der oben normirten Frist von sechs Monaten bei der zuständigen vorgesetzten Behörde[6] des betheiligten[7] Armenverbandes zu erfolgen.

Ist nach der Ansicht des unterstützenden Ortsarmenverbandes der Fall dazu angethan, dem Unterstützten die Fortsetzung des Aufenthalts nach § 5 des Gesetzes über die Freizügigkeit vom 1. November 1867 (Bundes-Gesetzbl. S. 55 ff.) zu versagen und will der Ortsarmenverband von der bezüglichen Befugniß Gebrauch machen, so ist dies in der Benachrichtigung ausdrücklich zu bemerken.[8]

1. Anm. 1 zu § 28. — Anwendung auf Ausländer in Preußen Entsch. 24 174, 25 146; — anders im Kgr. Sachsen, welches von der Ermächtigung des § 60 keinen Gebrauch gemacht hat (Sächs. OVG. 6 354).

2. Die Unterlassung der Vernehmung hat den Verlust des Anspruchs nicht zur Folge. — Vgl. §§ 1, 2, 5, 8 Badische MinVer. v. 6. Dez. 1872, das Verfahren zur Erwirkung des Ersatzes für geleistete Unterstützung, sowie der Übernahme Hilfsbedürftiger betr. (Ges. u. VerBl. S. 378), nebst der Zusatzverordnung v. 27. Jan. 1877 (Ges. u. VerBl. S. 9) und den durch Verfügung des Min. des Innern v. 28. Juli 1896 abgeänderten Formularen zur Vernehmung der Unterstützten. Reußische (ä. L.) Bekanntmachung v. 30. Juni 1880, die Vereidigung der nach § 34 des RG. über ihre Verhältnisse vernommenen Hilfsbedürftigen betr. (GS. S. 55).

3. Präklusivfrist: Berücksichtigung von Amtswegen. Entsch. 26 136.

4. Der Verlust des Anspruchs tritt nur soweit ein, als derselbe sich auf die über sechs Monate zurückliegende Zeit bezieht; Entsch. 2 104, 105, 3 114, 115, Erk. d. BA. v. 26. Mai 1883 (RZentrBl. S. 216).

5. d. h. dem mittels der Klage in Anspruch zu

nehmenden, Entsch. 15 115. Über die Notwendigkeit der Erneuerung der Anmeldung bei einem Wechsel des UW. s. Entsch. 24 181, 182.

6. bei der Kommunalaufsichtsbehörde. In Sachsen ohne Unterschied, ob es sich um Ansprüche gegen Ortsarmenverbände oder gegen den sächsischen oder einen anderen Landarmenverband handelt, stets bei der Kreishauptmannschaft des den Anspruch erhebenden Ortsarmenverbandes. (§ 3 Ver. v. 15. Juni 1876.) — Über die Wirksamkeit der Ersatzmeldung beim Wechsel des UW. (Entsch. 24 183, 28 122).

7. d. h. des den Anspruch erhebenden.

8. Vgl. §§ 14, 27 d. G. — Die Unterlassung der ausdrücklichen Bemerkung schließt die Geltendmachung des Anspruchs auf Übernahme nicht aus.

§ 35. Geht auf die erlassene Anzeige innerhalb vierzehn Tagen nach dem Empfange derselben eine zustimmende Antwort des in Anspruch genommenen Armenverbandes nicht ein, so gilt dies einer Ablehnung des Anspruchs gleich.[1]

1. Vgl. über den Einfluß mangelhafter Angaben und Ermittelungen des klagenden Armenverbandes auf den Zinsen- und Kostenanspruch. Entsch. 28 162.

§ 36. Jeder Armenverband ist berechtigt, seine Ansprüche gegen einen anderen Armenverband auf dem durch dieses Gesetz bezeichneten Wege selbständig und unmittelbar vor den zur Entscheidung, sowie zur Vollstreckung derselben berufenen Behörden[1] zu verfolgen.

1. §§ 37 ff., 53 ff. d. G. u. Anh. E.

§ 37. Streitigkeiten zwischen verschiedenen

Armenverbänden über die öffentliche Unterstützung Hülfsbedürftiger[1] werden, wenn die streitenden Theile einem und demselben Bundesstaate angehören, auf dem durch die Landesgesetze vorgeschriebenen Wege[2] entschieden.

Gehören die streitenden Armenverbände verschiedenen Bundesstaaten[3] an, so finden die nachfolgenden Vorschriften der §§ 38 bis 51 dieses Gesetzes Anwendung.

1. §§ 4, 5 FreizügG., § 2 d. G. — Über Ansprüche aus der Abschiebung s. Anm. 2 zu § 28; wegen ungerechtfertigter Bereicherung s. Entsch. **4** 83, **5** 107, **6** 95; und wegen der Anwendung der §§ 812 ff. BGB. Entsch. **35** 89, **37** 98 ff., **38** 1. — (Beweislast Entsch. **31** 54, **34** 129, **37** 98); auf Grund erteilten Auftrages (Entsch. **13** 227, **20** 167, **22** 49, 88, **25** 96, 117). — Vgl. a. Anm. 3 zu § 28 und Abs. 1 § 56 d. G.

2. Landessachen: §§ 38 Abs. 2, 52, 56 Abs. 2 d. G. und Anh. F.

3. interritoriale Sachen.

Entscheidung.

§ 38. Lehnt ein Armenverband den gegen ihn erhobenen Anspruch auf Erstattung der Kosten oder auf Uebernahme eines Hülfsbedürftigen ab, so wird auf Antrag desjenigen Armenverbandes, welcher die öffentliche Unterstützung vorläufig zu gewähren genöthigt ist, über den erhobenen Anspruch im Verwaltungswege durch diejenige Spruchbehörde entschieden, welche dem in Anspruch genommenen Armenverbande vorgesetzt ist.[1]

Die Zuständigkeit, den Instanzenzug, sowie das Verfahren regelt innerhalb jedes Bundesstaates, vorbehaltlich der Vorschriften dieses Gesetzes,[2] die Landesgesetzgebung.[3]

1. Wegen Zulässigkeit der Verfolgung des Anspruchs gegen mehrere Armenverbände in demselben Verfahren (eventuelle Klagehäufung) s. Entsch. 6 96, 25 150, 30 159, 32 118.

2. §§ 37 Abs. 2, 39—51, 53, 56, 58.

3. Anh. E.

§ 39. Die zur Entscheidung zuständigen Landesbehörden sind befugt, Untersuchungen an Ort und Stelle zu veranlassen, Zeugen und Sachverständige zu laden und eidlich zu vernehmen, überhaupt den angetretenen Beweis in vollem Umfange zu erheben.

§ 40. Die Entscheidung erfolgt durch schriftlichen, mit Gründen versehenen Beschluß; sofern dabei für den in Anspruch genommenen Armenverband eine Verpflichtung zur Uebernahme eines Hülfsbedürftigen (§ 31) begründet ist, muß dies in dem Beschlusse ausdrücklich ausgesprochen werden.

§ 41. Soweit die Organisation oder örtliche Abgrenzung der einzelnen Armenverbände Gegenstand des Streites ist, bewendet es endgültig bei der Entscheidung der höchsten landesgesetzlichen Instanz.[1] Im Uebrigen findet gegen deren Entscheidung nur die Berufung an das Bundesamt für das Heimathwesen statt.[2—8]

1. Das BA. ist eine reichsgesetzliche Instanz, auch in

denjenigen Staaten, deren Landesgesetzgebung von der in § 52 d. G. erteilten Ermächtigung Gebrauch gemacht hat (Entsch. 18 145). In diesen Staaten ist die Spruchbehörde erster Instanz zugleich höchste landesgesetzliche Instanz, sofern nicht für die in Satz 1 erwähnten Streitigkeiten höhere Instanzen landesgesetzlich eingeführt sind. (S. darüber Anh. E.) — Zurückweisung in die Landesinstanzen, wenn solcher Streit erst im Verfahren vor dem BA. sich erhebt (Entsch. 23 170).

2. Der Rechtsweg ist unzulässig, s. u. §§ 38 und 51.

3. Beschwerdeinstanz ist das Bundesamt nicht, weder hinsichtlich der geschäftlichen Behandlung der Armenstreitsachen und der Prozeßleitung (Entsch. 26 140), noch hinsichtlich der Festsetzung des Werts des Streitgegenstandes (Entsch. 22 168) oder der in die Exekutionsinstanz gehörenden Kostenfestsetzungsbeschlüsse (s. zu § 53).

Bundesamt für das Heimathwesen.*)

§ 42. Das Bundesamt für das Heimathwesen ist eine ständige und kollegiale Behörde, welche ihren Sitz in Berlin hat.

Es besteht aus einem Vorsitzenden und mindestens vier Mitgliedern. Der Vorsitzende, sowie die letzteren werden auf Vorschlag des Bundesraths vom Bundespräsidium auf Lebenszeit ernannt. Der Vorsitzende sowohl, als auch mindestens die Hälfte der Mitglieder muß die Qualifikation zum höheren Richteramt im Staate ihrer Angehörigkeit besitzen.

§ 43. Bezüglich der Rechtsverhältnisse der Mit-

*) Vgl. zur Geschichte des Bundesamts für das Heimatwesen im 28. Hefte der Entscheidungen.

glieder des Bundesamts gelten bis zum Erlaß besonderer bundesgesetzlicher Vorschriften die Bestimmungen der §§ 23—26 des Gesetzes, betreffend die Errichtung eines obersten Gerichtshofes für Handelssachen, vom 12. Juni 1869 mit der Maßgabe, daß

1. an Stelle des Plenum des Oberhandelsgerichts das Plenum des Bundesamts tritt, und daß im Falle des § 25 a. a. O. die Verrichtungen des Staatsanwalts und des Untersuchungsrichters von je einem Mitgliede des Königlich preußischen Kammergerichts zu Berlin, welches der Bundeskanzler ernennt, wahrgenommen werden.

Nr. 2 ist hinfällig geworden durch §§ 34—60 Ges. v. 31. März 1873 betr. die Rechtsverhältnisse der Reichsbeamten (RGBl. S. 61). — Vgl. auch § 158 Abs. 1 a. a. O.

§ 44. Zur Abfassung einer gültigen Entscheidung des Bundesamts gehört die Anwesenheit von mindestens drei Mitgliedern, von denen mindestens Eines die im § 42 vorgeschriebene richterliche Qualifikation haben muß.

Die Zahl der Mitglieder, welche bei der Fassung eines Beschlusses eine entscheidende Stimme führen, muß in allen Fällen eine ungerade sein. Ist die Zahl der bei der Erledigung einer Sache mitwirkenden Mitglieder eine gerade, so führt dasjenige Mitglied, welches zuletzt ernannt ist, und bei gleichem Dienstalter dasjenige, welches der Geburt nach das jüngere ist, nur eine berathende Stimme.

§ 45. Der Geschäftsgang bei dem Bundesamt wird durch ein Regulativ[1] geordnet, welches das Bundesamt zu entwerfen und dem Bundesrath zur Bestätigung einzureichen hat.

In dem Geschäftsregulative sind insbesondere auch die Befugnisse des Vorsitzenden festzustellen.

1. Regulativ v. 6. Jan. 1873 (RZentrBl. S. 4ff.).

§ 46. Die Berufung an das Bundesamt ist bei Verlust des Rechtsmittels binnen vierzehn Tagen, von der Behändigung der angefochtenen Entscheidung an gerechnet, bei derjenigen Behörde, gegen deren Entscheidung sie gerichtet ist, schriftlich anzumelden.[1]

Die Angabe der Beschwerden, sowie die Rechtfertigung der Berufung kann entweder zugleich mit der Anmeldung der letzteren oder innerhalb vier Wochen nach diesem Termine[2] derselben Behörde eingereicht werden.

Von sämmtlichen Schriftsätzen, sowie von den etwaigen Anlagen derselben sind Duplikate beizufügen.

1. Vgl. Rundverf. des preuß. Min. des Innern v. 10. Mai 1895 betr. die Belehrung der Parteien über die Berufungsfrist (MinBl. f. innere Verw. S. 165). — Durch Anmeldung beim Bundesamt wird die Frist nicht gewahrt (Entsch. 22 169).

2. Abs. 1; also innerhalb 6 Wochen von der Behändigung der angefochtenen Entscheidung. Entsch. 26 146.

§ 47. Die eingegangenen Duplikate werden von der zuständigen Behörde der Gegenpartei zur schriftlichen, binnen vier Wochen nach der Behändigung in zwei Exemplaren einzureichenden Gegenerklärung zugefertigt.

§ 48. Nach Ablauf dieser Frist legt die nämliche Behörde die sämmtlichen Verhandlungen nebst ihren Akten dem Bundesamt vor.

§ 49. Erachtet das Bundesamt vor Fällung der Entscheidung noch eine Aufklärung über das Sach- und Rechtsverhältniß für nöthig, so ist dieselbe unter Vermittelung der zuständigen Landesbehörde vorzunehmen.

§ 50. Die Entscheidung des Bundesamts erfolgt gebührenfrei in öffentlicher Sitzung nach erfolgter Ladung und Anhörung der Parteien.

Das Erkenntniß wird schriftlich, mit Gründen versehen, den Parteien durch Vermittelung derjenigen Behörde (§ 46) zugefertigt, gegen deren Beschluß es ergangen ist.

§ 51. Gegen die Entscheidung des Bundesamts ist ein weiteres Rechtsmittel nicht zulässig.

§ 52. Bis zu anderweitiger, von Bundeswegen erfolgender Regelung der Kompetenz des Bundesamts für das Heimathwesen kann durch die Landesgesetzgebung eines Bundesstaates bestimmt werden, daß die Vorschriften der §§ 38 bis 51, 56 Absatz 2 dieses Gesetzes für die Streitsachen zwischen Armenverbänden des betreffenden Bundesstaates in Wirksamkeit treten sollen.[1]

l. d. h. die reichsgesetzlichen Vorschriften für interterritoriale Sachen (§ 37 Abs. 2) gelten auch für Landessachen (§ 37 Abs. 1). — Von dieser Ermächtigung haben Gebrauch gemacht 16 Bundesstaaten: Preußen (einschl. Lauenburg), Hessen, Sachsen-Weimar, Oldenburg, Braunschweig (jedoch nicht für die Fälle des § 56 Abs. 2 — Ges. betr. die Verwaltungsrechtspflege v. 5. März 1895 [Ges. u. VerBl. Nr. 26] § 50), Sachsen-Altenburg, Sachsen-Coburg-Gotha, Anhalt, beide Schwarzburg, Waldeck, Reuß j. L., Lippe, Lübeck, Bremen; Schaumburg-Lippe hat die Zuständigkeit des Bundesamts nur nach Maßgabe der §§ 38—51 und nur für den Fall anerkannt, daß der Landarmenverband des Fürstentums Partei ist; — dagegen 8 Bundesstaaten nicht: Sachsen, Württemberg, Baden, beide Mecklenburg, Sachsen-Meiningen, Reuß ä. L., Hamburg. — In den ersteren 16 Staaten findet im Falle des § 41, Satz 2 nach Maßgabe der betr. Landesgesetze nur die Berufung an das BA. statt.

Exekution der Entscheidung.

§ 53. In den Streitsachen über die durch dieses Gesetz geregelte öffentliche Unterstützung Hülfsbedürftiger ist die Entscheidung der ersten Instanz, ausgenommen in dem Falle des § 57, sofort vollstreckbar.

Im Uebrigen findet die Exekution statt.

a) auf Grund und in den Grenzen eines von dem in Anspruch genommenen Armenverbande ausgestellten Anerkenntnisses (§ 55);

b) auf Grund der endgültigen Entscheidung.

Die Vollstreckung der Exekution liegt der zur Entscheidung in erster Instanz zuständigen Behörde des verpflichteten[1] Armenverbandes ob, und ist bei derselben unter Beifügung der bezüglichen Urkunden zu beantragen.

1. nach a oder b verpflichteten. — Das BA. ist nicht Beschwerdeinstanz, Entsch. 18 138, 19 164, 22 168, 23 177.

§ 54. Wird die bereits vollstreckte Entscheidung der ersten landesgesetzlichen Instanz durch endgültige Entscheidungen höherer Landesinstanzen oder in Gemäßheit der §§ 38 bis 51 dieses Gesetzes wieder aufgehoben, so hat die zur Entscheidung in erster Instanz zuständige Behörde desjenigen Armenverbandes, welcher die Vollstreckung der Exekution erwirkt hatte,[1] die erforderlichen Anordnungen zu treffen, um die Exekution und deren Folgen wieder rückgängig zu machen.

1. also nicht die Spruchbehörde, welche nach § 53 die Exekution vollstreckt hat.

§ 55. Den zur vorläufigen Unterstützung (§ 28) und beziehungsweise zur Uebernahme (§ 31) eines Hülfsbedürftigen verpflichteten Armenverbänden ist es unbenommen, die thatsächliche Vollstreckung[1] der Ausweisung (§ 5 des Gesetzes über die Freizügigkeit vom 1. November 1867) durch eine unter sich zu treffende Einigung über das Verbleiben der auszuweisenden Person oder Familie in ihrem bisherigen Aufenthaltsorte gegen Gewährung eines bestimmten Unterstützungsbetrages von Seiten des letztgedachten Armenverbandes dauernd oder zeitweilig auszuschließen.

Die erstinstanzlichen Behörden (§§ 38, 39, 40)[2]

sind verpflichtet, auf Anrufen eines oder des anderen Betheiligten, zwecks thunlicher Herstellung einer solchen Einigung vermittelnd einzuschreiten.

Ist die Einigung urkundlich in Form eines Anerkenntnisses festgestellt, so findet auf Grund derselben die administrative Exekution statt (§ 53).

1. Der zur Ausweisung berechtigte AV. kann, statt zur Ausweisung zu schreiten, nach §§ 55, 56 verfahren, und dies Recht auch gegenüber seiner nach § 32 begründeten Überführungspflicht ausüben; — der zur Übernahme verpflichtete AV. kann die Überführung des Hilfsbedürftigen nach §§ 55, 56 abwenden. Vgl. a. § 57.

2. die Spruchbehörde, welcher die Entscheidung obliegt, § 53 Abs. 2.

§ 56. Wenn mit der Ausweisung Gefahr für Leben oder Gesundheit des Auszuweisenden oder seiner Angehörigen verbunden sein würde, oder wenn die Ursache der Erwerbs- oder Arbeitsunfähigkeit des Auszuweisenden durch eine im Bundeskriegsdienste oder bei Gelegenheit einer That persönlicher Selbstaufopferung erlittene Verwundung oder Krankheit herbeigeführt ist, oder endlich, wenn sonst die Wegweisung vom Aufenthaltsorte mit erheblichen Härten oder Nachtheilen[1] für den Auszuweisenden verbunden sein sollte, kann auch bei nicht erreichter Einigung das Verbleiben der auszuweisenden Person oder Familie in dem Aufenthaltsorte, gegen Festsetzung eines von dem verpflichteten Armenverbande zu zahlenden Unterstützungsbetrages, durch die zur Entscheidung in erster Instanz zuständige Behörde des Ortsarmenverbandes des Aufenthaltsortes[2] angeordnet werden.[3]

Gegen diese Anordnung, welche, wenn die Voraussetzungen fortfallen, unter welchen sie erlassen ist, jederzeit zurückgenommen werden kann, steht innerhalb vierzehn Tagen nach der Zustellung beiden Theilen die Berufung zu. Dieselbe erfolgt, wenn die streitenden Armenverbände einem und demselben Bundesstaate angehören, an die nächst höchste landesgesetzliche Instanz, sofern die streitenden Theile verschiedenen Bundesstaaten angehören, an das Bundesamt für das Heimathwesen. Bei der hierauf ergehenden Entscheidung bewendet es endgültig.

Dasselbe findet statt, wenn der Antrag des verpflichteten Armenverbandes auf Erlaß einer solchen Anordnung zurückgewiesen ist.

1. Entsch. **26** 148, 149, **27** 172, 175, **30** 176, **32** 139.

2. also — abweichend von §§ 38 Abs. 1, 53 d. G. — des zur Ausweisung berechtigten AV.

3. Der Antrag kann wie im Falle des § 55 Abs. 2 von jedem der beiden AV. gestellt werden. — Über die Zulässigkeit einer Verbindung dieses eigentlich erst in die Exekutionsinstanz gehörenden Antrags mit der Klage auf Anerkennung der Übernahmepflicht unter der Voraussetzung, daß die erstinstanzliche Spruchbehörde für beide AV. zuständig ist, s. Entsch. **5** 126, **7** 141, 147, **10** 140, **15** 130. — Die Anordnung kann nur Regelung für die Zukunft treffen; sie setzt voraus, daß die Übernahmepflicht auf Grund dauernder Hilfsbedürftigkeit durch Urteil oder Anerkenntnis feststeht (Entsch. **23** 180, **24** 187, **29** 145, **31** 196).

§ 57. Solange das Verfahren, betreffend den

Versuch einer Einigung nach § 55, oder betreffend den Erlaß der im § 56 bezeichneten Anordnung, schwebt, bleibt die Vollstreckbarkeit der Entscheidung erster Instanz ausgesetzt (§ 53).

§ 58. Ist die Ausweisung durch Transport zu bewerkstelligen, so fallen die Transportkosten als ein Theil der zu erstattenden Kosten der Unterstützung des Hülfsbedürftigen dem hierzu verpflichteten Armenverbande zur Last.[1]

Entsteht über die Nothwendigkeit des Transportes oder die Art der Ausführung desselben Streit, so erfolgt die Entscheidung hierüber endgültig durch die in erster Instanz in der Hauptsache zuständige Behörde des Armenverbandes des Aufenthaltsortes (§ 38 Absatz 2).

1. s. § 32 Abs. 2. — Über den Begriff: Transport s. Entsch. 22 173, 177, 32 141, 142.

§ 59. Ist ein Armenverband zur Zahlung der ihm endgültig auferlegten Kosten, laut Bescheinigung der ihm vorgesetzten Behörde, ganz oder theilweise außer Stande, so hat der Bundesstaat, welchem er angehört, entweder mittelbar oder unmittelbar[1] für die Erstattung zu sorgen.

1. §§ 36 und 59 PrAG. und die entsprechenden Bestimmungen der übrigen Landesgesetze, s. Anhang B und E.

Oeffentliche Unterstützung hülfsbedürftiger Ausländer.

§ 60. Ausländer müssen vorläufig von dem=

jenigen Ortsarmenverbande unterstützt werden, in dessen Bezirk sie sich bei dem Eintritt der Hülfsbedürftigkeit befinden. Zur Erstattung der Kosten beziehungsweise zur Uebernahme des hülfsbedürftigen Ausländers ist derjenige Bundesstaat verpflichtet, welchem der Ortsarmenverband der vorläufigen Unterstützung angehört, mit der Maßgabe, daß es jedem Bundesstaate überlassen bleibt, im Wege der Landesgesetzgebung diese Verpflichtung auf seine Armenverbände zu übertragen.[1]

1. Anhang D; über den Begriff Ausländer s. Einl. S. 6. — Vgl. auch Entsch. 25 155, 26 152, 32 147.

Verhältniß der Armenverbände zu einder, zu anderweit Verpflichteten.

§ 61. Durch die Bestimmungen dieses Gesetzes werden Rechte und Verbindlichkeiten nur zwischen den zur Gewährung öffentlicher Unterstützung nach Vorschrift dieses Gesetzes verpflichteten Verbänden (Orts-, Landarmenverbände, Bundesstaaten[1]) begründet.

Daher werden die auf anderen Titeln (Familien- und Dienstverhältniß, Vertrag, Genossenschaft, Stiftung usw.) beruhenden Verpflichtungen, einen Hülfsbedürftigen zu unterstützen, von den Bestimmungen dieses Gesetzes nicht betroffen.

1. Auch die Bundesstaaten sind, sofern sie Träger der endgültigen Armenlast nach §§ 33, 60 sind, als Armenverbände anzusehen 36 131.

§ 62. Jeder Armenverband, welcher nach Vorschrift dieses Gesetzes einen Hülfsbedürftigen unterstützt hat, ist befugt, Ersatz derjenigen Leistungen, zu deren Gewährung ein Dritter aus anderen, als den durch dieses Gesetz begründeten Titeln verpflichtet ist, von dem Verpflichteten in demselben Maße und unter denselben Voraussetzungen zu fordern, als dem Unterstützten auf jene Leistungen ein Recht zusteht.[1]

Der Einwand, daß der unterstützende Armenverband den Ersatz von einem anderen Armenverbande zu fordern berechtigt sei, darf demselben hierbei nicht entgegengestellt werden.

1. Vgl. über die Unterhaltspflicht der Ehegatten und Verwandten §§ 1360ff., 1578ff., 1601ff. BGB.; des unehelichen Vaters §§ 1708ff. BGB.; des Dienst- oder Arbeitsherrn § 617 BGB.; Art. 95 Abs. 2 EG.BGB., sowie ferner über die Verpflichtungen der Krankenkassen, Unfall-Berufsgenossenschaften, Invaliditäts- und Alters-Versicherungsanstalten und deren Verhältnis zu dem Armenverband: § 57 des Krankenversicherungsgesetzes, § 25 des Gewerbe-Unfallversicherungsgesetzes, §§ 27, 30 des landwirtschaftlichen Unfallversicherungsgesetzes, §§ 9, 10, 13 Abs. 2 des Bau-Unfallversicherungsgesetzes, § 29 des See-Unfallversicherungsgesetzes (sämtliche UnfVersGes. in der Fassung der Bekanntmachung v. 5. Juli 1900), § 49 des Invalidenversicherungsgesetzes (Fassung v. 19. Juli 1899).

Verhältniß der Armenverbände zu den Behörden.

§ 63. Die Verwaltungs- und Polizeibehörden sind verpflichtet, innerhalb ihres Geschäftskreises den Armenverbänden behufs der Ermittelung der

Heimaths-, Familien- und Aufenthaltsverhältnisse eines Hülfsbedürftigen auf Verlangen behülflich zu sein.

§ 64. Das Eintreten der in den §§ 10 und 22 an den Ablauf einer bestimmten Frist geknüpften Wirkungen kann durch Vertrag oder Verzicht der betheiligten Behörden oder Personen nicht ausgeschlossen werden.

Zeitpunkt der Geltung des Gesetzes und Uebergangsbestimmungen.

§ 65. Dieses Gesetz tritt mit dem 1. Juli 1871 in Kraft. Nach diesem Tage finden die bis dahin innerhalb des Bundesgebietes gültigen Vorschriften über die durch das gegenwärtige Gesetz geregelten Rechtsverhältnisse nur insoweit noch Anwendung, als es sich um die Feststellung des Unterstützungswohnsitzes für die Zeit vor dem 1. Juli 1871 handelte.

Insbesondere kommen hierbei folgende Bestimmungen zur Anwendung:

1. Diejenigen Norddeutschen, welche am 30. Juni 1871 innerhalb des Bundesgebietes ein Heimathsrecht besitzen, haben kraft desselben am 1. Juli 1871 den Unterstützungswohnsitz in demjenigen Ortsarmenverbande, welchem ihr Heimathsort angehört.

2. Diejenigen Norddeutschen, welche am 30. Juni 1871 innerhalb des Bundesgebietes einen Unterstützungswohnsitz haben, besitzen denselben am 1. Juli

1871 mit den Folgen und Maßgaben dieses Gesetzes, gleichviel ob die Voraussetzungen des Erwerbes andere waren, als die durch dieses Gesetz vorgeschriebenen.

3. Wo und insoweit bisher ein Heimatsrecht oder Unterstützungswohnsitz durch bloßen Aufenthalt nicht erworben, durch bloße Abwesenheit nicht verloren werden konnte, beginnt der Lauf der durch dieses Gesetz vorgeschriebenen zweijährigen Frist für den Erwerb beziehungsweise Verlust des Unterstützungswohnsitzes mit dem 1. Juli 1871.

4. Wo bisher für den Erwerb beziehungsweise Verlust des Unterstützungswohnsitzes die nämliche oder eine längere, als die durch dieses Gesetz vorgeschriebene Frist galt, kommt bei Berechnung der letzteren die vor dem 1. Juli 1871 abgelaufene Zeitdauer in Ansatz.

5. Wo bisher für den Erwerb beziehungsweise Verlust des Unterstützungswohnsitzes eine kürzere, als die durch dieses Gesetz vorgeschriebene Frist bestand, gilt, sofern die kürzere Frist vor dem 1. Juli 1871 abgelaufen war, die Wirkung des Ablaufs als eingetreten, auch wenn die Entscheidung hierüber erst nach dem 1. Juli 1871 erfolgt. War die kürzere Frist vor dem 1. Juli 1871 noch nicht abgelaufen, so bedarf es zum Eintritt der durch dieses Gesetz vorgeschriebenen Wirkungen des Ablaufs der durch dieses Gesetz vorgeschriebenen Frist, jedoch unter Anrechnung der vor dem 1. Juli 1871 abgelaufenen Zeitdauer.

6. Das durch dieses Gesetz für die Entscheidung der Streitsachen über die öffentliche Unterstützung Hülfsbedürftiger vorgeschriebene Verfahren kommt nach Maßgabe der Vorschrift des § 37 zur Anwendung bei denjenigen Streitsachen der Armenverbände (Armenkommunen, Armenbezirke, Heimathsbezirke), welche nach dem 30. Juni 1871 anhängig gemacht werden.

Urkundlich unter Unserer Höchsteigenhändigen Unterschrift und beigedrucktem Bundes-Insiegel.

Gegeben Schloß Babelsberg, den 6. Juni 1870.

(L. S.) **Wilhelm.**

Gr. v. Bismarck-Schönhausen.

Zusatz,

betr. den Zeitpunkt der Geltung der Novelle vom 12. März 1894.

Der Art. 3 der Novelle bestimmt:

Dieses Gesetz tritt mit dem 1. April 1894 in Kraft.

— Übergangsbestimmungen sind nicht erlassen. Bei

der zweiten Lesung des Gesetzentwurfs hat der Berichterstatter Abgeordneter Schröder wörtlich erklärt: „Zu diesem Artikel habe ich nur zu konstatieren, daß es die übereinstimmende Ansicht der verbündeten Regierungen sowohl als der Kommission war, daß das Inkrafttreten dieses Gesetzes die Wirkung hat, daß von dem Tage des Inkrafttretens ab in bezug auf den Unterstützungswohnsitz alle Rechtsverhältnisse nur noch nach dem neuen Gesetze zu beurteilen sind, derart, daß allerdings von diesem Tage ab in bezug auf den rechtlichen Zustand des Unterstützungswohnsitzes Veränderungen eintreten können, ohne daß unter der Herrschaft des neuen Gesetzes auch noch etwas Neues zu geschehen haben wird. Insbesondere erstreckt sich das auf den Fristlauf für die Erwerbung und den Verlust des Unterstützungswohnsitzes. Es ist nicht erforderlich, daß erst von dem Inkrafttreten des Gesetzes ab ein neuer Fristlauf stattfindet." (StenBer. der Reichstags-Sitzung v. 26. Jan. 1894.)

Vgl. zu § 10 Anm. 4, zu § 18 Anm. 2, zu § 30 Anm. 5.

Anhang.

Landesgesetzliche Bestimmungen.

A.

Umfang der Unterstützungspflicht.

Preußen. **1. Preußen** (einschließlich Kreis Herz. Lauenburg).

Ausf.Ges. vom 8. März 1871. (Instr. v. 10. April 1871 M. f. i. V. S. 132.)

§ 1. Jedem hülfsbedürftigen Deutschen (§ 69) ist von dem zu seiner Unterstützung verpflichteten Armenverbande Obdach, der unentbehrliche Lebensunterhalt,[1] die erforderliche Pflege in Krankheitsfällen und im Falle seines Ablebens ein angemessenes Begräbnis zu gewähren.

Die Unterstützung kann geeigneten Falles, so lange dieselbe in Anspruch genommen wird, mittelst Unterbringung in einem Armen- oder Krankenhause, sowie mittelst Anweisung der den Kräften des Hülfsbedürftigen entsprechenden Arbeiten außerhalb oder innerhalb eines solchen Hauses gewährt werden.

Gebühren für die einem Unterstützungsbedürftigen geleisteten geistlichen Amtshandlungen sind die Armenverbände zu entrichten nicht verpflichtet.

Gleichlautend § 1 Ausf.Ges. f. Lauenburg.

1. Dazu gehören, außer der erforderlichen Nahrung, alle sonstigen zur Existenz eines Menschen unentbehrlichen Gegenstände: Kleidung, Heizung usw. ebenso wie das (nur besonders hervorgehobene) Obdach. (Instr.) Die Erziehung der Kinder ist nicht Gegenstand der Armenpflege. Die Unfähigkeit, durch Zahlung des Schulgeldes zu den Schulunterhaltungskosten beizutragen, kann nicht als Mangel der Fähigkeit, den Kindern den notdürftigen Lebensunterhalt zu verschaffen (§ 4 FreizügG.), aufgefaßt werden. (Vgl. Instr.) Die in dem Ges. betr. die Unterbringung verwahrloster Kinder v. 15. März 1878 (GS. S. 132) dem Ortsarmenverbande des UW. auferlegte Verpflichtung, zu den im übrigen den größeren Kommunalverbänden auferlegten Kosten einen Beitrag (Einlieferungs-, Ausstattungs-, Rückreisekosten) zu leisten, liegt außerhalb der auf dem UWG. beruhenden armenrechtlichen Unterstützungspflicht. Die Spruchbehörden in Armenstreitsachen sind daher zur Entscheidung über diese Verpflichtung nicht zuständig (Entsch. 18 126, 25 79, **32** 32). Dasselbe gilt gegenüber der entsprechenden Verpflichtung des Ortsarmenverbandes des UW. nach § 15 des Ges. über die Fürsorgeerziehung Minderjähriger v. 2. Juli 1900 (GS. S. 264). — Über das Verhältnis der Fürsorgeerziehung zur Armenpflege s. **32** 150, **36** 52ff., **37** 51 u. Verf. des Min. des Innern v. 22. Febr. 1901 (MBl. f. i. V. S. 73). — Beschl. des Kammergerichts v. 23. Sept. 1901 (JMBl. S. 288). Preußen.

§ 63. Einen Anspruch auf Unterstützung kann der Arme gegen einen Armenverband niemals im Rechtswege, sondern nur bei der Verwaltungsbehörde geltend machen, in deren Pflicht es liegt, keine Ansprüche zuzulassen, welche über das Nothdürftige hinausgehen.[1]

Beschwerden gegen Verfügungen der Vorstände der Ortsarmenverbände darüber, ob, in welcher Höhe und in welcher Weise Armenunterstützungen

Preußen. zu gewähren sind, folgen dem durch die bestehenden Gesetze angeordneten Instanzenzuge mit der Maßgabe, daß an die Stelle der Bezirksregierung die Deputation für das Heimathwesen tritt, welche endgültig entscheidet.[2]

Gleichlautend § 51 AusfGes. f. Lauenburg.

1. Eine Vorentscheidung der Verwaltungsbehörde ist nicht erforderlich, wenn ein Dritter von einem Armenverband wegen geleisteter Pflege Erstattung fordert. (Beschluß der vereinigten Zivilsenate des Reichsgerichts vom 27. April 1898 (RGEntsch. in Zivils. 41, S. 267).

2. § 41 ZustGes. v. 1. August 1883 (s. Vorbemerkung zu Anh. E.) bestimmt:

„Beschwerden von Armen gegen Verfügungen von Ortsarmenverbänden, ob usw. (§ 63 Abs. 2), unterliegen:

1) sofern eine Stadt von mehr als 10,000 Einwohnern an dem Armenverbande beteiligt ist, der endgültigen Beschlußfassung des Bezirksausschusses;
2) andernfalls der endgültigen Beschlußfassung des Kreisausschusses.

Desgleichen unterliegen Beschwerden von Armen gegen Verfügungen von Landarmenverbänden über die Art und Höhe der Unterstützung der endgültigen Beschlußfassung des Bezirksausschusses, sofern die Landarmenverbände nur aus einem Kreise bestehen."

Für Berlin § 161 a. a. O.; für Hohenzollern § 5 LVG.

3. Der Armenpolizeibehörde stehen zur Durchführung der von ihr getroffenen Anordnungen die Zwangsbefugnisse nach § 132 des Landesverwaltungsgesetzes zu.

Sachsen. 2. **Sachsen.** a. § 1. Ver. v. 6. Juni 1871 (s. Anh. B.) b. Armenordnung v. 22. Oktober 1840.

§ 4. Nur derjenige Arme, welcher seinen nothdürftigen Unterhalt ganz oder teilweise nicht von anderen, den Rechten nach oder zufolge besonderer Verbindlichkeit dazu verpflichteten Privatpersonen oder Corporationen erlangen kann, auch solche von andern nicht freiwillig empfängt und sich ebenso wenig selbst nothdürftig ernähren kann, hat auf öffentliche Unterstützung Anspruch. Sachsen.

IV. Abschnitt. Von den Grundsätzen der Armenpflege u. s. w.

§ 23. Nicht jeder Arme hat deshalb, weil er arm ist, Anspruch auf öffentliche Versorgung oder Unterstützung, sondern nur derjenige, welcher sich außer Stande befindet, durch eigene Kraft und Thätigkeit die zum Leben erforderlichen unentbehrlichen Bedürfnisse sich selbst zu verschaffen und nur soweit als dieses der Fall ist.

§ 24. Die öffentliche Armenpflege hat daher bei ihren Anstalten und Vorkehrungen darauf zu sehen und dahin zu trachten,

1. daß der arbeitsfähige Arme, soweit er es vermag, zur Thätigkeit und zu möglichst eigenem Erwerbe der unentbehrlichsten Lebensbedürfnisse genöthigt, oder mit den dazu erforderlichen Mitteln versehen werde;[1]
2. daß bei eintretendem Bedürfnisse der öffentlichen Unterstützung dem Armen nur das schlechterdings Unentbehrliche gewährt werde.

1. Vgl. zu §§ 24 und 28 Entsch. 25 93.

§ 25. Um den Entstehungsursachen der Verarmung soviel wie möglich vorzubeugen, ist denjenigen, welche durch häusliche oder persönliche Unfälle in vorübergehenden Nothstand versetzt werden, unter solchen Umständen zeitiger Beistand zu leisten.

§ 26. § 27 Abs. 1. § 31 handeln von polizei-

Sachsen. lichen und strafrechtlichen Maßregeln gegen Verschwender, Trunkenbolde, Arbeitsscheue — (vgl. jetzt § 360 StGB.; auch Entsch. 22 71).

§ 27 Abs. 2. Die Verschaffung lohnender Arbeit für arbeitswillige und -fähige, aber arbeitslose Arme ist Sache der Armenbehörden.

§ 28. Die hauptsächlichste Sorgfalt der Armenbehörden ist darauf zu richten, die noch arbeitsfähigen Armen, soweit möglich, in ihrem gewohnten Erwerbszweige zu erhalten oder ihnen sonst Gelegenheit zu lohnender Beschäftigung zu verschaffen und dadurch den Verfall derselben in die Klasse solcher Armen, welche auf öffentliche Kosten ganz oder theilweise erhalten werden müssen, so lange als nur möglich zu verhindern.

§ 29. Die zu diesem Zwecke zu wählenden Mittel und Maßregeln müssen sich im Einzelnen allenthalben nach den örtlichen Verhältnissen richten.

§ 32. Jede öffentliche Armenunterstützung ist nur als temporäre zu betrachten; die Armenbehörden haben daher den Zustand der mit Unterstützung betheiligten Armen fortwährend im Auge zu behalten und, sobald sich die veranlassende Ursache ganz oder zum Theil erledigt, die Unterstützung entweder ganz wieder einzuziehen, oder zu vermindern.

§ 33 Die verschiedenen Gegenstände der Armenpflege sind:

1. Verabreichung von Almosen (§§ 34, 35).[1]
2. Krankenpflege (§§ 36—48).*)

---

*) Über die Verpflichtung der Hebammen auch solchen Armen, von denen sie keine Belohnung zu erwarten haben, ihre Dienste zu leisten, und über die Voraussetzungen, unter denen sie aus der Armenkasse Entschädigung erhalten

3. Kindererziehung (§§ 49, 50, 59, s. unten). Sachsen.
4. Verschaffung von Unterkommen (§§ 52—56).
5. Gänzliche Versorgung (§§ 57, 58).

1. Die Allegate der §§ fehlen im Texte der Armenordnung; die Kategorien dienen als Marginalüberschrift der betr. §§.

§ 49 Abs. 1. Arme Waisen, zu deren Versorgung und Erziehung keine privatrechtlich verpflichtete Angehörige vorhanden sind, oder deren sich sonst Niemand freiwillig anzunehmen geneigt ist, sind entweder in den vorhandenen Waisenhäusern oder auf Kosten der Armenkasse in ehrbaren Familien unterzubringen.

§ 50 Abs. 1, betr. die Verpflichtung der Armenverbände zur Entrichtung der Hälfte des Schulgeldes für schulfähige Kinder armer Eltern, ist durch das Gesetz v. 15. April 1886 (Ges. u. VerBl. S. 88) aufgehoben. — Das Volksschulwesen ist durch das Gesetz v. 26. April 1873 (Ges. u. VerBl. S. 350) angeordnet, dessen § 5 Abs. 5 durch § 50 des AusfGes. z. BGB. abgeändert ist und die Zwangserziehung auf Anordnung des Vormundschaftsgerichts behandelt. (Vgl. dazu noch §§ 48, 52, 53 der Ver. zur Ausf. des BGB. v. 6. Juli 1899.)

Abs. 2 handelt von der Einrichtung von Kinderbewahranstalten.

Über die Erziehung verwahrloster, schwacher und blödsinniger Kinder vgl. Entsch. 24 111, 25 84. — Wegen taubstummer Kinder vgl. Entsch. 11 114.

---

können vgl. die Hebammenordnung v. 2. April 1818 (§ 5) und v. 16. Nov. 1897 (§ 7), sowie die Verordnung betr. das Hebammenwesen von demselben Tage und die im § 4 ausdrücklich aufrecht erhaltene Verordnung v. 13. Juni 1832 betr. die Ausmittelung des notdürftigen Unterhalts f. d. Hebammen (§§ 2 und 3) nebst der Verf. des Min. d. Innern v. 24. Aug. 1872 (Sächs. Wochenblatt 1879 S. 160).

Sachsen. § 59. Die Heimathsbezirke sind verpflichtet, nach vollendeter Erziehung der . . . Waisen deren bürgerliches Fortkommen dadurch zu begründen, daß sie die zur Aufnahme als Lehrlinge unentbehrlich nöthigen Kosten für Bekleidung, Handwerkszeug und dergleichen darreichen.

Württemberg. 3. **Württemberg.** Ausf. Ges. v. 17. April 1873. (Instr. v. 30. Mai 1873. RegBl. S. 207.)

Art. 1 übereinstimmend mit § 1 PrAG. Der Eingang zu Abs. 2 lautet:

Wenn Jemand für seine Person oder seine nicht arbeitsfähigen Angehörigen (vgl. § 4 des Freizügigkeitsgesetzes vom 1. Nov. 1867) Unterstützung in Anspruch nimmt, so kann solche mittels Unterbringung in einem Armen- oder Krankenhause, geeigneten Falls mittels Anweisung u. s. w.[1]

Vgl. Instr. §§ 1—4; insbes. § 1 Abs. 2 u. 3. Bei Kindern erstreckt sich die Verpflichtung der Armenverbände auch auf die Fürsorge für deren Erziehung und für die Gewährung des Volksschulunterrichts, ein Anspruch an die Armenverbände auf Bezahlung von Schulgeld wird jedoch durch letztere Verpflichtung nicht begründet, da arme Kinder nach Art. 21 Abs. 4 des Ges. vom 29. Sept. 1836 von der Bezahlung von Schulgeld durch die Ortsbehörden freizulassen sind. — Mit der Entlassung aus der Schule hört die Verpflichtung zur Unterstützung von Kindern auf, wenn es diesen möglich ist, durch Eintritt in einen Dienst, eine Gewerbelehre oder ein sonstiges Arbeitsverhältnis sich ihren Unterhalt selbst zu verschaffen; es bleibt jedoch eine besondere Obliegenheit der Armenbehörden, durch entsprechende Beratung und Tätigkeit für die Vermittelung eines derartigen Unterkommens zu sorgen.

Die Zwangserziehung Minderjähriger ist durch das Ges. v. 29. Dez. 1899 geändert, dessen § 19 in Abs. 5

ausdrücklich bestimmt, daß die den Orts- und Landarmen- Württemberg.
verbänden durch die Zwangserziehung entstehenden Kosten nicht als Armenunterstützungen im Sinne des Art. 1 des AusfGes. v. 17. April 1873 zu betrachten seien.

1. Über Zwang zur Arbeit bestimmt Art. 14 Ges. v. 2. Juli 1889 (RegBl. S. 214):

Abs. 1. Wer für sich selbst oder in der Person seiner Ehefrau oder seiner noch nicht 14 Jahre alten Kinder öffentliche Unterstützung empfängt, kann durch Beschluß der die Unterstützung gewährenden Armenbehörde verpflichtet werden, hierfür nach dem Maße seiner Kräfte diejenigen Arbeiten zu verrichten, welche ihm von der Armenbehörde innerhalb oder außerhalb einer öffentlichen Armenanstalt angewiesen werden.

Abs. 6. Die Verhängung des Arbeitszwanges kann von der Armenbehörde zu jeder Zeit wieder aufgehoben werden, wenn deren fernere Aufrechterhaltung als unzweckmäßig erscheint. Ebenso steht es den Beteiligten frei, deren Aufhebung jederzeit zu beantragen. Abs. 2—5 und 7 handeln von dem Beschlusse und der zulässigen Beschwerde im Falle der Anordnung einer Zwangsarbeit und der Abweisung eines auf die Wiederaufhebung der Arbeitsauflage gerichteten Gesuches. — (Vgl. dazu auch § 28 der Vollzugsordnung v. 15. Juli 1889 RGBl. S. 233.)

Art. 2. Die öffentliche Unterstützung Hülfsbedürftiger hat nur insoweit einzutreten, als dieselben weder von anderen zu ihrer Alimentation rechtlich Verpflichteten noch durch die freiwillige Armenpflege die nöthige Hülfe erhalten.

Die Verweisung an dritte Verpflichtete (Ab. 1) ist nicht zulässig, wenn der Unterstützungsbedürftige sich in einer Lage befindet, welche sofortige Hülfeleistung erfordert. (Vgl. Instr. § 5.)

Art. 4. Dritten Personen, welche, ohne dazu

Württemberg. rechtlich verpflichtet zu sein, einem im Sinne des Art. 2 Unterstützungsbedürftigen eine dringend nöthige Hülfe leisten, steht ein Anspruch auf Ersatz des durch die Umstände gebotenen Aufwandes aus Mitteln der öffentlichen Armenpflege, und zwar von dem zunächst verpflichteten Armenverband (Reichsges. v. 6. Juni 1870 § 28) zu, jedoch nur, wenn die Ortsarmenbehörde dieses Verbandes von der Hülfeleistung innerhalb 24 Stunden oder, sofern diese Frist nicht eingehalten werden kann, sobald als möglich in Kenntniß gesetzt worden ist. (Instr. § 7.)

Art. 5. Die Bestimmungen des Art. 4 finden auch Anwendung auf Aerzte (Wundärzte, Heilärzte) rücksichtlich des Anspruchs auf den Bezug der regulativmäßigen Gebühren für ärztliche Hülfe in Fällen, wo für die Armenverbände andere Aerzte zur Behandlung der Hülfsbedürftigen der betreffenden Verbände aufgestellt sind.

Sind öffentliche Aerzte für die Behandlung der Armen nicht bestellt, so haben die Aerzte Anspruch auf Bezug der regulativmäßigen Gebühren für ihre Dienstleistungen an den zunächst verpflichteten Armenverband. Der Anspruch muß jedoch binnen drei Monaten, von dem Beginn der Hülfeleistung an gerechnet, erhoben werden.

Unter den gleichen Voraussetzungen haben auch Hebammen Anspruch auf den Bezug der regulativmäßigen Gebühren für die geleistete Kunsthülfe. (Instr. § 8.)

Art. 6. Apotheker haben Anspruch auf die Bezahlung der für Arme auf ärztliche u. s. w. Verordnung abgegebenen Arzneimittel durch den zunächst verpflichteten Armenverband, wenn

1. die Abgabe
   a) auf Verordnung des bestellten Armenarztes,

b) wo ein solcher nicht bestellt ist oder in Nothfällen (vgl. Art. 4 und 5) auf Verordnung eines anderen Arztes erfolgt, und Württemberg.

2. der Anspruch binnen 3 Monaten von der Abgabe an bei dem zunächst verpflichteten Ortsarmenverbande erhoben worden ist.

Art. 7, Abs. 1 übereinstimmend mit § 63, Abs. 1 PrAG.

Ueber Beschwerden gegen Verfügungen der Ortsarmenbehörden darüber, ob, in welcher Höhe und in welcher Weise Armenunterstützungen zu gewähren sind, entscheidet das vorgesetzte Oberamt.[1] Gegen dessen Entscheidung ist eine weitere einmalige Beschwerde zulässig.[2] Ueber Beschwerden der vorbezeichneten Art gegen Anordnungen der Landarmenbehörden erkennt die Kreisregierung, gegen deren Verfügung eine weitere einmalige Beschwerde an das Ministerium des Innern stattfindet. (Zu Abs. 1—3 Instr. § 9.)

Streitigkeiten über die Anwendung der Bestimmungen in Art. 3—6 sind im Verwaltungsrechtswege zu entscheiden.[3]

1. Vom 1. Dez. 1907 ab der Bezirksrat (Bezirksordnung v. 28. Juli 1906 RegBl. 442 Art. 42 Nr. 7, Art. 105).

2. An die Kreisregierung (BezOrd. v. 28. Juli 1906 § 79 Abs. 5) nach näheren Maßgaben des Art. 98 a. a. O.

3. § 10 Nr. 3. Ges. über die Verwaltungsrechtspflege v. 16. Dez. 1876 s. Anh. E.

4. Baden. a. Gesetz v. 5. Mai 1870, die öffentliche Armenpflege betr. (Ges. u. VerBl. S. 287). Baden.

§ 2. Die öffentliche Armenpflege unterstützt diejenigen Personen, welche dauernd oder vorübergehend

Baden. außer Stande sind, aus eigenen Mitteln oder durch eigene Kraft sich den nothdürftigen Unterhalt selbst zu verschaffen.

§ 3. Unterstützung aus Mitteln der öffentlichen Armenpflege wird nur gewährt, wenn und soweit der Unterstützungsbedürftige den nöthigen Unterhalt nicht von zur Leistung desselben rechtlich verpflichteten Dritten, oder durch die freiwillige Armenpflege erhält.

§ 4. Die Verweisung an dritte Verpflichtete ist nicht zulässig, wenn der Unterstützungsbedürftige sich in einer Lage befindet, welche alsbaldige Hülfeleistung erfordert.

Vielmehr hat in solchem Falle die Armenbehörde desjenigen Armenverbandes, wo das Bedürfniß hervortritt, die Unterstützung zu leisten, vorbehaltlich des Ersatzanspruchs an die dazu nach öffentlichem oder bürgerlichem Rechte Verpflichteten.

§ 6. Dritten Personen, welche, ohne kraft öffentlichen oder Privatrechts dazu verpflichtet zu sein, einem im Sinne des § 2 Unterstützungsbedürftigen eine dringend nöthige Hülfe leisten, steht ein Anspruch auf Ersatz des durch die Umstände gebotenen Aufwands aus Mitteln der öffentlichen Armenpflege nur zu, wenn die Armenbehörde von der Hülfeleistung sobald als möglich in Kenntniß gesetzt wird. Außerdem beginnt der Anspruch auf Ersatz erst mit dem Tage der geschehenen Anzeige.

§ 7. Aerzte[1] und Apotheker[2] haben einen Anspruch auf den Bezug der geordneten Gebühren und Taxen[3] aus Mitteln der öffentlichen Armenpflege auch dann, wenn sie zur Hülfeleistung öffentlich rechtlich verpflichtet sind.

Wo jedoch die Armenverbände vertragsmäßig bestimmte Aerzte und Apotheker zur Dienstleistung für Arme bestellt haben, steht anderen Aerzten und Apothekern der erwähnte Anspruch nur dann zu, wenn sie in einem dringenden Fall die erforderliche Hülfe geleistet haben. Der Anspruch verjährt in zwei Jahren. Baden.

1. 2. Über die Verpflichtung zur Hilfeleistung.

a) der Ärzte; vgl. Ver. v. 30. Juni 1870 (Ges. u. VerBl. S. 596), Ver. d. Min. des Innern v. 11. Dez. 1883 (Ges. u. VerBl. S. 336), Dienstanweisung für Bezirksärzte usw. v. 1. Jan. 1886 (Ges. u. VerBl. S. 3);

b) der Apotheker: Ver. v. 29. Mai 1880 (Ges. u. VerBl. S. 153);

3. Arzneitaxe; Ver. des Min. d. Innern v. 27. Dez. 1890 (Ges. u. VerBl. S. 187).

§ 8. Wer durch unwahres Vorgeben oder Vorenthaltung der Wahrheit von der öffentlichen Armenpflege Unterstützung erschleicht, wird, sofern die That nicht in Betrug oder Fälschung im strafrechtlichem Sinne übergeht, mit Haft bis zu vier Wochen polizeilich bestraft.

§ 18. Der verpflichtete Armenverband hat dem Unterstützungsbedürftigen den unentbehrlichen Unterhalt nach Maßgabe des Bedürfnisses und unter Verwendung der etwa vorhandenen Arbeitskraft zu gewähren, insbesondere Sorge zu tragen für Erziehung, Unterricht[1] und Erwerbsbefähigung der Kinder, für ärztliche Behandlung und Verpflegung der Kranken und für die Bestreitung des Begräbnisses.

1. Wegen des Unterrichts bestimmt an Stelle des aufgehobenen § 54 des Ges., betr. den Elementarunterricht, v. 6. März 1868 (RegBl. S. 251), der § 55 in der Fassung des Ges. v. 25. Juli 1888 (Ges.

Baden. u. VerBl. S. 593), daß Unvermögende von der Zahlung des Schulgeldes für diejenigen Volksschulen, zu deren Besuch eine gesetzliche Verpflichtung besteht, ganz oder zum Teil zu befreien sind. Eine solche Befreiung gilt nicht als Armenunterstützung.

Das Gesetz, die staatliche Fürsorge für die Erziehung verwahrloster jugendlicher Personen betr., v. 4. Mai 1886 (Ges. u. VerBl. S. 225) ist durch das Ges. v. 16. Aug. 1900 die Zwangserziehung und die Bevormundung durch Beamte der Armenverwaltung betreffend (a. a. O. S. 938) in einzelnen Bestimmungen abgeändert. Die in diesem Gesetze den Armenverbänden auferlegte Beteiligung an den Kosten dieser Maßregel beruht nicht auf reichsgesetzlicher Grundlage und ist als Armenunterstützung nicht anzusehen.

(Vgl. §§ 11, 34—37 der Vollzugsordnung v. 27. Nov. 1886 [a. a. O. S. 540] und Entsch. 22 19.)

§ 19 betrifft die Aufstellung von Hausordnungen und die Disziplin in den öffentlichen Armenanstalten.

§ 20. Die Gemeinden sind verbunden, die für die örtliche Armenpflege nothwendigen Einrichtungen zu treffen.

Auch können sie Verträge abschließen, wonach die Armen einer Gemeinde in den Armenanstalten einer anderen Gemeinde untergebracht werden sollen, oder wonach mehrere Gemeinden zur Beschaffung gemeinschaftlicher Einrichtungen für die Armenpflege sich vereinigen.

§ 21. Arme Inländer oder Ausländer, welche außerhalb ihres Wohnsitzes erkranken, sind an dem Orte, wo sie sich in hülfsbedürftigem Zustande befinden, so lange zu verpflegen und ärztlich zu behandeln, bis sie ohne Nachteil für ihre oder Anderer Gesundheit weiter kommen, oder ihren Erwerb im Ort fortsetzen können.

b. Ausf.Ges. v. 14. März 1872. Baden.

§ 4, Abs. 5. Ueber die Hülfsbedürftigkeit, die Art und das Maß der Unterstützung entscheiden die Verwaltungsbehörden.[1]

1. d. h. dem Armen gegenüber, vgl. § 4 Abs. 2 (Anh. E).

5. Hessen. Ausf.Ges. v. 14. Juli 1871. Hessen.

Art. 1 übereinstimmend mit § 1 PrAG., doch fehlt dessen Abs. 3.[1]

1. Ges., die Zwangserziehung Minderjähriger betr., vom 11. Juni 1887, dessen Vorschriften zum Teil geändert sind durch §§ 284 des Ausführungsgesetzes zum BGB. — Bekanntmachung v. 30. Sept. 1899.

Art. 19 Abs. 1 gleichlautend mit § 63 Abs. 1 PrAG.

Abs. 2. Beschwerden gegen Verfügungen der Vorstände der Armenverbände darüber, ob, in welcher Höhe und in welcher Weise Armenunterstützungen zu gewähren sind, werden, insofern sie gegen Verfügungen der Ortsarmenverbände gerichtet sind, von der Bezirksraths-Kommission (Art. 4),[1] insofern sie Verfügungen der Landarmenverbände zum Gegenstande haben, von dem Administrativ-Justizhof[2] endgültig entschieden.

1. s. Anh. E., jetzt vom Kreistage bzw. Kreisausschuß. Art. 31 Nr. 12, 44ff., 48 Nr. II 7, 52 Abs. 3 (endgültig Art. 67 Abs. 1) 73 Ges., betr. die innere Verwaltung usw., v. 12. Juni 1874.

2. jetzt von dem Provinzialausschuß. Art. 98 Nr. 2b, Art. 100 Abs. 4, 109/110 (endgültig Art. 111 Abs. 1) a. a. O.

6. Mecklenburg-Schwerin. Ausf.Ver. v. 20. Februar 1871. Mecklenburg-Schwerin.

§ 4. Rücksichtlich der Art und des Maßes der im

Mecklenburg-Schwerin. Fall der Hülfsbedürftigkeit zu gewährenden öffentlichen Unterstützung bewendet es bei den bestehenden landesgesetzlichen Bestimmungen mit nachstehenden Modifikationen:

1. Das im § 11 sub lit. c der Patent-Verordnung vom 21. Juli 1821 den arbeitsfähigen Hülfsbedürftigen zugesprochene Recht auf Anweisung von Arbeit kommt in Wegfall.
2. Arbeitsfähigen Personen braucht im Fall der Obdachlosigkeit nur ein Obdach, nicht aber eine eigene Wohnung oder Zusammenwohnen mit ihrer Familie gewährt zu werden.
3. Arbeitsunfähige, obdachlos gewordene Personen sind möglichst so unterzubringen, daß Eltern und Kinder zusammen bleiben.
4. Jedem Armenverbande ist es gestattet, die einem Hülfsbedürftigen zu gewährende Unterstützung durch Zuweisung von Arbeit resp. durch Unterbringung in einer öffentlichen Armen- oder Arbeits-Anstalt zu gewähren, die dem Orts-Armenverbande zu solchem Zwecke zugänglich ist. In diesem Falle ist der Unterstützte dem Reglement solcher Anstalt unterworfen, insbesondere auch zu den durch dasselbe vorgeschriebenen Arbeiten verpflichtet.[1]

1. Ver. v. 18. Mai 1890 betr. die Bedingungen, unter denen die Ortsarmenverbände Hilfsbedürftige in dem Landarmenhause zu Güstrow unterbringen können (RegBl. S. 93ff.) nebst Zusatzordnung v. 20. Febr. 1902 (RegBl. S. 35).

§ 4a. (Zusatz-Ver. v. 26. Mai 1900 RegBl. S. 281). Es gilt als Regel, daß die Unterstützung eines Ortsarmen innerhalb des verpflichteten Ortsarmenverbandes zu erfolgen hat. — Die Unterbringung eines Ortsarmen außerhalb des Bezirkes des verpflichteten Ortsarmenverbandes soll jedoch zulässig sein, wenn die Unterbringung außerhalb des Bezirks ohne erhebliche Härten oder Nachteile für den Ortsarmen geschehen kann.[1] Mecklenburg-Schwerin.

1. Ver. v. 9. April 1899 betr. die Zwangserziehung Minderjähriger (RegBl. S. 221).

§ 6. Beschwerden Hülfsbedürftiger über verweigerte oder verzögerte Unterstützung, sowie über die Art und das Maß derselben sind hinfort auch in denjenigen Fällen, für welche die Patent-Verordnung vom 21. Juli 1821 den Rechtsweg zuließ, nicht mehr im Rechtswege, sondern allgemein im Verwaltungswege[1] und daher in letzter Instanz von Unserem Ministerium des Innern zu erledigen, bei welchem nicht minder die etwa gegen den Inhaber der Ortsobrigkeit erforderlichen exekutivischen Maßregeln zu beantragen sind.

1. In den Gütern der drei Landesklöster haben die Klosterämter die Untersuchung bzw. der Hilfsbedürftigkeit (DeklVer. v. 11. Jan. 1872).

7. **Sachsen-Weimar.** Ausf. Ges. v. 23. Febr. 1872. Sachsen-Weimar.

§ 4 Abs. 1, 2 u. 4 übereinstimmend mit § 1 Abs. 1—3 PrAG., doch fehlen in Abs. 2 hinter „geeignetenfalls" die Worte: „so lange dieselbe in Anspruch genommen wird" und hinter „Arbeiten" die Worte: „außerhalb oder innerhalb eines solchen Hauses".

Abs. 3. Arbeitsfähige Unterstützung suchende Personen sind zu Leistung geeigneter Arbeit nöthigen Falls zwangsweise anzuhalten.[1]

Sachsen-Weimar. 1. Das Ges. betr. die Unterbringung verwahrloster Kinder v. 1. Febr. 1881 u. dessen Nachtr. v. 23. März 1892 (vgl. dazu Entsch. 32 148) sind durch § 210 des Ausf.Ges. z. BGB. aufgehoben und durch die §§ 200—209 a. a. O. ersetzt.

Mecklenburg-Strelitz. 8. Mecklenburg-Strelitz.

§ 4. Ausf.Ver. für Strelitz und Ratzeburg übereinstimmend mit § 4 der Ver. f. Mecklenburg-Schwerin. Doch fehlt in der Ratzeburger Verordnung die Nr. 1 des § 4.

§ 4a (Zusatz-Ver. v. 14. Juni 1900 OffAnz. S. 283) gleichlautend mit der Zus.Ver. für Mecklenburg-Schwerin. — Ver. v. 9. April 1899 betr. die Zwangserziehung Minderjähriger (OffAnz. S. 281).

§ 6. Strelitz. — Uebereinstimmend mit § 6 Ausf.Ver. f. Mecklenburg-Schwerin. „Sie (die Beschwerden) sind zunächst bei der Behörde, welche der angeblich die Beschwerde veranlassenden Armenbehörde übergeordnet ist, und, wenn solche nicht vorhanden ist, bei Unserer Landesregierung anzubringen und von letzterer endgültig zu entscheiden. Bei Unserer Landesregierung sind auch die etwa gegen den Inhaber der Ortsobrigkeit u. s. w."

§ 6. Ratzeburg. — Beschwerden Hülfsbedürftiger über verweigerte oder verzögerte Unterstützung, sowie über die Art und das Maß derselben, sind nur im Verwaltungswege zu erledigen. Sie sind bei Unserer Landvoigtei in Schönberg anzubringen, welche zunächst darüber unter Beobachtung der Vorschrift des § 2 Nr. 1 der Ausführungs-Verordnung vom 6. November 1869, die Mitwirkung der Vertretung bei Verwaltung des Armenwesens betreffend, zu entscheiden hat. Hinsichtlich der Güter

Dodow und Horst entscheidet das betreffende Patrimonialgericht.[1] In letzter Instanz entscheidet Unsere Landesregierung. Bei dieser sind auch die gegen den Inhaber der Ortsobrigkeit hinsichtlich der im Fürstenthum belegenen Allodialgüter erforderlichen exekutivischen Maßregeln zu beantragen. Mecklenburg-Strelitz.

1. obsolet.

9. **Oldenburg.** a. Rev. Gemeindeordnung für das Herzogthum Oldenburg v. 15. April 1873 (GesBl. S. 551). Oldenburg.

Art. 70 § 1. Die Armenkommission ist verpflichtet, über den Stand und die Ursachen der Armuth in der Gemeinde sich Kenntniß zu verschaffen und den darin sich aufhaltenden Hülfsbedürftigen nach Maßgabe des Bedürfnisses und unter Verwendung der etwa vorhandenen Arbeitskraft die nöthige Unterstützung zu gewähren.

§ 2. Die Unterstützung darf niemals über das Nothwendige hinausgehen und kann, solange sie in Anspruch genommen wird, namentlich auch mittelst u. s. w. wie in § 1 Abs. 2 PrAG.

Vgl. Instruktion für die Armenkommissionen und Armenväter v. 15. Juni 1877.

Fürstentum Birkenfeld: Ges. über das Armenwesen v. 28. März 1876 Art. 13 Abs. 1. Die jedem hilfsbedürftigen Deutschen zu leistende öffentliche Unterstützung befaßt die Gewährung der notwendigsten Lebensbedürfnisse an Obdach, Feuerung, Bekleidung und Nahrungsmitteln, die Sorge für die Erziehung und Erwerbsbefähigung der Kinder, die erforderliche Pflege und ärztliche Behandlung in Krankheitsfällen und im Falle des Ablebens die Gewährung eines angemessenen Begräbnisses.

Abs. 2 gleichlautend mit Art. 70 § 2 der rev. Gem.-Ord. für Oldenburg. (Vgl. auch Instruktion für die Armenkommissionen und Armenväter v. 16. Aug. 1877, GesBl. S. 403.)

Olden-burg. Fürstentum Lübeck: rev. GemOrd. v. 30. März 1876. Art. 77 § 1 gleichlautend mit § 1 Abs. 1 PrAG.

§ 2 gleichlautend mit Art. 70 § 2 der rev. GemOrd. für Oldenburg.

Art. 71 § 1. Als hülfsbedürftig sind nur diejenigen Personen anzusehen, welche dauernd oder vorübergehend außer Stande sind, aus eigenen Mitteln oder durch eigene Kräfte sich das zur Erhaltung des Lebens und der Gesundheit Unentbehrliche selbst zu beschaffen, auch dasselbe nicht durch andere zur Leistung desselben privatrechtlich Verpflichtete erhalten können.

Art. 2 übereinstimmend mit § 4 des Badischen Ges. über die Armenpflege (s. S. 90).

Gleichlautend Art. 14 Armengesetz für Birkenfeld; Art. 78 §§ 1 u. 2 rev. GemOrd. für Lübeck.

Art. 72 § 1. Ein Anspruch auf Unterstützung kann von dem Armen gegen die Gemeinde niemals im Rechtswege, sondern nur im Wege der Beschwerde bei der vorgesetzten Verwaltungsbehörde geltend gemacht werden.

Gleichlautend Art. 19 § 1 Armengesetz für Birkenfeld; Art. 79 § 1 rev. GemOrd. für Lübeck.

Art. 74. Dritten Personen, welche, ohne dazu verpflichtet zu sein, einem Hülfsbedürftigen eine dringend nöthige Hülfe leisten, steht ein Anspruch auf Ersatz des durch die Umstände gebotenen Aufwandes aus den Mitteln der öffentlichen Armenpflege nur zu, wenn die Armenbehörde von der Hülfeleistung spätestens binnen 48 Stunden in Kenntniß gesetzt wird. Erfolgt die Anzeige nicht in dieser Frist, so beginnt der Anspruch auf Ersatz erst mit dem Tage der geschehenen Anzeige. Der Anspruch kann im Wege Rechtens verfolgt werden.

Gleichlautend Art. 21 Armenges. für Birkenfeld, Art. 81 rev. GemOrd. für Lübeck. Oldenburg.

b. Die nach dem Gesetz, betr. die Einrichtung des Unterrichts- und Erziehungswesens v. 3. April 1855 (GesBl. S. 617), den Armenbehörden auferlegte Verpflichtung, das Schulgeld für Armenkinder auf die Armenkasse zu übernehmen (Art. 59), ist durch Art VI des Gesetzes vom 5. März 1888 (GesBl. S. 103) aufgehoben worden. Für den Besuch der Volksschule wird ein Schulgeld nicht entrichtet, Lehrmitttel werden für arme Kinder aus der Schulklasse beschafft.

Das Ges. betr. die Zwangserziehung verwahrloster Kinder usw. v. 12. Feb. 1880 ist durch § 50 Nr. 22 des Ausf.Ges. z. BGB. aufgehoben und durch die §§ 27—34 desselben ersetzt. — Vgl. für Birkenfeld §§ 72—78, für Lübeck §§ 25—31 der betr. Ausf.Ges. z. BGB.

10. **Braunschweig.** Ausf.Ges. v. 5. Juni 1871. Braunschweig.
§ 1 übereinstimmend mit § 1 PrAG.[1, 2]

1. Vgl. dazu § 195 der Städteordnung v. 18. Juni 1892 und § 137 der Landgemeindeordnung v. 18. Juni 1892 (Ges. u. VerSamml. S. 281, 357).

2. Ges. betr. die Zwangserziehung Minderjähriger v. 12. Jan. 1899 (Ges. u. VerSamml. S. 461).

11. **Sachsen-Meiningen.** Ausf.Ges. v. 24. Februar 1872. Sachsen-Meiningen.

Art. 1 übereinstimmend mit § 1 PrAG.[1] — Abs. 2 mit folgendem Zusatz: Die Vorsteher dieser Anstalten üben über deren Insassen die Ordnungsstrafgewalt, wie die Hausordnung mit Genehmigung des Herzogl. Staatsministeriums, Abtheilung des Innern, bestimmt.

1. Ges. v. 19. Aug. 1899 betr. die Zwangserziehung. (Landesherrl. Ver. S. 451.)

Sachsen-Meiningen. Abs. 4 übereinstimmend mit § 63 Abs. 1 PrAG.

Ges. v. 30. Juni 1894, betr. die Gebühren der Hebammen (Samml. S. 93):

Art. 2. Die in Art. 1 und Art. 28 des Gesetzes vom 24. Februar 1872 geordnete Unterstützungspflicht der Armenverbände erstreckt sich auch auf die Gewähr der Hebammenhülfe bei Entbindung und Pflege hülfsbedürftiger Wöchnerinnen.

Für die Gebühren und nothwendigen Auslagen der Hebammen, welche durch die Hülfeleistung bei unbemittelten Wöchnerinnen erwachsen sind, hat der Ortsarmenverband (§ 28 des Bundesgesetzes vom 6. Juni 1870) vorbehaltlich des Anspruchs auf Erstattung zu haften. In diesem Falle kommen die niedrigsten Sätze zur Anwendung. Die entgegenstehende Bestimmung des Art. 50 der Hebammenordnung vom 3. April 1838 ist aufgehoben.

Sachsen-Altenburg. 12. **Sachsen-Altenburg.** Ausf. Ver. v. 3. Juni 1871.

§ 1 übereinstimmend mit Abs. 1 und 2 des § 1 PrAG.

Vgl. Ges. über das Heimatsrecht und das Armenwesen v. 9. Aug. 1833 §§ 119 ff. — insbesondere § 134. („Das Schulgeld ist aus Gemeindemitteln zu bestreiten") und Ges. betr. einige Verhältnisse des Volksschulwesens v. 22. Dez. 1875 (GS. S. 185) §§ 1 Abs. 1 u. 3: („Für Arme hat der verpflichtete Armenverband einzutreten") sowie Ges. betr. das Volksschulwesen v. 12. Februar 1889 (GS. S. 11) § 26, durch welches der Abs. 3 des Ges. v. 22. Dez. 1875 nicht betroffen wird. Vgl. auch zu § 6 Ausf.Ver. v. 3. Juni 1871 in Anh. B. Die Zwangserziehung Minderjähriger ist in den §§ 109—120 des Ausf.Ges. z. BGB. geordnet. Der § 121 hebt das Ges. v. 20. Mai

1879, betr. die Unterbringung verwahrloster Kinder, und den § 13 des Ges. v. 12. Febr. 1889, betr. das Volksschulwesen, auf. Sachsen-Altenburg.

§ 14 übereinstimmend mit § 63 PrAG. — Beschwerden (Abs. 2) folgen dem durch die Gesetze geordneten Instanzenzuge.

13. **Sachsen-Coburg-Gotha.** Ausf.Ges. vom 31. Mai 1871. **Sachsen-Coburg-Gotha.**

§ 1 übereinstimmend mit § 1 PrAG.[1]

1. Das Ges. betr. die Unterbringung jugendlicher Personen zu Erziehungs- und Besserungszwecken v. 2. Juli 1884; und die Gesetze betr. die Zwangserziehung schulpflichtiger Kinder v. 16. Juli 1886 (Gotha) und v. 25. Juni 1896 (Coburg) sind in Art. 55 des AusfGes. z. BGB. aufgehoben. — Die Zwangserziehung Minderjähriger ist in Art. 49 a. a. O. geordnet. — Vgl. Entsch. **33** 47.

§ 36 übereinstimmend mit § 63 PrAG. — Beschwerden folgen dem für die Verwaltungssachen bestehenden Instanzenzuge.

14. **Anhalt.** Ausf.Ges. Nr. 263 v. 29. Juni 1871. Anhalt.

§ 1 übereinstimmend mit § 1 PrAG. — An Stelle des Abs. 2 treten nach Art. 1 des Abänderungsgesetzes vom 27. April 1904 (Nr. 1189) GS. S. 119 folgende Bestimmungen:

Die Unterstützung kann geeignetenfalls, solange dieselbe in Anspruch genommen wird, mittels Unterbringung in einer Armen- oder Krankenanstalt gewährt werden. Auch kann derjenige, der für sich selbst oder in der Person seiner Ehefrau oder seiner noch nicht 14 Jahre alten Kinder öffentliche Unterstützung empfängt, verpflichtet werden, hierfür nach

Anhalt. dem Maße seiner Kräfte solche Arbeiten zu verrichten, welche ihm von dem Vorstande des Armenverbandes innerhalb oder außerhalb einer öffentlichen Armen- oder Krankenanstalt angewiesen werden. Die Verfügung des Vorstandes des Armenverbandes, durch welche die Verpflichtung zur Arbeit angeordnet wird, ist mit Gründen zu versehen; gegen dieselbe findet binnen einer Woche nach der Zustellung die Beschwerde an den Kreisausschuß und in den vier Hauptstädten an die Regierung, Abteilung des Innern, statt. Die Beschwerde hat, unbeschadet der Befugnis der Aufsichtsbehörde, die Vollziehung der Anordnung bis zur Entscheidung der Beschwerdeinstanz aussetzen zu lassen, keine aufschiebende Wirkung. Der Kreisausschuß bzw. die Regierung, Abteilung des Innern, entscheiden endgültig. Die Anordnung der Arbeitsverpflichtung kann von dem Vorstande des Armenverbandes von Amts wegen oder auf Antrag des zur Arbeit Verpflichteten wieder aufgehoben werden. Im Falle der Ablehnung des Antrages auf Wiederaufhebung ist die Beschwerde nach Maßgabe der obigen Bestimmungen zulässig.

Wo nach den Bestimmungen der Gemeindeordnung zur Verwaltung der öffentlichen Armenpflege eine besondere Deputation vom Gemeinderat gebildet ist, kann durch Statut vorgeschrieben werden, daß diese Deputation vom Vorstande des Armenverbandes vor der Anordnung der Arbeitsverpflichtung zu hören ist. Das Statut bedarf der Bestätigung der Regierung, Abteilung des Innern.

§ 2. Außer der vorstehend gedachten allgemeinen Unterstützungspflicht liegt den betreffenden Armenverbänden noch die weitere Verpflichtung ob, für eine angemessene Unterbringung geisteskranker, blödsinniger oder an einer unheilbaren, beziehentlich

Ekel erregenden Krankheit leidender (siecher) Personen, sowie für die Erziehung verwaister und verwahrloster, und für die erforderliche Ausbildung blinder, taubstummer oder blödsinniger Kinder, insoweit zu sorgen, als anderweit Verpflichtete nicht vorhanden oder dazu außer Stande sind.[1] Anhalt.

1. Vgl. Gesetz Nr. 336 betr. die Einstellung verwahrloster Kinder in eine Erziehungs- und Besserungsanstalt v. 29. Dez. 1873 (GS. S. 311), insbes. Art. 1 u. 9, sowie Entsch. 24 113. Das Gesetz ist aufgehoben und ersetzt durch das Gesetz Nr. 1035 v. 21. März 1899 betr. die Zwangserziehung Minderjähriger (GS. S. 37). — Gesetz Nr. 669 betr. die Ausbildung nicht vollsinniger usw. Kinder v. 1. Mai 1884 (GS. S. 309) insbes. §§ 1 u. 6.

§ 50 übereinstimmend mit § 63 PrAG. Beschwerden folgen dem durch die bestehenden Gesetze angeordneten Instanzenzuge.

Vgl. jetzt § 40 der Gemeinde- usw. Ord. v. 26. Mai 1882 (GS. S. 463).

15. Schwarzburg-Sondershausen. Schwarzburg-Sondershausen.

§ 4 Ausf. Ges. v. 25. Januar 1872, Abs. 1 u. 2 übereinstimmend mit § 4 Ausf.Ges. von Sachsen-Weimar; Abs. 3 übereinstimmend mit Abs. 3 des § 1 PrAG.[1]

1. Zwangserziehungsgesetz v. 20. Juli 1899 (GS. S. 141).

§ 10 Ges. v. 28. Okt. 1872 übereinstimmend mit § 63 PrAG. Beschwerden folgen dem allgemeingesetzlich angeordneten Instanzenzuge.

16. Schwarzburg-Rudolstadt. Ausf. Ges. vom 23. Juni 1871. Schwarzburg-Rudolstadt.

§ 1 übereinstimmend mit § 1 PrAG.[1]

Schwarzburg-Rudolstadt. § 20 übereinstimmend mit § 63 PrAG. Die Beschwerde folgt dem gesetzlichen Instanzenzuge; an die Stelle des Ministeriums tritt die Deputation für das Heimathwesen, welche endgültig entscheidet.

1. Ges. v. 20. Dez. 1896 betr. die Zwangserziehung (GS. S. 162).

Waldeck. **17. Waldeck.** Ausf.Ges. v. 29. Juni 1871.

§ 1 übereinstimmend mit Abs. 1 u. 2 des § 1 PrAG.

§ 25 Abs. 1 u. 2 übereinstimmend mit § 63 PrAG.

Die Beschwerden folgen dem gesetzlichen Instanzenzuge.

Abs. 3. Auf die vor die Kreis-Armendirektion gehörigen Beschwerden kann in dringenden, keinen Aufschub leidenden Fällen von dem Vorsitzenden unter Zuziehung der etwa am Kreisorte wohnenden und gegenwärtigen Mitglieder vorläufig mit Wirkung der Vollstreckbarkeit verfügt werden; die Beschwerde ist jedoch in der nächsten Sitzung der Kreis-Armendirektion zur definitiven Beschlußfassung zu unterbreiten.

Reuß ä. L. **18. Reuß** (Greiz) ä. L. Ges. v. 1. Juli 1878.

§ 1 Abs. 1 u. 2 übereinstimmend mit § 1 PrAG.[1]

1. Die Zwangserziehung Minderjähriger ist in den §§ 125—135 des Ausf.Ges. z. BGB. geordnet. — Wegen Hebammengebühren s. § 13 des Ges. v. 2. März 1901 (GS. S. 241).

§ 3. Ueber Beschwerden eines Deutschen (s. § 1 al. 1 [Einl. S. 6]) gegen den Ortsarmenverband, in welchem er sich befindet, wegen gänzlicher oder theilweiser Verweigerung einer Unterstützung — weil seine Hülfsbedürftigkeit entweder gar nicht oder nicht im behaupteten Umfange anerkannt wird — entscheidet das Landrathsamt und über den Rekurs gegen dessen Entscheidung Unsere Landesregierung. Reuß ä. L.

Aufschiebende Wirkung hat ein solcher Rekurs nicht. Die durch eine in der Rekursinstanz erfolgte Entscheidung Unserer Landesregierung oder durch ein unangefochten gebliebenes Dekret des Landrathsamts getroffene Feststellung der Frage über die Hülfsbedürftigkeit des die Unterstützung eines Armenverbandes nachsuchenden Deutschen ist zugleich für den von dem Armenverbande, der danach die Unterstützung gewährt hat, gegen einen andern deshalb zu erhebenden Regreßanspruch maßgebend, und die Einrede des auf Ersatz belangten Armenverbandes, die Hülfsbedürfigkeit des Unterstützten sei überhaupt nicht oder nicht im festgesetzten Umfange vorhanden gewesen, ist nicht zu beachten.[1]

1. Der letzte Satz gilt nur für Landessachen. Anm. 2 zu § 37 UWG.

19. **Reuß** (Gera) j. L. Ges. v. 21. Juni 1871. Reuß j. L.

§ 1 übereinstimmend mit § 1 PrAG.[1]

1. Die Zwangserziehung Minderjähriger ist in den §§ 100—111 des Ausf.Ges. z. BGB. geordnet.

§ 33 übereinstimmend mit § 63 PrAG.

Bei Beschwerden u. s. w. entscheidet in zweiter Instanz die Deputation für das Heimathwesen endgültig.

Die Landraths-Aemter sind verpflichtet, mündliche Beschwerden von Angehörigen der Land-Gemeinden anzunehmen, zu erörtern und, sofern die gütliche Erledigung derselben nicht erfolgt, der Deputation für das Heimathwesen zur Entscheidung vorzulegen.

Schaumburg-Lippe. **20. Schaumburg-Lippe.** Ausf. Ges. v. 7. März 1872.

§ 1 übereinstimmend mit § 1 PrAG.[1]

1. Ges. betr. die Zwangserziehung Minderjähriger v. 30. Juni 1899 (Landesverordnungen S. 91 ff.).

§ 51 übereinstimmend mit § 63 PrAG.

Die Beschwerden sind bei den Aemtern und Magisträten anzubringen und von diesen zu entscheiden.

§ 52. Gegen diese Entscheidungen steht den Betheiligten der Rekurs an die Deputation für das Heimathwesen zu. Derselbe muß binnen einer ausschließlichen Frist von 10 Tagen vom Tage der bekanntgegebenen Entscheidung an bei der entscheidenden Behörde eingelegt und binnen einer ausschließenden Frist von Einem Monate vom Tage der Einlegung an bei der nämlichen Behörde entweder zu Protokoll oder in besonderer schriftlicher Ausführung gerechtfertigt werden.

Es ist auch gestattet, statt weiterer Rechtfertigung lediglich auf die bisherigen Akten Bezug zu nehmen.

Aemter und Magisträte haben gleichzeitig mit der Entscheidung den Betheiligten dem Vorstehenden gemäß Eröffnung zu machen.

Nach stattgehabter Rechtfertigung des Rekurses, resp. wenn gebeten ist, acta prout jacent an die Deputation für das Heimathwesen einzusenden, haben Aemter und Magisträte die Akten an die Deputation mit Bericht einzusenden.

Lippe. **21. Lippe.** Ausf. Ges. v. 12. September 1877.

§ 1 übereinstimmend mit § 1 PrAG.

§ 2. Ferner liegt den betreffenden Armenverbänden noch die Verpflichtung ob, für die Unterbringung der Geisteskranken in die Irren-, Heil- und Pflegeanstalt Brake, sowie für die Erziehung verwaister und verwahrloster Kinder insoweit zu sorgen, als anderweit Verpflichtete nicht vorhanden oder dazu außer Stande sind. Lippe.

§ 29 übereinstimmend mit § 63 PrAG. Die Beschwerden folgen dem gewöhnlichen Instanzenzuge.

§ 36. Die ohne Betheiligung der Armenverbände ausschließlich aus kirchlichen Armenmitteln, wohlthätigen Stiftungen und sonstigen milden Fonds gewährten Unterstützungen sind als öffentliche Unterstützungen im Sinne des Reichsgesetzes nicht anzusehen.

22. **Lübeck.** Ausf. Ver. v. 29. März 1871. Lübeck.

§ 2. Jedem hülfsbedürftigen Angehörigen derjenigen Deutschen Staaten, in welchen das Gesetz über den Unterstützungs-Wohnsitz vom 6. Juni 1870 Geltung hat, ist von dem zu seiner Unterstützung verpflichteten Armenverbande der unentbehrliche Lebensunterhalt, die erforderliche Pflege in Krankheitsfällen und im Falle seines Ablebens ein angemessenes Begräbniß zu gewähren. Im Einzelnen kommen hinsichtlich der Art und des Maßes der zu gewährenden Unterstützung (§ 8 des Bundes-Gesetzes) die bisher für Lübeckische Staatsangehörige gültigen Normen[1] zur Anwendung.

1. Vgl. Geschäftsordg. der Allg. Armenanstalt v. 1846 §§ 41–91. Armen Kindern wird unentgeltlicher Unterricht in den Armenschulen erteilt (§ 71). — Die Zwangserziehung ist in den §§ 130—141 des Ausf.-Ges. z. BGB. geordnet.

23. **Bremen.** Ausf. Ver. v. 2. Januar 1871. Bremen.

§ 2. Hinsichtlich der Art und des Maßes der zu

Bremen. gewährenden Unterstützung kommen die bisher gültig gewesenen Normen bis auf Weiteres und dergestalt zur Anwendung, daß jeder Norddeutsche den Bremischen Staats-Angehörigen (Staatsgenossen) beziehungsweise Gemeinde-Angehörigen gleich behandelt wird.[1]

1. In der Stadt Bremen wird armen Kindern in den Freischulen unentgeltlicher Unterricht erteilt; — im Landgebiet wird das Schulgeld von der Armenpflege bezahlt (§ 3 Ver. über das Landschulwesen v. 16. März 1862, GesBl. S. 9). — Ges. betr. die Zwangserziehung jugendlicher Personen v. 18. Juli 1899 (GesBl. S. 130).

Hamburg. **24. Hamburg.** Ausf.Ver. v. 23. Juni 1871.

§ 3. Hinsichtlich der Art und des Maßes der zu gewährenden Unterstützung gelten bis auf Weiteres, unter Beibehaltung der bestehenden Armen-Verwaltung und der vorgesetzten Behörden, die bisher maßgebenden Bestimmungen und Einrichtungen, und sind namentlich alle Angehörigen derjenigen Deutschen Staaten, in welchen das Bundes-Gesetz über den Unterstützungs-Wohnsitz Geltung hat, in dieser Beziehung gleichmäßig zu behandeln.[1]

1. Der Schulunterricht für arme Kinder ist unentgeltlich (§ 38 Ges. v. 11. Nov. 1870, betr. das Unterrichtswesen, GS. S. 117).

Neuere Vorschriften über Art und Maß der zu gewährenden Unterstützung enthält das Ges. über das Armenwesen v. 18. Mai 1892 (GS. Nr. 32) §§ 12, 13, 15.

§ 12. Die im Falle der Hilfsbedürftigkeit zu gewährende Unterstützung kann erfolgen:

1) in offener Armenpflege durch Bewilligung von Geld, Nahrungsmitteln, Bekleidungsgegenständen und Bettwerk, Feuerung, ärztliche Hilfe, Geburtshilfe, Arzneien, chirurgischen Mitteln, freiem

Begräbnis und Unterbringung bei geeigneten Familien; Hamburg.

2) in geschlossener Armenpflege durch Aufnahme in eine der öffentlichen oder privaten Anstalten.

Über die Form der Unterstützung entscheidet das für die Bewilligung zuständige Organ der Allgemeinen Armen-Anstalt.

§ 13. Der arbeitsfähige Arme ist verpflichtet, die ihm angewiesene, seinen Kräften angemessene Arbeit zu verrichten.

§ 15. Die Unterstützung in Gemäßheit des § 12 hat sich auf die Beschaffung des zum Unterhalt unbedingt Notwendigen zu beschränken.

Die Unterstützung von Kindern ist in der Regel mit vollendeter Schulpflicht einzustellen.

§ 24 behandelt die neben der Armenpflege auszuübende vorsorgende Wohltätigkeit.

Neben dem Gesetze kommt die von dem Armen-Kollegium v. 25. Febr. 1897 erlassene revidierte Geschäftsordnung für die Armenpflege der Allgemeinen Armenanstalt in Betracht, in welcher die bez. der Art und des Maßes der zu gewährenden Unterstützung zurzeit maßgebenden Bestimmungen und Einrichtungen zusammengestellt sind, insbesondere über Anstaltspflege (§§ 51—53), Fürsorge für Kinder (§ 54 I Nr. 1—4, Waisenpflege I Nr. 2), verwahrloste Kinder (Zwangserziehung) I Nr. 5, Kinderwarteschulen und Krippen; IV Gebrechliche Kinder (taubstumme [Entsch 33 22], blinde, idiotische, epileptische, schwachsinnige Kinder); V. Fürsorge für kranke und schwächliche Kinder (Ferienkolonien, Kinderheilstätten, Entsch. 32 58, Schulspeisung § 54a. Fürsorge für jugendliche — noch nicht großjährige Personen. (Mädchenheime, Anstalten für gefallene Mädchen).

Das Gesetz vom 8. Juli 1892 (GS. Nr. 42) ordnet die öffentliche Waisenpflege. — Die Rechte und Pflichten des Vormundes sind dem Waisenhauskollegium übertragen (AGBGB. § 75).

B.

Organe der öffentlichen Unterstützung Hilfsbedürftiger.

Preußen. 1. **Preußen** (einschl. Kreis Herz. Lauenburg). Ausf.Ges. v. 8. März 1871. (Instr. v. 10. April 1871, MBl. f. i. V. S. 132.)

A. Orts-Armenverbände.

a. Gemeinden.

§ 2. Jede Gemeinde bildet für sich einen Ortsarmen-Verband, sofern sie nicht einem, mehrere Gemeinden oder Gutsbezirke umfassenden einheitlichen[1] Ortsarmen-Verbande (Gesammt-Armen-Verbande) schon angehört oder nach den folgenden Bestimmungen einzuverleiben ist. Die Verwaltung der öffentlichen Armenpflege steht in den Gemeindebezirken überall den für die Verwaltung der Gemeinde-Angelegenheiten durch die Gemeinde-Verfassungsgesetze angeordneten Gemeindebehörden zu.[2] Die Bestimmungen der Gemeinde-Verfassungsgesetze über die Verwaltung der Gemeinde-Angelegenheiten, insbesondere die Bestimmungen über die Zuständigkeit des Gemeindevorstandes und der Gemeindevertretung sind überall auch für die Verwaltung der öffentlichen Armenpflege maßgebend.[2]

Die in diesem Gesetze der Gemeindevertretung zugewiesenen Verrichtungen werden da, wo eine gewählte Gemeindevertretung nicht besteht, von der Gemeindeversammlung wahrgenommen.

Gleichlautend § 2 Ausf.Ges. f. Lauenburg. Preußen.

1. Anm. 2 zu § 3 UWG.

2. Vgl. § 3 d. Ges. und § 56 Städteord. für die sechs östl. Prov. v. 30. Mai 1853; § 56 Städteord. f. d. Prov. Westfalen v. 19. März 1856; § 53 Städteord. f. d. Rheinprov. v. 15. Mai 1856; Stadtrezesse der neuvorpommerschen Städte, Ges. v. 31. Mai 1853; § 63 GemVerfGes. der Stadt Frankfurt a/M. v. 25. März 1867; § 60 Städteord. f. Schleswig-Holstein v. 14. April 1869; § 71 Hannoversche Städteord. v. 24. Juni 1858; §§ 12, 61 Nr. 8, 64, 83, 84 der Städteord. für die Provinz Hessen-Nassau v. 4. Aug. 1897. — Für die sieben östlichen Provinzen §§ 74, 88, 89, 102 der Landgemeindeord. v. 3. Juli 1891, eingeführt in Schleswig-Holstein durch Ges. v. 4. Juli 1892; §§ 23, 41, 65, 70 LandgemOrd. f. Westfalen v. 19. März 1856; §§ 44, 61, 76, 85, 97, 102 der GemOrd. f. die Rheinprovinz v. 23. Juli 1845, Art. 17 Ges. v. 15. Mai 1856; §§ 40, 41, 50 LangemOrd. f. Hannover v. 28. April 1859; §§ 45, 59, 60 der LandgemOrd. f. Hessen-Nassau v. 4. Aug. 1897. §§ 54, 68, 69 der Hohenzollernschen Gemeindeord. v. 2. Juli 1900.

§ 3. Auf Grund eines Gemeindebeschlusses[1] können in allen Gemeinden für die Verwaltung der öffentlichen Armenpflege besondere, dem Gemeindevorstand untergeordnete Deputationen aus Mitgliedern des Gemeindevorstandes und der Gemeindevertretung geeigneten Falles unter Zuziehung anderer Ortseinwohner,[2] gebildet werden. Den Vorsitz in solchen Deputationen führt, sofern nicht die Gemeinde-Verfassungsgesetze über den Vorsitz in Deputationen Anderes bestimmen, der Bürgermeister — in den Landgemeinden der Provinz Westphalen der Amtmann — oder ein dazu von ihm abgeordnetes Mitglied des Gemeindevorstandes. Wo kein

Preußen. Bürgermeister (Amtmann) an der Spitze der Gemeindeverwaltung steht, tritt an seine Stelle der Gemeindevorsteher.

Bei den sonstigen näheren Bestimmungen der Gemeinde-Verfassungsgesetze über die Zusammensetzung und Geschäftsführung besonderer Verwaltungs-Deputationen hat es sein Bewenden;[3] die Wahl der in die letzteren zu entsendenden Mitglieder der Gemeindevertretung und anderen Ortseinwohner steht jedoch fortan überall, soviel den Gegenstand dieses Gesetzes betrifft, der Gemeindevertretung zu.

Ortspfarrer oder deren Stellvertreter, deren Pfarrbezirk über die Grenzen der politischen Gemeinde ihres Wohnorts sich erstreckt, sind hinsichtlich des in der auswärtigen Gemeinde belegenen Kirchspieltheiles den dortigen Ortseinwohnern gleich zu achten.

Übereinstimmend § 3 Ausf.Ges. f. Lauenburg.

1. Derselbe bedarf einer Genehmigung der Aufsichtsbehörde nicht (Inst.).

2. auch der nicht stimmfähigen Bürger, z. B. der Ortspfarrer (Instr.).

3. § 59 Städteord. für die sechs östl. Prov. v. 30. Mai 1853; § 59 Städteord. f. d. Prov. Westfalen v. 19. März 1856; § 54 Städteord. f. d. Rheinprovinz; Stadtrezesse der neuvorpommerschen Städte, Ges. v. 31. Mai 1853; § 66 GemVerfGes. f. Frankfurt a/M.; §§ 66 – 70 d. Städteord. f. Schleswig-Holstein; § 14 Städteord. f. Hessen-Nassau v. 4. Aug. 1897.

Über die Berechtigung städtischer Deputationen zur Prozeßführung s. Reskr. v. 22. Okt. 1883 (MBl. f. i. V. 1884 S. 9). Entsch. 28 168.

§ 4. Jedes zur Theilnahme an den Gemeinde-

wahlen berechtigte Gemeindemitglied ist verpflichtet, Preußen.
eine unbesoldete Stelle in der Gemeinde-Armenverwaltung zu übernehmen und drei Jahre oder die sonst in den Gemeinde-Verfassungsgesetzen vorgeschriebene längere Zeit hindurch fortzuführen.[1] Von dieser Verpflichtung befreien nur folgende Gründe: 1) anhaltende Krankheit; 2) Geschäfte, die eine häufige oder lange dauernde Abwesenheit mit sich bringen; 3) ein Alter von 60 oder mehr Jahren; 4) die Verwaltung eines anderen öffentlichen Amtes; 5) sonstige besondere, eine gültige Entschuldigung begründende Verhältnisse, über deren Vorhandensein, sofern die Gemeinde-Verfassungsgesetze nicht etwas Anderes bestimmen, von der Gemeindevertretung zu beschließen ist.[2]

Wer eine unbesoldete Stelle die gesetzlich vorgeschriebene Zeit hindurch wahrgenommen hat, ist während der nächstfolgenden gleich langen Zeit von der Wahrnehmung einer solchen Stelle befreit.

Übereinstimmend § 4 Ausf.Ges. f. Lauenburg.

1. Vgl. § 5.

2. Ärztliche und wundärztliche Praxis bildet für die Gemeindearmenverwaltung keinen Befreiungsgrund (Instr.).

§ 5. Wer ohne gesetzlichen Grund die Uebernahme oder fernere Wahrnehmung einer unbesoldeten Stelle in der Gemeindeverwaltung verweigert oder sich dieser Wahrnehmung entzieht, kann auf drei bis sechs Jahre des Rechts zur Theilnahme an den Gemeindewahlen und zur Wahrnehmung unbesoldeter Stellen verlustig erklärt und um ein Achtel bis ein Viertel stärker zu den direkten Gemeindeabgaben herangezogen werden. Die Beschlußfassung hierüber steht, sofern die Gemeinde-Verfassungsgesetze nicht etwas Anderes bestimmen, der Gemeindevertretung[1] zu; [der Beschluß bedarf der Genehmigung der Aufsichtsbehörde].[2]

Preußen. Übereinstimmend § 5 Ausf.Ges. f. Lauenburg.

1. Wenn eine Gemeindevertretung nicht besteht, dem Gemeindevorsteher (LandgemOrd. f. d. östl. Prov. v. 3. Juli 1891 § 66) bzw. dem Gemeindevorstand.

2. Genehmigung nicht mehr erforderlich. Gegen den Beschluß: Klage beim Kreisausschuß, in Städten beim Bezirksausschuß (§§ 10 Abs. 3, 11, 21, 27 Abs. 3, 28, 37 des ZustGes. §§ 66 Abs. 3, 67 LandgemOrd. v. 3. Juli 1891).

§ 6. Die Vorsteher von Korporationen und anderen juristischen Personen sind verpflichtet, den Gemeindebehörden auf deren Erfordern Auskunft über den Betrag der Unterstützungen zu ertheilen, welche einem Hülfsbedürftigen des Gemeindebezirks aus den unter ihrer Verwaltung stehenden, einem Zwecke der Wohlthätigkeit gewidmeten Fonds gewährt werden. Vorsteher, welche diese Auskunft innerhalb einer vierzehntägigen Frist, von Empfang der Seitens der Gemeindebehörden ergangenen Aufforderung an gerechnet zu ertheilen unterlassen, werden mit einer Geldstrafe bis zu zehn Thaler bestraft.[1]

Gleichlautend § 6 Ausf.Ges. f. Lauenburg.

1. Die Strafe ist keine Exekutivstrafe, vielmehr ist auf dieselbe von dem Gerichte im ordentlichen Strafverfahren zu erkennen.

b. Gutsbezirke.[1]

§ 7. Den Gemeinden werden, soviel den Gegenstand dieses Gesetzes betrifft, die außerhalb des Gemeindeverbandes stehenden Gutsbezirke gleich geachtet. Die Bestimmungen der Gesetze über die Verwaltung der örtlichen Angelegenheiten in den außerhalb des Gemeindeverbandes stehenden Bezirken[2] sind in den letzteren überall auch für die Verwaltung der öffentlichen Armenpflege maßgebend.

§ 7 Ausf.Ges. f. Lauenburg erwähnt neben den

Gutsbezirken noch die landesherrlichen Domänenvorwerke Preußen.
und bezeichnet als Gutsbezirke im Sinne dieses Gesetzes die adligen Güter im engern Sinne mit Ausschluß der zu denselben gehörigen Dorfschaften.

1. Alle einer Gemeinde nicht einverleibten, zur Anerkennung als selbständige Gutsbezirke (— wegen mangelnder Prästationsfähigkeit, R. des Min. d. J. v. 7. Okt. 1871, MBl. f. d. i. V. S. 292) nicht geeigneten Grundstücke sind einer Gemeinde oder einem Gutsbezirke, sofern dies nach den Gesetzen des betr. Landesteils zulässig ist, einzuverleiben (Instr., insbes. Anl. A und B derselben).

2. §§ 2—4, 122—127 LandgemOrd. f. d. östl. Prov. v. 3. Juli 1891, eingeführt in Schleswig-Holstein durch Ges. v. 4. Juli 1892; § 3, 6, 67 LandgemOrd. f. Westfalen v. 19. März 1856; § 4 GemOrd. f. die Rheinprovinz v. 23. Juli 1845; § 7 des Hannov. LandgemVerfGes. v. 28. April 1859; §§ 2, 94 ff. LandgemOrd. f. Hessen-Nassau v. 4. Aug. 1897; §§ 8, 9 ZustGes. v. 1. Aug. 1883.

§ 8. Die Gutsbesitzer haben in den Gutsbezirken die Kosten der öffentlichen Armenpflege gleich den Gemeinden zu tragen.

Steht der Gutsbezirk nicht ausschließlich im Eigentum des Gutsbesitzers, so ist auf dessen Antrag ein Statut zu erlassen, welches die Aufbringung der Kosten der öffentlichen Armenpflege in dem Gutsbezirke anderweitig regelt und den mit heranzuziehenden Grundbesitzern oder Einwohnern eine entsprechende Betheiligung bei der Verwaltung der Armenpflege einräumt. Das Statut wird, wenn sich die Betheiligten nicht vereinigen, nach Anhörung derselben durch den Kreistag[1] festgestellt und muß hinsichtlich der Regelung der Beitragspflicht den gesetzlichen Bestimmungen über die Vertheilung der

Preußen. Kommunallasten in den ländlichen Gemeinden folgen. Dasselbe unterliegt der Bestätigung der Bezirksregierung.[2]

§ 8. Ausf.Ges. f. Lauenburg fügt dem Abs. 1 hinzu: Auf den Domänenvorwerken fallen dieselben der Landesherrschaft zur Last.

1. nach § 40 des ZustGes. v. 1. Aug. 1883 erfolgt die Feststellung des Statuts durch den Kreisausschuß, die Bestätigung durch den Bezirksausschuß. Vgl. auch Abs. 3 a. a. O. — Wegen der Beschwerden und Einsprüche, betr. die Verpflichtung zur Teilnahme an den Lasten der Armenpflege in Gutsbezirken, vgl. §§ 44 und 160 des ZustGes. v. 1. Aug. 1883. Für Hohenzollern s. § 5 LWG.

2. Vgl. dazu Kommunalabgabengesetz v. 14. Juli 1893 (GS. S. 152).

c. Gesammt-Armenverbände.[1]

§ 9. Die einen einheitlichen Ortsarmenverband (Gesammt-Armenverband) gegenwärtig bereits bildenden Verbände von Gemeinden oder Gutsbezirken bleiben als solche bestehen.[2] Die für die Verwaltung der Angelegenheiten dieser Verbände maßgebenden statutarischen Vorschriften können durch verfassungsmäßigen, von der Bezirksregierung[3] bestätigten Beschluß des betreffenden Verbandes, in Ermangelung eines solchen Beschlusses aber nur gemäß den Vorschriften des § 10 abgeändert werden.[4]

1. Ein Gesamtarmenverband kann nur aus Gemeinden bzw. aus Gutsbezirken zusammengesetzt sein. Eine Domanial-Kolonie, welche rechtlich als eine Gemeinde nicht zu betrachten ist, kann nicht mit dem betr. Gutsbezirke bzw. mit einer Gemeinde zu einem Gesamt-Armenverband vereinigt werden; die Einwohner einer solchen Kolonie sind vielmehr als Einwohner des Gutsbezirks zu betrachten und können

zu den auf den Gutsbezirk fallenden Armenpflegekosten nur gemäß § 8 dieses Gesetzes herangezogen werden. R. d. Min. d. J. v. 9. Okt. 1871 (M. f. i. V. S. 293). Preußen.

2. Solche Verbände bestehen a) in Schlesien ausschließlich der Oberlausitz (§ 1 Edikt v. 14. Dez. 1747, Korn, Edikt-Samml. II S. 540; Entsch. d. ObTrib. Bd. 48 S. 432, § 7 Ges. v. 31. Dez. 1842, GS. S. 1843 S. 8). Ein Zwang zur Bildung von Gesamtarmenverbänden findet auch in Schlesien nicht mehr statt (Instr.); b) in Hannover (§ 85 Hannov. Landgem.-VerfGes.); c) in Neuvorpommern und Rügen (Kirchspielsarmenverbände die jetzt unter Abänderung der Statuten zu Gemeindeverbänden im Sinne der §§ 122ff. der Landgemeindeordnung geworden sind). In solchen Verbänden leben die bestehenden Gesamtarmenverbände fort (§ 131 a. a. O. Entsch. 32 89). Vgl. im übrigen über die Verbindung nachbarlicher Gemeinden und selbständiger Gutsbezirke behufs gemeinsamer Wahrnehmung kommunaler Angelegenheiten §§ 122ff. a. a. O. (für die östlichen Provinzen und Schleswig-Holstein Ges. v. 4. Juli 1892), §§ 100ff. der LandgemOrd. für Hessen-Nassau v. 4. Aug. 1897.

3. nach § 40 ZustGes. v. 1. Aug. 1883 von dem Bezirksausschuß.

4. Dabei sind die Normativvorschriften des § 10 Abs. 2—4 zugrunde zu legen (Instr.).

§ 10. Soweit die Verfassung der bestehenden Gesammt-Armenverbände nicht durch statutarische Vorschriften geregelt ist, bleibt den betheiligten Gemeinden und Gutsbezirken die Vereinbarung solcher statutarischen Vorschriften, vorbehaltlich der Bestätigung der letzteren durch die Bezirksregierung,[1] überlassen; in Ermangelung einer derartigen Vereinbarung wird die Verfassung des Gesammt-Armenverbandes durch ein nach Anhörung der Betheiligten von dem Kreistage[1] nach Maßgabe der nachfolgenden Bestimmungen zu beschließendes, von

Preußen der Bezirksregierung[1] zu bestätigendes Statut geregelt.[2]

Es wird für den Gesammt-Armenverband eine besondere, aus Abgeordneten der Gemeinden- und Gutsbezirke bestehende Vertretung gebildet. Die Zahl der von den Gemeinden und Gutsbezirken zu entsendenden Abgeordneten, sowie geeigneten Falles die Zahl der dem Abgeordneten eines Gutsbezirkes einzuräumenden Stimmen wird nach dem Verhältniß der von den Gemeinden und Gutsbezirken zu leistenden Beiträge zu den Kosten der gemeinsamen Armenpflege bestimmt, mit der Maßgabe, daß jede Gemeinde und jeder Gutsbezirk wenigstens Einen Abgeordneten zu entsenden hat. Die Abgeordneten der Gemeinden, zu denen jedoch in allen Fällen der Vorsteher der betreffenden Gemeinde gehören muß, werden von der Gemeindevertretung auf drei bis sechs Jahre gewählt. Die Vertretung des Gesammt-Armenverbandes wählt einen Vorsitzenden und einen stellvertretenden Vorsitzenden, in der Regel aus ihrer Mitte. Dem Vorsitzenden kann eine Dienstunkosten-Entschädigung gewährt werden. Die Wahlen erfolgen nach den entsprechenden Vorschriften der Gemeinde-Verfassungsgesetze. In Beziehung auf die Verwaltung der gemeinsamen Armenpflege stehen, nach Maßgabe der Gemeinde-Verfassungsgesetze, der Vertretung des Gesammt-Armenverbandes die Rechte der Gemeindevertretung (Gemeindeversammlung), dem Vorsitzenden derselben aber die Rechte des Gemeindevorstehers (Gemeindevorstandes) zu. Die Vertheilung der Kosten der gemeinsamen Armenpflege auf die einzelnen Gemeinde- oder Gutsbezirke erfolgt nach Maßgabe der in ihnen aufkommenden [Klassen- und] Einkommensteuer, der halben Gewerbesteuer, sowie der halben Grund- und Gebäudesteuer. Das Einkommen, welches aus außerhalb belegenem Grundbesitz oder betriebenem Gewerbe fließt, ist außer Berechnung zu lassen.[3] Preußen.

Das Einkommen, welches die außerhalb des Bezirkes des Gesammt-Armenverbandes wohnenden Personen mit Einschluß der juristischen Personen, der Aktiengesellschaften und Kommanditgesellschaften auf Aktien aus dem innerhalb dieses Bezirkes belegenen Grundbesitz oder betriebenen Gewerben beziehen, wird hinsichtlich der Klassen- und Einkommensteuer besonders veranlagt.

Den einzelnen Gemeinden bleibt die Aufbringung des auf sie vertheilten Kostenbeitrages nach den Vorschriften der Gemeinde-Verfassungsgesetze überlassen.

Übereinstimmend § 10 des Ausf.Ges. f. Lauenburg. Statt dem Kreistage ist die Beschlußfassung über das Statut (Abs. 1) der Ritter- und Landschaft übertragen; jetzt der Kreisversammlung (s. zu § 8).

1. an Stelle des Kreistages tritt nach § 40 Zust.-Ges. v. 1. Aug. 1883 der Kreisausschuß, an Stelle der Bezirksregierung der Bezirksausschuß. — Vgl. auch Abs. 3 a. a. O. — Für Hohenzollern s. § 5 LVG.

2. An die Stelle dieser Bestimmung treten für die östlichen Provinzen, Schleswig-Holstein und Hessen-Nassau die Vorschriften der §§ 131ff., 138 der LandgemOrd. v. 3. Juli 1890, §§ 100ff. der LandgemOrd. v. 4. Aug. 1897.

3. Wegen der Beschwerden und Einsprüche, betr. die Verpflichtung zur Teilname an den Lasten der Armenpflege in Gesamt-Armenverbänden vgl. §§ 44 und 160 ZustGes. v. 1. Aug. 1883 und §§ 136, 9, 38 der LandgemOrd. v. 3. Juli 1891.

§ 11. Die einen einheitlichen Ortsarmenverband gegenwärtig noch nicht bildenden, aus

Preußen. mehreren Gemeinden oder Gutsbezirken zusammengesetzten Kommunalverbände (Bürgermeistereien, Aemter, Sammtgemeinden) können unter Zustimmung des Kreistages in den Formen, welche für die Beschlußfassung über die gemeinschaftlichen Angelegenheiten dieser Verbände vorgeschrieben sind, als Gesammt-Armenverbände eingerichtet werden. Die Bestimmungen der Gesetze über die Verwaltung der gemeinschaftlichen Angelegenheiten der gedachten Kommunalverbände sind alsdann auch für die Verwaltung der gemeinsamen Armenpflege maßgebend.[1]

Übereinstimmend § 11 Ausf.Ges. f. Lauenburg. An Stelle des Kreistages tritt jetzt die Kreisversammlung, s. zu § 8.

1. Der § 11 bezieht sich auf die Westfälischen Ämter und Rheinischen Bürgermeistereien (Instr.). — Vgl. §§ 4, 5, 69—77 LandgemOrd. f. Westfalen v. 19. März 1856; § 8 der GemOrd. f. die Rheinprovinz v. 23. Juli 1845; Art. 15 Ges. v. 15. März 1856, betr. die Gemeindeverfassung in der Rheinprovinz. Für die östlichen Provinzen, Schleswig-Holstein, Hessen-Nassau gelten die Vorschriften über die Verbindung nachbarlicher Gemeinden usw. zu § 9 Anm. 2.

§ 12. Gemeinden oder Gutsbezirke, welche einem der in den §§ 9 und 11 gedachten Verbände nicht angehören, können mittelst gegenseitiger Vereinbarung als Gesammt-Armenverbände eingerichtet oder einem bestehenden Gesammt-Armenverbande einverleibt werden. Die Art der Beschlußfassung über die gemeinschaftlichen Angelegenheiten, die Vertretung des Gesammt-Armenverbandes nach außen, die Formen der Verwaltung und die Aufbringungsweise der Kosten der gemeinsamen Armenpflege sind in diesem Falle durch ein von der Bezirksregierung[1] zu bestätigendes Statut zu regeln.

Übereinstimmend § 12 Ausf.Ges. f. Lauenburg.

1. nach § 40 ZustGes. v. 1. Aug. 1883 von dem Bezirksausschuß. Vgl. auch Abs. 3 a. a. O. und §§ 128 ff. LandgemOrd. v. 3. Juli 1891, über die Bildung von Verbänden zur Wahrnehmung einzelner kommunaler Angelegenheiten s z. § 9 Anm. 2. Preußen.

§ 13. Die Bestimmungen der §§ 3 bis 5, betreffend die Bildung besonderer Deputationen und die Verpflichtung zur Annahme unbesoldeter Stellen, sowie die Bestimmungen des § 6 kommen auch bezüglich der Gesammt-Armenverbände und deren Vertretung zur Anwendung.

Gleichlautend § 13 Ausf.Ges. f. Lauenburg.

§ 14. Die Wiederauflösung eines Gesammt-Armenverbandes kann nur in den Formen, welche für die Beschlußfassung über die gemeinschaftlichen Angelegenheiten vorgeschrieben sind, und nur mit Genehmigung der Bezirksregierung[1] vorgenommen werden.

Gleichlautend § 14 Ausf.Ges. f. Lauenburg.

1. nach § 40 ZustGes. v. 1. Aug. 1883 durch den Bezirksausschuß. — Die Wiederauflösung ist nicht zu fördern und ohne genügenden Grund nicht zu genehmigen (Instr.).

§ 15. Jede Einrichtung und jede Wiederauflösung eines Gesammt-Armenverbandes ist durch das Amtsblatt zur öffentlichen Kenntniß zu bringen.

Übereinstimmend § 15 AusfGes. f. Lauenburg.

d. Umwandelung und räumliche Begrenzung der, dem Reichsgesetze vom 6. Juni 1870 nicht entsprechenden Ortsarmenverbände.

e. Aufzuhebende örtliche Armenbehörden.

Die §§ 16—24 enthalten Uebergangsbestimmungen, die nach Maßgabe der Instr. des Min.

Preußen des Innern v. 2. März 1871 (Anl. C. der Instr.) erledigt worden sind.

f. Aufsichtsrecht der Staatsregierung.

§ 25. Der Staatsregierung steht nach Maßgabe der Gemeinde-Verfassungsgesetze[1] die Aufsicht über die Verwaltung der Ortsarmenverbände zu. Sie hat insbesondere auch in den Fällen der §§ 19 ff. darüber zu wachen, daß das Armenvermögen seinen bestimmungsmäßigen Zwecken nicht entfremdet werde.

Übereinstimmend § 18 Ausf.Ges. f. Lauenburg.

1. §§ 7, 24 ZustGes. v. 1. Aug. 1883. § 139 LandgemOrd. f. die östl. Provinzen v. 3. Juli 1891.

B. Landarmenverbände.

§ 26. Die bestehenden Landarmenverbände werden in ihren gegenwärtigen Grenzen bis auf Weiteres beibehalten, jedoch wird der Kreis Meisenheim dem Landarmenverbande des Regierungsbezirks Coblenz und die Enklave Kaulsdorf dem Landarmenverbande der vormals Sächsischen Kreise der Regierungsbezirke Merseburg und Erfurt und des Kreises Erfurt zugelegt. Einen besonderen Landarmenverband bilden außerdem 1) die Provinz Schleswig-Holstein, 2) die Provinz Hannover, 3) der kommunalständische Verband des Regierungsbezirks Kassel, 4) der kommunalständische Verband des Regierungsbezirks Wiesbaden mit Ausschluß des Stadtkreises Frankfurt a. M., 5) der Stadtkreis Frankfurt a. M., 6) der Regierungsbezirk Sigmaringen.[1]

Für das Jadegebiet werden die Funktionen des Landarmenverbandes bis auf Weiteres vom Staate übernommen.[2]

§§ 19, 20 Ausf.Ges. f. Lauenburg: Preußen.

§ 19. Das Herzogtum Lauenburg bildet einen Landarmenverband.

1. Die gegenwärtig bestehenden Landarmenverbände sind:

1) Ostpreußischer Landarmenverband (Reglement v. 26. Sept. 1864, GS. S. 621). Derselbe hat die Verwaltung der Landarmen- und Korrektionsanstalt, Tapiau, sowie die Aufbringung der Kosten des Korrigendenwesens zu seiner Aufgabe. Außerdem liegt ihm die Unterhaltung und Verwaltung der Provinzialirrenanstalt zu Allenberg und der Provinzialtaubstummenanstalt zu Angerburg ob. Siehe auch unten § 31 PrAG. Im übrigen bildet jeder Kreis für sich einen besonderen Landarmenverband, welcher nach außen hin vom Landrat vertreten wird (§§ 76, 130, 137 der Kreisord., § 55 LVG.). Wegen Königsberg s. u. Nr. 16.

2) Westpreußischer Landarmenverband (Reglement v. 11. Sept. 1867, GS. S. 1709).

3) Landarmenverband der Provinz Brandenburg mit Ausnahme von Berlin (unten Nr. 16) (Ver. vom 25. Febr. und 20. April 1878, GS. S. 94 und 143).

4) Landarmenverband der Provinz Pommern (Ver. v. 15. März 1877, GS. S. 95).

5) Landarmenverband der Provinz Sachsen (Ver. v. 2. Okt. 1871 (GS. S. 473) und v. 10. Juni 1876 (GS S. 243).

6) Landarmenverband der Provinz Schlesien mit Ausnahme der Stadt Breslau (unten Nr. 16) (Ver. v. 16. Febr. 1878, GS. S. 91).

7) Landarmenverband der Provinz Posen (Ver. v. 29. Juli 1871, GS. S. 329).

8) Landarmenverband der Provinz Westfalen (Ver. v. 15. Sept. 1871, GS. S. 461).

9) Landarmenverband der Rheinprovinz (Ver. v.

Preußen. 2. Okt. 1871, GS. S. 477; Regul. v. 27. Sept. 1871, GS. S. 469, und Erl. vom 12. April 1873, GS. S 251).

10) Landarmenverband der Provinz Hannover (Ver. v. 1. Aug. 1871, GS. S. 325, und Regul. v. 1. Nov. 1868, GS. S. 979)

11) Landarmenverband der Provinz Schleswig-Holstein (Ver. v. 1. Sept. 1871, GS. S. 371, und Regul. v. 14. Aug. 1871, GS. S. 372).

12) Landarmenverband des Regier.-Bezirks Kassel (Ver. v. 29. Juli 1871, GS. S. 323, und Regul. v. 11. Nov. 1868, GS. S. 999).

13) Landarmenverband des Regier.-Bezirks Wiesbaden (Ver. v. 4. Sept. 1871, GS. S. 378, Ver. v. 26. Sept. 1867, GS. S. 1659, Regul. v. 17. Juli 1871, GS. S. 299). Mit diesem ist der frühere Landarmenverband des Stadtkreises Frankfurt a/M. vereinigt (Ver. v. 10. März 1886, GS. S. 45).

Zu Nr. 1—13 die Vertretung der Landarmenverbände steht der Landesdirektion zu, die zu 1—11 ihren Sitz in den Provinzialhauptstädten (für die Rheinprovinz in Düsseldorf), die zu 12 und 13 in den Bezirkshauptstädten haben.

14) Landarmenverband des Regier.-Bezirks Sigmaringen. Die Verwaltung steht dem Kommunallandtag nach Maßgabe der Ver. v. 16. Sept. 1874 (GS. S. 311) zu. (Vgl. Hohenzollernsche Amts- und Landesord. v. 2. April 1873, GS. S. 145).

15) Landarmenverband des Kreises Herzogtum Lauenburg. — Die Verwaltung steht an Stelle der Ritter- und Landschaft nach Art. I und II der Ver. v. 24. Aug. 1882 (GS. S. 343) / 19. März 1883 (GS. S. 35) der Kreisversammlung (jetzt dem Kreisausschusse. § 145 Kreisord. f. Schleswig-Holstein v. 26. Mai 1888) zu.

16) Die Städte Berlin, Königsberg, Breslau

bilden Landarmenverbände für sich, deren Vertretung sich nach § 28 Abs. 1 bestimmt. Preußen.

2. Der Landarmenverband des Jadegebiets besteht nicht mehr. Das Jadegebiet ist durch § 1 Ges. v. 23. März 1873 (GS. S. 107) in die Provinz Hannover, insbesondere in den provinzialständischen Verband derselben einverleibt (vgl. auch §§ 1, 6, 16 des Dotationsges. v. 8. Juli 1875, GS. S. 497).

§ 27. Die Grenzen der Landarmenverbände können unter Zustimmung der Betheiligten und, wo für den Bezirk eines Landarmenverbandes eine besondere Vertretung nicht besteht, unter Zustimmung der Provinzialvertretung durch Königliche Verordnung geändert werden. Ohne diese Zustimmung ist eine solche Aenderung nur im Wege der Gesetzgebung zulässig.

§ 28. Die Verwaltung der Angelegenheiten derjenigen Landarmenverbände, welche nur aus einer Gemeinde bestehen, erfolgt nach den für die Verwaltung der Angelegenheiten der Gemeinden maßgebenden Vorschriften.

In allen anderen Fällen wird die Verwaltung der Angelegenheiten der Landarmenverbände durch Königliche Verordnung, soweit es bisher noch nicht geschehen ist, den betreffenden kreis-, beziehungsweise provinzial- und kommunalständischen Verbänden und deren Organen nach Maßgabe der für diese Verbände und deren Organe gültigen Verfassungsgesetze übertragen. Bis zum Erlaß der betreffenden Königlichen Verordnung bewendet es überall bei den zur Zeit bestehenden Verwaltungsvorschriften, vorbehaltlich der Bestimmungen des § 71.

§ 29. Die zur Erfüllung der Verpflichtungen der Landarmenverbände aufzubringenden Kosten werden auf die betreffenden Kreise nach dem Maß-

Preußen. stabe der in ihnen aufkommenden direkten Staatssteuern (§ 70) vertheilt, sofern nicht die Vertretung eines Landarmenverbandes mit Genehmigung der Minister des Innern und der Finanzen eine andere Aufbringungsweise beschließt. Den Vertretungen der Kreise bleibt die Beschlußfassung über die Aufbringungsweise des auf die letzteren vertheilten Kostenbetrages überlassen.

In der Provinz Hannover werden die vorgedachten Kosten auf die Amtsverbände beziehungsweise auf die nicht zu einem Armenverband gehörigen Städte vertheilt.

Im Regierungsbezirk Sigmaringen erfolgt die Vertheilung auf die Oberamtsbezirke. Die Aufbringungsweise der auf die letzteren vertheilten Kostenbeträge wird bis zur Einführung von Kreis- und Provinzialvertretungen durch eine Versammlung der Ortsvorsteher (Bürgermeister, Stadtschultheiß, Vogt) des Oberamtsbezirks unter dem Vorsitze des Oberamtmanns bestimmt.[1]

§ 29. Ausf.Ges. f. Lauenburg.

1. Wegen der Beschwerden und Einsprüche, betr. die Heranziehung oder Veranlagung zu den Lasten der Landarmenverbände, vgl. § 44 ZustGes. v. 1. Aug. 1883.

§ 30 bezieht sich auf den Zeitpunkt des Inkrafttretens des § 29 (1. Jan. 1873).

Pflichten und Rechte der Landarmenverbände.

§ 31. PrAG. ist nach Art. I des Gesetzes, betr. Abänderung der §§ 31, 65, 68 des Gesetzes zur Ausführung des Bundesgesetzes über den Unterstützungswohnsitz vom 8. März 1871 (GS. S. 130), vom 11. Juli 1891 (GS. S. 300) durch folgende §§ 31, 31a—e ersetzt. Das Gesetz ist mit dem 1. April

1893 in Kraft getreten (Art. IV). — Vgl. dazu Preußen. § 32a UWG.

§ 31. Die Landarmenverbände — in der Provinz Ostpreußen der Landarmenverband der Provinz — sind verpflichtet, für Bewahrung, Kur und Pflege der hülfsbedürftigen Geisteskranken, Idioten, Epileptischen, Taubstummen und Blinden, soweit dieselben der Anstaltspflege[1] bedürfen, in geeigneten Anstalten Fürsorge zu treffen.

Verpflichtet zur Aufnahme und Bewahrung, zur Gewährung der Kur und Pflege ist zunächst derjenige Landarmenverband, welchem der vorläufig unterstützungspflichtige Ortsarmenverband angehört.[2]

Dieser Landarmenverband kann die Uebernahme des Hülfsbedürftigen, sowie den Ersatz der aufgewendeten Verpflegungs- und Ueberführungskosten von demjenigen Landarmenverbande verlangen, dem der endgültig unterstützungspflichtige Ortsarmenverband angehört.[3]

1. Anstaltspflegebedürftigkeit Blinder und Taubstummer. Entsch. **27** 58, **28** 145, **30** 136. — Geisteskranker (Konkurenz des öffentlichen und privaten Interesses Entsch. **36** 70, 73, **37** 71. Min. Erl. v. 15. Juni 1901 (MBl. f. i. V. S. 197) v. 16. Dez. 1901 (MBl. f. i. V. 1902 S. 18) u. Entsch. **36** 68, 71, **37** 72). Liegt lediglich öffentliches Interesse vor, kein Armenpflegefall Entsch. **38** 81—93.

2. Diesem OAV. gegenüber, der dadurch von der vorläufigen Fürsorgepflicht befreit werden soll. — Vgl. Entsch. **27** 131, 140, **28** 141, 142, 155. Die Überführungskosten hat der OAV. zu tragen. Entsch. **27** 146. — Rechtsbeziehungen zu dem vorläufig unterstützenden OAV., der selbst die Unterstützung vor der Aufnahme des Kranken in eine Anstalt geleistet (**28** 134) oder dem Landarmenverbande (ohne gesetzliche Verpflichtung) erstattet hat (Entsch. **27** 137, **32** 121).

Preußen. 3. Er kann sich aber auch unmittelbar an den OAV. des UW. halten (§ 31 a). — Die Überführung aus der Anstalt des fremden in die des eigenen Landarmenverbandes hat der OAV. des UW. zu betreiben (Entsch. 28 149). — Der erstattende LAV. tritt auch hinsichtlich der Höhe der erstatteten Kosten in die Rechte des unterstützenden LAV. ein (28 146).

§ 31 a. Die allgemeinen Verwaltungskosten[1] der Anstalten und die Kosten der von der Anstalt selbst bewirkten Beerdigung trägt der Landarmenverband.[2] Der Landarmenverband[2] ist berechtigt, sofern es sich nicht um einen landarmen Hülfsbedürftigen handelt,[3] vorbehaltlich anderweitiger Vereinbarung Ersatz der sonstigen Kosten von dem endgültig unterstützungspflichtigen Ortsarmenverband[4] zu verlangen. Die Erstattung erfolgt durch Vermittelung des Kreises, welchem dieser Ortsarmenverband angehört; der Kreis ist verpflichtet, dem Ortsarmenverbande mindestens zwei Drittel der von letzterem aufzubringenden Kosten als Beihülfe zu gewähren.

Unberührt bleiben alle auf besonderen gesetzlichen Bestimmungen oder Titeln beruhenden Verpflichtungen.

1. Entsch. 6 66ff.

2. Darunter ist jeder der beiden in § 31 gedachten Landarmenverbände zu verstehen. (Zirk. des Min. d. Innern v. 15. Sept. 1891 MinBl. f. i. V. S. 166.)

3. Die Landarmenverbände der ostpreußischen Kreise (§ 26 Anm. 1 i) sind hiernach nicht erstattungspflichtig (Entsch. 27 126).

4. Nur der OAV. des UW. nicht auch der Kreis kann von dem LAV. in Anspruch genommen werden (Entsch. 27 146).

§ 31 b. Die Bestimmungen über die Aufnahme und Entlassung der Anstaltspflegebedürftigen, sowie über die Höhe der zu erstattenden Kosten werden in Reglements getroffen, welche der Genehmigung der zuständigen Minister unterliegen. Preußen.

§ 31 c. Streitigkeiten zwischen den Ortsarmenverbänden und den zur Beihülfe verpflichteten Kreisen unterliegen der Entscheidung im Verwaltungsstreitverfahren. Zuständig in erster Instanz ist der Bezirksausschuß, in zweiter das Oberverwaltungsgericht.

Im Uebrigen behält es bei den Bestimmungen des Reichsgesetzes über den Unterstützungswohnsitz vom 6. Juni 1870 sein Bewenden.[1]

1. Vgl. dazu auch § 32a UWG.

§ 31 d. Land- und Stadtkreise, sowie Ortsarmenverbände, welche für einen der von den Landarmenverbänden unmittelbar zu übernehmenden Zweige der Armenpflege bisher schon in ausreichender Weise gesorgt haben,[1] können, solange dies der Fall ist, nicht gegen ihren Willen verpflichtet werden, an der betreffenden Einrichtung des Landarmenverbandes teilzunehmen oder zu den Kosten derselben beizutragen.

Land- und Stadtkreise können mit Genehmigung des Oberpräsidenten auch in Zukunft die Fürsorge für hülfsbedürftige Geisteskranke, Idioten, Epileptische, Taubstumme und Blinde in eigenen Anstalten übernehmen.

Die in Folge der Ausführung der vorstehenden Vorschriften erforderliche Regelung der Verhältnisse ist, unbeschadet aller Privatrechte Dritter, durch den Oberpräsidenten zu bewirken.

Streitigkeiten, welche hierbei entstehen, unterliegen der Entscheidung des Oberverwaltungsgerichts.

In den Fällen der Absätze 1 und 2 tragen die Landkreise die allgemeinen Verwaltungskosten allein

Preußen. und dürfen die Ortsarmenverbände höchstens bis zu einem Drittel der sonstigen Kosten heranziehen (§ 31 a).

1. Die Entscheidung darüber, ob dies der Fall, steht der Staatsaufsichtsbehörde zu.

§ 31 c. Die Landarmenverbände, Kreise und die aus mehreren Gemeinden und Gutsbezirken zusammengesetzten Kommunalverbände sind auch ferner befugt, die Fürsorge für Sieche unmittelbar zu übernehmen.

Die gleiche Befugniß verbleibt den Kreisen und den im Absatz 1 bezeichneten Kommunalverbänden hinsichtlich der hülfsbedürftigen Kranken.

§ 22 Ausf.Ges. f. Lauenburg.

§ 32. Die in einigen Landestheilen bereits bestehenden Verbände von Gemeinden und Gutsbezirken zur Bestreitung der Kosten einzelner besonderer Zweige der öffentlichen Armenpflege (außerordentliche Armenlast)[1] bleiben als solche aufrecht erhalten; bezüglich der Verwaltung der Angelegenheiten derselben kommen die §§ 9, 10, 13 bis 15 gleichmäßig zur Anwendung.

Ohne Zustimmung der Betheiligten findet die Bildung solcher Verbände nicht ferner statt.

Übereinstimmend § 23 Ausf.Ges. f. Lauenburg. Hinter „aufrecht erhalten" ist hinzugefügt: (Nebenanlagen.)[1]

1. Solche Verbände bestehen:

a) in der Provinz Hannover auf Grund des § 83 des Hannoverschen Landgemeinde-Verfassungsgesetzes und des § 9 der Ministerial-Instruktion v. 28. April 1859 (Hann. GS. S. 408, 410).

b) in den ehemals bayerischen Landesteilen auf Grund des Art. 6 der Ver. v. 17. Nov. 1816 (Bayer. GesBl. S. 780).

§ 33. Die in einigen Landestheilen bestehenden Preußen.
Verpflichtungen des Staates zur Bestreitung einzelner besonderer Zweige der öffentlichen Armenpflege werden insoweit aufgehoben, als diese Verpflichtungen nicht auf besonderen Rechtstiteln beruhen.[1]

Desgleichen werden aufgehoben die Bestimmungen des Ausschreibens des vormaligen Kurhessischen Staatsministeriums vom 15. Oktober 1822 (Kurhessische Gesetz-Samml. S. 45), sowie die Bestimmungen in § 1 Nr. 5 des Gesetzes, betreffend die Erweiterung der Verwendungszwecke der Einnahmen aus dem vormals Kurhessischen Staatsschatze vom 25. März 1869 (Gesetz-Samml. S. 525).

1. Danach ist die Verpflichtung des Staates zur Bestreitung der Armenpflegekosten

a) bezüglich der Waisenkinder, sowie bezüglich der Unterstützung nicht prästationsfähiger Gemeinden in dem größeren Teile des Regierungsbezirks Wiesbaden, mit der im § 74 unter 5c ausgesprochenen Maßgabe;

b) bezüglich der unehelichen Kinder in einem Teile des Landdrosteibezirks Stade

v. 1. Juli 1873 ab in Wegfall gekommen. (Instr.)

§ 34. Die Landarmenverbände sind befugt, die ihrer Fürsorge gesetzlich anheimfallenden Personen demjenigen Ortsarmenverbande gegen Entschädigung zu überweisen, welcher nach § 28 des Reichsgesetzes vom 6. Juni 1870 zur vorläufigen Unterstützung derselben verpflichtet ist.

Die Landarmenverbände sind verpflichtet, in ihren Armenhäusern, soweit es der Raum gestattet, gegen Entschädigung die der Fürsorge der Ortsarmenverbände gesetzlich anheimfallenden Personen auf Antrag dieser Verbände aufzunehmen.

Übereinstimmend § 24 Ausf.Ges. f. Lauenburg, in welchem indes Abs. 2 fehlt.

Preußen. § 35. Die für den Betrag der Erstattungsforderungen der Armenverbände maßgebenden Tarife werden von dem Minister des Innern nach Anhörung der Provinzialvertretung, beziehungsweise der Kommunallandtage, aufgestellt. Bei den gegenwärtig in Geltung stehenden Tarifen bewendet es, bis sie in vorgedachter Weise abgeändert worden sind.[1]

Übereinstimmend § 25 Ausf.Ges. f. Lauenburg.

1. Vgl. Anh. C.

§ 36. Die Landarmenverbände sind verpflichtet, denjenigen, ihrem Bezirke angehörigen Ortsarmenverbänden eine Beihülfe zu gewähren, welche den ihnen obliegenden Verpflichtungen[1] zu genügen unvermögend sind. Ob und welche Beihülfe zu leisten ist, entscheidet nach Anhörung des Kreistages endgültig die Deputation für das Heimathwesen (§ 40), zu deren Sprengel der betreffende Ortsarmenverband gehört.[2] Die Beihülfe kann in Geld oder mittelst Bereitstellung von Pflegeanstalten oder in sonst geeigneter Weise gewährt werden.

Die in einigen Theilen des Regierungsbezirks Kassel bestehenden Verbände zur Unterstützung solcher Gemeinden, welche die Lasten der öffentlichen Armenpflege für sich allein nicht aufzubringen im Stande sind, werden insoweit aufgehoben als diese Verbände nicht gleichzeitig zur Verfolgung anderer Zwecke eingerichtet sind, beziehungsweise insoweit auf sie nicht gleichzeitig der § 32 Anwendung findet.[3] Auf das Vermögen dieser Verbände, soweit dasselbe lediglich zur Unterstützung der vorgedachten Gemeinden bestimmt ist, kommen die Vorschriften der §§ 17 u. 18 zur Anwendung.

Mit Abs. 1 stimmt § 26 Ausf.Ges. f. Lauenburg überein.

1. sei es nach § 28, sei es nach § 30 UWG. (vgl. auch § 59 UWG.).

2. Beschwerden von Ortsarmenverbänden gegen Verfügungen der Landarmenverbände darüber, ob, in welcher Höhe und in welcher Weise Beihilfen zu gewähren sind, unterliegen nach § 12 ZustGes. v. 1. Aug. 1883 der endgültigen Beschlußfassung des Provinzialrats. Preußen.

3. Dgl. Verbände bestanden in den Kreisen Fulda, Hünfeld, Schlüchtern und den ehemals bayerischen Gebietsteilen (Instr.).

§ 38. Die Landarmenverbände sind verpflichtet, die in ihrem Bezirke festgenommenen, auf Grund der Bestimmungen des § 361 Nr. 3 bis 8 des Strafgesetzbuchs für den Norddeutschen Bund vom 31. Mai 1870[1] verurtheilten und nach verbüßter Strafe der Landespolizeibehörde überwiesenen[2] Personen, auf dahin gehenden Beschluß dieser Behörde, in ein Arbeitshaus unterzubringen. Die Kosten des Transportes der vorgedachten Personen aus dem Gerichtsgefängniß in das Arbeitshaus sowie der ihnen etwa Behufs dieses Transportes zu gewährenden unentbehrlichen Bekleidung fallen dem Staate zur Last, wogegen die Landarmenverbände die Kosten der Verpflegung in der Anstalt, der bei der Entlassung aus dieser, wenn nöthig, zu gewährenden Bekleidung und entstehenden Falls der Beerdigung insoweit zu tragen haben, als diese Kosten durch den aufkommenden Arbeitsverdienst nicht gedeckt werden.[3]

Übereinstimmend § 28 AusfGes. f. Lauenburg.

1. jetzt StGB. f. d. Deutsche Reich v. $\frac{\text{15. Mai 1871}}{\text{26. Febr. 1876}}$

§ 361. Mit Haft wird bestraft:

3. wer als Landstreicher umherzieht;
4. wer bettelt oder Kinder zum Betteln anleitet oder ausschickt, oder Personen, welche seiner Gewalt und Aufsicht untergeben sind und zu seiner Hausgenossenschaft gehören, vom Betteln abzuhalten unterläßt;

Preußen.

5. wer sich dem Spiel, Trunk* oder Müßiggang dergestalt hingibt, daß er in einen Zustand gerät, in welchem zu seinem Unterhalte oder zum Unterhalte derjenigen, zu deren Ernährung er verpflichtet ist, durch Vermittelung der Behörde fremde Hilfe in Anspruch genommen werden muß;
6. eine Weibsperson, welche wegen gewerbsmäßiger Unzucht einer polizeilichen Aufsicht unterstellt ist, wenn sie den in dieser Hinsicht zur Sicherung der Gesundheit, der öffentlichen Ordnung und des öffentlichen Anstandes erlassenen polizeilichen Vorschriften zuwiderhandelt, oder welche, ohne einer solchen Aufsicht unterstellt zu sein, gewerbsmäßig Unzucht treibt;
7. wer, wenn er aus öffentlichen Armenmitteln eine Unterstützung empfängt, sich aus Arbeitsscheu weigert, die ihm von der Behörde angewiesene, seinen Kräften angemessene Arbeit zu verrichten;
8. wer nach Verlust seines bisherigen Unterkommens binnen der ihm von der zuständigen Behörde bestimmten Frist sich kein anderweitiges Unterkommen verschafft hat und auch nicht nachweisen kann, daß er solches der von ihm angewandten Bemühungen ungeachtet nicht vermocht habe.**

---

* Entmündigung wegen Verschwendung und wegen Trunksucht § 6 BGB. — § 680 Abs. 5 ZPO. Antragsberechtigt ist bei Verschwendung und Trunksucht auch der Armenverband, dem die Fürsorge für den zu Entmündigenden im Falle seiner Hilfsbedürftigkeit obliegen würde, § 3 Pr. Ausf.Ges. z. ZPO. — AllgVerf. v. 16. Nov. 1899 (MBl. f. i. V. S. 227).

** Durch Art. 2 Ges. v. 12. März 1894 ist dem § 361 folgende Nr. 10 hinzugefügt:

10. wer, obschon er in der Lage ist, diejenigen, zu deren Ernährung er verpflichtet ist, zu unterhalten,

2. § 362 StGB. Preußen.

3. Allg. Verf. des Min. des Innern v. 21. April und v. 22. Okt. 1885 (MBl. f. i. V. S. 184 u. 237).

§ 39. Die Landarmenverbände sind fortan, soweit es bisher noch der Fall ist, nicht mehr verpflichtet, die Kosten der Vollstreckung gerichtlich erkannter Freiheitsstrafen bezüglich der im § 38 gedachten Personen zu tragen.

§ 70. Soweit die Vertheilung der von den einzelnen Verbänden, Kreisen und Gemeinden in Folge dieses Gesetzes aufzubringenden Kosten nach Maßgabe der direkten Staatssteuern erfolgt, kommen folgende Bestimmungen zur Anwendung: [1) in den mahl- und schlachtsteuerpflichtigen Städten tritt die Mahl- und Schlachtsteuer, nach Abzug des für die Städte erhobenen Steuerdrittels, an die Stelle der Klassensteuer;][1] 2) die in §. 4 Litt. a. und b. des Grundsteuergesetzes vom 21. Mai 1861 (Gesetz-Samml. S. 253) und beziehungsweise in § 3 des Grundsteuergesetzes vom 11. Februar 1870 (Gesetz-Samml. S. 85)[2] bezeichneten Grundstücke werden nach Maßgabe derjenigen Grundsteuerbeträge herangezogen, welche von ihnen zu entrichten sein würden, wenn ihnen ein Anspruch auf Grundsteuerbefreiung

---

sich der Unterhaltspflicht trotz der Aufforderung der zuständigen Behörde derart entzieht, daß durch Vermittelung der Behörde fremde Hilfe in Anspruch genommen werden muß.

Vgl. auch § 98 des Badischen Polizeistrafgesetzbuchs in der Fassung nach dem Gesetze v. 7. Mai 1890, dessen Abs. 2 durch die neue reichsgesetzliche Vorschrift ersetzt wird. — § 361 Nr. 10 kann gegen den außerehelichen Vater nicht angewendet werden (Urt. des Kammergerichts v. 29. Nov. 1904 GemVerwBl., 1905 S. 347).

Preußen. oder Bevorzugung nicht zustände. Die Berechnung dieser Grundsteuerbeträge erfolgt durch Anwendung des allgemeinen Grundsteuer-Prozentsatzes auf die in Ausführung der vorerwähnten beiden Gesetze für die gedachten Grundstücke festgestellten oder festzustellenden Reinerträge. In den Provinzen Schleswig-Holstein, Hannover und Hessen-Nassau, sowie in dem Kreise Meisenheim geschieht diese Berechnung solange, als die neu zu regelnde Grundsteuer noch nicht erhoben wird, nach den gesetzlich feststehenden der hergebrachten Besteuerungsgrundsätzen; 3) die nach § 3 unter 1 des Gesetzes, betreffend die Einführung einer allgemeinen Gebäudesteuer, vom 21. Mai 1861 (Ges.-Samml. S. 317 ff.)[2] von der Gebäudesteuer befreiten Gebäude, mit Ausnahme derjenigen, welche sich im Besitze der Mitglieder des Königlichen Hauses oder des Hohenzollernschen Fürstenhauses, sowie des Hannoverschen Königshauses oder des Kurhessischen oder des Herzoglich Nassauischen Fürstenhauses befinden, werden nach Maßgabe ihres, den Grundsätzen des angeführten Gesetzes entsprechend, besonders einzuschätzenden Nutzungswerthes und der danach zu berechnenden Gebäudesteuerbeträge herangezogen; 4) die Steuer für den Gewerbebetrieb im Umherziehen bleibt außer Berücksichtigung.

1. Mahl- und Schlachtsteuer sind als Staatssteuern aufgehoben (Ges. v. 25. Mai 1873, GS. S. 222).

2. Grund- und Gebäudesteuer sind der Staatskasse gegenüber außer Hebung gesetzt und der kommunalen Besteuerung freigegeben; für deren Zwecke sie vom Staate weiter veranlagt werden (Ges. v. 14. Juli 1893, GS. S. 119).

Sachsen. **2. Sachsen.**

§ 1. Ver. v. 6. Juni 1871: Die Heimathsbezirke des Königreichs Sachsen sind **Ortsarmenverbände** im Sinne des Bundesgesetzes. Sachsen.

Es bewendet bei den landesgesetzlichen Bestimmungen über deren Bildung und Organisation,[1] über die Armenversorgungsbehörde und deren Geschäfte,[2] über die Grundzüge der Armenpflege[3] und die Mittel zur Armenversorgung.[4]

1. §§ 2 und 3 des Heimatsgesetzes v. 26. Nov. 1834 (Samml. der Ges. und Ver. S. 449); — §§ 1 und 2 der Armenordnung für das Königreich Sachsen v. 22. Okt. 1840 (Ges. u. VerBl. S. 257).

2. §§ 71—93 der Armenordnung; §§ 98, 116, 121 ff. der revid. Städteordnung v. 24. April 1873 (Ges. u. VerBl. S. 295); § 12• der Städteordnung für kleinere und mittlere Städte v. 24. April 1873 (Ges. u. VerBl. S. 321); §§ 29, 74• (Landgemeinden), 82—86 (Gutsbezirke) §§ 89 ff. der revid. Landgemeindeordnung v. 24. April 1873 (Ges. u. VerBl. S. 328). - Über die Assoziation mehrerer Heimatsbezirke zur Verminderung der Armut und Bettelei vgl. § 30 der Armenordnung, und über die Mitwirkung der Bezirksverbände bei Einrichtungen zum Zwecke der Armenversorgung und der öffentlichen Krankenpflege vgl. §§ 20 Nr. 1, 21 des Ges., betr. die Bildung von Bezirksverbänden v. 21. April 1873 (Ges. u. VerBl. S. 284).

3. §§ 23—60 Armenordnung, s. auch Anh. A.

4. § 5 des Heimatsgesetzes, §§ 9, 99 der Armenordnung.

§ 1. **Ver.** v. 15. **Juni** 1876: Der Bezirk der Festung Königstein bildet einen besonderen Ortsarmenverband, welcher von dem jedesmaligen Kommandanten der Festung verwaltet wird.

§ 2. **Ver.** v. 6. **Juni** 1871: Bis auf Weiteres übernimmt für das Gebiet des Königreichs Sachsen der Staat die Obliegenheiten des **Landarmenverbandes**.

Sachsen. Derselbe bedient sich jedoch Behufs der öffentlichen Unterstützung solcher Hülfsbedürftiger, für deren Versorgung kein Ortsarmenverband endgültig aufzukommen verpflichtet ist (Landarmen), einstweilen der Ortsarmenverbände (Heimathsbezirke) als seiner Organe.[1]

1. Über die den OAV. zu erstattenden Aufwendungen s. Rechtsgrundsätze des Sächs. OVG. I. 38

§ 3. Ver. v. 6. Juni 1871: Die Leistung der Unterstützung an Landarme durch die Ortsarmenverbände und die Erstattung des dadurch verursachten Aufwandes richtet sich im Allgemeinen nach den in den §§ 28 bis 30 des Bundesgesetzes aufgestellten Grundsätzen.

§ 4. Ver. v. 6. Juni 1871: Die Erstattung des durch die Unterstützung von Landarmen entstandenen Aufwands setzt voraus, daß im einzelnen Unterstützungsfalle von dem betreffenden Ortsarmenverbande die Vorschrift in § 34 Abs. 1 u. 2 des Bundesgesetzes beobachtet worden ist.

Die in § 34 des Bundesgesetzes vorgeschriebene Anmeldung des Erstattungsanspruchs ist, wenn es sich um den Aufwand für die Unterstützung von Landarmen handelt, von den Ortsarmenverbänden bei der vorgesetzten Kreishauptmannschaft[1] zu bewerkstelligen.

1. An Stelle der Kreisdirektionen sind nach dem § 22 des Ges., die Organisation der Behörden für die innere Verwaltung betreffend, v. 21. April 1873 (Ges. und VerBl. S. 275) die Kreishauptmannschaften getreten. (Seit 10. Juli 1900: Dresden, Leipzig, Bautzen, Zwickau, Chemnitz. Ges. u. VerBl. 1900 S. 481.)

Der Anmeldung sind die Akten oder Schriftstücke beizufügen, welche die Verhandlungen über die stattgefundenen Erhebungen bezüglich der Heimaths-,

Familien- und Aufenthaltsverhältnisse des Hülfsbedürftigen und über die bewilligten Unterstützungen enthalten. Sachsen.

§ 5. Ver. v. 6. Juni 1871: Nach Prüfung der mit der Anmeldung eingereichten Unterlagen werden dieselben dem betreffenden Ortsarmenverband mit einer Eröffnung dahin zurückgegeben, ob seiner Annahme, daß es sich um die Unterstützung eines Landarmen handle, beigetreten wird.

Bejahenden Falles ist nach Beendigung der Unterstützung und außerdem jedenfalls nach dem Jahresschlusse eine Berechnung des gehabten Aufwands unter Beachtung der Vorschrift im § 30 Abs. 2 des Bundesgesetzes aufzustellen und mit der obrigkeitlichen Bescheinigung, daß die in Rechnung gestellten Sätze den über das Maß der öffentlichen Armenunterstützung am Orte geltenden Grundsätzen entsprechen, sowie unter Beifügung der zugehörigen Belege und Akten an die vorgesetzte Kreishauptmannschaft einzusenden, welche dieselben weiter an das Ministerium des Innern befördert.

Nachdem die Rechnung geprüft und richtig befunden worden ist, erfolgt die Erstattung des Betrages aus der Staatskasse an den betreffenden Ortsarmenverband.

§ 2. Ver. v. 15. Juni 1876: Vom 1. Juli 1876 ab haben die Kreishauptmannschaften jede für ihren Bezirk selbständig über Anerkennung Hülfsbedürftiger als Landarmer oder unterstützungsberechtigter Ausländer, sowie über Anerkennung oder Ablehnung von Ersatzansprüchen der Armenverbände zu beschließen. Gegen ihre betreffenden Entschließungen finden Rekurse an das Ministerium des Innern im reinen Verwaltungswege nicht statt, vielmehr können bezügliche Ansprüche an die Staatskasse nur

Sachsen. im Wege des Administrativprozesses geltend gemacht werden.[2]

Die Berechtigung, sich Behufs der öffentlichen Unterstützung Landarmer oder hülfsbedürftiger Ausländer der Ortsarmenverbände als ihrer Organe zu bedienen, steht den Kreishauptmannschaften besonders auch dann zu, wenn der Landarmenverband nach § 31 des Bundesgesetzes zur Uebernahme eines Hülfsbedürftigen verpflichtet ist.

1. s. § 7 AusfVer. v. 6. Juni 1871 Absatz 2 u. 3 Anh. K. Den Staatsfiskus vertritt in Prozessen das Finanzministerium.

2. jetzt Verwaltungsstreitverfahren s. Anh. E.

Württemberg. 3. **Württemberg.** a. Ausf.Ges. v. 17. April 1873.

(Instr. v. 30. Mai 1873, RegBl. S. 207.)

b. Ges., betr. die Abänderung des Ausführungsgesetzes vom 2. Juli 1889. (Vollzugsverordnung v. 15. Juli 1889. RegBl. S. 224.)

Art. 8 Abs. 1. Jede Gemeinde bildet für sich einen Ortsarmenverband.

Abs. 2, aufgehoben durch Art. 17 des Ges. v. 2. Juli 1889. — Die Übertragung der Verpflichtungen der mit dem 1. April 1890 als Ortsarmenverbände aufgehobenen Teilgemeinden und die Übernahme der den Armenverbänden (Teilgemeinden) gehörigen Einrichtungen und Stiftungen für Zwecke der öffentlichen Armenpflege ist durch Art. 16 des Ges. v. 2. Juli 1889 geordnet, vgl. dazu Erlaß v. 15. Juli 1889 (Amtsbl. S. 175) und v. 8. März 1890 (Amtsbl. S. 65).

Abs. 3. Die Vereinigung mehrerer Theilgemeinden einer zusammengesetzten Gemeinde und die Vereinigung mehrerer Gemeinden eines Oberamtsbezirks zu einem Gesammtortsarmenverbande ist statthaft und erfolgt durch Uebereinkunft der bürgerlichen Kollegien, beziehungsweise der Vertreter der Theilgemeinden (Gesetz über die Verhältnisse der zusammengesetzten Gemeinden vom 17. September 1853 Art. 8 Abs. 5 und 6). Württemberg

Vgl. Art. 12 des Ges. v. 2. Juli 1889: In zusammengesetzten Gemeinden kommen die Funktionen des Ortsarmenverbandes fernerhin (d. h. v. 1. April 1891) ausschließlich der Gesamtgemeinde zu.

Abs. 4 ist durch Art. 17 des Ges. v. 2. Juli 1889 aufgehoben.

Art. 9. Die Verwaltung der öffentlichen Armenpflege steht in den einen eigenen Ortsarmenverband bildenden Gemeinden (und Theilgemeinden)[1] den durch die Gemeinde-Verfassungs- und Verwaltungsgesetze für die Besorgung der Gemeinde-Angelegenheiten bestellten Organen[2] mit der Maßgabe zu, daß bei den bezüglichen Verhandlungen und Beschlußfassungen des Gemeinderaths der erste Ortsgeistliche oder sein Stellvertreter stimmberechtigtes Mitglied des Kollegiums ist. In Gemeinden, wo Ortsgeistliche verschiedener religiöser Bekenntnisse angestellt sind, ist von jeder Konfession der erste Ortsgeistliche oder sein Stellvertreter zur Mitwirkung berufen.[3]

Bestehen innerhalb einer und derselben Gemeinde mehrere Parochien, so hat der erste Ortsgeistliche einer jeden Parochie, deren Pfarrsitz innerhalb der Gemeinde ist, oder sein Stellvertreter mitzuwirken.[4]

Hat in einer, einen eigenen Ortsarmenverband bildenden Gemeinde (oder Theilgemeinde)[1] keiner der für dieselbe bestellten Geistlichen seinen Pfarrsitz, so ist zu den auf die Armenpflege sich beziehenden Verhandlungen und Beschlüssen des Gemeinde-

Württemberg

raths derjenige Geistliche mit Stimmrecht beizuziehen, dessen Pfarrsprengel die Gesammtheit oder die Mehrzahl der Einwohner des Armenbezirks angehört.

Die Leitung der Sitzungen der Ortsarmenbehörde steht dem Ortsvorsteher[5] und dem ersten Ortsgeistlichen oder seinem Stellvertreter gemeinschaftlich zu; dem Geistlichen gebührt die erste ordentliche, dem Ortsvorsteher im Falle der Stimmengleichheit die entscheidende Stimme. Im Uebrigen kommt die Führung der Geschäfte dem Ortsvorsteher zu.

Wenn Geistliche verschiedener Konfessionen in der Ortsarmenbehörde mitwirken, so kommt der hievor bezeichnete Antheil am Vorsitz dem Geistlichen der in der Gemeinde überwiegenden Konfession zu. Andernfalls ist ein geeigneter Wechsel festzustellen. Unter Geistlichen derselben Konfession entscheidet die dienstliche Stellung, beziehungsweise das Dienstalter.

Die näheren Vorschriften für die Verwaltung der aus mehreren Gemeinden (oder Theilgemeinden)[1] zusammengesetzten Ortsarmenverbände werden durch ein von den Vertretern der Gemeinden und Theilgemeinden zu vereinbarendes Statut festgestellt, das der Genehmigung der Gemeinde-Aufsichtsbehörde unterliegt. (Instr. §§ 11—14.)

1. Die eingeklammerten Worte in Abs. 1, 3, 6 sind ohne Bedeutung, nachdem die Teilgemeinden (Art. 8 Abs. 2) als Ortsarmenverbände aufgehoben sind.

2. Gemeindeordnung v. 28. Juli 1906 RgBl. S. 323 Art. 9, Art. 30 ff. für kleinere Städte und Landgemeinden, Art. 71 ff. für größere Städte (gültig v. 1. Dez. 1907).

3. A. a. O. Art. 10 Abs. 2: An den Verhandlungen und Beschlußfassungen des Gemeinderats nehmen die ersten Ortsgeistlichen jedes Bekenntnisses nach Maßgabe des

Art. 9 des Gesetzes v. 17. April 1873 zur Ausführung des Reichsgesetzes über den UW. teil. Württemberg.

4. Vom 1. Dez. 1907 ab: Gemeindeordnung Art. 74 Abs. 4: Bestehen innerhalb des Bezirks einer Gemeinde mehrere Parochien desselben Bekenntnisses, so sind von den ersten Ortsgeistlichen dieses Bekenntnisses nicht mehr als drei zur Mitwirkung an den Verhandlungen und Beschlußfassungen des Gemeinderats über die Verwaltungen der öffentlichen Armenpflege mit Stimmrechte berufen und die übrigen zur beratender Teilnahme befugt, für die Berufung der Geistlichen mit Stimmrecht ist die dienstliche Stellung nur bei gleicher dienstlicher Stellung das Dienstalter maßgebend.

5. Gemeindeordnung Art. 55ff., 63ff. — Der Ortsvorsteher führt in den Städten den Titel Stadtschultheiß, in Landgemeinden den Titel Schultheiß.

Art. 10. Auf Grund eines Beschlusses der bürgerlichen Kollegien können in allen Gemeinden besondere dem Gemeinderath untergeordnete Deputationen aus Mitgliedern der bürgerlichen Kollegien, geeignetenfalls unter Zuziehung anderer Ortseinwohner, für die Verwaltung der gesammten öffentlichen Armenpflege und ebenso Kommissionen für die Verwaltung einzelner Zweige oder Anstalten der Armenpflege gebildet, auch für einzelne Bezirke der Gemeinde besondere Armenpfleger bestellt werden.

Die näheren Bestimmungen über den Geschäftskreis und die Geschäftsführung der Armen-Deputationen und Kommissionen werden durch Beschlüsse der Gemeinde-Kollegien festgesetzt, welche der Bestätigung des Ministeriums des Innern bedürfen.

Der erste Ortsgeistliche eines jeden religiösen Bekenntnisses oder sein Stellvertreter ist mit der in Art. 9 vorgesehenen Stellung stimmberechtigtes Mitglied der Armen-Deputation. (Instr. § 15.)[1]

Württemberg. 1. Gemeindeordnung v. 28. Juli 1906 Art. 31 Abs. 3: In Geltung bleibt der Art. 10 des Gesetzes v. 17. April 1873 — mit der Maßgabe, daß der Vollzug des Beschlusses über die Errichtung einer Armendeputation gemäß Art. 8 Abs 3, der auch hier Anwendung findet, vom Bezirksrat untersagt werden kann. — Nach Art. 2 Abs. 3 ist der betr. Beschluß dem Bezirksrat (in großen und mittlern Städten von 10—20000 Einw. der Kreisregierung) vorzulegen, die den Vollzug zu untersagen hat, wenn er mit dem Gesetz in Widerspruch steht, oder die Rechte Dritter verletzt, oder das öffentliche Wohl schädigt. — Zu Art. 10 Abs. 3 vgl. Anm. 4 zu Art. 9.

Art. 11. Stiftungen einer Gemeinde, welche ausschließlich dem Zweck der öffentlichen Armenunterstützung im Sinne des gegenwärtigen Gesetzes gewidmet sind, gehen, soweit nicht vom Stifter eine besondere Verwaltungsbehörde bestimmt worden ist (Verwaltungs-Edikt vom 1. März 1822 § 120), in welchem Falle es bei dieser Bestimmung sein Bewenden hat, in die Verwaltung der Ortsarmenbehörde über. Soweit das Vermögen dieser Stiftungen bisher zu bestimmten Zwecken zu verwenden war, ist es auch fernerhin in gleicher Weise zu verwenden.

An den Vorschriften über die Art der Verwaltung des Vermögens dieser Stiftungen tritt eine Aenderung nicht ein.

Die Verwaltung anderer öffentlicher Stiftungen als der in Abs. 1 bezeichneten verbleibt den durch die Gesetzgebung hierfür bestimmten Behörden. Die Verwaltungen dieser Stiftungen sind jedoch verpflichtet, aus dem Ertrage des Vermögens derselben alljährlich der Gemeinde-Armenverwaltung die für die öffentliche Armenunterstützung stiftungsgemäß zu verwendenden Mittel (Verwaltungs-Edikt vom 1. März 1822 § 135 Abs. 1 und § 136) zum Zwecke der Verwendung für die den Gemeinden obliegende Armenfürsorge zur Verfügung zu stellen, sofern sie nicht vorziehen, mit der Gemeinde sich durch Ueberlassung eines bestimmten Antheils an dem Stiftungsvermögen ein- für allemals auseinander zu setzen. Württemberg.

Auch sind diese Stiftungen, soweit solche im Besitze von Vermögensobjekten oder von Einrichtungen sind, welche bisher ausschließlich oder theilweise für die öffentliche Armenunterstützung gedient haben, wie Kranken-, Armen-, Siechenhäuser-, Spitäler u. s. w., verbunden, solche künftig der Gemeinde-Armenverwaltung zur Benützung für die Zwecke der Armenpflege insoweit, als dies bisher der Fall war, zu überlassen, sofern nicht über die Abtretung derselben an die Gemeinde-Armenverwaltung eine Uebereinkunft zu Stande kommt. (Instr. §§ 16, 17.)

Art. 12. Zu den der öffentlichen Armenunterstützung gewidmeten Stiftungen (Art. 11) sind nicht zu zählen diejenigen Bestandtheile des örtlichen Stiftungsvermögens, welche den örtlichen Kirchenfonds als solchen für Unterstützunszwecke zugewendet worden sind, und deren Verwaltung die Stiftungsräthe bisher nur in ihrer Eigenschaft als Verwalter des örtlichen Kirchenvermögens geführt haben.

Art. 13. In Streitsachen, welche durch die Vorschriften der Art. 11 und 12 veranlaßt werden, entscheiden, wenn die stiftungsmäßige Bestimmung einer Stiftung oder eines Vermögenstheils einer solchen in Frage steht, die Verwaltungsjustizbehörden, in den übrigen Fällen die Verwaltungsbehörden, und zwar in letzter Instanz das Ministerium des Innern.

In derartigen Fällen ist die oberste Kirchenbehörde befugt, in Vertretung der Kirchengemeinde eine Sache als streitig an die zuständige Behörde zu bringen, beziehungsweise Beschwerden gegen Ent-

Württemberg. scheidungen der Verwaltungsjustizbehörden oder der Verwaltungsbehörden zu erheben.

Art. 14. Die Vorsteher der Korporationen und anderer juristischer Personen sind verpflichtet, den Organen der Ortsarmenverbände auf deren Erfordern Auskunft über den Betrag der Unterstützungen zu ertheilen, welche einem Hülfsbedürftigen aus den unter ihrer Verwaltung stehenden, einem Zwecke der Wohlthätigkeit gewidmeten Fonds gewährt worden sind. (Instr. § 18.)

Art. 15—18 sind aufgehoben durch Art. 17 des Gesetzes v. 2. Juli 1889. — An ihre Stelle tritt der Abschnitt I dieses Gesetzes.

I. Landarmenverbände.

Art. 1. In jedem der vier Kreise des Landes werden die zu dem Kreise gehörigen Oberamtsbezirke (mit Einschluß des Stadtdirektionsbezirks Stuttgart) zu einem Landarmenverband vereinigt.

Art. 2. Zur Verwaltung des Landarmenwesens wird in jedem Landarmenverband eine Landarmenbehörde bestellt.

Der Vorsitzende dieser Behörde und dessen Stellvertreter werden vom Ministerium des Innern in widerruflicher Weise ernannt. Die weiteren Mitglieder werden von den Amtsversammlungen der dem Landarmenverband angehörigen Oberamtsbezirke, im Stadtdirektionsbezirk Stuttgart von der Ortsarmenbehörde der Stadt Stuttgart, je auf die Dauer von sechs Jahren gewählt. Die Zahl dieser Mitglieder bemißt sich nach dem Betrag der Staatssteuer aus Grundeigentum, Gefällen, Gebäuden und Gewerben mit Einschluß der fingierten Staatssteuer, welche auf die nur amts- und gemeindesteuerpflichtigen Objekte entfällt, in der Weise, daß in Bezirken mit einem Steuerbetreff bis zu 100 000 Mk. jährlich ein einziges Mitglied, in solchen mit höherem Steuerbetreff aber je für volle 100 000 Mk., sowie für überschießende Beträge von mehr als 50 000 Mk. ein Mitglied zu wählen ist. Württemberg.

Wählbar sind alle Personen, welchen die gemeindbürgerlichen Wahl- und Wählbarkeitsrechte in einer Gemeinde des Bezirks zustehen (Art. 12 und 14 des Gesetzes über die Gemeindeangehörigkeit v. 16. Juni 1885, RegBl. S. 257).

Bezüglich der Verpflichtung zur Annahme der Wahl und der Befreiung von dieser Verpflichtung, sowie bezüglich des Austritts der gewählten Mitglieder aus der Landarmenbehörde finden die Bestimmungen in Art. 15 bis 18 und 19 des Gesetzes über die Gemeindeangehörigkeit entsprechende Anwendung.

Scheidet ein Mitglied vor dem Ablauf der Wahlperiode aus, so ist für den Rest der letzteren eine Neuwahl vorzunehmen.

Art. 3. Der Landarmenbehörde liegt die Leitung des gesamten Landarmenwesens und die Beschlußfassung über alle dasselbe betreffenden Maßnahmen ob, soweit hierzu nicht gemäß Art. 4 der Ausschuß oder der Vorsitzende für sich allein berufen ist.

Insbesondere hat die Landarmenbehörde

1. den Jahresetat über die Einnahmen und Ausgaben des Landarmenverbandes und die Höhe der Landarmenbeiträge (Art. 9) festzustellen,
2. die Jahresrechnung abzunehmen und über die Entlastung des Rechners Beschluß zu fassen,
3. über die Errichtung von Landarmenanstalten und über wesentliche Veränderungen derselben zu beschließen,
4. die Beamten für die Verwaltung des Landarmenwesens und der Landarmenanstalten mit Ausnahme der niederen Bediensteten anzustellen und zu entlassen.

Art. 4. Zur Besorgung der laufenden Geschäfte wird ein Ausschuß bestellt, welcher aus dem Vorsitzenden der Landarmenbehörde, bzw. dessen Stellvertreter und vier

Württemberg. weiteren, nebst ebensovielen Stellvertretern von der Landarmenbehörde aus ihre Mitte zu wählenden Mitgliedern besteht. Dem Ausschuß liegt insbesondere ob:

1. die Anweisung der Einnahmen und Ausgaben auf Grund des Etats und der Beschlüsse der Landarmenbehörde,
2. die Entscheidung darüber, ob der Fall einer vom Landarmenverband zu übernehmenden Fürsorge für einen Hülfsbedürftigen vorliege und in welcher Art diese zu bewirken sei,
3. die Vertretung des Landarmenverbandes in Streitsachen,
4. die Leitung der Landarmenanstalten und die Beaufsichtigung ihres Dienstpersonals,
5. die Anstellung und Entlassung der niederen Bediensteten des Landarmenverbandes und der Landarmenanstalten,
6. die Entwerfung des Jahresetats, die Prüfung der Jahresrechnung und die Berichterstattung über deren Ergebnis an die Landarmenbehörde,
7. die Erledigung aller sonstigen Geschäfte, welche durch besonderen Beschluß der Landarmenbehörde dem Ausschuß zugewiesen sind.

In dringenden Fällen hat der Vorsitzende allein an Stelle des Ausschusses die erforderliche Verfügung zu treffen, von deren Inhalt jedoch in der nächsten Sitzung dem Ausschuß Kenntniß zu geben und die künftigen Maßnahmen dessen Beschlußfassung zu unterstellen.

Art. 5. Die Mitglieder der Landarmenbehörde und des Ausschusses erhalten für ihre Bemühungen Taggelder, Diäten und Reisekostenentschädigung aus der Kasse des Landarmenverbandes nach den für die Mitglieder der Amtsversammlungen geltenden allgemeinen Vorschriften.

Die Belohnung des Vorsitzenden und seines Stellvertreters, sowie die denselben bei auswärtigen Dienstverrichtungen zukommende Entschädigung werden von der Staatskasse bestritten. Württemberg.

Art. 6. Die Landarmenverbände sind befugt, sich zur Bewirkung der von ihnen zu leistenden Zahlungen der unentgeltlichen Vermittlung der Amtspflegen zu bedienen.

Art. 7. Die vom Staat oder der Amtskörperschaft für einen Oberamtsbezirk angestellten Ärzte sind verpflichtet, innerhalb ihres Geschäftskreises die Landarmenbehörde des betreffenden Kreises und deren Ausschuß zu beraten.

Art. 8. Soweit in vorstehendem nichts anderes bestimmt ist, finden auf die Verwaltung der Landarmenverbände und deren Beaufsichtigung durch die Staatsbehörden die für die Amtskörperschaften geltenden Vorschriften sinngemäße Anwendung.

Die näheren Bestimmungen hierüber sowie über die Wahl der Mitglieder der Landarmenbehörde und des Ausschusses (Art. 2 und Art. 4 Abs. 1) und über die Geschäftsführung dieser Verwaltungsorgane werden im Verordnungswege getroffen. — (Vgl. Vollzugsverordnung v. 15. Juli 1889 §§ 1—23, RegBl. S. 224.)

Art. 9. Der Aufwand der Landarmenverbände, soweit er nicht aus eigenen Einnahmen gedeckt werden kann oder gemäß Art. 10 aus der Staatskasse ersetzt wird, wird nach dem Verhältnis der Staatssteuer aus Grundeigentum, Gefällen, Gebäuden und Gewerben mit Einschluß des fingierten Staatssteuerbetreffs der nur amts- und gemeindesteuerpflichtigen Objekte auf die dem Landarmenverband angehörigen Oberamtsbezirke ausgeteilt und von diesen unter dem Amtsschaden zur Umlage gebracht. — (Vgl. § 24 VollzVer. v. 15. Juli 1889).

Art. 10. In den Fällen des Art. 27 Abs. 2 des Gesetzes v 17. April 1873 (RegBl. S. 109) wird der dem betreffenden Landarmenverband erwachsene Unterstützungsaufwand im vollen Betrag aus der Staatskasse ersetzt.

Württemberg. Außerdem wird den Landarmenverbänden zur Bestreitung ihres auf gesetzlicher Verpflichtung beruhenden ordentlichen Jahresaufwands, soweit derselbe nicht durch ihre eigenen Einnahmen gedeckt werden kann, ein Beitrag aus der Staatskasse gewährt, dessen Höhe jeweils durch das Finanzgesetz bestimmt wird. Der Verteilung des Beitrags aus der Staatskasse an die einzelnen Landarmenverbände ist das Verhältnis des ihnen im jeweiligen Rechnungsjahr erwachsenen Aufwands zu Grund zu legen, jedoch unter Vorbehalt ausnahmsweiser Berücksichtigung etwaiger bei einem einzelnen Landarmenverband vorliegender besonderer Verhältnisse.

Über die den Landarmenverbänden auf Grund vorstehender Bestimmungen (Abs. 1 und 2) zu gewährenden Leistungen entscheidet endgültig das Ministerium des Innern. — (Vgl. §§ 25, 26 VollzVer. v. 15. Juli 1889.)

Art. 11. Die Kosten der Verpflegung der auf Grund des § 362 Abs. 2 des Reichsstrafgesetzbuchs in einem Arbeitshause untergebrachten Personen werden insoweit auf die Staatskasse übernommen, als sie nicht durch den Ertrag der statutengemäßen Arbeitsverrichtungen jener Personen oder aus ihrem Vermögen oder von ernährungspflichtigen Verwandten ersetzt werden können. — (Vgl. § 27 VollzVer. v. 15. Juli 1889.)

Art. 19. Der Staatsregierung steht nach Maßgabe der Gesetze über die Verfassung und Verwaltung der Gemeinden und Amtskörperschaften die Aufsicht über die Verwaltung der Orts- und Landarmenverbände zu.[1]

1. Vgl. dazu Art. 8 des Ges. v. 2. Juli 1889, § 19 VollzVer. v. 15. Juli 1889.

Art. 20. Die Ortsarmenverbände sind verpflichtet, die für die örtliche Armenpflege nothwendigen Einrichtungen zu treffen.

Sie dürfen Verträge abschließen, wonach die

Armen eines Ortsarmenverbandes in den Armen-Anstalten eines anderen Ortsarmenverbandes untergebracht werden sollen oder wonach mehrere Ortsarmenverbände zu Beschaffung gemeinschaftlicher Einrichtungen für die Armenpflege sich vereinigen. Württemberg.

Auf Antrag des Ortsarmenverbandes kann der Ortsvorsteher mit Zustimmung des Gemeinderaths Vorschriften über die Verpflichtung zur Anzeige des Austritts von Dienstboten, Lehrlingen, Gewerbegehilfen oder Arbeitern erlassen, auf deren Uebertretung die Strafbestimmung des Art. 15 des Gesetzes vom 27. Dezember 1871, betreffend Aenderungen des Polizeistrafrechts, Anwendung findet. (Instr. § 22.)

Art. 21. Die Landarmenverbände sind befugt, die Kosten der öffentlichen Armenpflege, welche die Fürsorge für Geisteskranke, für Geistesschwache oder an Epilepsie oder ähnlichen Krankheiten leidende Personen, für verwahrloste Kinder (Art. 12 des Gesetzes vom 27. Dezember 1871, betreffend Aenderungen des Polizeistrafrechts), sowie für Taubstumme oder Blinde verursacht, unmittelbar zu übernehmen. Die Verpflichtung der Ortsarmenverbände zur vorläufigen Unterstützung (§ 28 des Reichsgesetzes über den Unterstützungswohnsitz vom 6. Juni 1870) der in ihrem Bezirk der Hülfsbedürftigkeit anheimfallenden Personen jener Kategorien wird hierdurch nicht berührt.

Vereinigungen mehrerer Landarmenverbände zu Gründung und Unterhaltung gemeinschaftlicher Anstalten für Zwecke der ihnen obliegenden Armenpflege sind gestattet. Die Einrichtung und Verwaltung solcher Anstalten wird durch Statuten geregelt, welche von den betheiligten Landarmenverbänden zu vereinbaren sind, und der Genehmigung des Ministeriums des Innern unterliegen. Das letztere

Württemberg. hat auch Bestimmung darüber zu treffen, in welcher Weise die Verwaltung dieser gemeinschaftlichen Anstalten und die Amtsführung ihrer Organe zu beaufsichtigen ist.[1] (Instr. § 23.)

1. Vgl. zu Art. 21: Ges. v. 2. Juli 1889, Art. 13. Soweit die Kosten, welche den Ortsarmenverbänden durch die Fürsorge für Geisteskranke, für Geistesschwache oder an Epilepsie, oder ähnlichen Krankheiten leidende Personen, für verwahrloste Kinder (Art. 12 des Landespolizeistrafgesetzes v. 27. Dez. 1871, RegBl. S. 391), sowie für Taubstumme oder Blinde erwachsen, nicht von den Landarmenverbänden unmittelbar bestritten werden (Art. 21 d. Ges. v. 17. April 1873), können sie durch Beschluß der Amtsversammlung zur Amtsvergleichung übernommen werden. Siehe auch Erlaß v. 15. Juli 1889 Nr. 3 (Amtsbl. S. 174).

Art. 22. Die Landarmenverbände sind befugt, die ihrer Fürsorge gesetzlich anheimfallenden Personen demjenigen Ortsarmenverband gegen Entschädigung zu überweisen, welcher nach § 28 des Reichsgesetzes vom 6. Juni 1870 zur vorläufigen Unterstützung derselben verpflichtet ist.

Im Falle des Bestehens von Landarmenanstalten (Art. 15) sind diejenigen dem Landarmenverband angehörigen Ortsarmenverbände, welche selbst keine geeignete Einrichtung für den von der Anstalt zu verfolgenden Zweck besitzen, verpflichtet, auf Verlangen der Landarmenverwaltung dieselben gegen Bezahlung der statutenmäßigen Beiträge zu benützen.

Die Landarmenverbände sind dagegen verbunden, in den Landarmenanstalten, soweit es der Raum gestattet, gegen Entschädigung die der Fürsorge der Ortsarmenverbände gesetzlich anheimfallenden, zur Aufnahme in jene Anstalten sich eignenden Personen auf Antrag dieser Verbände aufzunehmen.

Im Fall der Weigerung entscheidet die vorgesetzte Kreisregierung, in zweiter Instanz endgültig das Ministerium des Innern. (Instr. § 24.) Württemberg

Art. 23. Die Organe der öffentlichen Armenpflege sind ermächtigt, mit Genehmigung des Ministeriums des Innern für die öffentlichen (Orts- oder Land-) Armenanstalten Hausordnungen zu erlassen, durch welche den Vorgesetzten eine Disciplinarstrafgewalt bis zu zwei Tagen Haft übertragen werden kann. Gegen derartige Erkenntnisse findet ein einmaliger Rekurs nach Maßgabe des Gesetzes vom 26. Juni 1821, betreffend den Rekurs in außergerichtlichen Strafsachen, statt. Der Vollzug der erkannten Strafen erfolgt in der Anstalt selbst oder auf Requisition des Vorstandes im Ortsgefängnisse.

Nach Maßgabe der genehmigten Hausordnung über jene Organe oder die mit der unmittelbaren Leitung einer Anstalt Beauftragten über die darin aufgenommenen Personen die Hausdisciplin.

Wiederholte Uebertretung der Hausordnung wird mit Haft bis zu 8 Tagen bestraft. Die Untersuchung und das Erkenntniß kommt den Ortspolizeibehörden innerhalb ihrer gesetzlichen Strafbefugnisse, in schwereren Fällen den Oberämtern zu. Diese Behörden haben die in § 362 Abs. 1 des Reichsstrafgesetzbuchs enthaltenen Befugnisse. (Instr. § 25.)

Art. 24. Die für den Betrag der Erstattungsforderungen der Armenverbände maßgebenden Tarife (Reichsgesetz vom 6. Juni 1870, § 30 Abs. 3) werden von dem Ministerium des Innern aufgestellt (s. unten C).

Art. 25. Die Landarmenverbände sind verpflichtet, denjenigen ihrem Bezirk angehörigen Ortsarmenverbänden eine Beihülfe zu gewähren, welche durch Erfüllung der ihnen obliegenden Verpflichtun-

Württemberg. gen überbürdet werden, sowie die Zahlung und Erstattung der ihnen auferlegten Kosten, welche sie ganz oder theilweise zu tragen außer Stande sind, zu übernehmen (§ 59 des Reichsgesetzes über den Unterstützungswohnsitz v. 6. Juni 1870).

Die Beihülfe kann in Geld oder mittelst Bereitstellung von Pflegeanstalten oder in sonst geeigneter Weise geschehen.

Ob und welche Beihülfe zu leisten ist, entscheidet im Streitfalle die dem betreffenden Landarmenverband vorgesetzte Kreisregierung, in zweiter Instanz endgültig das Ministerium des Innern. (Instr. § 26.)

Art. 26. Insolange ein Ortsarmenverband eine Beihülfe von dem Landarmenverbande erhält (Art. 25), sind die für die Armenpflege bestehenden Organe des ersteren verpflichtet, die öffentliche Armenpflege nach den Weisungen des Oberamts einzurichten.

Den betreffenden Landarmenbehörden ist gestattet, von der Verwaltung des Armenwesens in solchen Ortsarmenverbänden jederzeit durch Abgeordnete Einsicht nehmen zu lassen und wegen der dabei gefundenen Mängel die geeigneten Verfügungen durch das Oberamt zu veranlassen. (Instr. § 27.)

Art. 28. Der Ersatz der Kosten, welche durch die Unterbringung der auf Grund der Bestimmungen des § 361 Ziff. 3—8 des Reichsstrafgesetzbuchs verurtheilten und nach verbüßter Strafe der Landespolizeibehörde überwiesenen Personen (RStGB. § 362) in einem Arbeitshaus (Art. 11 Abs. 3 des Gesetzes vom 27. Dezember 1871, betreffend Aenderungen des Polizeistrafrechts bei Einführung des Strafgesetzbuchs für das Deutsche Reich), desgleichen derjenigen Kosten, welche durch die Unterbringung jugendlicher Verbrecher in einer Erziehungs- oder Besserungsanstalt entstehen, liegt demjenigen Landarmenverband ob, zu welchem der Ort gehört, in dem der Betreffende seinen Unterstützungswohnsitz hat. Württemberg.

In Ermangelung eines solchen, oder wenn sich der Unterstützungswohnsitz nicht ermitteln läßt, hat derjenige Landarmenverband einzutreten, in dessen Bezirk der in dem Arbeitshaus, beziehungsweise in der Erziehungs- oder Besserungsanstalt Untergebrachte festgenommen worden ist. (Instr. § 29.)[1]

1. Vgl. Art. 11 des Ges. v. 2. Juli 1889. § 27 VollzVer. v. 15. Juli 1889 (oben S. 150).

Art. 29. Insoweit die Einnahmen aus Armenfonds, Armenstiftungen, Armengefällen und aus den auf Grund von Ortsstatuten errichteten besonderen Unterstützungskassen für die Krankenpflege zu Deckung der Kosten für die öffentliche Armenpflege nicht ausreichen, sind die von den Ortsarmenverbänden aufgewendeten Kosten von den Gemeinden, die von den Landarmenverbänden aufgewendeten Kosten von den Oberamtsbezirken zu bestreiten. (Instr. § 30.)

Art. 30. Die Aufbringung der von den Gemeinden zu bestreitenden Kosten erfolgt bis zu anderweiter Regelung der Besteuerungsrechte der Gemeinden nach Maßgabe der Vorschriften des Verwaltungsedikts vom 1. März 1822 und des Gesetzes vom 18. Juni 1849.

Der Aufwand der Landarmenverbände wird, soweit derselbe nicht aus eigenen Einnahmen gedeckt werden kann, nach den Grundsätzen für die Umlage des Amtsschadens mit diesem auf die einzelnen zu denselben gehörigen Gemeinden ausgetheilt. (Instr. §§ 31, 32.)

Zu Art. 29 u. 30 vgl. Art. 9 u. 10 des Ges. v.

Württemberg. 2. Juli 1889. — §§ 24—29 VollzVer. v. 15. Juli 1889 (oben S. 145, 146).

Das Gesetz v. 2. Juli 1889 ist, soweit nicht für einzelne Bestimmungen ein früherer Geltungstermin vorgeschrieben ist, mit dem 1. April 1890 in Wirksamkeit getreten. — Übergangsbestimmungen enthält Art. 16. Vgl. dazu Erlaß v. 8. März 1890 (Amtsbl. S. 65).

Baden. 4. **Baden.** a. Ausf. Ges. v. 14. März 1872.

§ 1. Jede politische Gemeinde bildet einen Ortsarmenverband, jeder Kreis einen Landarmenverband.

Abgesonderte Hofgüter werden den Gemeinden gleichgerechnet.

b. Ges. v. 5. Mai 1870, die öffentliche Armenpflege betreffend (Ges.u.VerBl. S. 387).

§ 1. Die öffentliche Armenpflege ist ein Theil der inneren Verwaltung und wird in Unterordnung unter die Staatsverwaltung von den Gemeinden und Kreisen besorgt.

§ 16 Abs. 3: Der Kreisverband ist befugt, die Verpflegung eines Hülfsbedürftigen gegen Ersatz des Aufwands mit Rücksicht darauf, wo zuletzt die Verpflichtung zu seiner Unterstützung bestand, oder wo er sich aufhält, einer Gemeinde des Kreises zu übertragen. Ein Unterstützungswohnsitz in der Gemeinde entsteht daraus nicht, solange nicht die Gemeinde von dem Kreis die Anzeige erhalten hat, daß die Unterstützung eingestellt sei.[1]

Die vom Kreis gereichte Unterstützung berechtigt die Gemeinde nicht zur Ausweisung.

1. Vgl. §§ 12, 14 UWG.

§ 26. Die örtliche Armenpflege verwaltet der Armenrath. Derselbe besteht aus dem Gemeinderath unter Zuzug eines Ortspfarrers jeder Konfession, des Armenarztes oder in Ermangelung eines solchen des Staatsarztes, wo ein solcher seinen Wohnsitz hat, endlich des Polizeibeamten, wo die Lokalpolizei einer Staatsstelle übertragen ist. Baden

Auch die nichtbürgerlichen steuerpflichtigen Einwohner werden in dem Armenrath durch Abgeordnete aus ihrer Mitte vertreten, deren Zahl, welche jedoch 3 nicht übersteigen soll, von der Staatsbehörde mit Rücksicht auf die Zahl der nichtbürgerlichen steuerpflichtigen Einwohner und die Größe ihrer Steuerkapitalien nach Vernehmung der Gemeindebehörde bestimmt wird und welche durch geheime Abstimmung gewählt werden.

Nicht wählbar in den Armenrath als Vertreter der nichtbürgerlichen Einwohner sind diejenigen:

1 welche zu einer peinlichen Strafe oder
2. innerhalb der letzten fünf Jahre zu einer Arbeitshausstrafe von wenigstens sechs Monaten oder durch richterliches Erkenntniß zur Dienstentlassung oder wegen Diebstahls, Unterschlagung, Betrugs oder Fälschung zu irgend einer anderen Strafe verurtheilt wurden;
3. über deren Vermögen die Gant eröffnet worden ist, sofern sie nicht nachweisen, daß sie ihre Gläubiger befriedigt haben;
4. die mit anderen Mitgliedern in auf- und absteigender Linie oder im zweiten oder dritten Grad der Seitenlinie verwandt oder verschwägert sind.

Die Gewählten sind zur Annahme der Wahl, welche auf sechs Jahre geschieht, nicht verpflichtet; wegen dienstwidriger Handlungen kann ihre Entlassung durch den Bezirksrath ausgesprochen werden.

Baden. Vgl. Ver. des Min. d. Innern, die Wahlen in den Armenrat betr., v. 17. Juni 1870 (Ges. u. VerBl. S. 563). In den Städten wird die öffentliche Armenpflege von einer dem Stadtrate untergeordneten Armenkommission verwaltet (§§ 19, 19a und 19b Städteordnung v. 20. Juni 1884, Ges.u.VerBl. S. 245).

§ 27. Der Armenrath kann für die verschiedenen Zweige oder Anstalten der Armenpflege aus seiner Mitte oder aus der Zahl der selbständigen Einwohner eine oder mehrere Kommissionen bilden und für einzelne Bezirke der Gemeinde besondere Armenpfleger bestellen.

§ 28. Der Armenrath ist befugt, von der Verwendung solcher Stiftungen für Armenzwecke, über welche von anderen Behörden verfügt wird, Kenntniß zu nehmen und ist verpflichtet, durch Zusammenwirken mit den Organen der Stiftungsverwaltung und der freiwilligen Armenpflege eine möglichst einheitlicher Leitung des gesammten örtlichen Armenwesens und die thunlichste Verminderung des öffentlichen Armenaufwands herbeizuführen.

§ 29. Die Kreisarmenpflege wird von den gesetzlichen Organen der Kreise verwaltet und bleibt, soweit nicht das gegenwärtige Gesetz ihnen die Verpflichtung zu bestimmten Leistungen auferlegt, ihrer freien Beschlußfassung überlassen.

Vgl. §§ 25, 26, 41 Nr. 3. u. 4, 43, 48–50 des Ges. v. 5. Okt. 1863, die Organisation der innern Verw. betr. (RGBl. S. 399).

§ 30. Der für die örtliche Armenpflege erforderliche öffentliche Aufwand wird in dem Gemeindevoranschlag der Zustimmung der Gemeinde unterbreitet (§ 56a der Gemeindeordnung) und in der Gemeinderechnung verrechnet. Er wird (vorbehaltlich der Bestimmung des § 31) gleich den übrigen Gemeindeausgaben bestritten. Baden.

§§ 31 33 sind aufgehoben. Es bestehen keine besonderen Bestimmungen für die Aufbringung des örtlichen Armenaufwandes. — Vgl. die Gesetze v. 1. u. 2. Mai 1886, betr. die Abänderung der Städte- bzw. Gemeindeordnung und die Aufbringung des Gemeindeaufwandes (Ges.u.VerBl. S. 193, 199) u. bezüglich der Kreisarmenpflege Ges. v. 2. März 1880 (Ges.u.VerBl. S. 36) u. Ges. v. 1. März 1884 (Ges.u.VerBl. S. 66).

§ 34. Der § 34 ist durch das Ges. v. 24. März 1888, betr. die Ausführung der Unfall- und Krankenversicherung (Ges.u.VerBl. S. 189) aufgehoben und durch die reichs- bzw. landesgesetzlichen Vorschriften über die Kranken- und Unfallversicherung ersetzt.

5. Hessen. Ausf. Ges. v. 14. Juli 1871. Hessen.

Art. 2. Jede Gemeinde bildet für den Umfang ihrer Gemarkung oder ihrer Gemarkungen, wenn mehrere Orte mit besonderen Gemarkungen zusammen Eine Gemeinde bilden, einen Ortsarmenverband. Haben zwei Gemeinden eine gemeinschaftliche Gemarkung, so hat jede derselben für einen bestimmten Theil derselben die Verpflichtungen als Ortsarmenverband zu übernehmen. Können sich die Gemeinden über die zu diesem Behufe erforderliche Theilung der Gemarkung nicht verständigen, so entscheidet hierüber der Administrativjustizhof[1] endgültig.

Die Ortsarmenverbände der Gemeinden werden durch den betreffenden Ortsvorstand vertreten, welchem die Verwaltung der öffentlichen Armenpflege als Gemeindeangelegenheit obliegt.

Auf Grund eines Gemeinderathsbeschlusses können in allen Gemeinden für die Verwaltung der

Hessen. öffentlichen Armenpflege besondere, ihm untergeordnete Deputationen aus Mitgliedern des Ortsvorstandes, geeigneten Falls unter Zuziehung anderer Ortseinwohner, gebildet werden. Den Vorsitz in solchen Deputationen führt der Bürgermeister, beziehungsweise der Beigeordnete oder ein dazu von ihnen abgeordnetes Mitglied der Deputation.

Abs. 4 gleichlautend mit § 3 Abs. 3 PrAG.

1. jetzt der Kreisausschuß, s. zu Art. 15 Anh. E.

Art. 3. Diejenigen Gemarkungen, welche keiner Gemeinde angehören, bilden, jede für sich, einen Ortsarmenverband. Sie können jedoch unter Zustimmung der Betheiligten mit einem andern Ortsarmenverband zu Einem Ortsarmenverband vereinigt werden.

Die Kosten der öffentlichen Armenpflege in den nicht mit einer Gemeinde verbundenen Gemarkungen haben deren Eigenthümer zu tragen. Sind mehrere Eigenthümer vorhanden und besteht für die Gemarkung noch keine für die gemeinschaftlichen Angelegenheiten angeordnete Vertretung, so ist nach deren Anhörung von dem Kreisamte[1] ein Statut zu erlassen, welches die Vertretung der Gemarkung als Ortsarmenverband und die Aufbringung der Kosten der öffentlichen Armenpflege nach Maßgabe der für die Gemeindeverwaltung bestehenden Vorschriften regelt und der Genehmigung des Ministeriums des Innern unterliegt.

1. Die Zustimmung des Kreisausschusses ist erforderlich. Art. 48, V. 4 des Ges., betr. die innere Verwaltung usw., v. 12. Juni 1874.

Art. 4. Sämmtliche zu Einem Kreise gehörenden Ortsarmenverbände bilden zusammen einen **Landarmenverband**. Die Verwaltung der Angelegenheiten des Landarmenverbandes wird dem

Bezirksrath[1] übertragen. Derselbe hat aus seiner Mitte eine Kommission von drei Mitgliedern[1] zu wählen, welche ihn in allen Angelegenheiten des Landarmenverbandes vertritt und ihm bei seinem nächsten Zusammentritt über ihre Geschäftsführung zur geeigneten Beschlußnahme Vorlage macht. Hessen.

Die zur Erfüllung der Verpflichtungen des Landarmenverbandes aufzubringenden Kosten sind von der betreffenden Kreiskasse zu tragen.[2]

1. An die Stelle des Bezirksrats ist der Kreistag, an die Stelle der Kommission der Kreisausschuß getreten. Art. 31 Nr. 12, Art. 48, IV. a. a. O.

2. Mit dem 1. April 1894 ist das Ges. betr. die Kosten der Landarmenpflege vom 24. Mai 1893 (RegBl. S. 49) in Kraft getreten, welches in Art. 1—4 verordnet.

Art. 1. Behufs der Bestreitung der Kosten der Landarmenpflege werden den Kreisen aus Mitteln des Staats Pauschsummen, welche in halbjährigen Beträgen zu zahlen sind, zur Verfügung gestellt.

Art. 2. Diese Pauschsummen bestehen in der Hälfte der Beträge, welche von den einzelnen Kreisen in Erfüllung der ihnen als Landarmenverbänden gesetzlich obliegenden Verpflichtungen im Durchschnitt der der jeweiligen Festsetzung vorausgegangenen drei Rechnungsjahre verausgabt worden sind.

Art. 3. Die Höhe der in Art. 2 dieses Gesetzes erwähnten Pauschsummen wird nach Anhörung des Kreistages auf Grund der in den Kreiskasserechnungen verausgabten Beträge von Unserem Ministerium des Innern und der Justiz auf die Dauer von drei Jahren festgesetzt und in den Hauptvoranschlag der Staats-Einnahmen und -Ausgaben eingestellt.

Art. 4. Die Bestimmungen des Art. 4 des Gesetzes v. 14. Juli 1871, die Ausführung des Reichsgesetzes über den Unterstützungswohnsitz betreffend,

Hessen. werden, insoweit sie sich mit den Vorschriften dieses Gesetzes nicht im Einklang befinden, vom Tage des Inkrafttretens des letzteren aufgehoben.

Art. 5. Die Landarmenverbände sind befugt, die Kosten der öffentlichen Armenpflege, welche die Fürsorge für Geisteskranke, Idioten, Sieche und Blinde verursacht, unmittelbar zu übernehmen. Die Verpflichtung der Ortsarmenverbände zur vorläufigen Unterstützung (§ 28 des Reichsgesetzes) der in ihrem Bezirke der Hülfsbedürftigkeit anheimfallenden Personen wird hierdurch nicht berührt.

Art. 6 übereinstimmend mit § 34 Satz 1 PrAG.

Art. 7. Befindet sich ein Ortsarmenverband außer Stand, den ihm obliegenden Verpflichtungen zu genügen, so hat ihm auf Ansinnen der Regierungsbehörde der Landarmenverband eine entsprechende Beihülfe zu gewähren.

Ob und welche Beihülfe zu leisten ist, entscheidet endgültig der Administrativjustizhof.[1] Die Beihülfe kann in Geld oder mittelst Bereitstellung von Pflegeanstalten oder in sonst geeigneter Weise gewährt werden.

1. jetzt der Kreisausschuß, Art. 48, III, 13 a. a. O.; Rekurs geht an den Provinzialausschuß, welcher endgültig entscheidet, Art. 67 Abs. 2 u. 4, Art. 68, Art. 98, 1 a. a. O.

Mecklenburg-Schwerin. 6. **Mecklenburg-Schwerin.** Ausf. Verf. v. 20. Februar 1871.

§ 2. Die bisher nach der Patentverordnung vom 21. Juli 1821 bestehenden Heimathsbezirke sollen in Zukunft als Ortsarmenverbände im Sinne des Bundesgesetzes über den Unterstützungswohnsitz vom 6. Juni 1870 gelten, jedoch mit der Maßgabe, daß diejenigen Dominialortschaften, welche auf Grundlage Unserer revidirten Gemeindeordnung vom 29. Juni 1869 eine selbständige Gemeindeverwaltung erhalten haben oder noch erhalten werden,[1] in den Angelegenheiten des Armenwesens nicht mehr von den Aemtern, sondern von den eingesetzten Gemeindevorständen vertreten werden, und daß mehrere solche Ortschaften, welche zu Einer Gemeinde vereinigt worden sind oder in Zukunft vereinigt werden sollten, nur Einen Ortsarmenverband bilden. Mecklenburg-Schwerin.

1. In der rev. Gemeindeordnung für die Domanialortschaften v. 29. Juni 1869 (RegBl. S. 471) ist in § 6 als Gegenstand der Gemeindeverwaltung das Armenwesen in seinem ganzen Umfange nach Anweisung der Domanial-Armenordnung von demselben Tage (RegBl. S. 425) bezeichnet. Letztere ist durch die Zusatzverordnung v. 26. Febr. 1896 (RegBl. S. 34) ergänzt worden.

§ 3. 1. Das Gebiet des Großherzogthums Mecklenburg-Schwerin bildet einen Landarmenverband, der für seinen Bereich alle diejenigen Lasten zu tragen hat, welche durch das Bundesgesetz über den Unterstützungswohnsitz vom 6. Juni 1870 den Landarmenverbänden, resp. den einzelnen Bundesstaaten (vgl. die §§ 33, 59, 60) zugewiesen sind.

Außer den nach dem Bundesgesetze über den Unterstützungswohnsitz dem Landarmenverbande zufallenden Hülfsbedürftigen fallen dem Landarmenverbande auch diejenigen Ausländer zur Last, welche auf Verlangen auswärtiger Staatsbehörden vom Auslande übernommen werden müssen.

Die Angelegenheiten des Landarmenverbandes werden durch die dirigirende Kommission des Landarbeitshauses zu Güstrow verwaltet, welcher die

Mecklenburg-Schwerin. Vertretung des Landarmenverbandes in allen Beziehungen obliegt.

Die Behörden der Ortsarmenverbände sind verpflichtet, den Requisitionen der dirigirenden Kommission in Angelegenheit des Landarmenwesens hinsichtlich der vorzunehmenden Ermittelungen Folge zu leisten. Die Kosten des Landarmenwesens werden aus der Kasse des Landarbeitshauses bestritten.

2. Ortsbehörden, welche die Uebernahme von Landarmen Seitens des Landarmenverbandes beanspruchen zu können glauben, haben sich mit den entsprechenden Anträgen an die dirigirende Kommission zu wenden, dabei das Vorhandensein der nach dem Bundesgesetze über den Unterstützungswohnsitz vorgeschriebenen Voraussetzungen nachzuweisen, auch dem Antrage die aktenmäßigen Ermittelungen über die Heimaths-, Familien- und Aufenthaltsverhältnisse, sowie über die Bedürftigkeit und die Arbeits- und Erwerbsfähigkeit des Individui anzuschließen.

3. Es steht zum Ermessen der dirigirenden Kommission, ob die der Fürsorge des Landarmenverbandes anheimfallenden Armen in das Arbeitshaus zur Verpflegung zu übernehmen, oder auf Kosten des Instituts demjenigen Ortsarmenverbande zu überweisen sind, in dessen Bezirk sich dieselben zur Zeit des Eintritts ihrer Hülfsbedürftigkeit befinden.

Gegen die betreffenden Anordnungen der dirigirenden Kommission steht dem Ortsarmenverbande der Rekurs an das Ministerium des Innern frei.

Die Ortsarmenverbände, welchen es innerhalb ihres Bezirks an geeigneter Gelegenheit zur Unterbringung eines Landarmen nachweislich fehlt, haben sich auf Erfordern der Kommission zu bemühen, den

Landarmen an einem anderen Orte unterzubringen und zu solcher Unterbringung die Genehmigung der dirigirenden Kommission einzuholen. Ist dem Ortsarmenverbande die Unterbringung an einem anderen Orte nicht möglich, oder findet die in Vorschlag gebrachte Unterbringung die Genehmigung der dirigirenden Kommission nicht, so hat letztere für eine anderweitige Unterbringung selbst Sorge zu tragen. Mecklenburg-Schwerin.

4. Sollte es der dirigirenden Kommission zweckmäßig scheinen, den Landarmen an einem fremden Orte unterzubringen, so steht es ihr frei, sei es mit einer Ortsbehörde oder mit Privatpersonen dieserhalb Vereinbarungen zu treffen, in welchem Falle die Ortsbehörde von dem nach § 5 des Freizügigkeitsgesetzes vom 1. November 1867 ihr gegenüber dem unterzubringenden Landarmen etwa zustehenden Zurückweisungsrechte keinen Gebrauch machen darf, — außer wenn derselbe ein übelberufenes Subjekt ist, dessen Aufenthalt an dem Orte zu besonderen Unzuträglichkeiten Veranlassung geben kann.

Wird in letzterem Falle, ungeachtet der aus dem angeführten Grunde von der Ortsbehörde gegen die Unterbringung des Landarmen erhobenen Einwendungen, dennoch wegen der Unterbringung desselben an dem betreffenden Orte Verfügung getroffen, so steht dagegen der Ortsbehörde der Rekurs an das Großherzogliche Ministerium des Innern zu, bei dessen endgültiger Entscheidung es bewendet.

Ganz dieselbe Bestimmung tritt auch dann ein, wenn der Unterzubringende ein vom Auslande zu übernehmender Hülfsbedürftiger ist, welcher keinen Unterstützungswohnsitz hat.

5. Findet sich die dirigirende Kommission veranlaßt, die Unterbringung eines Landarmen in einer anderen Anstalt, z. B. Landarbeitsanstalt, Irrenanstalt, Erziehungs- und Besserungsanstalt, Blinden-

Mecklenburg-Schwerin.

anstalt u. s. w., zu bewirken, so haben die Ortsbehörden den Transport auf Kosten des Landarbeitshauses und nach Anweisung der Kommission zu beschaffen.

6. Es steht den Ortsarmenverbänden frei, sich mit der dirigirenden Kommission über die Ernennung von Vertrauenspersonen in Einvernehmen zu setzen, welche die Unterbringung und Verpflegung der Landarmen, sowie die Berechnung und Ueberwachung der Verwendung vermitteln.

Die in den Kommunen fungirenden Ortsarmenpfleger sind zur unentgeltlichen Uebernahme dieser Geschäfte verpflichtet.

§ 5 Nr. 1. s. Anhang A.

§ 5. 2. Jeder Ortsarmenverband ist berechtigt, zu Beiträgen für die Armenverwaltung auch die Dienstboten, Gesellen und andere Arbeits- resp. Gewerbsgehülfen heranzuziehen, falls diese nicht nachzuweisen im Stande sind, daß sie einer Kranken- und Unterstützungskasse angehören, welche dem Ortsarmenverbande für die Fälle der Unterstützungsbedürftigkeit haftet.

3. In denjenigen ritterschaftlichen Ortschaften und städtischen Kämmerei- und Oekonomiegütern, für welche ein Ortsstatut nicht besteht und nicht etwa noch mit Genehmigung der Regierung errichtet wird, können von den Beitragspflichtigen zur Armenkasse im Laufe Eines Jahres Beiträge bis zur Hälfte des Jahresbetrages des neuen Kontributionsediktes vom 30. Juli 1870 eingefordert werden. Ein höherer Beitrag als ein halber Jahresbetrag kann nur erhoben werden, wenn das Bedürfniß dazu nachgewiesen und die Genehmigung der Regierung dazu erwirkt wird.

Die Bestimmungen des § 18 der Patentverordnung vom 21. Juli 1821 werden aufgehoben.

7. Sachsen-Weimar. Ausf.Ges. v. 23. Februar 1872. Sachsen-Weimar.

§ 1. Die Ortsarmenverbände werden durch die Ortsgemeindebezirke und durch die nach Art. 4 Ziffer 1 und 2 der revidirten Gemeindeordnung vom 18. Januar 1854 begründeten Grundstücksbezirke, von denen der des Kronguts und der der Kameralforsten jeder einen besonderen Armenverband darstellt, gebildet.

Eine Abänderung der Gemeinde- und Grundstücksbezirke hat ohne Weiteres auch die entsprechende Veränderung der betreffenden Ortsarmenverbände zur Folge. Eine Abänderung der Ortsarmenverbände kann mit gleichzeitiger Abänderung der betreffenden Gemeinde- und bezüglich Grundstücksbezirke unter den für Abänderung der Gemeindebezirke bestehenden gesetzlichen Voraussetzungen stattfinden. Doch ist es zulässig, daß sich mehrere Ortsarmenverbände desselben Verwaltungsbezirks im Wege der Vereinbarung zu einem Gesammtarmenverbande mit Unserer Genehmigung vereinigen, vor deren Ertheilung indes der betreffende Bezirksausschuß gehört werden wird.

§ 2. Die Funktionen des Landarmenverbandes werden von dem Großherzogthum unmittelbar übernommen und durch eine vom Staatsministerium, Departement des Innern, zu ernennende Kommission ausgeübt.[1]

1. Vgl. Instruktion für die Landarmenkommission v 9. Dez. 1874.

§ 3. Die auf Gemeindebezirken beruhenden Ortsarmenverbände werden von den betreffenden Gemeindebehörden nach Maßgabe der Gemeindeordnung verwaltet.

Durch Gemeinderathsbeschluß können in allen

Sachsen-Weimar.

Ortsarmenverbänden für die Verwaltung der öffentlichen Armenpflege dem Gemeindevorstande untergeordnete Deputationen aus Mitgliedern der Gemeindevertretung und geeigneten Falls unter Zuziehung anderer Ortseinwohner gebildet werden. Die dazu bestimmten Mitglieder aus dem Gemeinderathe wählt dieser, die übrigen Mitglieder der Gemeindevorstand. Eine Zwangspflicht der Ortseinwohner zur Uebernahme eines unbesoldeten Amts in der Gemeindearmenvertretung kann durch Ortsstatut eingeführt werden.

Die Verwaltung des Armenwesens eines Gesammtarmenverbandes ist durch eine Deputation zu führen, über deren Zusammensetzung in der Vereinbarung hinsichtlich der Bildung des Gesammtarmenverbandes Bestimmungen zu treffen sind.

Der von Grundstücken des Kronguts gebildete Ortsarmenverband wird durch das Hofmarschallamt, welches seine Vertreter für die einzelnen Bestandtheile des Kronguts bestellen kann, verwaltet. Der aus dem Kameralforstbezirke gebildete Ortsarmenverband wird durch die Forstinspektionen nach Maßgabe der betheiligten Forstinspektionsbezirke verwaltet.

§ 5. Die Unterstützung wird in den auf Gemeindebezirken beruhenden Ortsarmenverbänden aus den Gemeindekassen, bezüglich aus den in der Gemeinde etwa bestehenden Armenkassen geleistet.

Der Vereinbarung bei Bildung eines Gesammtarmenverbandes bleibt überlassen festzusetzen, in welchem Verhältniß die Kosten des Armenwesens dieses Verbandes auf die zu einem Armenverbande sich vereinigenden Gemeinden zu vertheilen sind.

§ 6. In den auf Grundstücksbezirken beruhenden Ortsarmenverbänden ist die Unterstützung Hülfsbedürftiger aus der Staatskasse und bezüglich aus der Hofkasse (§ 3) zu gewähren. Sachsen-Weimar.

Diejenigen Hülfsbedürftigen, welche von dem aus Kameralforsten gebildeten Ortsarmenverbande unterstützt werden müssen, sind auf Antrag der Vertreter dieses Bezirks (§ 3) nach Bestimmung des Staatsministeriums, Departement des Innern, einem anderen auf Gemeindebezirken beruhenden Orts- oder Gesammtarmenverbande gegen Gewährung voller Entschädigung zu überweisen.

Provisorisch sind bis zur Einholung der Bestimmung des Staatsministeriums, Departement des Innern, die Vertreter des aus den Kameralforsten gebildeten Ortsarmenverbandes zu einer solchen Ueberweisung berechtigt.

§ 7. Eine Unterstützung der Orts- oder Gesammtarmenverbände erfolgt durch Gewährung einer angemessene Beihülfe aus der Staatskasse in Fällen der Ueberlastung durch die Armenversorgung nach Unserer Bewilligung und Bestimmung, wenn von dem betreffenden Bezirksausschusse die Ueberlastung des Armenverbandes anerkannt worden ist.

Daneben bleiben die Bestimmungen wegen Uebernahme des ganzen, bezüglich theilweisen Verpflegungsaufwandes hülfsbedürftiger Geisteskranker und anderer hülfsbedürftiger Kranker in einer Landesheilanstalt oder Pflegeanstalt auf die Staatskasse in Kraft.[1]

1. § 51 Ges. über die Heimatverhältnisse v. 23. Febr. 1850 — Nachtragsgesetz v. 11. Jan. 1854 (RBl. S. 328) u. v. 10. Dez. 1886 (RBl. S. 328).

§ 8. Von dem Landarmenverbande ist der innerhalb der gesetzlichen Grenzen erwachsene gesammte Unterstützungsaufwand Hülfsbedürftiger in den Fällen der §§ 30b, 33, 60 des Bundesgesetzes zu bestreiten. Unserem Staatsministerium, Departe-

Sachsen-Weimar. ment des Innern, steht jedoch auf Antrag der in § 2 gedachten Kommission in diesen Fällen das Recht zu, einzelnen Ortsarmenverbänden, für welche gesetzlich die Uebernahmepflicht nicht bereits besteht, hülfsbedürftige Personen unter Vorbehalt der Erstattung des gesetzlichen Unterstützungsaufwandes durch die Landarmenkasse zuzuweisen. Die Feststellung des fraglichen Aufwandes erfolgt endgültig für beide Theile durch den der betheiligten Gemeinde vorgesetzten Bezirksdirektor.

Mecklenburg-Strelitz. 8. **Mecklenburg-Strelitz.** Ausf. Ver. v. 20. Februar 1871 für das Herzogthum Strelitz — Ausf. Ver. v. 27. April 1871 für das Fürstenthum Ratzeburg.

Strelitz. § 2 (in der Fassung der Verordnung v. 10. Februar 1891 [Off. Anz. S. 27]). Die nach der Patentverordnung vom 27. Juli 1821 gebildeten Heimathsbezirke,[1] einschließlich der in Gemäßheit der Verordnung vom 2. August 1864 im Domanio gebildeten Heimathsbezirke[2] und der Bezirke der in Gemäßheit der Verordnung vom 3. Juni 1890 im Kabinetsamt gebildeten Gemeinden,[3] sollen in Zukunft als Ortsarmenverbände im Sinne des Bundesgesetzes über den Unterstützungswohnsitz vom 6. Juni 1870 gelten. Mehrere Ortschaften, welche zu einer Gemeinde vereinigt worden sind oder vereinigt werden sollten, bilden nur Einen Ortsarmenverband.

1. d. h. Ämter, Städte, Güter (Boccius' Repertorium der Verordnungen S. 3ff.).

2. d. h. einzelne Ortschaften oder zu einer Gemeinde verbundene Ortschaften, wobei indes einige Zweige der Armenpflege (Krankenpflege [offene, wie geschlossene] gemeingefährliche Geisteskranke, Taubstumme, Aufnahme Obdachloser in das Landarbeitshaus, Erstattung von Verpflegungs- und Be-

erdigungskosten auswärts erkrankter Ortsangehöriger) den Amtsarmenkassen zur Last bleiben (§ 1 a—g der Ver. v. 2. Aug. 1864, Off. Anz. 1864 Nr. 11 S. 50). — Sind bei einem Streite über die Ortsangehörigkeit einer Person andere als Domanialbehörden beteiligt, so werden die Verhandlungen durch die betr. Ämter geführt; es bewendet überhaupt für die Behandlung solcher Angelegenheiten bei den bestehenden gesetzlichen Bestimmungen. Die Ortsarmenbehörden sind entweder aktiv noch passiv zur Austragung eines solchen Streites befugt (§ 2 a. a. O. — anders in Mecklenburg-Schwerin s. oben S. 163). Mecklenburg-Strelitz.

3. Die Ver. v. 2. Aug. 1864 wird sinnentsprechend auf diese Gemeinden erstreckt (Ver. v. 3. Juni 1890, Off. Anz. 1890 Nr. 25 S. 129).

Ratzeburg. § 2. Die in unserem Fürstenthum Ratzeburg bestehenden Armendistrikte und die Allodialgüter Dodow und Horst sollen in Zukunft als Ortsarmenverbände im Sinne des Bundesgesetzes über den Unterstützungswohnsitz vom 6. Juni 1870 gelten.

Strelitz. § 3. Uebereinstimmend mit § 3 der Schweriner Ausf.Ver. (S. 163). Der Stargardsche Kreis bildet einen Landarmenverband; an Stelle der dirigirenden Kommission des Landarbeitshauses zu Güstrow tritt die Zentralsteuerdirektion zu Neubrandenburg bez. deren Zentralsteuerkasse; an Stelle des Ministeriums des Innern die Landesregierung.

Der erste Satz von Nr. 3 lautet:

3. Die Zentralsteuerdirektion hat die der Fürsorge des Landarmenverbandes anheimfallenden Armen auf Kosten der Zentralsteuerkasse entweder demjenigen Ortsarmenverbande zu überweisen, in dessen Bezirk sich dieselben zur Zeit des Eintritts ihrer Hülfsbedürftigkeit befinden, oder dieselben an einem anderen Orte unterzubringen.

Ratzeburg. § 3. Nr. 1—6 ebenso wie für

Mecklenburg-Strelitz. Streliz. Das ganze Fürstenthum bildet einen Landarmenverband. An Stelle der Zentralsteuerdirektion tritt für das Fürstenthum Ratzeburg überall der ständige Ausschuß der Vertretung desselben. Die Kosten des Landarmenwesens werden aus dem Landesfonds bestritten.

7. Unsere Landvogtei wird durch Vermittlung bei den Ortsarmenverbänden und, wenn nöthig, durch die zur Folgeleistung anhaltenden Verfügungen dem ständigen Ausschusse zur Vollführung seiner Geschäfte in den geeigneten Fällen auf desfallsigen Antrag behülflich werden.

Streliz. § 5 übereinstimmend mit § 5 der Schweriner Ausf.Ver. (S. 166).

Nr. 2 hat folgenden Zusatz:

Die Enquotirung erfolgt da, wo schon eine Norm für die Enquotirung zu Armenkassenbeiträgen besteht, nach dieser; wo solche nicht besteht, bedarf die einzuführende Norm der Genehmigung der Landesregierung.

Bei Nr. 3 fehlt der Schlußabsatz.

Ratzeburg. § 5 Nr. 2 gleichlautend mit Strelitz; Nr. 3 fehlt.

Oldenburg. 9. Oldenburg. Rev. Gemeindeordnung für das Herzogthum Oldenburg vom 15. April 1873.

IV. Von der Armenpflege.

Art. 68. Die Verwaltung der den Stadt- und Landgemeinden als Ortsarmenverbänden obliegenden öffentlichen Armenpflege regelt sich nach dem Bundesgesetz vom 6. Juni 1870 über den Unterstützungswohnsitz und den nachstehenden Bestimmungen und wird durch eine besondere kollegialisch eingerichtete Kommission — Armenkommission — geführt, die gebildet wird:

Oldenburg.

a) aus dem Vorsteher (Bürgermeister), der als Vorsitzender unter Anwendung der für den Gemeinderath geltenden Geschäftsordnung die Geschäfte leitet, den Schriftwechsel führt und die Anweisungen innerhalb des Voranschlags nach den Beschlüssen der Armenkommission ertheilt.

In den Städten sollen außer dem Vorsteher (Bürgermeister) nach näherer Bestimmung des Statuts noch ein oder mehrere Mitglieder des Magistrats der Armenkommission beitreten.

b) aus mindestens 2 von der Gemeindevertretung gewählten Mitgliedern derselben,

c) aus den Bezirksarmenpflegern — Armenvätern, — die von der Gemeindevertretung für die von ihr zu bestimmenden Armenbezirke oder Zweige der Armenpflege auf den Vorschlag der Armenkommission auf 4 Jahre gewählt werden.

Endlich haben Sitz und Stimme in der Armenkommission

d) die für den Gemeindebezirk angestellten Pfarrer, beziehungsweise deren Stellvertreter.

Die Armenkommission ist berechtigt, sich mit Zustimmung der Gemeindevertretung durch andere dazu bereitwillige Gemeindebürger zu verstärken.

Die Unterbringung von Taubstummen, Idioten und Blinden in Anstalten zum Zwecke ihrer Ausbildung und Erziehung gehört nicht zu den Aufgaben der Armenpflege. (Zusatz nach Art. 3 Ges. v. 12. Mai 1906 GBl. 757.)

Art. 69. Die Armenkommission hat die Zuständigkeit des Vorstandes; sie beschließt über Ge-

Oldenburg. währung, Versorgung, Umfang, Dauer und Art der Unterstützung. Im Uebrigen bleiben die Bestimmungen dieser Gemeindeordnung über die Verwaltung der Gemeindeangelegenheiten, insbesondere die Bestimmungen über die Zuständigkeit der Gemeindevertretung, auch für die Verwaltung der öffentlichen Armenpflege maßgebend.

Art. 75. Die Unterstützung der der Fürsorge der inländischen Amtsverbände als Landarmenverbände gesetzlich anheimfallenden Personen bleibt gegen Entschädigung, aber ohne daß die Uebernahme verlangt werden kann, derjenigen Gemeinde (Ortsarmenverband) überlassen, welche nach § 28 des Bundesgesetzes vom 6. Juni 1870 zur vorläufigen Unterstützung derselben verpflichtet ist.

Art. 78. § 1. Die Gemeinden sind verbunden, die für die örtliche Armenpflege nothwendigen Einrichtungen zu treffen. Sie können sich mit anderen Gemeinden zur gemeinschaftlichen Herstellung solcher Einrichtungen vereinigen und auch dahin Verträge abschließen, daß die Armen einer Gemeinde in den Armenanstalten einer anderen untergebracht werden.

§ 2. Werden dergleichen Einrichtungen, namentlich Armen- und Krankenhäuser, von den Amtsverbänden errichtet, so sind die Gemeinden des Amtsbezirks ebenso berechtigt als verpflichtet, dieselben gegen Entschädigung für die ihrer Fürsorge überlassenen, zur Aufnahme sich eignenden Armen zu benutzen.

Art. 79. Für öffentliche Armenanstalten können im Wege des Statuts Hausordnungen erlassen werden, durch welche den Vorstehern eine Disziplinargewalt bis zu 2 Tagen Einsperrung übertragen wird.

Wiederholte Uebertretung der Hausordnung wird mit Haft bis zu 8 Tagen gerichtlich bestraft.

Art. 80.[1] § 1. Die Gemeinden sind berechtigt, für die im § 617 Abs. 1 des Bürgerlichen Gesetzbuchs näher bezeichneten innerhalb ihres Bezirkes in einem dauernden Dienstverhältnisse stehenden Personen oder für einzelne Klassen derselben, im Wege des Statuts Krankenkassen einzurichten und dazu von denselben oder von den Dienstberechtigten oder von beiden, regelmäßige, im Verwaltungswege beizutreibende Beiträge zu erheben, soweit die Dienstverpflichteten nicht nachweislich der Gemeindekrankenversicherung oder einer Ortskrankenkasse oder einer eingeschriebenen Hülfskasse beigetreten und ihnen daraus mindestens diejenigen Leistungen zu gewähren sind, auf welche sie gemäß § 617 Abs. 1 a. a. O. gegenüber den Dienstberechtigten Anspruch haben würden. Oldenburg.

Abs. 2 und 3 enthalten Vorschriften über gemeinsame Krankenkassen mehrerer Gemeinden und über die Heranziehung der Dienstberechtigten.

§ 2 räumt die Berechtigung zur Errichtung von Krankenkassen für sämmtliche oder mehrere Gemeinden des Bezirks den Amtsverbänden unter gewissen Voraussetzungen ein.

1. Die neue Fassung des Art. 80 beruht auf § 43 des Ausf.Ges. z. BGB.

Art. 82. § 1. Der zur Bestreitung der Ausgaben für die öffentliche Armenpflege erforderliche Bedarf wird zunächst durch die Einkünfte des vorhandenen Armenvermögens gedeckt. Dasselbe darf seinem Zweck nicht entfremdet werden. Soweit diese Einkünfte dazu nicht ausreichen, wird der Bedarf nach Artikel 47 aufgebracht, im Gemeindevoranschlage festgestellt und in einer Anlage der Gemeinderechnung verrechnet.

§ 2. Gemeinden, welche, haushälterischer Armenpflege ungeachtet, durch die Verpflegung ihrer

Oldenburg. Armen überlastet sind, haben Anspruch auf Beihülfe Seitens des Amtsverbandes.

Wird der Anspruch einer Gemeinde auf Beihülfe des Amtsverbandes von diesem als begründet nicht anerkannt, so steht auf erhobene Beschwerde die Entscheidung darüber, ob und in wie weit dieselbe zu gewähren ist, dem Staatsministerium, Departement des Innern, zu.

Art. 83. Jährlich, nachdem die Gemeinderechnung schlüssig erledigt ist, hat die Armenkommission in öffentlicher Sitzung, deren Zeitpunkt zeitig vorher in ortsüblicher Weise bekannt zu machen ist, und zu welcher die vorgesetzte Verwaltungsbehörde, die Kirchenältesten (in den evangelischen Gemeinden) und die Vorsteher der in der Gemeinde vorhandenen Wohlthätigkeitsvereine einzuladen sind, in Gegenwart der Gemeindevertretung den Zustand des Armenwesens möglichst umständlich darzulegen und dabei zur geeigneten Mitwirkung und zu Vorschlägen aufzufordern.

Eine Abschrift dieser Darlegung und des über die Sitzung aufgenommenen Protokolls ist der vorgesetzten Verwaltungsbehörde einzusenden.

V. Von den Amtsverbänden.

Art. 84. § 1. Die Amtsverbände bilden nach näherer Vorschrift dieses Gesetzes kommunale Verbände zur Selbstverwaltung ihrer Angelegenheiten mit den Rechten juristischer Personen.

§ 2 Abs. 1. Die bestehenden Amtsverbände bleiben in ihrer gegenwärtigen Begrenzung bestehen.[1]

§ 3. Die Amtsverbände werden durch einen Amtsrath vertreten und durch einen Amtsvorstand verwaltet.

1. Art. 200 der GemOrd. v. 1. Juli 1855 in der Fassung des Gesetzes v. 27. Juli 1870 bestimmte: Die Gemeinden eines Amtes, in den Ämtern Varel und Jever mit Einschluß der gleichnamigen Stadtgemeinden, bilden als Amtsverband einen Kommunalverband mit dem Rechte der juristischen Persönlichkeit und der eigenen Verwaltung seiner Angelegenheiten. Oldenburg.

Die Gemeinden Stadtgemeinde Oldenburg und Gemeinde Dedesdorf werden als solche den Amtsverbänden gleichgestellt.

Art. 85. Angelegenheiten der Amtsverbände sind insbesondere:

1. — — —
5. die Besorgung des Landarmenwesens nach Maßgabe des Bundesgesetzes v. 6. Juni 1870 über den Unterstützungswohnsitz mit Ausnahme der im Art. 75 unter Vorbehalt des Ersatzanspruchs wegen der aufgewandten Kosten den Gemeinden (Armenkommissionen) übertragene unmittelbare Fürsorge der Landarmen;
6. die Fürsorge für die Unterbringung von Idioten und Blinden in Anstalten zum Zwecke ihrer Ausbildung und Erziehung und die Erstattung der Aufwendungen der Armenverbände für Taubstumme, Idioten, Blinde und Geisteskranke. (Fassung nach Art. 3 Ges. v. 12. Mai 1906 GBl. 757).

Art. 86—87 handeln von der Zusammensetzung, der Geschäftsordnung und dem Wirkungskreise des Amtsraths.

Art. 88 von der Aufbringung der Kosten für den Amtsverband.

Art. 89—91 von der Zusammensetzung, der

Oldenburg (Birkenfeld). Geschäftsordnung und dem Wirkungskreise des Amtsvorstandes.

Art. 92. In den Amtsverbänden Stadtgemeinde Oldenburg und Gemeinde Oedesdorf werden die Geschäfte des Amtsraths und Amtsvorstandes von den Gemeindebehörden nach den für die Verwaltung der Gemeindeangelegenheiten geltenden Vorschriften wahrgenommen.

Für das **Fürstentum Birkenfeld** bestimmen die Art. 2ff. des Ges. v. 28. März 1876:

Art 2. Die Verwaltung der öffentlichen Armenpflege der Ortsarmenverbände steht den in der Gemeindeordnung für die Verwaltung der Gemeinde-, bzw. Bürgermeisterei-Angelegenheiten angeordneten Gemeinde-, bzw. Bürgermeisterei-Organen zu, mit der Abweichung, daß an die Stelle des Gemeinde-, bzw. Bürgermeisterei-Vorstandes eine besondere kollegialisch eingerichtete Kommission (Armenkommission) tritt.

Die Bestimmungen der Gemeindeordnung über die Verwaltung der Gemeinde-, bzw. Bürgermeisterei-Angelegenheiten, insbesondere die Bestimmungen über die Zuständigkeit des Gemeinde-, bzw. Bürgermeisterei-Vorstandes und der Gemeinde-, bzw. Bürgermeisterei-Vertretung, sowie über die Verpflichtung der Gemeindebürger zur Übernahme unbesoldeter Ämter in der Gemeinde-Verwaltung sind überall, soweit nicht in diesem Gesetze etwas anderes ausdrücklich bestimmt ist, auch für die Verwaltung der öffentlichen Armenpflege maßgebend.

An den Verhandlungen und Beschlüssen des Bürgermeistereirates als Vertretung eines Gesamt-Armenverbandes nehmen die Abgeordneten der zum Gesamt-Armenverbande nicht gehörigen Stadtgemeinden nicht Teil.

Art. 3. Die Armenkommission besteht:

1. in den Stadtgemeinden:
   a) aus dem Schöffen als Vorsitzenden;

b) aus den zum Bürgermeisterrat gehörenden Mitgliedern des Gemeinderates; Oldenburg. (Birkenfeld.)

c) aus den Ortsgeistlichen;

2. in den Gesamt-Armenverbänden:

a) aus dem Bürgermeister als Vorsitzenden;

b) aus den Mitgliedern des Bürgermeistereirates, soweit sie einer Gemeinde des Gesamt-Armenverbandes angehören;

c) aus den sämtlichen mit der Verwaltung einer in dem Bezirke des Gesamt-Armenverbandes belegenen Pfarrei beauftragten Geistlichen und dem Landrabbiner, falls er in dem Bezirke seinen Wohnsitz hat.

Art. 4. Die Armenkommission hat im allgemeinen in Armen-Angelegenheiten die gleiche Stellung und Zuständigkeit, wie der Gemeinde-, bzw. Bürgermeisterei-Vorstand in Gemeinde-Angelegenheiten; sie beschließt insbesondere über Gewährung, Versagung, Umfang, Dauer und Art der Unterstützung und vertritt den Armenverband nach außen, namentlich auch in Streitigkeiten.

Die Armenkommission faßt ihre Beschlüsse kollegialisch in den festgesetzten regelmäßigen oder in besonders anberaumten Sitzungen, auf welche die Vorschriften der Gemeindeordnung über die Sitzungen des Gemeinderats analoge Anwendung finden.

Zur Gültigkeit eines Beschlusses ist erforderlich, daß mehr als die Hälfte der Mitglieder anwesend sind und daß dem Beschlusse die absolute Stimmenmehrheit der Anwesenden zugefallen ist; bei Stimmengleichheit entscheidet die Stimme des Vorsitzenden.

In dringenden Fällen kann auf den Antrag eines Armenpflegers (Art. 5) der Vorsitzende in Übereinstimmung mit einem Mitgliede der Armenkommission aus der betreffenden Gemeinde Unterstützungen bis zur nächsten ordentlichen Sitzung bewilligen; er ist jedoch verpflichtet, der

Oldenburg. (Birkenfeld). Armenkommission in dieser Sitzung von der gewährten Unterstützung Kenntnis zu geben und dies im Protokoll zu bemerken.

Über die in jeder Sitzung der Armenkommission gefaßten Beschlüsse ist unter Anführung der Namen der dabei anwesenden Mitglieder von dem Vorsitzenden oder einem dazu bereitwilligen Mitgliede oder einem anderen damit Beauftragten ein Protokoll aufzunehmen, welches nach geschehener Verlesung und Genehmigung vom Vorsitzenden und zwei Mitgliedern der Armenkommission unterzeichnet wird.

In den Städten haben die Schöffen den Bürgermeister von den regelmäßigen Sitzungstagen und den besonders anberaumten Sitzungen zeitig in Kenntnis zu setzen. Der Bürgermeister ist berechtigt, an denselben Teil zu nehmen, und übernimmt dann den Vorsitz. Ein Stimmrecht hat derselbe dabei nicht.

Art. 5. Die unmittelbare Ausübung der öffentlichen Armenpflege ist Bezirksarmenpflegern übertragen, die von der Armenkommission für die vom Gemeinde-, bzw. Bürgermeistereirat, mit Rücksicht auf die Zahl der vorhandenen Armen zu bestimmenden Bezirke auf vier Jahre gewählt und vom Bürgermeister mittelst Gelöbnisses an Eidesstatt verpflichtet werden. — Für jede Gemeinde ist mindestens ein Bezirksarmenpfleger zu wählen.

Die Bezirksarmenpfleger sind der Armenkommission untergeordnet und können von derselben zu jeder Zeit entlassen werden.

Die Wahl und Entlassung der Bezirksarmenpfleger ist im Amtsblatt bekannt zu machen.

Der Dienst der Bezirksarmenpfleger ist ein unentgeltlich zu verwaltendes Ehrenamt. Bare Auslagen, nicht aber Zehrungskosten, bei Wahrnehmung des Dienstes innerhalb des Bürgermeistereibezirks werden den Bezirksarmenpflegern erstattet.

Art. 6. Die Kosten der öffentlichen Armenpflege der

Ortsarmenverbände werden aus den Gemeinde-, bzw. Bürgermeistereikassen bestritten. Oldenburg (Birkenfeld).

In den Gesammt-Armenverbänden, welche nicht alle Gemeinden der Bürgermeisterei befassen, erfolgt die Verteilung der Kosten der gemeinsamen Armenpflege auf die einzelnen Gemeinden nach dem Verhältnis der Gesammtsteuer derselben.

Art. 7. Den Staatsbehörden steht nach Maßgabe der Gemeindeordnung die Aufsicht über die Verwaltung der Ortsarmenverbände zu.

Art. 8. Die sämtlichen Gemeinden des Fürstentums bilden einen Landarmenverband, welcher Korporationsrechte hat.

Die Vertretung und Verwaltung des Landarmenverbandes liegt der Regierung ob.

Art. 9. Der Landarmenverband ist verpflichtet, die gesetzliche Unterstützung allen denjenigen nach dem Bundesgesetze aus Armenmitteln zu unterstützenden Deutschen und Ausländern zu gewähren, zu deren Unterstützung kein Ortsarmenverband rechtlich verbunden ist. (§§ 30, 33 und 60 des Bundesgesetzes vom 6. Juni 1870.)

Dem Landarmenverbande liegt ferner ob die Erstattung:

a) der Reisekosten und Honorare der Ärzte und Wundärzte bei Behandlung armer Kranken, soweit diese überhaupt vergütet werden;
b) der Kosten der gesamten Fürsorge für hilfsbedürftige Geisteskranke und Idioten, sowie der zum Schutz der öffentlichen Sicherheit gegen dieselben getroffenen polizeilichen Maßregeln (diese Fassung beruht auf dem Ges. v. 22. Januar 1894; GesBl. 14 S. 51);
c) der Kosten des Unterrichts und der Ausbildung hilfsbedürftiger, taubstummer und blinder Kinder;
d) der außerordentlichen Unterstützungen bei Epidemien, großer Teuerung und anderen besonderen Unglücksfällen;

Oldenburg (Birkenfeld).

e) der Dententions- und Unterhaltungskosten für die in eine Zwangsarbeitsanstalt verwiesenen Armen, sowie endlich

f) die Gewährung von Zuschüssen an einzelne Ortsarmenverbände, welche durch die Ausgaben der Armenpflege so sehr beschwert sind, daß letztere 30 Prozent der Gesamtsteuer sämtlicher zum Armendistrikt gehörenden Gemeinden übersteigen.

Art. 10. Der Landarmenverband ist befugt, die seiner Fürsorge gesetzlich anheimfallenden Personen demjenigen Ortsarmenverbande gegen Ersatz der Ausgaben für die geleisteten Unterstützungen zu überweisen, welcher nach § 28 des Bundesgesetzes vom 6. Juni 1870 zur vorläufigen Unterstützung derselben verpflichtet ist.

Art. 11. Dem Landarmenverbande werden zur Bestreitung seiner Ausgaben überwiesen:

a) unter Aufhebung des Art 4 der Verordnung vom 17. Dezember 1870, betreffend Übergangsbestimmungen zum Strafgesetzbuch für den Norddeutschen Bund, alle Polizei- und andere den Gemeindekassen gesetzlich zugewiesenen Geldstrafen und Erträge aus Einziehungen und die nach Art. 58 der Gesindeordnung v. 13. Juni 1861 der Ersparungskasse überwiesenen Geldstrafen und Handgelder;

b) der Ertrag der für Jagdkarten, sowie für Tanz und andere öffentliche Lustbarkeiten zu entrichtenden Abgaben;

c) ein Zuschuß der Landeskasse, welche durch das Finanzgesetz für die jedesmalige Finanzperiode festgesetzt wird;

d) die sonstigen bisher dem General-Armenfonds zugewiesenen Einnahmen.

Wenn diese Einnahmen zur Bestreitung der Ausgaben nicht hinreichen, so ist das Fehlende von sämtlichen Gemeinden des Fürstentums nach Verhältnis der Gesamtsteuer aufzubringen und nach der deskfallsigen Bestimmung der Regierung auf die Gemeindekassen anzuweisen. Olden- burg (Birken- feld).

Art. 12. Die abgelegten und dezidierten jährlichen Rechnungen über die Ausgaben des Landarmenverbandes werden dem Provinzialrat vorgelegt.

Das Resultat derselben wird mit einer Übersicht der Ausgaben der Ortsarmenverbände öffentlich bekannt gemacht.

Art. 22—24 übereinstimmend mit Art. 78—80 der Oldenburger rev. GemOrd. (oben S. 174ff.). Statt „Gemeinde" heißt es überall „Ortsarmenverbände", statt „Amtsverbände" — „Landarmenverband".

Für das **Fürstentum Lübeck** verordnen Art. 69ff. der rev. GemOrd. vom 30. März 1876: (Lübeck.)

Art. 69 § 1. Jede Gemeinde bildet für sich einen Ortsarmenverband.

Art. 70. § 1 übereinstimmend mit Art. 68 der Oldenburger rev. GemOrd. (oben S. 172ff.). — Doch lauten die lit.:

b) aus mindestens 2 von der Gemeindevertretung gewählten Mitgliedern derselben, von denen im Gesamtarmenverbande Ahrensböck auf jede Gemeinde die Hälfte entfällt;

d) die für den Gemeindebezirk oder einen Teil desselben angestellten und dem Fürstentum angehörenden Pfarrer, beziehungsweise deren Stellvertreter. Wo mehrere Pfarrer angestellt sind, bestimmt die Regierung denjenigen, welcher Sitz und Stimme in der Armenkommission haben soll.

Art. 70 § 2 übereinstimmend mit Art. 69 der Oldenburger rev. GemOrd. (oben S. 174).

Art. 71. Die sämtlichen Gemeinden des Fürstentums bilden einen Landarmenverband, welcher die Rechte einer Korporation hat.

Oldenburg. (Lübeck). Die Vertretung und Verwaltung des Landarmenverbandes liegt der Regierung ob.

Art. 72. Der Landarmenverband ist verpflichtet, die gesetzliche Unterstützung aller derjenigen aus Armenmitteln zu unterstützenden Deutschen und Ausländer zu gewähren, zu deren Unterstützung kein Ortsarmenverband rechtlich verbunden ist (§§ 30, 33 und 60 des Bundesgesetzes vom 6. Juni 1870).

Art. 73. Der Landarmenverband ist befugt, die seiner Fürsorge gesetzlich anheimfallenden Personen demjenigen Ortsarmenverbande gegen Ersatz der Ausgaben für die geleisteten Unterstützungen zu überweisen, welcher nach § 28 des Bundesgesetzes vom 6. Juni 1870 zur vorläufigen Unterstützung derselben verpflichtet ist.

Art. 74. § 1. Aus den dem Landarmenverbande überwiesenen Mitteln (Art. 75) sollen ferner bestritten werden:

a) die Kosten, bzw. eine Beihilfe zu den Kosten des Unterhalts, der Erziehung und Heilung von öffentlicher Unterstützung bedürftigen Blinden, Taubstummen und Geisteskranken, sofern dieselben einer dafür bestehenden Privat- oder öffentlichen Anstalt zu überweisen sind, einschließlich der Kosten des Transports;

b) die Kosten, bzw. eine Beihilfe zu den Kosten der Verpflegung und Bewachung von bedürftigen gemeingefährlichen Geisteskranken, auch wenn dieselbe nicht in einer eigenen Anstalt stattfindet;

c) Unterstützungen in einzelnen Gemeinden bei Epidemien, Seuchen und sonstigen außerordentlichen Unglücksfällen, sofern daraus für die Armenpflege eine besondere Belastung entsteht;

d) Zuschüsse zur Förderung der Zwecke von Privat- und öffentlichen Vereinen zur Unterstützung Hilfsbedürftiger;

e) Zuschüsse an Gemeinden, welche haushälterischer Armenpflege ungeachtet überlastet sind. Oldenburg (Lübeck).

§ 2. Über die Art und das Maß der nach § 1 zu gewährenden Unterstützungen entscheidet die Regierung.

Art. 75. § 1. Dem Landarmenverbande werden zur Bestreitung seiner Ausgaben überwiesen:

a) das Vermögen des bisherigen Landarmenfonds, welches durch Zuschuß aus den gesammelten und besonders verrechneten Kassenüberschüssen auf 230 000 Mk. (Stammkapital) erhöht wird;
b) der jährliche gesetzliche Zuschuß von 6000 Mk. aus der Landeskasse (Gesetz vom 2. August 1870).

§ 2. Wenn diese Einnahmen zur Bestreitung der Ausgaben nicht ausreichen, werden von der Regierung nach Bedarf außerordentliche Beiträge über sämtliche Gemeinden ausgeschrieben. Die Verteilung geschieht nach dem Verhältnisse der in der Gemeinde aufzubringenden direkten Staatssteuern und die Umlegung innerhalb derselben nach dem allgemeinen Beitragsfuße für Gemeindelasten.

§ 3. Eine Ausschreibung außerordentlicher Beiträge, falls sie lediglich durch an Vereine oder überlastete Gemeinden zu bewilligende Zuschüsse veranlaßt wird, erfolgt nach vorgängiger gutachtlicher Äußerung des Provinzialrats.

Art. 76. Die abgelegten und dezidierten jährlichen Rechnungen über die Ausgaben des Landarmenverbandes werden dem Provinzialrate vorgelegt.

10. Braunschweig. Ausf. Ges. v. 5. Juni 1871. Braunschweig.

§ 2. Ortsarmenverbände. Jede Gemeinde des Herzogthums (Ortsgemeinde oder Gutsgemeinde), sammt den dazu gehörigen Gemeindebezirken, sowie jede selbständige Gemarkung bildet — vorbehaltlich der Bestimmung über Gesammtarmenverbände § 4 — einen für sich bestehenden Ortsarmenverband (§ 3 des Bund.-Ges. vom 6. Juni 1870).

Braunschweig. Rücksichtlich derjenigen Grundstücke, welche zur Zeit weder einem Gemeinde-Bezirke beigelegt, noch zu einer selbstständigen Gemarkung vereinigt sind, wird bis zum 1. Juli d. J. im Verordnungswege[1] bestimmt werden, ob und in welcher Weise daraus selbstständige Armenverbände oder Bestandtheile anderer Armenverbände gebildet werden sollen.

1. Vgl. die vier Verordnungen v. 28. Juni 1871 für die Kreise Braunschweig, Gandersheim, Wolfenbüttel und Holzminden.

§ 3. Verwaltung und Beaufsichtigung der Armenpflege. Die Verwaltung und Beaufsichtigung der öffentlichen Armenpflege geschieht nach den darüber in den Gemeinde-Verfassungs-Gesetzen u. s. w. enthaltenen Vorschriften,[1] ebenso behält es bei den bestehenden Bestimmungen über die Art der Unterstützung, sowie über die Aufbringung der Armenlasten sein Bewenden.

Sollte es erforderlich werden, über das Maß der Unterstützung, insbesondere über ein Minimalmaß Anordnungen zu treffen, so erfolgen solche im Verwaltungswege nach Anhörung der Kreisversammlung.

In denjenigen Ortsarmenverbänden, welche nur aus Gemarkungen oder nur aus nicht zu einem Gemeindebezirk gehörigen Grundstücken bestehen, übernimmt der Landarmenverband zugleich die Verpflichtung des Ortsarmenverbandes.

1. Vgl. dazu §§ 193 – 200 der Städteordnung vom 18. Juni 1892 (Ges. u. VerSamml. S. 281) und §§ 135 – 142 der Landgemeindeordnung v. 18. Juni 1892 (Ges. u. VerSamml. S. 357).

§ 4. Gesammtarmenverbände. Die einen einheitlichen Ortsarmenverband (Gesammt-

Armenverband) bereits bildenden Verbände von Gemeinden (Ortsgemeinden, Gutsgemeinden) bleiben als solche bestehen und bewendet es bei den über deren Organisation getroffenen gesetzlichen Bestimmungen. Braunschweig.

In Zukunft kann die Vereinigung mehrerer Ortsarmenverbände zu einem Gesammt-Armenverbande auf statutarischem Wege nach Maßgabe der bezüglichen Vorschriften der Gemeinde-Verfassungs-Gesetze und der Kreis-Ordnung erfolgen.

In einem solchen Falle sind die Art der Beschlußfassung über die gemeinschaftlichen Angelegenheiten, die Vertretung des Gesammt-Armenverbandes nach Außen, die Formen der Verwaltung und die Aufbringungsweise der Kosten der gemeinsamen Armenpflege durch das Statut zu regeln.

§ 5. Landarmenverband. Die Funktionen des Landarmenverbandes übernimmt der Staat und läßt solche in den verschiedenen Kreisen durch die Herzoglichen Kreis-Direktionen besorgen, aus deren Bureaukassen auch die entstehenden Kosten bestritten werden.

§ 15 Abs. 2. Ist der Landarmenverband einer der streitenden Theile, so wird derselbe durch das Herzogliche Finanzkollegium vertreten.[1]

1. jetzt durch die betr. Kreisdirektion (§ 50 Ges. vom 5. März 1895 s. Anh. E).

§ 6. Ueberweisung von Landarmen an Ortsarmenverbände.

Die Herzoglichen Kreis-Direktionen sind befugt, die der Fürsorge des Landarmenverbandes gesetzlich anheimfallenden Personen demjenigen Ortsarmenverbande, welcher nach § 28 des Bundes-Gesetzes vom 6. Juni 1870 zur vorläufigen Unterstützung derselben verpflichtet ist, oder, falls eine solche Ver-

Braunschweig. pflichtung in einem gegebenen Falle nicht vorhanden sein, oder zu unverhältnißmäßigen Härten führen sollte, irgend einem geeigneten Ortsarmenverbande ihres Kreises gegen Erstattung der diesem daraus erwachsenden Kosten zu überweisen.

§ 7. Unterbringung der Hülfsbedürftigen im Arbeitshause u. s. w.

Die Aufnahme der vom Landarmenverbande zu unterstützenden Personen in das Arbeitshaus (Gesetz vom 22. Dezember 1870, Nr. 119), in die Erziehungsanstalt Wilhelmstift zu Bevern, sowie in die Heil- und Pflegeanstalt zu Königslutter geschieht kostenfrei, ebenso die auf Grund des § 362 Abs. 2 des Bundes-Strafgesetzbuchs erfolgende Aufnahme solcher Personen in das Arbeitshaus, welche zwar nicht dem Landarmenverbande zur Last fallen, aber im hiesigen Lande keinen Unterstützungswohnsitz haben.

§ 9. Denjenigen Ortsarmenverbänden, welche den ihnen obliegenden Verpflichtungen zu genügen unvermögend sind — worüber zunächst, auf Begutachtung durch den Kreisausschuß, die betreffende Kreisversammlung und in letzter Instanz Unser Herzogl. Staatsministerium entscheidet — ist die erforderliche Beihülfe aus der Kreiskommunalkasse zu leisten.

Den Kreisversammlungen steht die Befugniß zu, die Kosten einzelner besonderer Zweige der öffentlichen Armenpflege unmittelbar auf die Kreiskommunalkasse zu übernehmen.[1]

1. Vgl. §§ 2, 4, 39, 71 der Kreisordnung vom 5. Juni 1871 (GesSamml. S. 165) und § 2 des Ges., betr. die Dotationssumme für die Kreiskommunalverbände vom 6. Juni 1871 (GesSamml. S. 203).

§ 10. Religionsgesellschaften, milde Stiftungen u. s. w. Abs. 1 übereinstimmend mit § 24, Abs. 2 mit § 6 PrAG.

11. Sachsen-Meiningen. Ausf. Ges. v. 24. Februar 1872. Sachsen-Meiningen.

Art. 2. Jede Gemeinde und jeder Gemarkungsverband bildet für sich einen Ortsarmenverband.

Art. 3. Es ist zulässig, daß sich mehrere Gemeindebezirke oder Gemarkungsverbände im Wege der Vereinbarung zu einem Gesammt-Armenverbande unter Festsetzung der Verfassung desselben zu vereinigen.

Zur Errichtung und zur Auflösung eines Gesammt-Armenverbandes bedarf es der Genehmigung des Herzogl. Staatsministeriums, Abtheilung des Innern, vor welcher der Kreisausschuß zu hören ist.

Jede Errichtung und jede Wiederauflösung eines Gesammt-Armenverbandes ist durch das Regierungsblatt zur öffentlichen Kenntniß zu bringen.

Art. 4. Die für die allgemeine öffentliche Armenpflege bestimmten Ortsarmenkassen sind Eigenthum der betreffenden Gemeinden.

Vermögensbestände, welche denselben durch Privatverfügung zugefallen sind, müssen bestimmungsmäßig verwendet werden.

Das Vermögen kirchlicher oder religiöser Anstalten und Genossenschaften, für sich bestehender Stiftungen und sonstiger juristischer Personen, auch wenn es für Armenzwecke bestimmt ist, wird von der Bestimmung im ersten Absatz nicht berührt.

Art. 5. Die Vorsteher von Korporationen und anderen juristischen Personen sind verpflichtet, den Gemeindebehörden auf deren Erfordern Auskunft über den Betrag der Unterstützungen zu ertheilen, welche einem Hülfsbedürftigen des Gemeindebezirks aus den unter ihrer Verwaltung stehenden, einem Zweck der Wohlthätigkeit gewidmeten Fonds gewährt werden.

Sachsen-Meiningen.

Art. 6. Jeder Kreis und bis auf Weiteres die Kreisabtheilung Camburg bildet einen besonderen Landarmenverband.

Art. 7. Die nach § 33 des Bundesgesetzes vom 6. Juni 1870 dem Staate obliegende Verpflichtung ist von demjenigen Landarmenverbande zu übernehmen, innerhalb dessen der Hülfsbedürftige seinen letzten Unterstützungswohnsitz gehabt hat. Läßt sich dies nicht ermitteln, so ist derjenige Landarmenverband zu deren Uebernahme verpflichtet, in dessen Bezirk die Hülfsbedürftigkeit hervorgetreten ist.

Art. 8. Die Landarmenverbände sind befugt, die ihrer Fürsorge gesetzlich anheimfallenden Personen demjenigen Ortsarmenverbande gegen Entschädigung zu überweisen, welcher nach § 28 des Bundesgesetzes vom 6. Juni 1870 zu deren vorläufiger Unterstützung verpflichtet ist.

Art. 9 (in der Fassung des Gesetzes v. 14. December 1889 [GesSamml. S. 295]). Die Kreise haben gegenüber den Ortsarmenverbänden, welche zu ihnen gehören, die Verpflichtung die Kosten der öffentlichen Armenpflege, welche die Unterbringung Geisteskranker, Idioten, Epileptiker, Taubstummer und Blinder in Heil-, Pflege- und Unterrichtsanstalten verursacht, unbeschadet der Verpflichtung der Ortsarmenverbände zur vorläufigen Unterstützung der in ihrem Bezirke der Hülfsbedürftigkeit anheimfallenden Personen unmittelbar zu übernehmen.

Art. 10. Die Kreise (Art. 6) können die Kosten der öffentlichen Armenpflege, welche die Fürsorge für Kranke und Sieche erfordert, unmittelbar übernehmen.

Art. 11. Die Landarmenverbände müssen in ihren Kranken- und Armenhäusern, soweit die Umstände es gestatten, auf Antrag der Ortsarmenverbände die deren Fürsorge gesetzlich anheimfallenden Personen gegen Entschädigung (Art. 13) aufnehmen. Sachsen-Meiningen.

Art. 12. Die Landarmenverbände sind verpflichtet, nach Entscheidung des Herzogl. Staatsministeriums, Abtheilung des Innern, denjenigen Ortsarmenverbänden ihres Bezirks eine Beihülfe zu gewähren, welche den ihnen obliegenden Verpflichtungen zu genügen unvermögend sind.

Art. 13. Das gesammte Armenwesen steht unter der Aufsicht des Herzoglichen Staatsministeriums, Abtheilung des Innern. Dasselbe stellt die Tarife für die Erstattung der Kosten der Armenunterstützung nach Anhörung der betreffenden Kreisausschüsse fest.

12. **Sachsen-Altenburg.** Ausf. Ver. v. 3. Juni 1871. Sachsen-Altenburg.

§ 2. Jede Stadt- resp. Landgemeinde bildet für sich einen Ortsarmenverband, insoweit nicht, insbesondere nach § 6 des Gesetzes, die Abänderung und Ergänzung einiger Bestimmungen des Gesetzes über das Heimathsrecht und Armenwesen vom 9. August 1833 betreffend, vom 10. Februar 1857 sich mehrere Gemeinden zu einem Armenverbande vereinigt haben, wobei es bewendet. Vereinigung mehrerer Gemeinden zu einem Armenverbande nach Maßgabe der soeben angezogenen gesetzlichen Bestimmungen bleiben auch fernerhin gestattet.
Abs. 3 übereinstimmend mit § 15 PrAG.

§ 3. Grundstücke, Grundstückskomplexe, welche zur Zeit einem bestimmten Gemeindebezirke nicht angehören, bilden für sich einen Ortsarmenverband. (§ 4 des Bundes-Gesetzes.)
Besitzer solcher Grundstücke haben die Kosten der

Sachsen-Altenburg. öffentlichen Armenpflege gleich den Gemeinden zu tragen.

§ 4. In Betreff der Beschaffung der für die Armenpflege erforderlichen Mittel sind für die Stadt- und Dorfgemeinden die bereits bestehenden landesgesetzlichen und ortsstatutarischen resp. vertragsmäßigen Bestimmungen maßgebend.

§ 5. Die Obliegenheiten des Landarmenverbandes übernimmt . . . der Staat. Derselbe ist befugt u. s. w. wie § 34 PrAG. Die Ausübung der Funktionen des Landarmenverbandes erfolgt durch das Herzogliche Ministerium, Abtheilung des Innern.

Dasselbe ist berechtigt, die Besorgung der desfallsigen Geschäfte einer Kommission zu übertragen (Nachtr.-Ver. 12. August 1876. GS. S. 227.)

§ 6, welcher von der den Ortsarmenverbänden zu gewährenden Beihülfe aus dem sog. allgemeinen Hülfsfonds handelte, ist durch das Gesetz betr. den außerordentlichen Armenaufwand der Gemeinden v. 10. April 1897 und die Novelle zu demselben v. 8. Januar 1906 ersetzt, nach welchem diese für den außerordentlichen Armenaufwand (d. h. für die Unterbringung von hülfsbedürftigen Körperkranken und Siechen, Geisteskranken, Idioten Epileptischen, Taubstummen, Blinden, Krüppeln in inländischen und ausländischen, öffentlichen und privaten Heil- und Pflegeanstalten zum Zweck der Pflege oder Ausbildung, einschließlich der Kosten der Ausstattung und Einlieferung, Unterhaltung und Beerdigung) einen Staatszuschuß nach Maßgabe der §§ 2 ff. jenes Gesetzes erhalten.[1, 2]

1. Der § 13 des Volksschulgesetzes vom 12. Februar 1889 und die auf denselben bezügliche Bestimmung in

§ 1 Abs 2 b des Ges. v. 10. April 1897 ist durch § 121 des Ausf.Ges. z. BGB. aufgehoben. Sachsen-Altenburg.

2. Bei Unterbringung in inländische öffentliche Anstalten sind die hierfür gesetzlichen Vorschriften zu beachten, für die Unterbringung in anderen Anstalten ist ministerielle Genehmigung nachzusuchen (Art. 2 der Novelle vom 8. Januar 1906).

§ 7 übereinstimmend mit § 38 PrAG. mit dem Zusatze am Schlusse: „vorbehaltlich jedoch der Wiedereinziehung solcher Kosten aus dem etwaigen Vermögen solcher Personen".

13. **Sachsen-Coburg-Gotha.** Ausf. Ges. v. 31. Mai 1871. Sachsen-Coburg-Gotha.

§ 2. Jeder Gemeindebezirk im Herzogthum Coburg und jeder Heimathsbezirk im Herzogthum Gotha bildet für sich einen Ortsarmenverband, sofern nicht mehrere solche Bezirke zu einem Gesammtarmenverband vereinigt werden.

Grundstücke, welche keinem Gemeindebezirke angehören, sind dem Ortsarmenverbande einer Gemeinde durch das Staatsministerium zuzuweisen.

§ 3. Abs. 1 übereinstimmend mit Satz 2 und 3 des § 2 PrAG.

Abs. 2 übereinstimmend mit § 3 Abs. 1 PrAG.

Die Wahl der Mitglieder der Deputation (Kommission) mit Ausnahme des Bürgermeisters (Schultheiß) steht der Gemeindevertretung zu.

Abs. 3 übereinstimmend mit § 3 Abs. 3 PrAG.

§ 4 übereinstimmend mit § 4 PrAG.: Wer eine unbesoldete Stelle vier Jahre hindurch bekleidet hat, kann die fernere Uebernahme einer solchen Stelle während der nächstfolgenden vier Jahre ablehnen.

§ 5 übereinstimmend mit § 5 PrAG. nur mit dem Unterschiede, daß der Verlust des Rechts zur

Sachsen-Coburg-Gotha. Theilnahme an den Gemeindewahlen auf 4—8 Jahre festgesetzt ist, während die Bestimmung über die stärkere Heranziehung zu den Gemeindeabgaben fehlt.

§ 6. Die Kosten des Ortsarmenverbandes werden aus der Gemeindekasse bestritten. Solange nach Vorschrift der Gemeindegesetze (Coburger GemGes. Art. 6, Gothaer GemGes. §§ 54 und 56) den Besitzern gewisser Grundstücke lediglich die Pflicht der Fürsorge für die Verpflegung erkrankter und der Beerdigung verstorbener Fremder obliegt, tritt an die Stelle dieser Pflicht der Ersatz für diese Leistungen von dem nunmehr dazu verpflichteten Ortsarmenverbande bestrittenen, nothwendigen Aufwandes.

§ 7 übereinstimmend mit § 6 PrAG.

§ 8. Es ist zulässig, daß sich mehrere Gemeinde-Bezirke im Herzogthum Coburg oder Heimath-Bezirke im Herzogthum Gotha im Wege der Vereinbarung zu einem Gesammtarmenverbande mit Genehmigung der vorgesetzten Behörde vereinigen.

§ 9 übereinstimmend mit § 13 PrAG.

§ 10 übereinstimmend mit § 15 PrAG.

§ 11. Den Staatsbehörden steht nach Maßgabe der Gemeindeverfassungsgesetze die Aufsicht über die Verwaltung der Ortsarmenverbände und der Gesammtarmenverbände zu.

§ 12. Jedes der beiden Herzogthümer (Coburg und Gotha) bildet für sich einen Landarmenverband, dessen Funktion der Staat übernimmt, auch die Ausgaben werden von der Staatskasse des betreffenden Herzogthums getragen.

Dem Staatsministerium bleibt vorbehalten für die Verwaltung der Angelegenheiten des einen oder des andern Landarmenverbandes eine besondere Kommission zu bestellen. Sachsen-Coburg-Gotha.

§ 13 übereinstimmend mit § 34 Abs. 1 PrAG.

§ 14. Denjenigen Ortsarmenverbänden, welche den ihnen obliegenden Verpflichtungen zu genügen unvermögend sind, wird die erforderliche Beihülfe aus der Staatskasse des betreffenden Herzogthums in Geld oder mittelst Bereitstellung von Pflegeanstalten oder sonst in geeigneter Weise gewährt.

14. **Anhalt.** Ausf.Ges. Nr. 263 v. 29. Juni 1871. Anhalt.

§ 4 übereinstimmend mit Satz 1 des § 2 PrAG.

§ 5. Die Verwaltung der öffentlichen Armenpflege steht den Gemeindebehörden zu. Die Bestimmungen der Gemeindeordnung[1] über die Verwaltung der Gemeindeangelegenheiten, insbesondere die Bestimmungen über die Zuständigkeit des Gemeindevorstandes und des Gemeinderaths, beziehungsweise der Gemeindeversammlung, sowie über die Verpflichtung der Bürger und Gemeindeberechtigten zur Uebernahme unbesoldeter Gemeindeämter, über die Bildung von Kommissionen und ständigen Deputationen zur dauernden Verwaltung einzelner Zweige der Gemeindeverwaltung und über das staatliche Aufsichtsrecht sind überall auch für die Verwaltung der öffentlichen Armenpflege maßgebend.

1. Vgl. Gemeinde- usw. Ordnung v. 26. Mai 1882 (GS. Nr. 619 S. 643), Verwaltung der Gemeindeangelegenheiten usw. §§ 56ff., 83 (Städte), §§ 120—122, 125, 131ff. (Dorfgemeinden); Verpflichtung zur Übernahme von Ämtern §§ 47, 114; staatliches Aufsichtsrecht §§ 33ff.

Abs. 2 übereinstimmend mit § 19 PrAG.

§ 6 übereinstimmend mit § 24 PrAG.

Anhalt. § 7 übereinstimmend mit § 6 PrAG.

§ 8. Den Gemeinden werden, soviel den Gegenstand dieses Gesetzes betrifft, die in Gemäßheit der §§ 11 bis 14 der Gemeindeordnungen[1] außerhalb des Gemeindeverbandes stehenden selbstständigen Bezirke gleich geachtet; sie haben die Kosten der öffentlichen Armenpflege gleich den Gemeinden zu tragen.

Stehen einzelne Theile eines selbstständigen Bezirkes im Eigenthum Dritter, so ist auf Antrag eines der Betheiligten die Aufbringung der Kosten der öffentlichen Armenpflege und deren Verwaltung statutarisch zu regeln.

Das Statut wird, falls die Betheiligten sich nicht zu einigen vermögen, durch den Kreisausschuß (jedoch vorbehältlich des Rekurses an die Regierung, Abtheilung des Innern, beziehentlich an das Staatsministerium)[2] festgestellt und muß hinsichtlich der Regelung der Beitragspflicht den nachstehend für die Gesammtarmenverbände getroffenen Bestimmungen folgen.

1. jetzt § 9 der Gemeinde- usw. Ordnung v. 26. Mai 1882.

2. Beschwerden gegen die Festsetzung des Kreisausschusses sind im Wege der Klage beim Landesverwaltungsgericht anzubringen, welches darüber endgültig zu entscheiden hat (§ 2 des Ges. Nr. 778 betr. die sachliche Zuständigkeit der Verwaltungsgerichte v. 27. März 1888, GesSamml. S. 65).

§ 9 Abs. 1 übereinstimmend mit dem Satz 1 des § 9 PrAG.

Abs. 2. Es bleibt den betheiligten Gemeinden und selbstständigen Bezirken die Vereinbarung von statutarischen Vorschriften, vorbehaltlich der Bestätigung der letzteren durch die Regierung, Abtheilung des Innern, überlassen; in Ermangelung einer derartigen Vereinbarung wird die Verfassung des Gesammtarmenverbandes durch ein, nach Anhörung der

Betheiligten, von dem Kreisausschusse nach Maßgabe der nachfolgenden Bestimmungen zu beschließendes und von der Regierung, Abtheilung des Innern, zu bestätigendes Statut geregelt. Anhalt.

Abs. 3 und 4 übereinstimmend mit Abs. 2 und 3 des § 10 PrAG.

Die Wahl der Abgeordneten erfolgt stets auf sechs Jahre.

Die Wahlen des Vorsitzenden sowie alle sonstigen Beschlußfassungen erfolgen nach absoluter Stimmenmehrheit, jedoch wird die Mehrheit der abgegebenen Stimmen nicht nach Köpfen, sondern nach der Anzahl der den einzelnen Mitgliedern zustehenden Stimmen berechnet. Bei eintretender Stimmengleichheit entscheidet das Loos. Die Abgehenden sind wieder wählbar.

Die Vertheilung der Kosten der gemeinsamen Armenpflege auf die einzelnen Gemeinde- und selbstständigen Bezirke erfolgt, sofern nicht statutarisch etwas Anderes festgesetzt ist, nach dem Staatsergänzungssteuerfuße. Zu diesem Behufe sind die Herzoglichen Privatgüter und die Landesdomänen u. s. w., insoweit dies noch nicht geschehen sein sollte, nachträglich zur Staatsergänzungssteuer zu veranlagen.

Abs. 5 übereinstimmend mit Abs. 4 PrAG.

(Vgl. auch §§ 25, 26 GemOrd. v. 26. Mai 1882 und §§ 1 und 2 des Ges. v. 7. April 1887 [GesSamml. S. 383].)

§ 10. Abs. 1 übereinstimmend mit § 12 Abs. 1 PrAG.

Die Genehmigung des Statuts steht dem Kreisausschusse zu.

Abs. 2. Aus Rücksicht der Billigkeit kann der Kreisausschuß auf Antrag des einen oder andern

Anhalt. Theils die Vereinigung der innerhalb einer Ortschaft belegenen Domänen- und Rittergüter mit der betreffenden Gemeinde zu einem Gesammtarmenverbande auf endgültige Weise beschließen. Dabei sind zugleich die erforderlichen statutarischen Festsetzungen über die Formen der Verwaltung und über die Vertheilung der Kosten der gemeinsamen Armenpflege u. s. w. durch den Kreisausschuß (jedoch vorbehaltlich des Rekurses an die Regierung, Abtheilung des Innern, beziehentlich an das Staatsministerium)[1] zu treffen.

1. Beschwerden werden nach Anm. 2 zu § 8 erledigt.

§§ 11—13 übereinstimmend mit §§ 13—15 PrAG.

§ 14. Aus dem gesammten Herzogthum Anhalt wird ein Landarmenverband gebildet, dem die Rechte einer juristischen Person zustehen. Die Verwaltung und Vertretung desselben liegt der Landarmendirektion mit den aus den §§ 15 ff. ersichtlichen Maßnahmen ob.

§ 15 betrifft die Zusammensetzung und Geschäftsordnung der Landarmendirektion. — Die Zusammensetzung ist durch Art. 2 des Abänderungsgesetzes v. 27. April 1904 (Nr. 1189) anderweit geregelt. Die Landarmendirektion wird gebildet aus drei Mitgliedern der Regierung, Abtheilung des Innern, und aus zehn weiteren Mitgliedern, von denen je zwei aus jedem Kreise vom Kreistage gewählt werden (s. § 26).

§§ 16—20 handeln von der Bildung der Landarmenfondsdotation aus dem Landesvermögen und der Verwaltung. Soweit die Erträge der Dotation nicht ausreichen, sind die erforderlichen Mittel durch Kreissteuern aufzubringen. Die Vertheilung des Erfordernisses auf die einzelnen Kreise erfolgt nach Verhältniß der für dieselben festgestellten Kreissteuereinheit. (Kreis-Ord. §§ 12, 13.) Anhalt.

§ 21. Der Landarmenverband ist verpflichtet, die gesetzliche Unterstützung (§ 1 und 2) allen denjenigen nach den Bundesgesetzen aus öffentlichen Mitteln zu unterstützenden Deutschen (§ 3) und Ausländern zu gewähren, zu deren Unterstützung kein Ortsarmenverband rechtlich verbunden ist (vgl. § 5, § 33 und § 60 des Bundesgesetzes).

§ 22. Dem Landarmenverband liegt ferner ob, denjenigen Ortsarmenverbänden, welche ohne Gefährdung des Nahrungsstandes ihrer Angehörigen, beziehentlich ohne eine außerordentliche Ueberlastung nicht im Stande sind, den gesetzlichen Anforderungen der öffentlichen Armenpflege zu genügen, eine entsprechende Beihülfe zu gewähren.

Die Normen, nach welchen die Landarmendirektion sich bei ihren Unterstützungsbewilligungen zu richten hat, und die etatsmäßigen Mittel, über welche dieselbe verfügen darf, werden von der Staatsregierung mit dem Landtage vereinbart.

§ 23. Auf Kosten des Landarmenverbandes sollen ferner beziehentlich insoweit, als nicht hierüber zwischen der Staatsregierung und den einzelnen Kreisen unter Zustimmung des Landtages besondere Abkommen getroffen werden, erhalten werden:

1. eine Irren-, Heil- und Pflegeanstalt zur Aufnahme sowohl der heilungsfähigen als der unheilbaren Irren,
2. ein Siechenhaus zur Aufnahme von Blödsinnigen, Idioten und solchen Personen, welche an Epilepsie oder an anderen unheilbaren und ekelerregenden, oder ansteckenden, beziehentlich völlig hülfsbedürftig machenden Krankheiten leiden.

Anhalt. 3. eine Taubstummenerziehungsanstalt,
4. eine Blindenerziehungsanstalt,
5. eine Idiotenerziehungsanstalt,

endlich

6. Erziehungsanstalten für verwahrloste Kinder.

§ 24. Inwieweit zur Befriedigung der oben zu 3 bis 6 aufgeführten Obliegenheiten des Landarmenverbandes mit inländischen oder benachbarten ausländischen derartigen Anstalten ein Abkommen zu treffen ist, wird künftig von der Staatsregierung mit Zustimmung des Landtages bestimmt. Es bewendet vorläufig bei den dieserhalb zum Theil schon bestehenden Abkommen.

§ 25. Die Verpflegungssätze, gegen welche die inländischen Ortsarmenverbände in die § 23 aufgeführten Anstalten Ortsarme unterbringen dürfen, werden von der Staatsregierung mit dem Landtage vereinbart, ebenso die allgemeinen Voraussetzungen, unter welchen ein Nachlaß an diesen Verpflegungsgeldern stattfinden darf.

§ 26 ist durch Art. 3 des Abänderungsgesetzes v. 27. April 1904 (Nr. 1189) GS. S. 119 aufgehoben und durch nachstehende Bestimmungen ersetzt:

Die Verwaltung des Landarmenwesens wird von den der Regierung angehörigen Mitgliedern der Landarmendirektion geführt.

Folgende Gegenstände werden jedoch der Zuständigkeit sämmtlicher Mitglieder (des Plenums) vorbehalten:

1. Die Aufstellung des Etatsentwurfs für die Landarmenverwaltung (§ 20) und die Beschlußfassung über die für die einzelnen Anstalten (§ 23) erforderlichen Bauten;
2. die Prüfung der Jahresrechnung und die Erteilung der Entlastung;

3. die Beschlußfassung über die die Verwaltung des Landarmenfonds (§§ 19, 20) und des sonstigen dem Landarmenverbande gehörigen Grund- und Kapitalvermögens betreffenden Angelegenheiten; Anhalt.
4. die Aufnahme von Anleihen und die Beschlußfassung über sonstige Finanzmaßnahmen des Landarmenverbandes;
5. die Errichtung von Beamtenstellen und die Festsetzung der Höhe der Besoldungen;
6. die Beteiligung von gewählten Mitgliedern (§ 15) an den Revisionen der Anstalten des Landarmenverbandes;
7. die Entscheidung darüber, ob und in welchem Maße Ortsarmenverbänden Beihilfen im Sinne des § 22 zu gewähren sind;
8. die endgültige Festsetzung von Nachlässen an Verpflegungsgeldern gemäß § 25;
9. die Beratung und Beschlußfassung über alle diejenigen Angelegenheiten, welche dem Plenum von den der Regierung angehörigen Mitgliedern der Landarmendirektion vorgelegt werden.

§ 27. Die Errichtung von Kreiskrankenhäusern unterliegt der Beschlußfassung der Kreisvertretungen; die Verwaltung derselben ist sodann Kreiskommunalsache.

Die noch im Besitz des Staates befindlichen Krankenheilanstalten werden mit Gebäulichkeiten und Inventarien den betreffenden Kreisen durch besondere Vereinbarungen überwiesen.

Den Kreisen liegt die Verpflichtung ob, die heilbedürftigen Landarmen in ihren Kreiskrankenhäusern für dieselben Sätze zu verpflegen, welche für die Verpflegung der Ortsarmenkranken normirt sind.

Den Kreisen liegt ferner die Verpflichtung ob,

Anhalt. in ihren Kreiskrankenhäusern gemeingefährliche Irrsinnige oder an gemeingefährlichen ansteckenden Krankheiten leidende Personen, welche aus sicherheits- oder gesundheitspolizeilichen Rücksichten von der Polizeibehörde ihnen überwiesen werden, weil sie nicht in Privatpflege verbleiben, beziehentlich nicht sofort in eine Irrenheilanstalt eingeliefert werden können, einstweilig gegen Kostenerstattung aufzunehmen.

§ 28. Die Bedingungen, unter welchen die Ortsarmenverbände ihre hülfsbedürftigen Kranken in Heilanstalten (§ 27) unterbringen dürfen, sind durch Kreisstatut, beziehentlich durch besondere, unter Vermittelung der Kommunalaufsichtsbehörden abzuschließende Vereinbarungen zu regeln.

§ 29. Die Kreisvertretungen können die Anlegung von gemeinsamen Kreisarmenhäusern beschließen, in welchen die Ortsarmenverbände gegen bestimmte, durch Kreisstatut festzusetzende Verpflegungssätze diejenigen Ortsarmen unterbringen können, welchen sie die gesetzliche Armenunterstützung durch Ueberweisung einer ihren Kräften entspechenden Arbeit gewähren wollen.

Die Anlegung, Einrichtung und Verwaltung derartiger Kreisarmenhäuser ist sodann Kreiskommunalsache.

Die Hausordnungen in denselben unterliegen der Bestätigung der Regierung, Abtheilung des Innern.

Dem Landarmenverbande steht die Benutzung solcher Kreisarmenhäuser zur Unterbringung arbeitsfähiger Landarmer ebenfalls zu.

Für die Landarmen gelten, falls nicht besondere Vereinbarungen getroffen sind, dieselben Verpflegungssätze wie für die Ortsarmen.

§ 30. Der Landarmenverband ist befugt, sich

der Ortsarmenverbände als seiner Organe behufs der öffentlichen Unterstützung Hülfsbedürftiger zu bedienen und die seiner Fürsorge gesetzlich anheimfallenden Personen einem Ortsarmenverbande gegen Entschädigung zu überweisen. Anhalt.

Die Landarmendirektion normirt die Sätze, nach welchen in diesem Falle oder sonst in Fällen, wo eine Erstattung von Verpflegungskosten gegen einen andern Armenverband gesetzlich beansprucht werden kann, die einzelnen Aufwände zu vergüten sind. (Vgl. §§ 8, 28 und 30 des Bundesgesetzes.)

Diese Normalsätze sind durch den Staatsanzeiger zu veröffentlichen (s. Anl. C).

15. **Schwarzburg-Sondershausen.** Ausf. Ges. v. 25. Januar 1872. Schwarzburg-Sondershausen.

§ 1. Jeder Gemeindebezirk einschließlich der geographisch zu ihm gehörigen Fürstlichen Domänen und Rittergüter bildet einen Ortsarmenverband.

Neben den Gemeindebezirken bilden

a) die zur unmittelbaren Benutzung des Fürsten dienenden Grundbesitzungen (Schlösser u. s. w.),
b) die Fürstlichen Forsten,
c) solche Fürstlichen Domänen, welche außerhalb des geographischen Verbandes eines Gemeindebezirks gelegen sind,

besondere Ortsarmenverbände dergestalt, daß von den unter b) erwähnten Forsten die in einem landräthlichen Verwaltungsbezirk belegenen Bestandtheile je einen einheitlichen besonderen Armenverband ausmachen und eine gleiche Eintheilung auch bezüglich der unter a) vorerwähnten Besitzungen Statt findet.

Schwarzburg-Sondershausen. Mehrere Ortsarmenverbände ein und desselben Verwaltungsbezirks können im Wege der Vereinbarung und mit Hinzutritt der landesherrlichen Genehmigung zu einem Gesammtarmenverbande vereinigt werden.

Vgl. Art. 3—5 der neuen GemOrd. v. 15. Januar 1876 (GS. S. 43).

§ 2. Die Funktionen des Landarmenverbandes werden von dem Fürstenthume unmittelbar übernommen und durch Fürstl. Ministerium, Abtheilung des Innern, ausgeübt.

§ 3. Die auf Gemeindebezirken beruhenden Ortsarmenverbände werden von den betreffenden Gemeindebehörden, nach Befinden unter Mitwirkung dazu ernannter besonderer Kommissionen, nach Maßgabe der einschlägigen Bestimmungen der Städte- und der Landgemeindeordnung[1] verwaltet. Die Unterstützungen werden aus der Gemeindekasse, bezüglich aus der etwa in der Gemeinde bestehenden Armenkasse geleistet. Die mit den Ortsarmenverbänden vereinigten Fürstlichen Domänen tragen zu den bezüglichen Lasten nach Maßgabe der für die Heranziehung der Flurgenossen zu den Gemeindelasten nach der Städte- resp. Landgemeindeordnung[1] geltenden Bestimmungen dergestalt bei, daß nur der innerhalb des betreffenden Ortsverbandes belegene Grundbesitz als steuerbares Vermögensobjekt in Betracht zu ziehen ist. In gleicher Weise werden die Beiträge der mit den Ortsarmenverbänden vereinigten Rittergüter festgesetzt. Die Bewohner der vorbezeichneten Fürstlichen Domänen und Rittergüter, sofern sie nicht in Folge ihrer Eigenschaft als Gemeindeangehörige einer weitergehenden Kommunalsteuerpflicht unterworfen sind, tragen zu den bezüglichen Lasten im Verhältniß ihrer in der betreffenden Gemeinde zu entrichtenden direkten Staatssteuern bei. Schwarzburg-Sondershausen.

1. An Stelle der Städte- und Landgemeindeordnung ist die neue GemOrd. v. 15. Jan. 1876 getreten. Vgl. Art. 5, 10, 67–81, 106–116.

In einem Gesammtarmenverbande (§ 1 al. ult.) wird das Armenwesen durch eine Deputation verwaltet. Ueber deren Zusammensetzung, wie über das Verhältniß, nach welchem die sich vereinigenden Bezirke zu den Kosten der Armenpflege beizutragen haben, sind in der Vereinbarung über Bildung des Gesammtarmenverbandes Bestimmungen zu treffen.

Die von den Besitzungen, welche zur unmittelbaren Benutzung des Fürsten dienen, gebildeten Ortsarmenverbände werden durch das Fürstl. Hofmarschallamt resp. durch Vermittlung der von demselben nach Befinden hierzu bestellten Vertreter unter Bestreitung der Kosten der Armenpflege aus der Hofkasse verwaltet.

Die aus Fürstl. Kammerforsten gebildeten Ortsarmenverbände werden von den Fürstl. Forstämtern nach Befinden unter Vermittelung der Revierbeamten verwaltet.

Die im Falle des § 1 sub c aus den Fürstl. Domänen gebildeten Ortsarmenverbände werden von dem Fürstl. Ministerium, Finanzabtheilung, welches in diesen Beziehungen kontraktlich durch die betreffenden Domänenpächter vertreten sein kann, verwaltet.

Die Kosten der Armenpflege in den Fürstl. Domänen und Forsten fallen, solange die Verwaltung und Nutzung des Kammerguts dem Staate überlassen ist, in erster Linie und vorbehaltlich kontraktlicher Bestimmungen der Staatskasse zur Last.

§ 5. Diejenigen Hülfsbedürftigen, deren Unter-

Schwarzburg-Sondershausen. stützung der Dominialforstverwaltung zur Last fällt, sind in der Regel einem der nächsten, auf Gemeindebezirken beruhenden Orts- oder Gesammt-Armenverbände gegen Gewährung voller Entschädigung, welche nöthigenfalls der betreffende Landrath festzustellen hat, durch den betreffenden Forstbeamten zu überweisen. Die Verwaltung des bezüglichen Armenverbandes darf sich einer solchen Zuweisung nicht entziehen; sie ist nöthigenfalls durch den Landrath zur Uebernahme des Hülfsbedürftigen Behufs Vermittelung seiner Unterstützung resp. Verpflegung anzuhalten.

§ 6. Eine Unterstützung der Orts- oder Gesammt-Armenverbände erfolgt durch Gewährung einer angemessenen Beihülfe aus der Staatskasse in Fällen der Ueberlastung durch die Armenversorgung nach dem Ermessen des Ministeriums, wenn von dem betreffenden Bezirksausschusse die Ueberlastung des Armenverbandes anerkannt worden ist.

Daneben bleibt die bestehende Einrichtung, wonach die Kosten der Unterbringung und des Unterhalts mittelloser Geisteskranken in bestimmten Irrenanstalten von dem betreffenden Bezirke aufgebracht werden, in Kraft.

§ 7. Von dem Landarmenverbande ist der innerhalb der gesetzlichen Grenzen erwachsene gesammte Unterstützungsaufwand Hülfsbedürftiger in den Fällen der §§ 30 (unter b), 33 und 60 des Bundesgesetzes zu bestreiten. Dem Fürstl. Ministerium, Abtheil des Innern, steht jedoch in diesen Fällen die Befugniß zu einzelnen Ortsarmenverbänden, für welche gesetzlich die Uebernahmepflicht nicht bereits besteht, hülfsbedürftige Personen Behufs Vermittlung ihrer Unterstützung resp. Verpflegung unter Vorbehalt der Erstattung des gesetzmäßigen Unterstützungsaufwandes aus der Landarmenkasse zuzuweisen. Die Feststellung des fraglichen Aufwandes erfolgt endgültig für beide Theile durch den der betheiligten Gemeinden vorgesetzten Landrath. Schwarzburg-Sondershausen.

16. **Schwarzburg-Rudolstadt.** Ges. v. 23. Juni 1871. Schwarzburg-Rudolstadt.

§ 2. Die Organisation der öffentlichen Unterstützung Hülfsbedürftiger wird durch die Gemeindeverfassungsgesetze bestimmt. Die Verwaltung u. s. w. wie in Satz 2 und 3 des § 2 PrAG.

Abs. 2. Wer ohne gesetzlichen Grund die Uebernahme oder fernere Wahrnehmung einer unbesoldeten Stelle in der Gemeindeverwaltung verweigert, oder sich dieser Wahrnehmung entzieht, kann neben den durch die Gemeindeverfassungsgesetze bestimmten Strafen zu den Gemeindeabgaben um ¼—⅛ stärker herangezogen werden.

Ver. vom 23. Juni 1871, betr. die Organe der öffentlichen Unterstützung Hülfsbedürftiger.

§ 1. Jede Gemeinde bildet für sich einen Ortsarmenverband, sofern sie nicht einem mehrere Ortsarmenverbände umfassenden einheitlichen Armenverbande einverleibt wird. (§§ 2 und 3 des Bundesgesetzes. Art. 16 der revidirten Gemeindeordnung.)[1].

1. vom 23. April 1858 (GS. S. 35).

§ 2. Den Gemeinden werden, soviel den Gegenstand der Gesetze über den Unterstützungswohnsitz betrifft, die außerhalb des Gemeindeverbandes stehenden Gutsbezirke gleichgeachtet (Art. 5 der revidirten Gemeindeordnung).

Waldungen von größerem Umfange und Grundbesitzungen, welche nach der resp. Gemeindeordnung

Schwarzburg-Rudolstadt. außerhalb der Gemeinde- und Gutsbezirke stehen, werden für den Gegenstand der Gesetze über den Unterstützungswohnsitz als selbstständige Bezirke mit allen Rechten und Lasten der Gutsbezirke eingerichtet.

§ 3. Durch freiwillige Uebereinkunft und mit Genehmigung des Ministeriums können sich mehrere Ortsarmenverbände (§§ 1 und 2) zu Gesammtarmenverbänden vereinigen.

Die Verfassung der Gesammtarmenverbände wird durch statutarische Vorschriften geregelt, deren Vereinbarung den betheiligten Ortsarmenverbänden, vorbehaltlich der Bestätigung der Statuten durch das Ministerium, überlassen bleibt.

§ 4. Das ganze Fürstenthum bildet einen Landarmenverband, dessen Funktionen der Staat übernimmt.

Waldeck 17. **Waldeck.** Ausf. Ges. v. 29. Juni 1871.

§ 2. Jede Gemeinde bildet für sich einen Ortsarmenverband.

§ 3. Der Kreis der Twiste, des Eisenbergs, der Eden und der Kreis Pyrmont bilden je einen Landarmenverband.

§ 4. Die Ortsarmenverbände werden durch die Ortsarmendirektionen, die Landarmenverbände durch die Kreisarmendirektionen (§ 24 der Armenordnung vom 11. Mai 1863) vertreten.

§ 5. Die zur Erfüllung dieser Verpflichtungen der Landarmenverbände erforderlichen Geldmittel werden nach Maßgabe der Kreisordnung vom 16. August 1855 (§ 10) von den einzelnen Kreisen aufgebracht.

§ 6 gleichlautend mit § 34 PrAG.

§ 7. Die für den Betrag der Erstattungsforderungen der Armenverbände maßgebenden Tarife werden von dem Landesdirektor nach Anhörung der Kreisvorstände aufgestellt (s. Anh. C). Waldeck.

§ 8 übereinstimmend mit Abs. 1 § 36 PrAG. Ob und welche Beihülfe zu leisten ist, entscheidet nach Anhörung des Kreisvorstandes endgültig der Landesdirektor.

18. Reuß (Greiz) ä. L. Ges. v. 1. Juli 1878. Reuß ä. L.

§ 2. Abs. 1—3 übereinstimmend mit § 2 PrAG.

Abs. 4. In den Art. 4 al. 3 der Gemeindeordnung bezeichneten Fürstlichen Besitzungen — solange sie nicht einem bestehenden Ortsarmenverband angeschlossen sein werden — wird unsere Kammer die öffentliche Armenpflege verwalten, ebenso in den nach Art. 4 letztes alin. einen eigenen Gemeindebezirk und Ortsarmenverband bildenden Fürstlichen Kammergütern.

Abs. 5. In den eigene Ortsarmenverbände bildenden exkommunalisirten Rittergutsbezirken liegt die Verwaltung der öffentlichen Armenpflege den Besitzern ob. Bei deren Abwesenheit oder sonstigen Behinderung gilt der Gutspächter und Administrator solange als Verwalter der öffentlichen Armenpflege, als nicht ein andrer geeigneter Stellvertreter vom Besitzer dem Landrathsamte bezeichnet worden ist. Zur Benennung eines solchen und eines für diesen in Fällen der Behinderung eintretenden Ersatzmannes ist der Rittergutsbesitzer auf Aufforderung des Landrathsamtes verpflichtet.

Abs. 6. Die bei den stattgehabten Exkommunalisirungen bezüglich der Vertheilung der Armenpflegelast getroffenen Abmachungen werden durch gegenwärtiges Gesetz nicht berührt.

Reuß j. L. § 4 Abs. 1 übereinstimmend mit § 3 (Satz 1) PrAG.

Abs. 2 und 3. Den Vorsitz in solchen Kommissionen führt der Bürgermeister bzw. der Gemeindevorsteher. — Die Wahl der übrigen Mitglieder steht der Gemeindevertretung zu.

§ 5 Abs. 1 u. 2 übereinstimmend mit Abs. 1 § 4 PrAG., doch fehlt der Befreiungsgrund der Nr. 4 des letzteren (s. aber Abs. 4).

Abs. 3. Auf Berufung dagegen entscheidet in den Städten Unsere Landesregierung, auf dem platten Lande der Landesausschuß mit Ausschluß der von den Städten gewählten Mitglieder desselben.

Abs. 4. Außerdem kann von Staatsdienern, Reichs- und Eisenbahnbeamten die Wahl ausgeschlagen werden.

Abs. 5 übereinstimmend mit Abs. 2 § 4 PrAG.

§ 6 übereinstimmend mit § 5 PrAG.

§ 7 übereinstimmend mit § 6 PrAG. Außer dem Gemeindevorsteher können auch andere Verwalter eines Orts- oder Gesammtarmenverbandes (§ 2 vorletztes alinea) und der Direktor des Landarmenverbandes Auskunft erfordern.

§ 8. Ortsarmenverbände können mittels gegenseitiger Vereinbarung als Gesammtarmenverbände eingerichtet, oder einem bestehenden Gesammtarmenverbande einverleibt werden. Die Art der Beschlußfassung über die gemeinschaftlichen Angelegenheiten, die Vertretung des Gesammtarmenverbandes nach Außen, die Formen der Verwaltung und die Aufbringungsweise der Kosten der gemeinsamen Armenpflege sind in diesem Falle durch ein von dem Landesausschusse zu bestätigendes

Statut zu regeln, für welches nachstehende Bestimmungen maßgebend sind: Reuß ä. L.

Abs. 2—4 übereinstimmend mit Abs. 2 § 10 PrAG. Die erstmaligen Wahlen erfolgen unter Leitung des Landrathsamts oder eines Beauftragten desselben unter analoger Anwendung des Art. 79 der Gemeindeordnung durch absolute Stimmenmehrheit (Art. 86, 87 ebendaselbst). Die späteren Wahlen werden von dem Vorsitzenden des Gesammt-Armenverbandes resp. dessen Stellvertreter geleitet.

Ueber die Vertheilung der Kosten der gemeinsamen Armenpflege auf die einzelnen Ortsarmenverbände ist nur bestimmt, daß sie nach Maßgabe der in ihnen aufkommenden Grund- und Einkommensteuern erfolgt.

Abs. 5 übereinstimmend mit Abs. 4 § 10 PrAG.

§ 9. Die Bestimmungen der §§ 4—7 kommen auch bezüglich der Gesammt-Armenverbände und deren Vertretung zur Anwendung.

§§ 10 und 11 übereinstimmend mit §§ 14, 15 PrAG. Die Bekanntmachungen erfolgen in der Gesetzsammlung.

§ 12. Die Aufsicht über die Ortsarmenverbände wird für die Städte durch Unsere Landesregierung, für das platte Land zunächst durch den Landesausschuß ausgeübt. Diese Aufsicht erstreckt sich insbesondere auch darauf, daß das Vermögen der Orts- und Gesammtarmenverbände seinen bestimmungsgemäßen Zwecken nicht entfremdet werde.

Die Organisation und der Geschäftsbereich des Landarmenverbandes ist unter ausdrücklicher Aufhebung des Ges. v. 25. Januar 1871 anderweit geordnet in dem (am 1. März 1886 in Kraft getretenen) Ges. v. 9. Januar 1886.

§ 1. Die sämtlichen Ortsarmenverbände des Fürstentums bilden einen Landarmenverband. Derselbe hat

Reuß ä. L. seinen Sitz in Greiz und steht unter der nächsten Aufsicht des Vorstandes des Landratsamtes, in oberer Instanz unter derjenigen Unserer Landesregierung. In Fällen der Behinderung des Landratsamts-Vorstandes wird an dessen Statt die nächste Aufsicht über den Landarmenverband durch einen von Uns zu diesem Amte je für ein Jahr bestimmten Vertreter ausgeübt.

§ 2. Organe des Landarmenverbandes sind:

a) die Generalversammlung,

b) der Landesausschuß.

Es folgen in §§ 3—9 zu a Vorschriften über a) den Geschäftsbereich, b) die Zusammensetzung, c) das Recht zur Teilnahme und Stimmrecht, d) Zeit und Ort der Sitzungen, e) Zusammenberufung und Verhandlungsgegenstände, f) Leitung, g) Beschlußfähigkeit und Abstimmung, h) Protokolle der Generalversammlungen, i) über die Unentgeltlichkeit der Mühewaltungen der Mitglieder. In §§ 10—12 zu b Vorschriften über a) den Geschäftsbereich des Landesausschusses in seiner Gesamtheit, b) über den Direktor, welcher den Landarmenverband aktiv und passiv zu vertreten hat, c) über den Kassenverwalter.

§ 14 des Ges. v. 1. Juli 1878 trifft Bestimmungen über die Zusammensetzung des Landesausschusses für Verhandlungen und Beschlüsse, welche sich auf Gewährung und Erstattung von Unterstützungen an Hilfsbedürftige beziehen; insbesondere über die Bestellung eines Vorsitzenden an Stelle des in solchen Fällen nicht teilnehmenden Vorstandes des Landratsamts; und die Bildung einer Deputation, bestehend aus dem Direktor des Verbandes und zwei Mitgliedern des Landesausschusses, zur Beschlußfassung über Anerkennung, Ablehnung oder vergleichsweise Befriedigung von Erstattungsansprüchen inländischer Armenverbände gegen den Landarmenverband, deren Gegenstand nicht über 10 Mark beträgt.

§ 14 des Ges. v. 9. Januar 1886. Wenn der

Landarmenverband zu Gewährung von Unterkunft und Unterstützung an Personen, die seiner Fürsorge anheimfallen, ein Landarmen- und Arbeitshaus herstellt, ist zur Regelung der Verwaltung desselben, der Verpflegung und Beschäftigung darin untergebrachter Personen eine der Genehmigung Unserer Landesregierung unterliegende Hausordnung vom Landarmendirektor in Gemeinschaft mit dem Landesausschusse zu errichten. Reuß ä. L.

Innerhalb der bestehenden gesetzlichen und statutarisch festgestellten Bestimmungen kann der Landarmenverband auch die lokale Armenpflege in den Bereich seiner Tätigkeit ziehen, insbesondere Ortsarmenverbänden Unterstützungen gewähren und solchen vereinbarungsgemäß die Benutzung eines etwa von ihm errichteten Armen- und Arbeitshauses oder ähnlicher von ihm zur Unterbringung und Verpflegung Hilfsbedürftiger geschaffener Anstalten verstatten.

Durch Verfügung Unserer Landesregierung kann dem Landarmenverbande und dessen Organen auch die Herstellung und die Unterhaltung von Einrichtungen zur Verpflegung und Beherbergung hilfsbedürftiger reisender Handwerker und Arbeiter oder eine gewisse Beteiligung bei solchen Einrichtungen aufgegeben werden.

§ 15 des Ges. v. 9. Januar 1886. Die für den Landarmenverband zur Erfüllung seiner Aufgaben erforderlichen Geldmittel werden von den einzelnen Gemeinden und Gutsbezirken des Fürstentums nach dem Verhältnisse der aus denselben zu entrichtenden direkten Staatssteuern aufgebracht.

Jeder Gemeinde- oder Gutsbezirk hat die auf ihn entfallende Beitragsquote nach dem für die Armenversorgung geltenden Beitragsfuße eventuell nach dem für die Gemeinde-Umlagen bestehenden Fuße aufzubringen.

Die Entscheidung darüber, in welchen Raten die Geldmittel aufzubringen sind, steht dem Landesausschusse zu.

Reuß ä. L. § 13 des Ges. v. 1. Juli 1878. Abs. 1 übereinstimmend mit § 34 Abs. 1 PrAG.

Abs. 2. Die für den Betrag der Erstattungsforderunden der Armenverbände maßgebenden Tarife (§ 30 al. 3 des Bundesges. vom 6. Juni 1870) werden von dem Landesausschusse aufgestellt und von Unserer Landesregierung bestätigt und veröffentlicht (s. Anh. C).

Reuß j. L. 19. **Reuß** (Gera) j. L. Ges. v. 21. Juni 1871.

§ 2 übereinstimmend mit Abs. 1 § 2 PrAG.

§ 3 Abs. 1 übereinstimmend mit Abs. 1 § 3 PrAG.

Den Vorsitz in den Kommissionen führt der Bürgermeister oder ein von ihm abgeordnetes Mitglied des Gemeindevorstandes. Die Wahl der übrigen Mitglieder steht der Gemeindevertretung zu.

Abs. 2 übereinstimmend mit Abs. 3 § 3 PrAG.

§ 4 Abs. 1 übereinstimmend mit § 4 Abs. 1 PrAG., doch fehlt der Befreiungsgrund Nr. 4 des letzteren.

Abs. 2 übereinstimmend mit Abs. 2 a. a. O.

§§ 5 und 6 übereinstimmend mit §§ 5 und 6 PrAG.

§ 7. Grundbesitzungen, welche in Gemäßheit Art. 4 der Gemeindeordnung zu keinem Gemeindebezirke gehören, werden durch die Deputation für das Heimathwesen (§ 17) für den Gegenstand des gegenwärtigen Gesetzes als eigene Bezirke eingerichtet, oder auf Antrag der Besitzer angrenzenden Ortsarmenverbänden zugeschlagen.

In eigenen Bezirken haben die Grundbesitzer die Kosten der öffentlichen Armenpflege gleich den Gemeinden zu tragen.

§ 8. Die einen einheitlichen Ortsarmenverband (Gesammtarmenverband) gegenwärtig bereits bildenden Verbände von Gemeinden bleiben als solche bestehen. Reuß j. L.

§ 9 Abs. 1. Gemeinden oder Armenbezirke, welche einem der in § 2 gedachten Verbände nicht anghören können u. s. w. wie Abs. 1 des § 8 des Reuß-Greizer Ausf.Ges. (oben S. 210).

Abs. 2 übereinstimmend mit Abs. 2 § 10 des PrAG.

Die Wahlen erfolgen unter Leitung des Fürstlichen Landrathsamtes oder eines Beauftragten desselben unter analoger Anwendung des Art. 87 der Gemeindeordnung durch absolute Stimmenmehrheit (Art. 94, 95 daselbst). — Ueber die Vertheilung der Kosten der gemeinsamen Armenpflege auf die einzelnen Gemeinden und Armenbezirke wird nur gesagt, daß sie nach Maßgabe der in ihnen aufkommenden direkten Staatssteuern erfolgt.

Abs. 3 übereinstimmend mit Abs. 4 a. a. O.

§ 10. Die Bestimmungen der §§ 3—6 kommen auch bzw. der Gesammtarmenverbände und deren Vertreter zur Anwendung.

§§ 11 und 12 übereinstimmend mit §§14, 15 PrAG.

§ 13. Der Staatsregierung steht nach Maßgabe der Gemeindeordnung die Aufsicht über die Verwaltung der Ortsarmenverbände zu. Sie hat insbesondere auch darüber zu wachen, daß das Armenvermögen seinen bestimmungsmäßigen Zwecken nicht entfremdet werde.

§ 14. (Fassung des Ges. vom 25. Mai 1878.) Das ganze Fürstenthum bildet einen Landarmenverband, dessen Funktionen der Staat übernimmt.

Reuß j. L. Die Verwaltung der Angelegenheiten des Landarmenverbandes erfolgt durch das Fürstliche Ministerium, Abtheilung für das Innere. Dasselbe läßt sich in Streitsachen durch einen Beauftragten vertreten.

§ 15 Abs. 1 übereinstimmend mit § 34 Abs. 1 PrAG.

Abs. 2. Die für den Betrag der Erstattungsforderungen der Armenverbände maßgebenden Tarife werden von dem Fürstlichen Ministerium, Abtheilung des Innern, nach Gehör der Bezirksausschüsse aufgestellt.[1]

Abs. 3 übereinstimmend mit § 36 PrAG.

Die Entscheidung trifft nach Anhörung des Bezirksausschusses das Fürstliche Ministerium, Abtheilung des Innern.

1. Ein Tarif ist nicht aufgestellt, aber durch Reskript angeordnet, daß für Kur und Pflege von Armen in den Krankenhäusern zu Schleiz und Gera für den Tag nicht mehr als 1 Mk. (bei Krätzkranken 1,50 Mk.) zur Erstattung liquidiert werden darf.

Schaumburg-Lippe. **20. Schaumburg-Lippe.** Ausf. Ges. v. 7. März 1872.

§ 3. Jede Gemeinde bildet für sich einen Ortsarmenverband, insofern sie nicht in Gemäßheit des § 12 der Landgemeindeordnung vom 7. April 1870 mit einer oder mehreren anderen Gemeinden zu einem einheitlichen Ortsarmenverband (Gesammt-Armenverband) vereinigt werden wird.

Den Gemeinden werden, soviel der Gegenstand dieses Gesetzes betrifft, Unsere nach § 5 der Städteordnung[1] und nach § 6 der Landgemeindeordnung außerhalb des Gemeindeverbandes stehenden Fürstlichen Besitzungen gleich geachtet. Innerhalb des

Bereichs dieser Besitzungen werden die Kosten der öffentlichen Armenpflege, wie von der Gemeinde, von Uns getragen. Schaumburg-Lippe.

1. Die bisherige Städteordnung ist durch eine neue Städteordnung vom 13. Juni 1906 (Landesverordnungen S. 377 ff.) ersetzt, die am 1. April 1907 in Kraft tritt, welche den Stadtbezirk nicht verändert (§ 5).

§ 4. Die Repräsentation dieser ausgeschlossenen Fürstlichen Besitzungen in Beziehung der öffentlichen Armenpflege steht Unserer Rentkammer zu.

§ 5 übereinstimmend mit dem zweiten Satze des Abs. 1 § 2 PrAG.

§ 6 Abs. 1 übereinstimmend mit Abs. 1 des § 3 PrAG.

Den Vorsitz in den Deputationen führt der Bürgermeister bzw. der Gemeindevorsteher.

Abs. 2 gleichlautend mit Abs. 3 a. a. O.

§§ 7—9 übereinstimmend mit §§ 4—6 PrAG.

§ 10. Den zu einem Gesammt-Armenverband (§ 3) vereinigten Gemeinden bleibt die Vereinbarung statutarischer Vorschriften für die Verwaltung der Angelegenheiten dieses Verbandes, insbesondere über die Art der Beschlußfassung, über die gemeinschaftlichen Angelegenheiten, die Vertretung nach Außen, die Formen der Verwaltung und die Aufbringungsweise der Kosten der gemeinsamen Armenpflege vorbehaltlich der Bestätigung durch Unsere Regierung überlassen; in Ermangelung einer derartigen Vereinbarung wird die Verfassung des Gesammt-Armenverbandes durch eine nach Anhörung der Betheiligten von der Amtsversammlung nach Maßgabe der nachfolgenden Bestimmungen zu bestätigendes Statut geregelt.

Abs. 2—4 stimmen mit den Abs. 2—4 des § 10 PrAG. überein; nur heißt es bzw. der Vertheilung

Schaumburg-Lippe. der Kosten, daß sie nach Maßgabe der aufkommenden Grund- und Einkommensteuer erfolgt.

§§ 11—13 übereinstimmend mit §§ 13—15 PrAG.

Die Bekanntmachung (§ 13) erfolgt durch die Landesanzeiger.

§ 14. Die durch das Publikandum v. 11. April 1845 gebildeten Armenbezirke werden hierdurch aufgehoben.

§ 15. Das Vermögen der § 14 aufgehobenen Armenbezirke geht mit allen Rechten und Pflichten zur bestimmungsmäßigen Verwendung u. s. w. wie in § 17 Abs. 1 PrAG. mit dem Zusatze „vorausgesetzt, daß nach der von Unserer Regierung zu treffenden Entscheidung eine Vertheilung auf die einzelnen Gemeinden mit den bestimmungsmäßigen Zwecken des gedachten Vermögens für vereinbar zu erachten ist".

Abs. 2 gleichlautend mit Abs. 2 des § 17 PrAG.

§ 16. Die zur Ausführung der Vorschriften des § 15 erforderliche Regulirung der Vermögensverhältnisse erfolgt durch die Aemter. Gegen deren Beschlüsse bleibt den Betheiligten der Rechtsweg vorbehalten.

§ 17. Ist eine Vermögenstheilung nicht für zulässig zu erachten, so ist das gemeinschaftlich verbleibende Vermögen in Ermangelung maßgebender Stiftungstitel, durch eine Deputation zu verwalten, welche von den Gemeinderäthen und Gemeindevorstehern der betheiligten Gemeinden unter Leitung des Amtes in der Regel aus ihrer Mitte der Art gewählt wird, daß jede Gemeinde wenigstens einen Abgeordneten zu entsenden hat. Diese wählen aus ihrer Mitte einen Vorsitzenden und einen stellvertretenden Vorsitzenden. Die Art der Beschlußfassung über die gemeinschaftlichen Angelegenheiten, die Vertretung nach Außen, die Formen der Verwaltung und etwaige Aufbringungsweise der Kosten sind in diesem Falle durch ein von Unserer Regierung zu bestätigendes Statut zu regeln. Schaumburg-Lippe.

§ 18. Die Theilnahmerechte der einzelnen Gemeinden an dem in § 17 gedachten Vermögen bestimmen sich in Ermangelung besonderer Rechtstitel oder einer anderweitigen Vereinbarung der Betheiligten nach der entsprechenden Einwohnerzahl. Streitigkeiten über das Maß der Theilnahmerechte werden von den Aemtern vorbehaltlich des Rechtsweges entschieden. Die Entscheidung Unserer Regierung ist vorläufig vollstreckbar.

§ 19. Den Religionsgesellschaften, Stiftungen und sonstigen juristischen Personen verbleibt in allen Fällen die Verwaltung des ihnen zugehörigen Armenvermögens.

§ 20. Unserer Regierung steht nach Maßgabe der Landgemeindeordnung und der Städteordnung[1] die Aufsicht über die Verwaltung der Ortsarmenverbände zu. Sie hat insbesondere darüber zu wachen, daß in den Fällen der §§ 15 und 11 das Armenvermögen seinen bestimmungsmäßigen Zwecken nicht entfremdet werde.

1. Vgl. §§ 97 ff. der neuen Städteordnung v. 13. Juni 1906.

§ 21. Die Funktionen des Landarmenverbandes übernimmt bis auf Weiteres der Staat und werden dieselben von der Regierung ausgeübt.

§ 22 übereinstimmend mit § 34 Abs. 1 PrAG.

§ 23 übereinstimmend mit § 36 Abs. 1 PrAG. Die Entscheidung erfolgt durch die Regierung.

Lippe. **21. Lippe.** Ausf. Ges. v. 12. Sept. 1877.

§ 3. **Jede Stadt und jedes Amt, das Amt Lipperode jedoch mit Einschluß des Stiftes Cappel,[1] bildet einen Ortsarmenverband.**

1. Vgl. Ges. v. 5. Jan. 1888 (GS. S. 10).

§ 4. Das Fürstenthum Lippe bildet einen Landarmenverband, dessen Verwaltung und Vertretung Unserer Regierung zusteht.

§ 5. Die zur Erfüllung der Verpflichtung des Landarmenverbandes aufzubringenden Kosten werden auf die Ortsarmenverbände nach Maßgabe der in den betreffenden Bezirken aufkommenden allgemeinen direkten Staatssteuern vertheilt.

§ 6 übereinstimmend mit § 34 Abs. 1 PrAG.

§ 7. Die für den Ertrag der Erstattungsforderungen der Armenverbände maßgebenden Tarife werden von Unserem Kabinetsministerium festgestellt (s. Anh. C).

§ 8 übereinstimmend mit § 36 Abs. 1 PrAG. Die Entscheidung steht dem Kabinetsministerium zu.

Lübeck. **22. Lübeck.** Ausf. Ges. v. 29./30. März 1871.

§ 1. Als Ortsarmenverbände (§§ 3 und 4 des Bundesgesetzes) gelten im Lübeckischen Freistaate: die Stadt Lübeck mit deren Vorstädten,[1] das Städtchen Travemünde, sowie die in der Anlage A. zum Art. 1 der Landgemeindeordnung vom 14. Oktober 1868 aufgeführten Landgemeinden. Die Verwaltung der öffentlichen Armenpflege in den einzelnen Ortsarmenverbänden wird wahrgenommen für die Stadt Lübeck mit deren Vorstädten von der allgemeinen Armenanstalt, für das Städtchen Travemünde von dem daselbst bestehenden

Armenkollegium, für die Landgemeinden von den Gemeindevorständen. Lübeck.

Die Obliegenheiten des Landarmenverbandes (§ 5 des Bundesgesetzes) für den Umfang des Lübeckischen Freistaats übernimmt der Staat in der Weise, daß das Polizeiamt zu Lübeck (sowie das Amt Travemünde innerhalb ihres Bezirks)[2] die vorgeschriebene öffentliche Unterstützung, welche endgültig zu tragen kein Ortsarmenverband verpflichtet ist, auf öffentliche Kosten zu leisten haben. Dieselben dürfen sich zur Ausübung dieser Armenpflege auch der Ortsarmenverbände als ihrer Organe bedienen, haben den letzteren aber die dadurch entstehenden Kosten zu ersetzen.

1. Am 1. April 1903 ist ein Teil der Landgemeinde Vorwerk in die Stadtgemeinde Lübeck einbezogen. Die Regelung der Armenlasten ist durch das Ges. v. 18. Mai 1903 erfolgt (Samml. 1903, Nr. 55).

2. Das Amt Travemünde ist aufgehoben; dadurch sind die eingeklammerten Worte in Wegfall gekommen.

Bek. v. 5. Febr. 1883. Die bisher den Ortsarmenverbänden obliegenden Leistungen an Verpflegungsgeldern für unbemittelte Irre, sowie die Zahlungen für die Unterbringung unbemittelter, bildungsfähiger und im jugendlichen Alter stehender Taubstummer, Blinder und Idioten in den betreffenden Bildungsanstalten sind, soweit solche Zahlungen nicht aus den Mitteln der Verpflegten, beziehungsweise von den alimentationsverpflichteten Angehörigen zu erstatten sind, vom 1. Januar 1883 an gerechnet, auf den Landarmenverband zu übernehmen.

23. Bremen. Ausf.Ges. v. 2. Januar 1871. Bremen.

§ 1. Als Ortsarmenverbände des Bremischen Staates gelten bis auf Weiteres: die

Bremen. Sädte Bremen, Bremerhaven und Vegesack, sowie die bürgerlichen Gemeinden, beziehungsweise die Sammtgemeinden des Landgebiets.

Die im § 5 des Bundesgesetzes vorgeschriebene, keinem Ortsverbande obliegende öffentliche Unterstützung Hülfsbedürftiger übernimmt als Landarmenverband der Bremische Staat, welcher sich zur Ausübung dieser Armenpflege der Ortsarmenverbände als seiner Organe bedient und denselben die dadurch entstehenden Kosten ersetzt.[1]

1. Ein folgender Schlußsatz ist durch das Gesetz vom 2. Nov. 1879 (GBl. S. 354) aufgehoben. Gesetz betr. die stadtbremische Armenpflege v. 25. April 1900 (GBl. S. 191).

§ 1. Das Armenwesen der Stadt Bremen wird von einer Behörde verwaltet, welche die Bezeichnung „Stadtbremische Armenpflege" führt. Dieselbe bildet die Behörde des Ortsarmenverbandes der Stadt Bremen und dient zugleich für den Umfang der Letzteren als Organ des Bremischen Landarmenverbandes. — Die §§ 2—10 betreffen die Errichtung dieser Behörde, die Bildung von Armendistrikten usw.

Hamburg. **24. Hamburg.** Ausf. Ges. v. 23. Juni 1871.

§ 1. Als Ortsarmenverbände des Hamburgischen Staats (§§ 3 und 4 des Bundesgesetzes) gelten bis auf Weiteres, unter Vorbehalt einer künftig vorzunehmenden anderweitigen Abgrenzung oder Zusammenlegung:

[1. die Stadt Hamburg mit dem zum Bezirke der allgemeinen Armenanstalt gehörigen Teile des Marschlandegebiets (dem großen Grasbook),

2. die Vorstadt St. Pauli mit dem zum Bezirke der St. Pauli-Armenanstalt gehörigen Teile des Geestlandegebiets (der Vogtei Rotherbaum)][1],

3. das Gebiet der Marschlande mit Ausnahme des sub 1 zum städtischen Armenverbande gezogenen Theils, Hamburg.

[4. das Gebiet der Geestlande mit Ausnahme des sub 2 zum vorstädtischen Armenverbande gezogenen Teils],[2]

5. das Amt Bergedorf,

6. Das Amt Ritzebüttel.

In den letzgenannten vier Ortsarmenverbänden des Landgebiets haben die landherrlichen Behörden die Armenpflege durch die bestehenden Armenverwaltungen ausüben zu lassen.

Es scheiden aus diesen Ortsarmenverbänden nach Einführung der Landgemeindeordnung successive die einzelnen, oder die mehreren zu einer Armenverwaltung vereinigten Gemeinden als Ortsarmenverbände aus.

1. Durch § 1 des Ges., betr. das Armenwesen vom 18. Mai 1892 (GS. Nr. 32), ist unter ausdrücklicher Aufhebung der Nr. 1 u. 2 der Ver. v. 23. Juni 1871 das Gebiet der allgemeinen Armenanstalt dahin festgestellt, daß zu demselben gehören: die Stadt Hamburg, die Vorstadt St. Pauli, die Vororte und die nicht zum Geltungsbereiche der Landgemeindeordnung gehörigen Elbinseln; alle diese Gebietsteile bilden einen einzigen Ortsarmenverband mit der Bezeichnung „Ortsarmenverband Hamburg". — Die §§ 2 ff. ordnen die Organisation der Verwaltung, die Unterstützungen und den Wirkungskreis der einzelnen Organe (Armenbezirksvorsteher, Armenbezirks- und Armenkreisversammlung; Armenkollegium).

2. Aufgehoben durch § 1 des Ges. v. 12. April 1878 (GS. Nr. 14). Die nicht zum Geltungsbereich der Landgemeindeordnung gehörigen Gebietsteile der Landherrenschaft der Marschlande bilden den Ortsarmenverband der Marschlande; aus den dort benannten Vororten Hamburgs sind zwei Ortsarmenverbände (I u. II) der

Hamburg. Landherrenschaft der Geestlande gebildet. Letztere beiden Ortsarmenverbände sind mit dem Inkrafttreten des in Anm. 1 gedachten Gesetzes (1. April 1893) in dem alle Vororte umfassenden Ortsarmenverband Hamburg aufgegangen.

§ 2. Das Hamburgische Staatsgebiet bildet Einen Landarmenverband, dessen Obliegenheiten der Staat übernimmt (§ 5 des Bundesgesetzes). Es läßt derselbe die nach dem Bundesgesetze dem Landarmenverbande (§ 30 des Bundesgesetzes) und dem Staate (§§ 33 u. 60 des Bundesgesetzes) zufallende Armenpflege, durch die im § 1 eingesetzten Ortsarmenverbände, welche sich ihrer Organe zu bedienen haben, ausüben.

Die Kosten dieser Armenpflege, sowie die von dem Landarmenverbande den Ortsarmenverbänden zu gewährenden Beihülfen (§ 8 des Bundesgesetzes) werden aus der Staatskasse bestritten.

C.

Tarife für die Erstattung von Armenpflegekosten

(§ 30 UWG.)

(sind nur in einzelnen Bundesstaaten aufgestellt).

1. **Preußen** (Reskr. des Min. d. Inn. v. 2. Juli 1876, MBl. f. i. V. S. 259) einschließlich Kreis Herzogthum Lauenburg (Reskr. d. Min. d. Inn. v. 12. Aug. 1878). Preußen.

1. Der Tarifsatz, mit welchem die für die Verpflegung eines erkrankten oder arbeitsunfähigen Hülfsbedürftigen im Alter von 14 und mehr Jahren entstandenen Kosten einem Preußischen Armenverbande von einem anderen Preußischen Armenverbande zu erstatten sind, beträgt für jeden Tag der Verpflegung:

a) für die [in der Servis-Klasseneintheilung Beilage Lit. b des Gesetzes vom 25. Juni 1868, betreffend die Quartierleistung für die bewaffnete Macht während des Friedenszustandes (Bundesgesetzblatt S. 544 ff.)],[1] in der dritten bis fünften Klasse aufgeführten Ortschaften 60 Pfennige;

c) für die den höheren Servis-Klassen angehörenden Ortschaften 80 Pfennige.[2]

Nicht hierunter begriffen und besonders zu berechnen[2] sind die unter 2 erwähnten Kosten, sowie die Kosten für gelieferte Kleidungsstücke.

Preußen. 2. Der Tarifsatz, der für die nothwendig gewordene ärztliche oder wundärztliche Behandlung und Verpflegung der zu 1 gedachten Personen einem Preußischen Armenverbande von einem andern Preußischen Armenverbande zu erstattenden Kosten beträgt, mit Einschluß der Kosten der dem Hülfsbedürftigen gereichten Arzneien, Heilmittel u. s. w. für den Tag und für alle Ortschaften gleichmäßig 20 Pfennige, vorbehaltlich gleichwohl einer besonderen Berechnung und Liquidirung[3] erheblicher außerordentlicher Mehraufwendungen, welche in Verwundungsfällen oder bei schweren oder ansteckenden Krankheiten nothwendig geworden sind.

3. Der Tag, an welchem die Verpflegung begonnen hat, wird mit dem Tage, an welchem dieselbe beendigt worden ist, zusammen als ein Tag berechnet.

4. Die obigen Tarifsätze kommen gleichmäßig zur Anwendung, die Verpflegung mag innerhalb oder außerhalb eines Kranken- oder Armenhauses bewirkt worden sein.

5. Alle, unter die Bestimmungen zu 1 und 2 nicht zu begreifenden, Verwendungen sind besonders zu berechnen; dies gilt namentlich auch rücksichtlich der Kosten der Verpflegung solcher Personen, welche das Alter von 14 Jahren noch nicht erreicht haben oder nicht vollständig arbeitsunfähig sind.

1. vom 1. April 1904 des Ges., betr. Servistarif v. 16. Juli 1904 (RGBl. S. 272) nebst Klasseneinteilung.

2. Für Gewährung von Obdach ist nicht besonders zu liquidieren.

3. Damit ist die Liquidierung des Pauschquantums ausgeschlossen.

Sachsen. 2. **Sachsen.** § 5 Ver. v. 15. Juni 1876.

Der Tarifsatz, nach welchem die für die Verpflegung eines arbeitsunfähigen Hülfsbedürftigen entstandenen Kosten einem sächsischen Armenverbande von einem anderen sächsischen Armenverbande[1] zu erstatten sind, beträgt für jeden Tag der Verpflegung: Sachsen.

a) einer Person über 14 Jahren 60 Pfennige,
b) einer Person von 14 Jahren und darunter 40 Pfennige.

Dieser Satz erhöht sich, wenn und solange der Verpflegte (gleichviel ob innerhalb oder außerhalb eines Krankenhauses oder einer Armenanstalt) mit ärztlicher Hülfe und Krankenpflege hat versehen werden müssen,

c) bei Personen über 14 Jahren auf 1 Mark,
d) bei Personen von 14 Jahren und darunter auf 60 Pfennige.

Besondere Berechnung nachweisbaren außerordentlichen Mehraufwands in Verwundungsfällen oder bei besonders schweren und ansteckenden Krankheiten ist nachgelassen, auch können Kosten für gelieferte Kleidungsstücke besonders in Ansatz gebracht werden. Der Tag, an welchem die Verpflegung begonnen hat, wird mit dem Tage, an welchem dieselbe beendet worden ist, zusammen als ein einziger Tag berechnet.

Der Aufwand für nicht völlig arbeits- und erwerbsunfähige Personen, z. B. die Gewährung von bloßem Obdach außerhalb der öffentlichen Armenhäuser, ist je nach der Lage der Verhältnisse niedriger zu berechnen.

Beerdigungskosten, einschließlich sämmtlicher Gebühren, sind bei Personen über 14 Jahren nach Höhe von 15 Mark, bei Personen unter 14 Jahren nach Höhe von 9 Mark zu berechnen.

1. Der Staat Sachsen ist bei Landarmen als Armenverband anzusehen (Entsch. **36** 131, abweichend Sächs. OVG. im Sächs. Wochenblatt 1905 S. 23).

Württemberg.

3. Württemberg. Verfügung des Ministers des Innern v. 25. Juni 1891 (RegBl. S. 235).

1. Der Tarifsatz, nach welchem die durch die Verpflegung eines erkrankten, erwerbsunfähigen Hülfsbedürftigen im Alter von 14 Jahren und darüber in einem Krankenhaus entstandenen Kosten einem württembergischen Armenverband von einem anderen württembergischen Armenverband zu erstatten sind, beträgt für jeden Tag der Verpflegung 1 Mark 40 Pfennige.

In diesem Tarifsatz ist auch die Vergütung enthalten für die Kosten der ärztlichen Behandlung des Hülfsbedürftigen, der demselben verordneten Arzneien, Getränke und Bäder, der Bett- und Leibwäsche, der Reinigung der Kleider von Ungeziefer, sowie der etwa nothwendig werdenden besonderen Heizung und Beleuchtung.

In schweren Fällen bleibt eine besondere Berechnung und Liquidirung erheblicher außerordentlicher Mehraufwendungen für ärztliche Behandlung und Arzneien vorbehalten.

Nicht in dem Tarifsatz begriffen, sondern besonders zu berechnen sind die Kosten für gelieferte Kleidungsstücke sowie für Brillen, Bruchbänder und ähnliche Heilmittel.

2. Der Tag, an welchem die Verpflegung begonnen hat, wird mit dem Tag, an welchem die Verpflegung beendigt worden ist, zusammen als ein Tag berechnet.

3. Der Tarifsatz findet keine Anwendung auf die Verpflegung in einer der Staatsanstalten.

4. Alle nicht unter Ziffer 1 fallenden Verwendungen für Hülfsbedürftige sind besonders zu berechnen. Dies gilt insbesondere bezüglich der Kosten für die Verpflegung solcher Personen, welche das

Alter von 14 Jahren noch nicht erreicht haben, oder welche ganz oder theilweise erwerbsfähig sind, sowie für Personen, welche außerhalb der Krankenhäuser verpflegt werden. Würtemberg.

4. **Baden.** Ver. v. 30. Juli 1888 (Reg. u. VerBl. S. 397). Baden.

§ 1. Der Tarifsatz, mit welchem die für die Verpflegung eines erkrankten Hülfsbedürftigen — ohne Unterschied des Alters — entstandenen Kosten einem badischen Armenverbande von einem anderen badischen Armenverbande oder von dem badischen Staate auf Grund der im Eingang angeführten Gesetze zu erstatten sind, beträgt für jeden Tag der Verpflegung 1 Mark 30 Pfennig.

In diesem Tarifsatze ist auch die Vergütung enthalten für die Kosten der ärztlichen u. s. w. Behandlung der Hülfsbedürftigen, sowie der denselben gereichten Arzneien, Heilmittel u. s. w., vorbehaltlich einer besonderen Berechnung und Liquidirung erheblicher außerordentlicher Mehraufwendungen in schweren Fällen.

§ 2. Als erkrankt im Sinne des § 1 gilt ein Hülfsbedürftiger von dem Tage an, an welchem er erstmals in ärztliche u. s. w. Behandlung genommen, bis zu demjenigen, an welchem die ärztliche u. s. w. Behandlung eingestellt worden ist.

§ 3. Der Tarifsatz, mit welchem die für die Verpflegung eines nicht kranken, aber arbeitsunfähigen Hülfsbedürftigen im Alter von 14 und mehr Jahren entstandenen Kosten einem badischen Armenverbande von einem anderen badischen Armenverbande oder von dem badischen Staate zu erstatten sind, beträgt für jeden Tag der Verpflegung, wenn dieselbe erfolgt

Baden. a) in den Städten: Mannheim, Karlsruhe, Freiburg, Pforzheim, Heidelberg, Konstanz, Baden, Rastatt, Bruchsal, Lahr, Offenburg, Lörrach, Weinheim, 80 Pfennige,

b) an einem anderen Orte 60 Pfennige.

§§ 4 und 5 Abs. 1 übereinstimmend mit Nr. 3 und 4 Preuß. Tarif.

§ 5 Abs. 2. Sie (die obigen Tarifsätze) finden jedoch keine Anwendung auf die Verpflegung in einer der Staatsanstalten.

Ver. v. 19. Dezember 1896 (Ges. u. VerBl. S. 550).

Zu den Staatsanstalten, auf welche gemäß § 5 Abs. 2 der genannten Verordnung der durch dieselbe festgestellte Tarifsatz keine Anwendung findet, gehören zur Zeit:

1. die Heil- und Pflegeanstalten Illenau, zu Pforzheim und bei Emmendingen,
2. die Anstalten des Badfonds,
3. die gynäkologischen Frauen- und Augenkliniken sowie die Irrenklinik und die psychiatrische Klinik der Landesuniversitäten Heidelberg und Freiburg.

Dagegen findet der Tarifsatz Anwendung auf das klinische Hospital in Freiburg und die medizinische, chirurgische und Kinderklinik in Heidelberg.

Für die Anstalten in Illenau, Pforzheim und Emmendingen sind besondere Statuten und Tarife aufgestellt (Bek. v. 31. Dez. 1891; Ges. u. VerBl. 1892 S. 1 u. 17. — Bek. v. 22. Juli u. 24. Juli 1889, Ges. u. VerBl. S. 115, 131, 147); für das Landesbad zu Baden vgl. Ver. v. 22. Februar 1895 nebst Bekanntmachung von demselben Tage. (Ges. u. VerBl. S. 60—64.)

§ 6. Alle unter die Bestimmungen in §§ 1—3

nicht zu begreifenden Verwendungen sind besonders zu berechnen. Dies gilt namentlich rücksichtlich der Kosten solcher nicht kranker Personen, welche das Alter von 14 Jahren noch nicht erreicht haben oder nicht vollständig arbeitsunfähig sind, sowie in den Fällen der §§ 1—3 hinsichtlich der Kosten für gelieferte Kleidungsstücke. Baden.

5. **Sachsen-Weimar.** Ges. v. 6. März 1887 (GS. S. 33). Sachsen-Weimar.

§ 1 übereinstimmend mit Nr. 1 Preuß. Tarif; jedoch statt a und b:

a) bei Hülfsbedürftigen im Alter vom vollendeten 14. Lebensjahre an 80 Pfennige,
b) bei Hülfsbedürftigen im noch nicht vollendeten 14. Lebensjahre 40 Pfennige.

§§ 2 und 3 übereinstimmend mit Nr. 2 und 3 Preuß. Tarif.

§ 4 übereinstimmend mit Nr. 4 Preuß. Tarif mit dem Zusatze:

Sie kommen aber nicht zur Anwendung

a) wenn die Verpflegung in einer der Landesheilanstalten oder in dem Stadt- und Landkrankenhause zu Eisenach stattgefunden hat; in diesen Fällen sind die Kosten nach den dort gültigen Tarifen, abzüglich der allgemeinen Verwaltungskosten (§ 30 Abs. 2 des Bundesgesetzes), zu erstatten;
b) wenn die unterstützte Person nicht völlig arbeits- und erwerbsunfähig ist, so daß ihr z. B. nur Obdach gereicht werden mußte, oder daß sie einen Theil ihrer Unterstützungskosten durch eigene Arbeit aufbringt, dann ist der zu erstattende Aufwand je nach der Lage der Verhältnisse niedriger zu berechnen.

Sachsen-Weimar. § 5. Alle unter obige Bestimmungen nicht zu bringende Verwendungen sind besonders zu berechnen. Dies gilt auch von den Beerdigungskosten, jedoch dürfen solche, einschließlich sämmtlicher Gebühren, bei Personen über 14 Jahren höchstens mit 15 Mark, und bei Personen unter 14 Jahren höchstens mit 9 Mark angesetzt werden.

Sachsen-Meiningen. 6. **Sachsen-Meiningen.** Ausschreiben der Minist. Abth. d. Inn. v. 1. Oktober 1878 (Sammlung der Ausschreiben Nr. 9 S. 113)

übereinstimmend mit dem Preuß. Tarif. Der Tarifsatz in Nr. 1 beträgt überall 90 Pfennige; in Nr. 2 10 Pfennige.

Anhalt. 7. **Anhalt.** Bekanntmachung der Landarmendirektion v. 28. Juli 1876 (Anh. Staatsanz. Nr. 202)

übereinstimmend mit dem Preuß. Tarif. Der Verpflegungssatz (Nr. 1 des Preuß. Tarifs) beträgt für die Städte Dessau, Köthen, Bernburg, Zerbst und (nach der Bek. vom 23. Mai 1891 — Anh. Staatsanz. Nr. 124) Ballenstedt 80 Pfennige, sonst 60 Pfennige.

Schwarzburg-Rudolstadt. 8. **Schwarzburg-Rudolstadt.** Ges. v. 10. Dez. 1878. (GS. Nr. XVII. Tarif v. 28. März 1879, GS. S. 105).

Auf Grund des § 30 des Bundesgesetzes ... wird der nachstehende Tarif aufgestellt, dessen Sätze die Erstattungsforderung nicht übersteigen darf. Die Positionen A. und B. und die Bestimmungen zu denselben geben in veränderter Anordnung die Nr. 1 bis 5 des Preuß. Tarifs wieder; jedoch beträgt der Verpflegungssatz (Nr. 1 des Preuß. Tarifs) überall 80 Pfennige.

Die Pos. C. gestattet zu fordern für die Beerdigung einer Person von 14 und mehr Jahren bis 15 Mark, einer Person unter 14 Jahren bis 9 Mark. Die Stolgebühren sind inbegriffen. *Schwarzburg-Rudolstadt.*

9. **Waldeck.** Tarif v. 28. Dez. 1871 (RBl. 1872 S. 3) *Waldeck.*

übereinstimmend mit dem Preuß. Tarif. — Der Tarifsatz in Nr. 1 beträgt für sämmtliche Ortschaften gleichmäßig 50 Pfennige, in Nr. 2 10 Pfennige, ist indeß in dem vom 1. Januar 1901 geltenden neuen Tarif v. 15. Okt. 1900 (RBl. S. 199) auf 60 Pfennige bzw. 20 Pfennige erhöht.

10. **Reuß** (Greiz) ä. L. Tarif v. 16. Februar 1905 (in Kraft getreten am 1. März 1905) (GS. S. 21). *Reuß ä. L.*

I. Verpflegungs- und Kurkosten für erwachsene arbeitsunfähige Hülfsbedürftige.

§ 1. Für jeden Tag der Verpflegung eines arbeits- und erwerbsunfähigen Hülfsbedürftigen im Alter von 14 Jahren und darüber sind zu vergüten:

1. den Ortsarmenverbänden Greiz (Stadt- und Schloßgemeinde) und Zeulenroda:
   a. 60 Pfennige bei Verpflegung innerhalb eines der genannten Gemeindebezirke,
   b. 50 Pfennige bei Verpflegung innerhalb eines ländlichen Gemeindebezirks,
2. den ländlichen Ortsarmenverbänden:
   a. 50 Pfennige bei Verpflegung innerhalb eines ländlichen Gemeindebezirks,
   b. 60 Pfennige innerhalb des Gemeindebezirks Greiz (Stadt- und Schloßgemeinde) oder Zeulenroda.

Reuß ä. L. Die Sätze zu 1 und 2 kommen gleichmäßig zur Anwendung, die Verpflegung mag innerhalb oder außerhalb eines Kranken- oder Armenhauses, eines Hospitals oder einer ähnlichen Anstalt bewirkt worden sein, mit Ausnahme jedoch des Falles, wenn der Hülfsbedürftige notwendigerweise im Fürstlichen Landkrankenhause zu Greiz oder im städtischen Krankenhause zu Zeulenroda untergebracht war (s. § 2).

§ 2. Wenn und solange ein erkrankter Hülfsbedürftiger im Alter von 14 Jahren und darüber notwendigerweise im Fürstlichen Landkrankenhause zu Greiz unterzubringen war, so sind die Kosten nach dem dort jeweilig gültigen, unter Abzug der allgemeinen Verwaltungskosten (§ 30 Abs. 3 des Gesetzes über den Unterstützungswohnsitz) festgestellten Sätze gleichmäßig von allen Armenverbänden unter einander zu erstatten. Dieser Satz beträgt zur Zeit 1,00 Mk. (vergl. Regierungs-Bekanntmachung vom 31. August 1894 unter Ziff. 5 — Amts- und Verordnungsblatt 1894, Seite 724 —).

Für die gemäß den vorstehenden Bestimmungen im städtischen Krankenhause zu Zeulenroda erfolgte Verpflegung sind für jeden Tag 80 Pfg. zu erstatten.

Werden Hülfsbedürftige notwendigerweise wegen Geisteskrankheit im Fürstlichen Landkrankenhause zu Greiz untergebracht, so haben alle Armenverbände gleichmäßig untereinander für jeden Tag der Verpflegung den hierfür festgestellten Satz zu erstatten, welcher zur Zeit 3 Mk. beträgt (vergl. Ziff. 6 der cit. Regierungs-Bekanntmachung vom 31. August 1894).

§ 3. Für die notwendig gewordene ärztliche oder wundärztliche Behandlung erkrankter Hülfsbedürftiger mit Einschluß der Kosten der ihnen etwa gereichten Arzneien, Heilmittel und dergleichen ist neben den im § 1 aufgeführten Sätzen ein Pauschquantum von 10 Pfennigen für jeden Tag der Verpflegung zu vergüten. Reuß ä. L.

Das nämliche Pauschquantum ist neben dem Satze des § 2 zu vergüten, wenn und insoweit dem erstattungsberechtigten Armenverbande von der Landkrankenhausverwaltung außer dem bei ihr jeweilig gültigen festen Verpflegungsbeitrage die baren Auslagen für Heil- und Stärkungsmittel statthafterweise besonders berechnet worden sind, und unter der Voraussetzung, daß nach § 30 des Reichsgesetzes über den Unterstützungswohnsitz die Erstattung dieser Auslagen verlangt werden kann.

Wenn in schweren Verwundungsfällen oder bei schweren oder ansteckenden Krankheiten nachweisbar erhebliche außerordentliche Mehraufwendungen notwendig geworden sind, so können diese neben den Sätzen der §§ 1 und 2, aber unter Ausschluß der Berechnung des vorstehend in Absatz 1 und 2 gedachten Pauschquantums, besonders, jedoch nur nach den niedrigsten Sätzen der ärztlichen Gebühren und der Arzneitaxe und unter der Voraussetzung, daß überhaupt nach § 30 des Reichsgesetzes über den Unterstützungswohnsitz eine Vergütung zu gewähren ist, berechnet und zur Erstattung in Ansatz gebracht werden.

II. Verpflegungs- und Kurkosten für Hülfsbedürftige unter 14 Jahren.

§ 4. Auf die Verpflegung und ärztliche bezw. wundärztliche Behandlung solcher Hülfsbedürftiger, welche das Alter von 14 Jahren noch nicht erreicht haben oder welche nicht völlig arbeits- und erwerbs-

Reuß ä. L. unfähig sind, finden die vorstehenden Bestimmungen der §§ 1, 2 und 3 keine Anwendung.

Die Kosten, welche für solche Personen aufgewendet werden müssen, sind in jedem Falle besonders zu berechnen und zur Erstattung in Ansatz zu bringen. Dabei finden die Bestimmungen in § 3 Absatz 3 entsprechende Anwendung. In keinem Falle werden höhere, als die sich aus den Vorschriften der §§ 1, 2 und 3 ergebenden Sätze vergütet.

III. Gemeinsame Bestimmungen.

§ 5. Der Tag, an welchem die Verpflegung begonnen hat, wird mit dem Tage, an welchem sie beendigt worden ist, zusammen als ein Tag gerechnet.

§ 6. Die Kosten für Kleidungsstücke, welche den Hülfsbedürftigen notwendigerweise geliefert worden sind, können in der für den Einzelfall nachzuweisenden Höhe neben den in den §§ 1, 2 und 3 cf. § 4 aufgestellten Sätzen besonders zur Erstattung berechnet werden.

Dasselbe gilt von den Kosten des notwendigen Transports eines Kranken in das nächstgelegene geeignete Krankenhaus.

IV. Beerdigungskosten.

§ 7. Die Kosten der Beerdigung einer Person werden, einerlei, ob das Begräbnis in einer Stadt- oder Landgemeinde erfolgt, mit höchstens 15 Mark vergütet.

Stellen sich im Einzelfall die Kosten niedriger, so kann nur deren Betrag zur Erstattung in Ansatz gebracht werden.

§ 8. Die Kosten eines vor der Beerdigungshandlung stattfindenden Transports der Leiche, welcher etwa nach den Verhältnissen des Einzelfalles notwendig wird, wenn die Leiche außerhalb eines zum betreffenden Armenverbandsbezirke gehörigen Wohnhauses aufgefunden wird, kommen besonders in Ansatz. Reuß ä. L.

11. Schaumburg-Lippe. Ausf.Ges. v. 7. März 1872. Schaumburg-Lippe.

§ 2. Nr. 1 übereinstimmend mit Nr. 1 des Preuß. Tarifs. Der Tarifsatz beträgt 60 Pfennige.

Nr. 2. Abs. 1 übereinstimmend mit Nr. 2 des Preuß. Tarifs. Der Tarifsatz beträgt überall 15 Pfennige.

Abs. 2. Für die Handlung der Krätzkranken tritt ein Pauschalsatz für die ganze Kur ein von 6 Mark. Für die Vergütung der ärztlichen und wundärztlichen Hülfeleistung, soweit solche nach § 30 des Bundesgesetzes zu gewähren ist, finden die nach der Medizinaltaxe angesetzten niedrigsten Tarifsätze Anwendung.

Abs. 3 bis 5 übereinstimmend mit Nr. 3 bis 5 des Preuß. Tarifs; doch fehlt der letzte Satz der Nr. 5 des letztgedachten Tarifs.

12. Lippe. Tarif v. 8. Dez. 1877 (GS. S. 148) übereinstimmend mit dem Preuß. Tarif. Die Tarifsätze in Nr. 1 betragen seit 1. April 1900 überall 80 Pfennige — Ver. v. 22. Mai 1900 (GS. S. 129) in Nr. 2 überall 10 Pfennige. Lippe.

13. Hamburg. Bekanntmachung v. 27. Juni 1898 (GS. S. 38). Hamburg.

Auf Grund des § 6 Abs. 2 des Gesetzes vom 8. Juli 1892 betreffend die öffentliche Waisenpflege im hamburgischen Staate, und des § 30 des Reichs-

Hamburg. gesetzes über den Unterstützungswohnsitz vom 6. Juni 1870 wird hierdurch der folgende vom Senat für das Gebiet des Ortsarmenverbandes Hamburg aufgestellte Tarif öffentlich bekannt gemacht.

1) Für diejenigen Hülfsbedürftigen bis zum vollendeten 14. Lebensjahre, welche nach Maßgabe des § 2 des Gesetzes vom 8. Juli 1892 der öffentlichen Waisenpflege überwiesen sind, ist dem ersatzpflichtigen auswärtigen Armenverbande ein Pflegegeld von 50 Pf. täglich, einschließlich der Kosten für Bekleidung, zu berechnen.

2) Dieser Tarifsatz kommt gleichmäßig zur Anwendung ohne Unterschied, ob die Unterbringung im Waisenhause, in Familien oder sonstwo erfolgt ist.

3) Die Berechnung besonderer Mehraufwendungen in Erkrankungsfällen bleibt vorbehalten.

D.

Unterstützung aus dem Auslande übernommener Deutscher und der Ausländer.

(Über die Begriffe: Deutscher, Ausland, Ausländer s. Einl. S. 6 und die Übernahmeverträge S. 21 ff.)

I. Unterstützung aus dem Auslande übernommener Deutscher. (§ 33 UWG.)

1. Preußen. § 37 Ges. v. 8. März 1871; einschließlich Kreis Herzogthum Lauenburg (§ 17 Ausf.Ges. v. 24. Juni 1871). Preußen.

Muß ein Deutscher, welcher keinen Unterstützungswohnsitz hat, auf Verlangen ausländischer Staatsbehörden (§ 33 des Bundesgesetzes) aus dem Auslande übernommen werden[1] und ist bei der Uebernahme der Fall der Hülfsbedürftigkeit vorhanden oder tritt derselbe innerhalb sieben Tagen nach erfolgter Uebernahme ein, so liegt die Verpflichtung zur Erstattung der Kosten der Unterstützung beziehungsweise zur Uebernahme des Hülfsbedürftigen demjenigen Landarmenverbande ob, innerhalb dessen der Hülfsbedürftige seinen letzten Unterstützungswohnsitz gehabt hat.[2] Läßt sich dieser Unterstützungswohnsitz nicht ermitteln, so ist derjenige Landarmenverband zur Tragung der Kosten verpflichtet, in dessen Bezirk die Hülfsbedürftigkeit hervorgetreten ist.

1. vgl. die Gothaer Konvention v. 15. Juli 1851.

Preußen. Anm. 2 zu § 7 FreizügG. S. 27 und die Übernahmeverträge S. 21.

2. Der erste Satz enthält die durch § 33 UWG. gerechtfertigte Ausnahme von der Regel des § 30 Abs. 1b a. a. O. Läßt sich nicht ermitteln, daß der Unterstützte einen letzten Unterstützungswohnsitz gehabt hat, so tritt die Regel des § 30 Abs. 1b a. a. O. wieder in Kraft (Satz 2).

Sachsen. **2. Sachsen.** § 6 Ver. v. 6. Juni 1871.

Personen, welche nach § 33 des Bundesgesetzes aus dem Auslande nach Sachsen übernommen werden müssen und bei der Uebernahme hülfsbedürftig sind oder innerhalb der ersten sieben Tage nach der Uebernahme hülfsbedürftig werden, ohne einen Unterstützungswohnsitz zu haben, werden, mit Vorbehalt der Erstattung des Aufwands für ihre Unterstützung aus der Staatskasse, nach Maßgabe der Bestimmungen im § 5 Absatz 2 und 3 gegenwärtiger Verordnung[1] demjenigen Ortsarmenverbande, in welchem sie vormals den letzten Unterstützungswohnsitz gehabt haben, wenn aber ein solcher nicht zu ermitteln, dem Ortsarmenverbande desjenigen Orts zugewiesen, an welchem sie in hülfsbedürftigem Zustande übernommen werden, oder an welchem nach der Uebernahme ihre Hülfsbedürftigkeit zu Tage tritt.

1. s. oben S. 139.

Württemberg. **3. Württemberg.** Art. 28 AusfGes. v. 17. April 1873 übereinstimmend mit § 37 PrAG.

Nach Art. 10 des Ges. v. 2. Juli 1889 (RegBl. S. 214) wird der dem Landarmenverbande in den Fällen des zweiten Satzes erwachsene Unterstützungsaufwand im vollen Betrage aus der Staatskasse ersetzt. (Vgl. auch § 25 VollzVer. v. 15. Juli 1889, RegBl. S. 232.)

4. **Baden.** § 2 Ausf.Ges. v. 14. März 1872. Baden.

5. **Hessen.** Art. 8 Ausf.Ges. v. 14. Juli 1871, zu 4—5 übereinstimmend mit § 37 PrAG. Hessen.

6. **Mecklenburg-Schwerin.** § 3 Ausf.Ges. s. Anh. B. (S. 163). Mecklenburg-Schwerin.

7. **Sachsen-Weimar.** § 8 Ausf.Ges. s. Anh. B. (S. 169). Sachsen-Weimar.

8. **Mecklenburg-Strelitz.** und Ratzeburg. § 3 Ausf.Ges. s. Anh. B. (S. 171). Mecklenburg-Strelitz.

9. **Oldenburg.** Art. 77 Rev. GemOrdn. v. 15. April 1873, übereinstimmend mit § 37 PrAG. (Statt: Landarmenverband: Amtsverband). Oldenburg.

Im Fürstentum Birkenfeld tritt bis zum Erwerbe eines UW. der Landarmenverband ein (Art. 17 Ges. über das Armenwesen); ebenso im Fürstentum Lübeck (Art. 83 rev. GemOrd.).

10. **Braunschweig.** § 8 Ausf.Ges. v. 5. Juni 1871. Braunschweig.

Die Verpflichtung zur Unterstützung und eventuell zur Uebernahme eines Bundesangehörigen, welche dem hiesigen Staate auf Grund des § 33 des Bundesgesetzes v. 6. Juni 1870 obliegt, hat der Landarmenverband zu erfüllen.

11. **Sachsen-Meiningen.** Art. 7 Ausf.Ges. s. Anh. B. (S. 190). Sachsen-Meiningen.

12. **Anhalt.** § 21 Ausf.Ges. s. Anh. B. (S. 199). Anhalt.

13. **Schwarzburg-Sondershausen.** § 7 Ausf.Ges. s. Anh. B. (S. 206). Schwarzburg-Sondershausen.

Waldeck. **14. Waldeck.** § 9 Ausf.Ges. v. 29. Juni 1871 gleichlautend mit § 37 PrAG.

Reuß ä. L. **15. Reuß ä. L.** § 13 Ges. v. 9. Januar 1886 zu §§ 33 und 60 des Bundesgesetzes. Die hier ausgesprochene Verpflichtung des Staates zur Erstattung der Kosten, bzw. zur Uebernahme eines vom Auslande zu übernehmenden hülfsbedürftigen Deutschen, bzw. eines hülfsbedürftigen Ausländers, bleibt auf den Landarmenverband übertragen (dem sie durch Nr. 5 des Ges. v. 25. Janunar 1871 übertragen war — vgl. unter B. S. 211 ff.).

Reuß j. L. **16. Reuß** (Gera) **j. L.** § 16 Ges. v. 21. Juni 1871.

Schaumburg-Lippe. **17. Schaumburg-Lippe.** § 24 Ges. v. 7. Mai 1872.

Lippe. **18. Lippe.** § 9 Ausf.Ges. v. 12. September 1877, zu 16—18 übereinstimmend mit § 37 PrAG.

II. Unterstützung der Ausländer (§ 60 UWG.).

Bezüglich der Bayern vgl. Art. 3 Abs. 4 der Reichsverfassung; Nr. III Schlußprotokoll v. 23. November 1870 (RGBl. 1871 S. 23; und die sogenannte Eisenacher Konvention v. 11. Juli 1853 (Preuß. GS. S. 377),[1] bzw. Elsaß-Lothringen (vgl. Art. 1 Ges. v. 8. Februar 1873 (RGBl. S. 51) und über die Geltung der Eisenacher Konvention die Bekanntmachung v. 16. Januar 1874 (GBl. f. Elsaß-Lothringen S. 1) sowie die neuen Uebereinkommen zu § 7 des FrG. Anm. 1 (oben S. 17).

1. Die Eisenacher Konvention ist zwischen mehreren deutschen Staaten (darunter Bayern) wegen der Verpflegung erkrankter und der Beerdigung verstorbener gegenseitiger Untertanen abgeschlossen. Sie bestimmt: Lippe.

§ 1. Jede der kontrahierenden Regierungen verpflichtet sich, dafür zu sorgen, daß in ihrem Gebiete denjenigen hilfsbedürftigen Angehörigen anderer Staaten, welche der Kur und Pflege benötigt sind, diese nach denselben Grundsätzen, wie bei eigenen Untertanen, bis dahin zuteil werde, wo ihre Rückkehr in den zur Übernahme verpflichteten Staat ohne Nachteil für ihre oder anderer Gesundheit geschehen kann.

§ 2. Ein Ersatz der hierbei (§ 1) oder durch die Beerdigung erwachsenden Kosten kann gegen die Staats-, Gemeinde- oder andere öffentliche Kasse desjenigen Staates, welchem der Hilfsbedürftige angehört, nicht beansprucht werden.

§ 3. Für den Fall, daß der Hilfsbedürftige, oder daß andere privatrechtlich Verpflichtete zum Ersatz dieser Kosten imstande sind, bleiben die Ansprüche auf letztere vorbehalten. Die kontrahierenden Regierungen sichern sich auch wechselseitig zu, auf Antrag der betreffenden Behörde die nach der Landesgesetzgebung zulässige Hilfe zu leisten, damit denjenigen, welche die gedachten Kosten bestritten haben, diese nach billigen Ansätzen erstattet werde.

Der Eisenacher Konvention ist auch Oesterreich am 27. Oktober 1853 beigetreten.

1. **Preußen.** § 64 Ges. v. 8. März 1871; einschließlich Kreis Herzogthum Lauenburg (§ 52 Ausf.Ges. v. 24. Juni 1871). Preußen

§ 64. Jeder Ausländer ist, solange ihm der Aufenthalt im Inlande gestattet wird,[1] in a) Bezug

Preußen. auf die Art und das Maß der im Falle der Hülfsbedürftigkeit zu gewährenden öffentlichen Unterstützung, b) auf den Erwerb und Verlust des Unterstützungswohnsitzes einem Deutschen gleich zu behandeln.

1. Entsch. 15 133, 22 182. — Die Kosten für einstweilige Unterbringung Ausgewiesener sind Landespolizeikosten Verf. v. 24. Dez. 1901 (MBl. f. i. V. 1902 S. 17). — Vorschriften des Bundesrats betr. die Vollziehung der Ausweisung von Ausländern aus dem Reichsgebiete auf Grund der §§ 39, 284, 362 StGB. (Bek. v. 10. Dez. 1890 RZentrBl. S. 378) Verf. des Min. d. Innern v. 20. Juli 1902 (MBl. f. i. V. S. 160). — Über die Tragung der Kosten der Heimschaffung ausländischer Hilfsbedürftiger, welche auf Antrag eines Armenverbandes durch die Landespolizeibehörde veranlaßt wurde Verf. des Preuß. Min. d. Innern v. 11. Sept. 1904 (MBl. f. i. V. S. 237).

Sachsen. 2. Sachsen. § 10 Ver. v. 6. Juni 1871.

§ 10. Hülfsbedürftige Ausländer sind, solange ihre Ausweisung nicht ins Werk gesetzt wird, da, wo sie hülfsbedürftig werden, von dem Ortsarmenverbande zu unterstützen. Die Erstattung des dadurch entstandenen Aufwands erfolgt nach Maßgabe der Bestimmungen in § 5 Absatz 2 und 3 gegenwärtiger Verordnung (s. oben S. 135).

1. Über die Tragung der Kosten der Heimschaffung ausländischer Hilfsbedürftiger auf Antrag eines Armenverbandes. — Verf. des Min. d. Innern v. 6. Nov. 1904 (Sächs. Wochenbl. S. 265).

Württemberg. 3. Württemberg. Art. 47 Ausf.Ges. v. 17. April 1873.

Abs. 1 übereinstimmend mit § 64 lit. a. PrAG.
Abs. 2. Zur Erstattung der durch die Unter-

stützung erwachsenen Kosten bzw. zur Uebernahme des hülfsbedürftigen Ausländers ist im Falle des § 29 des Reichsgesetzes der Armenverband des Dienstorts, außerdem derjenige Landarmenverband verpflichtet, in dessen Bezirk die Hülfsbedürftigkeit hervorgetreten ist. Eine Ausnahme von der letzteren Regel tritt dann ein, wenn der zu unterstützende Ausländer an dem Orte, wo er hülfsbedürftig geworden ist, falls er ein Deutscher wäre, den Unterstützungswohnsitz erworben hätte, in welchem Falle die Verpflichtung zur Unterstützung dem betreffenden Ortsarmenverbande obliegt. Württemberg.

4. **Baden.** § 21 des Armengesetzes s. Anh. A (S. 92). Im Uebrigen ist von der Befugniß in § 60 Satz 2 UWG. kein Gebrauch gemacht. Baden.

5. **Hessen.** Art. 20 Ausf.Ges. v. 14. Juli 1871 gleichlautend mit § 64 PrAG. Hessen.

6. **Mecklenburg-Schwerin.** § 3 Ausf.Ges. s. Anh. B (S. 163). Mecklenburg-Schwerin.

7. **Sachsen-Weimar.** § 8 Ausf.Ges. s. Anh. B (S. 169). Sachsen-Weimar.

8. **Mecklenburg-Strelitz** und Ratzeburg. § 3 Ausf.Ges. s. Anh. B (S. 171). Mecklenburg-Strelitz.

9. **Oldenburg.** Art. 76 RevGemOrd. v. 15. April 1873. Oldenburg.

Jeder Ausländer ist, solange ihm der Aufenthalt im Inlande gestattet wird, in Bezug darauf, wie und durch wen ihm die im Falle der Hülfsbedürftigkeit erforderliche öffentliche Unterstützung zu gewähren ist, einem Deutschen gleich zu behandeln.

Zur Erstattung der desfälligen Kosten, be-

Oldenburg. ziehungsweise zur Uebernahme des hülfsbedürftigen Ausländers, ist der Landarmenverband verpflichtet, es sei denn, daß ein solcher Ausländer sich solange an einem bestimmten Ort aufgehalten hat, daß er, wäre er ein Deutscher, den Unterstützungswohnsitz daselbst erworben haben würde, in welchem Falle die obige Verpflichtung dem Ortsarmenverbande des Aufenthaltsortes obliegt.

Art. 16 des Ges. über das Armenwesen f. d. Fürstentum Birkenfeld, Art. 82 rev. GemOrd. f. d. Fürstentum Lübeck übereinstimmend mit § 64 PrAG.

Braunschweig. **10. Braunschweig.** § 30 Ausf.Ges. v. 5. Juni 1871.

Die öffentliche Unterstützung hülfsbedürftiger Ausländer beziehentlich die Erstattung der diesfälligen Vorschüsse der Ortsarmenverbände, liegt dem Landarmenverbande ob.

Sachsen-Meiningen. **11. Sachsen-Meiningen.** Art. 28 Ausf.Ges. v. 20. Febr. 1872.

Abs. 1 gleichlautend mit § 64 PrAG.

Abs. 2. Die in § 60 des Bundesgesetzes vorläufig dem Staate auferlegte Verpflichtung zur Kostentragung und Uebernahme hat der Landarmenverband zu übernehmen, welchem der Ortsarmenverband angehört.

Sachsen-Altenburg. **12. Sachsen-Altenburg.** § 15 Ausf.Ver. v. 3. Juni 1871.

Abs. 1 übereinstimmend mit § 64 lit. a PrAG.

Abs. 2 übereinstimmend mit Art. 76 Abs. 2 der OldRevGemOrd. (s. oben Nr. 9).

Sachsen-Coburg-Gotha. **13. Sachsen-Coburg-Gotha.** § 37 Ausf.Ges. v. 31. Mai 1881.

14. **Anhalt** § 3 Abs. 2 Ausf.Ges. v. 29. Juni 1871 zu 13 und 14 gleichlautend mit § 64 PrAG. Anhalt.

15. **Schwarzburg-Sondershausen.** § 7 Ges. v. 25. Jan. 1852 s. Anh. B (S. 206). Schwarzburg-Sondershausen.

16. **Schwarzburg-Rudolstadt.** § 21 Ges. v. 23. Juni 1871. Schwarzburg-Rudolstadt.

17. **Waldeck.** § 26 Ausf.Ges. v. 29. Juni 1871 zu 16 und 17 übereinstimmend mit § 64 PrAG. Waldeck.

18. **Reuß** (Greiz) ä. L. Ges. v. 5. Juli 1879. Reuß ä. L.
§ 1 . . . so ist . . . jedem Ausländer, der sich bei Eintritt in das Fürstenthum im Zustande der Hülfsbedürftigkeit befindet, von dem zu seiner Unterstützung gesetzlich zunächst verpflichteten Armenverbande (§ 60 des Ges., betr. den UntWohns. v. 6. Juni 1870) Obdach, der unentbehrliche Lebensunterhalt, die erforderliche Pflege in Krankheitsfällen, und im Falle seines Ablebens ein angemessenes Begräbniß zu gewähren;
s. a. § 13 Ges. v. 9. Januar 1886 (oben S. 242).

19. **Reuß j. L.** § 34 Ges. v 21. Juni 1871. Reuß j. L.

20. **Schaumburg-Lippe.** § 53 Ges. v. 7. März 1872, zu 19 und 20 übereinstimmend mit § 64 PrAG. Schaumburg-Lippe.

21. **Lippe.** § 30 Ausf.Ges. v. 12. Sept. 1877. Abs. 1 übereinstimmend mit § 64 lit. a PrAG. Abs. 2 übereinstimmend mit Abs. 2 Art. 76 der OldRevGemOrd. (s. oben Nr. 9). Lippe.

22. **Hamburg.** § 2 Ausf.Ver. v. 23. Juli 1871 (Anh. B S. 224). Hamburg.

E.

Behörden und Verfahren in Streitsachen der Armenverbände.

Preußen. **1. Preußen** (einschließlich Kreis Herzogtum Lauenburg).

Vorbemerkung. Nachdem das Landesverwaltungsges. v. 30. Juli 1883 (GesSamml. S. 195) in dem ganzen Umfange der Monarchie in Kraft getreten ist, haben die in § 158 Nr. 1 desselben aufgehobenen §§ 40—48, 50—56 des PrAG. in Preußen ihre Gültigkeit verloren. An Stelle der Deputationen für das Heimatwesen, bzw. der in einzelnen Provinzen für diese eingeführten Bezirksverwaltungsgerichte, sind überall als Spruchbehörde I. Instanz die Bezirksausschüsse getreten (§§ 7, 153 a. a. O.), die ihren Sitz in den Hauptstädten der Regierungsbezirke haben.

Unter A sind die auf die Zuständigkeit und das Verfahren bezüglichen Vorschriften des Zuständigkeits- und des Landesverwaltungsgesetzes (A. 1) sowie die noch geltenden Bestimmungen der §§ 49, 57—62 des PrAG. (A. 2) abgedruckt. Die aufgehobenen §§ 40—48, 50—56 PrAG. folgen unter B. in kleinerer Schrift; sie haben die Grundlage für die Gesetzgebung vieler anderer Bundesstaaten gebildet.

A.

Preußen.

1. Die auf die Zuständigkeit der Bezirksausschüsse und das Verfahren bezüglichen Vorschriften des Zuständigkeitsgesetzes und des Landesverwaltungsgesetzes.

§ 39. ZustGes. Streitigkeiten zwischen Armenverbänden wegen öffentlicher Unterstützung Hülfsbedürftiger werden im Verwaltungsstreitverfahren entschieden.

Zuständig in erster Instanz ist der Bezirksausschuß.[1]

Im Uebrigen behält es bei den Bestimmungen des Reichsgesetzes über den Unterstützungswohnsitz v. 6. Juni 1870 sein Bewenden.[2]

1. Wegen der Zusammensetzung, der Geschäftsleitung, der Beschlußfähigkeit des Bezirksausschusses s. §§ 28—35, 43, 55, 56 LVG. und das Regulativ v. 28. Febr. 1884 (MBl. f. i. V. S. 37).

Wegen der zweiten Instanz s. § 57 PrAG. unter A. 2.

2. § 157 Nr. 3 LVG. bestimmt gleichfalls, daß die Bestimmungen des UWG. durch das LVG. nicht berührt werden.

Landesverwaltungsgesetz.

§ 54 Abs. 2. Das Verwaltungsstreitverfahren tritt in allen Angelegenheiten ein, in welchen die Gesetze von der Entscheidung in streitigen Verwaltungssachen oder von der Erledigung der Angelegenheit im Streitverfahren oder durch Endurtheil oder von der Klage bei dem Kreisausschusse, dem Bezirksausschusse oder einem Verwaltungsgerichte sprechen, oder wo sonst dieses Verfahren gesetzlich vorgeschrieben ist.

Abs. 3. In allen andern Angelegenheiten ist

Preußen. (Landes Verw.-Ges.) das Verfahren des Kreis-(Stadt-)Ausschusses und des Bezirksausschusses das Beschlußverfahren.

§ 57. Die örtliche Zuständigkeit für das Verwaltungsstreit- und Beschlußverfahren bestimmt sich wie folgt:

Zuständig in erster Instanz ist

1. . . . .

2. . . . . die Behörde desjenigen Bezirks (Kreis, Regierungsbezirk, Provinz), in welchem . . . . die Korporation bzw. öffentliche Behörde ihren Sitz hat, welche im Verwaltungsstreitverfahren in Anspruch genommen wird oder auf deren Angelegenheit sich die Beschlußfassung bezieht. Wenn die Korporation oder öffentliche Behörde ihren Sitz außerhalb ihres räumlichen Bezirks hat, ist diejenige Behörde zuständig, welcher dieser Bezirk angehört. Bezüglich des Kommunalverbandes der Provinz Brandenburg ist der Bezirksausschuß zu Potsdam zuständig.[1]

1. Nach § 58 Abs. 2 wird die zuständige Behörde für das Verwaltungsstreitverfahren, wenn die Armenverbände, deren Angelegenheit den Gegenstand der Entscheidung bildet, in verschiedenen Regierungsbezirken ihren Sitz haben, durch das Oberverwaltungsgericht bestimmt.

§ 60. Die Vollstreckung im Verwaltungsstreitverfahren und im Beschlußverfahren erfolgt im Wege des Verwaltungszwangsverfahrens. Die Vollstreckung wird Namens der Behörde, welche in der ersten Instanz entschieden beziehungsweise beschlossen hatte, von deren Vorsitzendem verfügt. Ueber Beschwerden gegen die Verfügungen des Vorsitzenden entscheidet die Behörde. Gegen die Entscheidung der Behörde findet innerhalb zwei Wochen die Beschwerde an die im Instanzenzuge zunächst höhere Behörde statt.

Die Entscheidung der letzteren ist endgültig.

§ 61. Die Bestimmungen der bürgerlichen Prozeßgesetze über Ausschließung und Ablehnung der Gerichtspersonen finden für das Verwaltungsstreitverfahren sinngemäße Anwendung.

Aus der innerhalb seiner Zuständigkeit geübten amtlichen Thätigkeit des Landraths beziehungsweise des Regierungspräsidenten darf kein Grund zur Ablehnung desselben wegen Besorgniß der Befangenheit entnommen werden.

§ 62. Ueber das Ablehnungsgesuch beschließt das Gericht, welchem der Abgelehnte angehört, und, wenn der Vorsitzende des Kreis- (Stadt-) oder Bezirksausschusses abgelehnt werden soll, das nächst höhere Gericht.

Der Beschluß, durch welchen das Gesuch für begründet erklärt wird, ist endgültig. Wird das Gesuch für unbegründet erklärt, so steht der mit demselben zurückgewiesenen Partei innerhalb zwei Wochen die Beschwerde an das im Instanzenwege zunächst höhere Gericht zu. Das letztere entscheidet endgültig. Die Verhandlung über die Ablehnung erfolgt in nicht öffentlicher Sitzung.

Das im Instanzenzuge zunächst vorgesetzte Gericht entscheidet desgleichen endgültig und bestimmt das zuständige Gericht, wenn das Gericht, dem das ausgeschlossene oder abgelehnte Mitglied angehört, bei dessen Ausscheiden beschlußunfähig wird.

§ 63. Die Klage ist bei dem zuständigen Gericht schriftlich einzureichen. Die Klage beim Kreisausschusse kann zu Protokoll erklärt werden. In der Klage ist ein bestimmter Antrag zu stellen, und sind

Preußen. die Person des Beklagten, der Gegenstand des Anspruchs, sowie die den Antrag begründenden Thatsachen genau zu bezeichnen.

§ 64. Stellt sich der erhobene Anspruch sofort als rechtlich unzulässig oder unbegründet heraus, so kann die Klage ohne Weiteres durch einen mit Gründen versehenen Bescheid zurückgewiesen werden.

Scheint der erhobene Anspruch dagegen rechtlich begründet, so kann dem Beklagten ohne Weiteres durch einen mit Gründen versehenen Bescheid die Klaglosstellung des Klägers aufgegeben werden.

Namens des Kreisausschusses steht auch dem Vorsitzenden desselben, Namens des Bezirksausschusses auch dem Vorsitzenden im Einverständniß mit den ernannten Mitgliedern der Erlaß eines solchen Bescheides zu.

In dem Bescheide ist den Parteien zu eröffnen, daß sie befugt seien, innerhalb zwei Wochen,[1] vom Tage der Zustellung ab, entweder die Anberaumung der mündlichen Verhandlung zu beantragen oder dasjenige Rechtsmittel einzulegen, welches zuläßig wäre, wenn der Bescheid als Entscheidung des Kollegiums ergangen wäre.

Wird mündliche Behandlung beantragt, so muß dieselbe zunächst stattfinden.

Hat einer der Betheiligten mündliche Verhandlung beantragt, ein anderer das Rechtsmittel eingelegt, so wird nur dem Antrag auf mündliche Verhandlung stattgegeben.

Wird weder mündliche Verhandlung beantragt, noch das Rechtsmittel eingelegt, so gilt der Bescheid als endgültiges Urtheil.

1. Die Frist ist präklusivisch, § 52 LVG.

§ 65. Wird ein Bescheid nach den Bestimmungen des § 64 nicht erlassen, so ist die Klage dem Beklagten mit der Aufforderung zuzufertigen, seine Gegenerklärung innerhalb einer bestimmten, von einer bis zu vier Wochen zu bemessenden Frist schriftlich einzureichen. Wenn das Verfahren bei dem Kreisausschusse anhängig ist, so kann die Gegenerklärung auch zu Protokoll erklärt werden. (Preußen. Landes-Verw.-Ges.)

Die Frist kann in nicht schleunigen Sachen der Regel nach nicht über zwei Wochen verlängert werden. Die Gegenerklärung des Beklagten wird dem Kläger zugefertigt.

§ 66. Allen Schriftstücken sind die als Beweismittel in Bezug genommenen Urkunden im Original oder in Abschrift beizufügen. Von allen Schriftstücken und deren Anlagen sind Duplikate einzureichen.

Das Gericht kann geeigneten Falls gestatten, daß statt der Einreichung von Duplikaten die Anlagen selbst zur Einsicht der Betheiligten in seinem Geschäftslokale offen gelegt werden.

§ 67. Ist weder vom Kläger noch vom Beklagten die Anberaumung der mündlichen Verhandlung ausdrücklich verlangt, so kann das Gericht auch ohne solche Verhandlung schon auf Grund der Erklärung der Parteien[1] seine Entscheidung in der Form eines mit Gründen versehenen Bescheides fällen. Dabei gelten die Bestimmungen der Absätze 4 bis 7 des § 64.

1. ebenso auch nach stattgehabter Beweisaufnahme (§ 76) — jedoch muß den Parteien Gelegenheit gegeben sein, sich über das Beweismaterial zu erklären. (PrOVG. 12 63.)

§ 68. Hat dagegen auch nur eine Partei die Anberaumung der mündlichen Verhandlung gefordert oder erachtet das Gericht eine solche für erforderlich,

Preußen. (Landes-Verw.-Ges.) so werden die Parteien zur mündlichen Verhandlung unter der Verwarnung geladen, daß beim Ausbleiben nach Lage der Verhandlungen werde entschieden werden.

Das Gericht kann zur Aufklärung des Sachverhältnisses das persönliche Erscheinen einer Partei anordnen.

Den Parteien steht es frei, ihre Erklärungen, auch ohne dazu besonders aufgefordert zu sein, vor dem Termine schriftlich einzureichen und zu ergänzen. Das Duplikat solcher Erklärungen ist der Gegenpartei zuzufertigen. Kann dies nicht mehr vor dem Termine zur mündlichen Verhandlung bewirkt werden, so ist der wesentliche Inhalt der Erklärungen in dieser Verhandlung mitzutheilen.

§ 69. Wo die Gesetze zur Einleitung des Verwaltungsstreitverfahrens statt der Klage den Antrag auf mündliche Verhandlung im Verwaltungsstreitverfahren geben, erfolgt auf den Antrag ohne Weiteres die Vorladung der Parteien zur mündlichen Verhandlung.

Der Antrag muß Alles enthalten, was nach § 63 für den Klageantrag erfordert wird, soweit dasselbe nicht aus den Vorverhandlungen bei der Behörde sich ergiebt.

§ 70. Das Gericht kann auf Antrag oder von Amtswegen die Beiladung Dritter, deren Interesse durch die zu erlassende Entscheidung berührt wird, verfügen. Die Entscheidung ist in diesem Falle auch den Beigeladenen gegenüber gültig.[1]

1. Vgl. Entsch. 23 173.

§ 71. In der mündlichen Verhandlung sind die Parteien oder ihre mit Vollmacht versehenen Vertreter zu hören.

Dieselben können ihre thatsächlichen oder rechtlichen Anführungen ergänzen oder berichtigen und die Klage abändern, insofern durch die Abänderung nach dem Ermessen des Gerichts das Vertheidigungsrecht der Gegenpartei nicht geschmälert oder eine erhebliche Verzögerung des Verfahrens nicht herbeigeführt wird. Sie haben sämmtliche Beweismittel anzugeben und, soweit dies nicht bereits geschehen, die schriftlichen, ihnen zu Gebote stehenden Beweismittel vorzulegen; auch können von ihnen Zeugen zur Vernehmung vorgeführt werden.

Der Vorsitzende des Gerichts hat dahin zu wirken, daß der Sachverhalt vollständig aufgeklärt und die sachdienlichen Anträge von den Parteien gestellt werden.

Er kann einem Mitgliede des Gerichts gestatten, das Fragerecht auszuüben.

Eine Frage ist zu stellen, wenn das Gericht diese für angemessen erachtet.

§ 72. Die mündliche Verhandlung erfolgt in öffentlicher Sitzung des Gerichts.

Die Oeffentlichkeit kann durch einen öffentlich zu verkündigenden Beschluß ausgeschlossen werden, wenn das Gericht dies aus Gründen des öffentlichen Wohls oder der Sittlichkeit für angemessen erachtet.

Der Vorsitzende kann aus der öffentlichen Sitzung jeden Zuhörer entfernen lassen, der Zeichen des Beifalls oder des Mißfallens giebt oder Störung irgend einer Art verursacht.

Parteien, Zeugen, Sachverständige, welche den zur Aufrechterhaltung der Ordnung erlassenen Befehlen des Vorsitzenden nicht gehorchen, können auf Beschluß des Gerichts aus dem Sitzungszimmer entfernt werden. Gegen die bei der Verhandlung betheiligten Personen wird sodann in gleicher Weise verfahren, wie wenn sie sich freiwillig entfernt hätten.

Preußen. (Landes-Verw.-Ges.)

§ 73. Die Parteien sind in der Wahl der von ihnen zu bestellenden Bevollmächtigten nicht beschränkt.

Das Gericht kann Vertreter, welche, ohne Rechtsanwalt zu sein, die Vertretung vor dem Gerichte geschäftsmäßig betreiben, zurückweisen. Eine Anfechtung dieser Anordnung findet nicht statt.

Gemeindevorsteher, welche als solche legitimirt sind, bedürfen zur Vertretung ihrer Gemeinden einer besonderen Vollmacht nicht.

§ 74. Liegt einer öffentlichen Behörde als Partei die Wahrnehmung des öffentlichen Interesses ob, so kann auf deren Antrag der Regierungspräsident für die mündliche Verhandlung vor dem Bezirksausschusse und der Ressortminister für die mündliche Verhandlung vor dem Oberverwaltungsgerichte einen Kommissar zur Vertretung der Behörde bestellen.

Der Regierungspräsident beziehungsweise der Ressortminister kann in geeigneten Fällen auch ohne Antrag einer Partei einen besonderen Kommissar zur Wahrnehmung des öffentlichen Interesses für die mündliche Verhandlung bestellen. Der Kommissar ist vor Erlaß des Endurtheils mit seinen Ausführungen und Anträgen zu hören, zur Einlegung von Rechtsmitteln aber nicht befugt.

Der Vorsitzende des Kreis- (Stadt-) Ausschusses beziehungsweise des Bezirksausschusses und der Ressortminister hat behufs der erforderlichen Wahrnehmung des öffentlichen Interesses einen Kommissar zu bestellen, wenn das Gesetz die öffentliche Behörde, welche die Rolle des Klägers oder des Beklagten wahrzunehmen hat, nicht bezeichnet.

§ 75. Die mündliche Verhandlung erfolgt unter Zuziehung eines vereidigten Protokollführers. Das Protokoll muß die wesentlichen Hergänge der

Verhandlung enthalten. Dasselbe wird von dem Vorsitzenden und dem Protokollführer unterzeichnet. Preußen. (Landes-Verw.-Ges.)

§ 76. Das Gericht ist befugt — geeigneten Falls schon vor Anberaumung der mündlichen Verhandlung — Untersuchungen an Ort und Stelle zu veranlassen, Zeugen und Sachverständige zu laden und eidlich zu vernehmen, überhaupt den angetretenen oder nach dem Ermessen des Gerichts erforderlichen Beweis in vollem Umfange zu erheben.

§ 77. Das Gericht kann die Beweiserhebung durch eines seiner Mitglieder oder erforderlichen Falls durch eine zu dem Ende zu ersuchende sonstige Behörde bewirken lassen. Es kann verordnen, daß die Beweiserhebung in der mündlichen Verhandlung stattfinden soll.

Die Beweisverhandlungen sind unter Zuziehung eines vereidigten oder von der betreffenden Behörde durch Handschlag zu verpflichtenden Protokollführers aufzunehmen; die Parteien sind zu denselben zu laden.

§ 78. Hinsichtlich der Verpflichtung, sich als Zeuge oder Sachverständiger vernehmen zu lassen, sowie hinsichtlich der im Falle des Ungehorsams zu verhängenden Strafen kommen die Bestimmungen der bürgerlichen Prozeßgesetze mit der Maßgabe zur Anwendung, daß im Falle des Ungehorsams die zu erkennende Geldbuße den Betrag von Einhundertfünfzig Mark nicht übersteigen darf.

Gegen die eine Strafe oder die Nichtverpflichtung des Zeugen oder Sachverständigen aussprechende Entscheidung steht den Betheiligten innerhalb zwei Wochen die Beschwerde an das im Instanzenzuge zunächst vorgesetzte Gericht, gegen die in zweiter Instanz ergangene Entscheidung des Be-

Preußen (Landes-Verw.-Ges.) zirksausschusses die weitere Beschwerde an das Oberverwaltungsgericht zu.

§ 79. Das Gericht hat nach seiner freien, aus dem ganzen Inbegriffe der Verhandlungen und Beweise geschöpften Ueberzeugung zu entscheiden. Beim Ausbleiben der betreffenden Partei oder in Ermangelung einer Erklärung derselben können die von der Gegenpartei vorgebrachten Thatsachen für zugestanden erachtet werden. Die Entscheidungen dürfen nur die zum Streitverfahren vorgeladenen Parteien und die in demselben erhobenen Ansprüche betreffen.

§ 80. Die Entscheidung kann ohne vorgängige Anberaumung einer mündlichen Verhandlung erlassen werden, wenn beide Theile auf eine solche ausdrücklich verzichtet haben.

§ 81. Die Verkündigung der Entscheidung erfolgt der Regel nach in öffentlicher Sitzung des Gerichts.[1] Eine mit Gründen versehene Ausfertigung der Entscheidung ist den Parteien und, sofern ein besonderer Kommissar zur Wahrnehmung des öffentlichen Interesses bestellt war (§ 74 Abs. 2), gleichzeitig auch diesem zuzustellen. Die Zustellung genügt, wenn die Verkündigung in öffentlicher Sitzung nicht erfolgt ist.

1. Wegen der Berufungsinstanz s. § 57 PrAG. unter A. 2. — Vgl. auch §§ 85, 157 Nr. 3, 158 Nr. 1 LVG. Entsch. 22 169.

§ 102. Das Verwaltungsstreitverfahren ist stempelfrei.

§ 103. Dem unterliegenden Theile sind die Kosten und die baaren Auslagen des Verfahrens, sowie die erforderlichen baaren Auslagen des obsiegenden Theiles zur Last zu legen. Die Gebühren eines Rechtsanwalts des obsiegenden Theils hat der unterliegende Theil nur insoweit zu erstatten, als dieselben für Wahrnehmung der mündlichen Verhandlung vor dem Bezirksausschusse oder dem Oberverwaltungsgerichte zu zahlen sind. An baaren Auslagen für die persönliche Wahrnehmung der mündlichen Verhandlung vor dem Bezirksausschusse und dem Oberverwaltungsgerichte kann die obsiegende Partei nicht mehr in Anspruch nehmen, als die gesetzlichen Gebühren eines sie vertretenden Rechtsanwalts betragen haben würden, es sei denn, daß ihr persönliches Erscheinen von dem Gerichte angeordnet war. Preußen. (Landes-Verw.-Ges.)

Im Endurtheile ist der Werth des Streitobjektes festzusetzen.[1]

Die Gebühren der Rechtsanwälte bestimmen sich nach den für dieselben bei den ordentlichen Gerichten geltenden Vorschriften.[2]

1. Vgl. Entsch. 22 168.

2. jetzt nach Art. 2 Nr. 3 des Ges. v. 27. Sept. 1899 (GS. S. 317).

§ 104. Die Kosten und baaren Auslagen bleiben dem obsiegenden Theile zur Last, soweit sie durch sein eigenes Verschulden entstanden sind.

§ 105. Die Entscheidung über den Kostenpunkt (§§ 103, 104) kann nur gleichzeitig mit der Entscheidung in der Hauptsache durch Berufung oder Revision angefochten werden.

§ 106. An Kosten kommt ein Pauschquantum zur Hebung, welches im Höchstbetrage bei dem Kreisausschusse und bei dem Bezirksausschusse sechzig Mark, bei dem Oberverwaltungsgerichte einhundertfünfzig Mark nicht übersteigen darf. Für die Gebühren der Zeugen und Sachverständigen gelten die in Civilprozessen zur Anwendung kommenden Vorschriften, für die Berechnung des Pauschquantums

(Preußen. Landes-Verw.-Ges.) kann von den Ministern der Finanzen und des Innern ein Tarif aufgestellt werden.

ZirkErl. v. 27. Febr. 1884 nebst Tarif (MBl. f. i. V. S. 30), insbes. Tab. B.

§ 107. Die Erhebung des Pauschquantums findet nicht statt:

1. wenn der unterliegende Theil eine öffentliche Behörde ist, insoweit die angefochtene Verfügung oder Entscheidung derselben nicht lediglich die Wahrung der Haushaltsinteressen eines von der Behörde vertretenen Kommunalverbandes zum Gegenstande hatte; die baaren Auslagen des Verfahrens und des obsiegenden Theils fallen demjenigen zur Last, der nach gesetzlicher Bestimmung die Amtsunkosten der Behörde zu tragen hat;
2. wenn die Entscheidung ohne vorgängige mündliche Verhandlung erfolgt ist;
3. bei dem Kreisausschusse in den Fällen der §§ 60 bis 62 des Gesetzes vom 8. März 1871, betreffend die Ausführung des Bundesgesetzes über den Unterstützungswohnsitz (Ges.Samml. S. 130);
4. bei dem Bezirksausschusse und bei dem Oberverwaltungsgerichte, soweit die Berufung oder die Revision von dem Vorsitzenden des Kreisausschusses beziehungsweise des Bezirksausschusses eingelegt worden war;
5. von denjenigen Personen, mit Ausnahme jedoch der Gemeinden in den die Verwaltung der Armenpflege betreffenden Angelegenheiten, denen nach den Reichs- oder Landesgesetzen Gebührenfreiheit in bürgerlichen Rechtsstreitigkeiten zusteht.

§ 108. Die Kosten und baaren Auslagen des Verfahrens werden für jede Instanz von dem Gerichte festgesetzt, bei dem die Sache selbst anhängig gewesen ist. (Preußen. (Landes-Verw.-Ges.)

Die von der obsiegenden Partei zur Erstattung seitens des unterliegenden Theils liquidirten Auslagen werden für alle Instanzen von demjenigen Gerichte festgesetzt, bei dem die Sache in erster Instanz anhängig gewesen ist.

Gegen den Festsetzungsbeschluß des Kreisausschusses findet innerhalb zwei Wochen die Beschwerde an den Bezirksausschuß, gegen den in erster Instanz ergangenen Festsetzungsbeschluß des Bezirksausschusses findet innerhalb gleicher Frist die Beschwerde an das Oberverwaltungsgericht statt.[1]

1. Auch in Armenstreitsachen. Entsch. 18 145.

§ 109. Dem unterliegenden Theile kann im Falle des bescheinigten Unvermögens nach Maßgabe der Bestimmungen des § 30 des Ausführungsgesetzes zum Deutschen Gerichtskostengesetze vom 10. März 1879 (Ges.Samml. S. 145), oder wenn sonst ein besonderer Anlaß dazu vorliegt, gänzliche oder theilweise Kostenfreiheit beziehungsweise Stundung bewilligt werden. Gegen den das Gesuch ablehnenden Beschluß des Kreisausschusses findet innerhalb zwei Wochen die Beschwerde an den Bezirksausschuß, gegen den in erster Instanz ergangenen ablehnenden Beschluß des Bezirksausschusses innerhalb zwei Wochen die Beschwerde an das Oberverwaltungsgericht statt.

2. Die noch gültigen Vorschriften des Ausführungsgesetzes v. 8. März 1871.

§ 40. Die Deputation für das Heimathwesen[1]

Preußen. (Ausf.-Ges.) ist befugt, Untersuchungen an Ort und Stelle zu veranlassen, Zeugen und Sachverständige zu laden und eidlich zu vernehmen, überhaupt den angetretenen Beweis in vollem Umfange zu erheben.

Hinsichtlich der Verpflichtung, sich als Zeuge oder Sachverständiger vernehmen zu lassen, kommen die entsprechenden Bestimmungen der bürgerlichen Prozeßgesetze zur Anwendung. Die Deputation erkennt auf die im Ungehorsamsfalle zu verhängenden Strafen, vorbehaltlich des innerhalb vierzehn Tagen nach Zustellung des Strafbescheides zulässigen Rekurses an das Bundesamt für das Heimathwesen.

1. jetzt: Bezirksausschuß.

§ 57. Soweit die Organisation oder die örtliche Abgrenzung der einzelnen Armenverbände Gegenstand des Streites ist, bewendet es endgültig bei der Entscheidung der Deputation.[1] Im Uebrigen findet gegen deren Entscheidung, unter Ausschluß aller sonstigen Rechtsmittel, die Berufung an das Bundesamt für das Heimathwesen statt.

1. jetzt: des Bezirksausschusses.

§ 58. In allen Streitsachen zwischen Preußischen Armenverbänden ist die unterliegende Partei verpflichtet, der Gegenpartei die ihr in der Berufungsinstanz entstandenen baaren Auslagen, sowie die Gebühren eines sie in der öffentlichen Sitzung des Bundesamtes vertretenden Rechtsverständigen zu erstatten.

§ 59. Gegen die im § 56 des Bundesgesetzes erwähnten Anordnungen findet die Berufung an das Bundesamt für das Heimathwesen auch in denjenigen Fällen statt, in denen ein Streit zwischen zwei Preußischen Armenverbänden besteht.

Ist ein Armenverband zur Zahlung und Erstattung der ihm endgültig auferlegten Kosten und Gebühren ganz oder theilweise außer Stande (§ 59 des Bundesgesetzes), so bleiben die Kosten des Verfahrens außer Ansatz und für die Erstattung der Auslagen und Gebühren muß der betreffende Landarmenverband aufkommen.[1] Preußen. (Ausf.-Ges.)

1. Der Abs. 2 bezieht sich nur auf die prozessualischen Kosten, baren Auslagen und Gebühren, während § 59 UWG. sich auch auf die zu erstattenden Armenpflegekosten bezieht. In letzterer Beziehung wird derselbe durch § 36 des Ausf.Ges. ergänzt, s. Anh. B. — Auch im Falle § 59 Abs. 2 wird die Zahlungsunfähigkeit durch eine nach § 36 zu beschaffende Bescheinigung darzutun sein, da § 59 UWG. angezogen ist. — Vgl. Entsch. **18** 138 ff.

§ 60 Abs. 1. In jedem Kreise wird eine Kommission gebildet,[1] welche in allen Streitigkeiten, in denen ein Ortsarmenverband von einem anderen Preußischen Armenverbande in Anspruch genommen wird, auf Antrag beider streitenden Theile der schiedsrichterlichen Entscheidung, und auf Antrag eines Theiles, welchen dieser stellt, ehe der Streit bei der Deputation[2] anhängig gemacht ist, einem gütlichen Sühneversuch sich unterziehen muß.

1. An die Stelle der in §§ 60—62 bezeichneten Kreiskommission tritt nach § 43 Nr. 1 ZustGes. der Kreis-(Stadt-)Ausschuß. Dadurch sind die von der Bildung der Kommissionen handelnden Abs. 2 u. 3 hinfällig geworden.

2. jetzt: dem Bezirksausschuß.

§ 61. Für das Verfahren der Kommissionen[1] kommen die §§ 46, 49, 50, 52, 54[1] in Anwendung mit der Maßgabe, daß auf die im § 49 bezeichnete Strafe die Kommission erkennt und der Rekurs an die Deputation für das Heimathwesen[2] zusteht. Alle übrigen Theile des Verfahrens regelt die Kom-

Preußen (Ausf.-Ges.) mission in jedem einzelnen Falle. Insbesondere darf dieselbe in jeder Lage des Verfahrens einen Sühneversuch veranlassen.

Übereinstimmend § 49 Ausf.Ges. f. Lauenburg.

1. für das Verfahren vor dem an die Stelle der Kommission getretenen Kreis- (Stadt-) Ausschusse gelten die Vorschriften unter A. 1, nämlich §§ 63, 77, 79, 80 LVG.

2. jetzt: den Bezirksausschuß.

§ 62. Die Kommission[1] entscheidet endgültig mit Ausschluß jeder Berufung. Die Entscheidung erfolgt gebühren- und stempelfrei;[2] doch sind dem unterliegenden Theile die baaren Auslagen des Verfahrens[3] und die des obsiegenden Theils, jedoch mit Ausschluß der Gebühren eines Bevollmächtigten, zur Last zu legen.

Die zu erstattenden baaren Auslagen werden von der Kommission[1] endgültig festgesetzt.

Die Entscheidungen der Kommissionen,[1] sowie die urkundlich von denselben festgestellten Einigungen sind im Verwaltungswege vollstreckbar.

Gleichlautend § 50 Ausf.Ges. f. Lauenburg.

1. jetzt: der Kreis- (Stadt-) Ausschuß.

2. vgl. §§ 102, 107 Nr. 3 LVG.

3. Dazu gehören nicht die Diäten und Reisekosten der Kommissionsmitglieder. Diese fallen, wie überhaupt die durch die Kommissionen entstehenden Kosten, den Kreisen zur Last. (Instr.)

B.

Die in Preußen nicht mehr geltenden Vorschriften des Ausführungsgesetzes vom 8. März 1871.

§§ 40—44 behandeln die Bildung und Zusammensetzung der Deputation für das Heimathwesen, an deren Stelle der Bezirksausschuß getreten ist. Preußen. (Ausf.-Ges.)

§ 45. Die Klage wegen eines abgelehnten Anspruches ist bei der Deputation anzubringen, zu deren Sprengel der in Anspruch genommene Armenverband gehört.

§ 46. In der der Deputation einzureichenden Klageschrift ist der Armenverband, dessen Verurteilung verlangt wird, und der Gegenstand des erhobenen Anspruches genau zu bezeichnen; es ist insbesondere ausdrücklich auszusprechen, ob die Übernahme des betreffenden Hilfsbedürftigen oder welche sonstige Leistung verlangt wird.

§ 47. Die Klageschrift wird der Gegenpartei mit der Aufforderung zugefertigt, ihre schriftliche Gegenerklärung innerhalb vier Wochen nach der Zustellung einzureichen, widrigenfalls die in der Klageschrift behaupteten Tatsachen für zugestanden und die damit überreichten Urkunden für anerkannt würden erachtet werden.

Die Gegenerklärung wird dem klagenden Armenverbande zugefertigt, geeignetenfalls mit der dieselbe Verwarnung enthaltenden Aufforderung, seine weitere Erklärung innerhalb vierzehn Tagen nach der Zustellung einzureichen. Geht eine solche weitere Erklärung ein, so wird sie der Gegenpartei zur Kenntnisnahme zugefertigt.

Die vorgedachten Fristen können auf Antrag der betreffenden Partei verlängert werden.

§ 48. Der Klageschrift und den in § 47 gedachten weiteren Erklärungen der Parteien sind die als Beweismittel in bezug genommenen Urkunden im Original oder in Abschrift beizufügen. Von allen Schriftstücken und deren Anlagen sind Duplikate einzureichen.

§ 49. s. unter A. 2.

§ 50. Die Deputation kann die Beweiserhebung durch eines ihrer Mitglieder oder durch eine der Bezirksregierung nachgeordnete Behörde oder durch eine zu dem Ende zu

Preußen (Ausf.-Ges.) ersuchende sonstige Behörde bewirken lassen. Sie kann verordnen, daß die Beweiserhebung in ihrer öffentlichen Sitzung stattfinden solle.

§ 51. Die Beweisverhandlungen sind unter Zuziehung eines vereideten Protokollführers, oder, wenn sie in einem anderen deutschen Staate stattfinden, in den dort vorgeschriebenen Formen aufzunehmen; die Parteien sind zu denselben vorzuladen.

§ 52. Die Entscheidung erfolgt in öffentlicher Sitzung der Deputation nach erfolgter Ladung und Anhörung der Parteien oder ihrer mit Vollmacht versehenen Vertreter. Die Ladung erfolgt unter der Verwarnung, daß beim Ausbleiben der Parteien nach Lage der Akten entschieden werden würde. Die Entscheidung kann sofort verkündigt werden; es ist über dieselbe aber jedenfalls ein schriftlicher, mit Gründen versehener Beschluß auszufertigen und den Parteien zuzustellen.

§ 53. In der öffentlichen Sitzung der Deputation dürfen die Parteien neue Tatsachen oder Beweismittel nur insofern vorbringen, als ihnen bei dem verspäteten Vorbringen eine schuldbare Verzögerung nicht zur Last fällt.

§ 54. Die Deputation hat nach ihrer freien, aus dem ganzen Inbegriffe der Verhandlungen und Beweise geschöpften Überzeugung zu beschließen. Insofern nicht etwa eine Ergänzung der Instruktion beschlossen wird, kann ihre Entscheidung auf Abweisung des klagenden oder auf Verurteilung des in Anspruch genommenen Armenverbandes gerichtet sein. Letzterenfalls ist in der Entscheidung ausdrücklich auszusprechen, ob der Armenverband zur Übernahme des betreffenden Hilfsbedürftigen oder nur zu einer sonstigen Leistung verpflichtet sein soll.

§ 55. Über die öffentliche Sitzung wird durch einen zuzuziehenden vereidigten Protokollführer eine Verhandlung aufgenommen, welche die wesentlichen Hergänge enthalten muß und von den Mitgliedern der Deputation, sowie von dem Protokollführer zu unterzeichnen ist.

§ 56. Die Entscheidung erfolgt im Namen des Königs. Preußen. (Ausf.-Ges.)
Das Verfahren ist stempelfrei. An Kosten wird für dasselbe, außer den baren Auslagen und den Gebühren für Zeugen und Sachverständige, ein Pauschquantum erhoben, welches im Höchstbetrage 20 Taler nicht übersteigen darf.

Dem unterliegenden Teil sind die Kosten und die baren Auslagen des Verfahrens, desgleichen die baren Auslagen des obsiegenden Teils, mit Einschluß der Gebühren, welche derselbe seinem Bevollmächtigten für Wahrnehmung der öffentlichen Sitzungen der Deputation zu entrichten hat, zur Last zu legen. Das Pauschquantum, sämtliche zu erstattende Auslagen und Gebühren der Bevollmächtigten werden von der Deputation endgiltig festgesetzt.

Abs. 3 handelt von der Verrechnung der Einnahmen der Deputation.

2. Sachsen. Ausf. Ver. v. 6. Juni 1871 (Ges. u. VerBl. S. 82). Sachsen.

§ 7 zu §§ 37 und 38 des Bundesgesetzes. Das Verfahren in Streitigkeiten zwischen verschiedenen Armenverbänden über die öffentliche Unterstützung Hülfsbedürftiger richtet sich — vorbehaltlich der Bestimmungen in § 37 Absatz 2, §§ 38 bis 51 und § 56 Absatz 2 und 3 über die zweite Instanz und das Verfahren in solchen Fällen, wo die streitenden Armenverbände verschiedenen Bundesstaaten angehören — nach dem Gesetze über die Verwaltungsrechtspflege vom 19. Juli 1900 (Ges. u. VerBl. S. 486 ff.).[1]

Bezüglich des Gerichtsstandes des Staatsfiskus als Vertreters des provisorischen Landarmenverbandes des Königreichs Sachsen gilt insbesondere die Bestimmung im § 2 des Gesetzes D. vom 30. Januar 1835.

Die Entscheidung erster Instanz ist in Fällen, in welchen der Fiskus in Vertretung des provi-

Sachsen. sorischen Landarmenverbandes des Königreichs Sachsen als Partei betheiligt ist, in analoger Anwendung der Bestimmung in § 11 dieses Gesetzes von der nach Beschaffenheit des Falls zuständigen Kreisdirektion zu erteilen.

1. Das Gesetz unter D v. 30. Jan. 1835 über das Verfahren in Administrationsjustizsachen, sowie die Abänderungsgesetze v. 5. Jan. 1870 u. 28. Juni 1874, sowie von dem Gesetze v. 21. März 1873 über die Organisation der Behörden der inneren Verwaltung § 6 Abs. 2 Ziff. 4, § 11 Ziff. 1, § 23 unter IIa Ziff. 2, § 27 Ziff. 2, u. der § 9 der Ver. v. 6. Juni 1871 zur Ausführung des UWG. haben mit dem 1. Jan. 1901 — abgesehen von der Erledigung anhängiger Sachen — ihre Geltung verloren (a. a. O. § 98 Ziff. 3 u. 4, § 103). — Auch der § 8 der Ausf.Ver. v. 6. Juni 1871 ist durch § 91 a. a. O. ersetzt worden.

Gesetz über die Verwaltungsrechtspflege.

I. Verwaltungsgerichte.

§ 1. Die Verwaltungsrechtspflege wird von Verwaltungsgerichten ausgeübt. Vor sie gehören die ihnen gesetzlich zugewiesenen Verwaltungssachen (Verwaltungsstreitsachen).

§ 2. Verwaltungsgerichte sind die Kreishauptmannschaften in ihrer durch § 25 des Organisationsgesetzes v. 21. April 1873 (G. u. VBl. S. 275) geordneten kollegialen Zusammensetzung und das neu zu errichtende Oberverwaltungsgericht. Werden die Kreishauptmannschaften als Verwaltungsgerichte tätig, so haben sie sich als solche zu bezeichnen.

§ 3 handelt von der Beschlußfassung und Abstimmung der Verwaltungsgerichte, §§ 4—15 betreffen Sitz (Dresden) und Zusammensetzung des Oberverwaltungsgerichts, die

Rechtsstellung seiner Mitglieder, Bildung von Senaten, Geschäftsgang usw. Sachsen.

§ 16. Alle Entscheidungen des Oberverwaltungsgerichts sind endgültig vorbehaltlich der Bestimmungen in den §§ 85 u. 90 Abs. 4 dieses Gesetzes.

§ 17 betrifft die gegenseitige Gewährung von Rechtshilfe und die Stellung der Verwaltungsgerichte zum Oberverwaltungsgericht.

II. Ausschluß und Ablehnung der Richter.

§ 18. Auf den Ausschluß und die Ablehnung der Richter sind die §§ 41 bis 48 der Zivilprozeßordnung in der Fassung vom 20. Mai 1898 (RGBl. S. 410) entsprechend anzuwenden.

Der Umstand allein, daß ein Mitglied der Kreishauptmannschaft amtlich in der Sache tätig gewesen, ist kein Grund, es auszuschließen oder abzulehnen.

Über die Ablehnung eines Mitgliedes der Kreishauptmannschaft entscheidet der Vorsitzende, über die Ablehnung des Vorsitzenden, dafern er sie nicht selbst für begründet hält, das Oberverwaltungsgericht.

III. Zuständigkeit der Verwaltungsgerichte.

§ 19. Zuständig in erster Instanz ist in den Streitigkeiten des § 21, soweit nicht nach besonderer gesetzlicher Vorschrift im einzelnen Falle etwas Anderes gilt:

1. . . . . . .
2. . . . . . . das Verwaltungsgericht, in dessen Bezirke die beklagte Partei wohnt oder ihren Sitz hat. Wird diese von einer öffentlichen Behörde vertreten, so ist der Sitz der Behörde maßgebend.

Ist hiernach die Zuständigkeit eines Verwaltungsgerichts nicht begründet . . ., so bestimmt das Oberverwaltungsgericht das zuständige Gericht. Das gleiche gilt, wenn die beklagte Partei in mehreren Bezirken wohnt oder ihren Sitz hat, oder, wenn gleichzeitig mehrere Beklagte

Sachsen. in Anspruch genommen werden, die in verschiedenen Bezirken wohnen oder ihren Sitz haben.

§ 20. Für die Streitigkeiten des § 21 Ziffer 5 ist in den Fällen, wo die Kreishauptmannschaft Dresden den Landarmenverband vertritt,[1] die Kreishauptmannschaft Leipzig, sonst[2] die Kreishauptmannschaft Dresden zuständig.

1. s. § 2 Ver. v. 15. Juni 1876 in Anh. B.

2. d. h. in den Fällen, wo eine andere Kreishauptmannschaft (Leipzig, Bautzen, Zwickau, Chemnitz) den Landarmenverband vertritt. Im Übrigen findet § 19 Ziff. 2 Anwendung. (Vgl. Entsch. des Ob.-VerGer. v. 2. März 1901, Sächs. Wochenbl. S. 74.)

§ 21. Die Kreishauptmannschaften entscheiden als Verwaltungsgericht erster Instanz auf Klage in folgenden Parteistreitigkeiten des öffentlichen Rechts:

3. über die Zugehörigkeit eines Grundstücks zu einer politischen oder Schul-Gemeinde oder zu einem sonstigen öffentlich-rechtlichen Verbande oder zu einem selbständigen Gutsbezirke sowie darüber, ob einem Gute die Eigenschaft eines selbständigen Gutsbezirkes zukommt, wenn hierüber unter diesen Beteiligten Streit entsteht;
4. über die Rechte und Verbindlichkeiten, die sich aus einem öffentlich-rechtlichen Verbande, sei es zwischen ihm und den einzelnen Bestandteilen oder zwischen diesen untereinander ergeben, soweit nicht nach besonderer gesetzlicher Vorschrift das Verfahren anders geregelt ist;
5. über Ansprüche der Armenverbände gegeneinander, sowie gegen den Staat[1] wegen der öffentlichen Unterstützung Hilfsbedürftiger.[2]

1. s. oben § 7 Ausf.Ges. v. 6. Juni 1871 sowie im Anh. B § 2 Ver. v. 15. Mai 1876.

2. s. § 62 Abs. 2.

§ 22. Das Oberverwaltungsgericht entscheidet:

1. in zweiter Instanz über die Berufung (§ 62) und die Beschwerde (§ 70); Sachien.
2. in erster und letzter Instanz über die Anfechtungsklage (§§ 73ff.), sowie über die Klage auf Wiederaufnahme des Verfahrens (§ 85).

§ 23 findet auf Streitigkeiten unter Armenverbänden keine Anwendung.

§ 24. Ist eine unter den § 21 fallende Streitsache aus Irrtum oder aus einem sonstigen Grunde nicht als Parteistreitigkeit behandelt worden, sondern auf Grund der Ziffer 2 des § 22 an das Oberverwaltungsgericht gelangt, so kann es selbst darüber in dem durch die §§ 73ff. vorgeschriebenen Verfahren entscheiden, ohne sie an das an sich zuständige Verwaltungsgericht zu verweisen.

IV. Verfahren.

1. Allgemeine Bestimmungen.

25. Die Verwaltungsgerichte erforschen den Sachverhalt und erheben den Beweis von Amtswegen. Sie entscheiden auf Grund des festgestellten Tatbestandes, wobei sie zwar nicht über den Gegenstand der Verhandlung hinausgehen dürfen, im übrigen aber weder an die gestellten Anträge noch an die zu ihrer Rechtfertigung vorgebrachten Gründe gebunden sind, insbesondere eine angefochtene Entscheidung, wenn dabei ein öffentliches Interesse vorliegt, auch zum Nachteile dessen, der ein Rechtsmittel eingewendet hat, abändern können.

Ihre Urteile dürfen nur die Parteien betreffen und dürfen auf keine Tatsache und auf kein Beweismittel gestützt werden, worüber den Parteien nicht Gelegenheit gegeben war, sich zu äußern.

Jedes Urteil, desgleichen jede Verfügung und Entscheidung, gegen die selbständig Beschwerde erhoben werden kann (§ 70), ist mit Gründen zu versehen.

Die Urteile werden im Namen des Königs erlassen.

Sachsen. §§ 26—28 betreffen die Öffentlichkeit und Mündlichkeit der Verhandlung, die Gerichtssprache, die Aufrechterhaltung der Ordnung (auch gegenüber ungebührlicher Schreibweise).

§ 29. Die Parteien können sich, vorbehaltlich der Bestimmungen im § 51, durch Bevollmächtigte vertreten lassen oder mit Beiständen erscheinen. Hierbei sind die §§ 79 bis 90 der Zivilprozeßordnung entsprechend anzuwenden.

Das Gericht kann Bevollmächtigte und Beistände, die ohne Rechtsanwälte zu sein, die Vertretung geschäftsmäßig betreiben, zurückweisen.

§ 30. Das Gericht hat die Prozeßfähigkeit einer Partei, die Legitimation eines gesetzlichen Vertreters und die erforderliche Ermächtigung zur Prozeßführung von Amtswegen zu prüfen.

Einer nichtprozeßfähigen Partei, die ohne gesetzlichen Vertreter ist, kann der Vorsitzende bis zum Eintritte des gesetzlichen Vertreters einen besonderen Vertreter bestellen. Das gleiche gilt, wenn der Aufenthaltsort des gesetzlichen Vertreters unbekannt oder vom Sitze des Gerichtes weit entfernt ist. Zahlungen anzunehmen, desgleichen das Streitverfahren durch Vergleich, Verzicht, Anerkenntnis oder durch Zurücknahme einer Klage oder eines Rechtsmittels zu erledigen, ist der besondere Vertreter nicht berechtigt.

Die nicht prozeßfähige Partei ist auf ihr Verlangen selbst zu hören.

Die Kosten des besonderen Vertreters gelten als außergerichtliche Kosten.

§ 31. Den Parteien und ihren Vertretern steht es jederzeit frei, die Akten einzusehen und sich auf ihre Kosten Abschriften geben zu lassen. Es können jedoch einzelne Teile der Akten der Verwaltungs- und Polizeibehörden auf deren Antrag im öffentlichen Interesse hiervon ausgenommen werden.

Die Entwürfe zu Entscheidungen und Verfügungen, die zu ihrer Vorbereitung gelieferten Arbeiten, sowie die Schriftstücke, welche Abstimmungen oder Strafverfügungen betreffen, werden weder vorgelegt noch abschriftlich mitgeteilt. Sachsen.

Wird die Einsicht der Akten oder die Erteilung von Abschriften verweigert, so kann dagegen Beschwerde erhoben werden.

§ 32. In dem Verfahren vor den Verwaltungsgerichten wird von Amtswegen nach den für Verwaltungssachen im allgemeinen geltenden Vorschriften zugestellt.

Ist ein Prozeßbevollmächtigter vorhanden, so ist diesem zuzustellen.

Sind mehrere Beteiligte gemeinsam aufgetreten, ohne einen gemeinschaftlichen Bevollmächtigten ernannt zu haben, so kann der Vorsitzende anordnen, daß nur an einen von ihnen zugestellt werde.

§ 33. Alle Fristen im Verwaltungsstreitverfahren sind Ausschlußfristen und beginnen mit der Zustellung, soweit gesetzlich nichts anderes bestimmt ist. Dasselbe gilt auch von den Fristen für die Erhebung der Klage in den Fällen des § 21.

Auf die Berechnung, Verlängerung und Abkürzung der Fristen, auf die Anberaumung und Verlegung der Termine und auf die Wiedereinsetzung in den vorigen Stand gegen die Versäumnis gesetzlicher Fristen sind die §§ 218, 221 Abs. 1, 222, 224 Abs. 2 und 3, 226, 228, 229, 233 Abs. 1, 234, 236 Abs. 1, 237, 238 der Zivilprozeßordnung entsprechend anzuwenden.

Über das Gesuch um die Verlängerung oder Abkürzung einer Frist oder um die Verlegung eines Termines beschließt der Vorsitzende.

Der Antrag auf Wiedereinsetzung ist bei dem Verwaltungsgerichte schriftlich einzureichen.

Sachsen. 2. Verfahren in erster Instanz vor den Kreishauptmannschaften.

§ 34. Die Klage ist schriftlich einzureichen oder zu Protokoll anzubringen. Sie muß einen bestimmten Antrag enthalten und die Person des Beklagten sowie den Streitgegenstand genau bezeichnen.

Überdies sollen die den Antrag begründenden Tatsachen angegeben werden.

§ 35. Die Klage kann, wenn ein öffentliches Interesse dabei vorliegt, nur mit Einwilligung des Gerichtes zurückgenommen werden.

Wird die Einwilligung versagt, so kann dagegen Beschwerde erhoben werden.

Nimmt der Kläger die Klage zurück, so hat er die Kosten des Verfahrens zu tragen. Auf den Antrag des Beklagten ist diese Verpflichtung durch Urteil auszusprechen.

§ 36. Ist die Klage bei einem unzuständigen Verwaltungsgerichte eingereicht, so ist sie unter Benachrichtigung des Klägers unverzüglich an das zuständige Gericht abzugeben.

Wenn die Erhebung der Klage an eine Frist gebunden ist, gilt diese durch rechtzeitige Einreichung bei dem unzuständigen Verwaltungsgerichte für gewahrt.

§ 37. Entspricht die Klage nicht den Erfordernissen des § 34 Abs. 1, so lehnt der Vorsitzende die Einleitung des Streitverfahrens unter Angabe des Mangels ab. Er kann aber, wenn die Erhebung der Klage an eine Frist gebunden ist, dem Kläger erst noch eine kurze Frist zur Behebung des Mangels einräumen. Die Frist kann nicht verlängert werden.

§ 38. Ist die Frist zur Erhebung der Klage versäumt, oder erweist sich der gestellte Antrag sofort als rechtlich unzulässig oder als offenbar unbegründet oder sind die

Verwaltungsgerichte nicht dafür zuständig, so kann das Gericht die Klage ohne weiteres durch einen mit Gründen versehenen Bescheid zurückweisen. Sachsen.

Erscheint dagegen der Antrag rechtlich begründet, so kann das Gericht dem Beklagten ohne weiteres durch einen mit Gründen versehenen Bescheid aufgeben, den Kläger klaglos zu stellen.

In dem Bescheide ist den Parteien zu eröffnen, daß sie befugt seien, innerhalb zweier Wochen nach dem Tage der Zustellung auf mündliche Verhandlung anzutragen.

Wird der Antrag nicht gestellt, so gilt der Bescheid als endgültiges Urteil.

§ 39. Liegt keiner der Fälle der §§ 36 bis 38 vor, oder wird im Falle des § 38 rechtzeitig auf mündliche Verhandlung angetragen, so ist die Klage abschriftlich dem Beklagten mit der Aufforderung zuzufertigen, seine Gegenerklärung binnen einer bestimmten, von einer bis vier Wochen bemessenen Frist schriftlich einzureichen oder zu Protokoll abzugeben.

Die Gegenerklärung ist dem Kläger zuzufertigen.

§ 40. Die Parteien sollen in den Schriftsätzen oder zu Protokoll die Beweismittel, deren sie sich zum Nachweis oder zur Widerlegung tatsächlicher Behauptungen bedienen wollen, angeben, und die in ihren Händen befindlichen Urkunden, auf die in den Schriftsätzen oder im Protokolle Bezug genommen wird, in Urschrift oder in Abschrift beifügen.

Kommen nur einzelne Teile einer Urkunde in Betracht, so genügt die Beifügung eines Auszuges, der den Eingang, die zur Sache gehörende Stelle, den Schluß, das Datum und die Unterschrift enthält.

§ 41. Von allen Schriftsätzen und Anlagen ist für jeden Gegner eine Abschrift einzureichen.

Sind die Anlagen sehr umfangreich, so kann der Vorsitzende gestatten, daß sie selbst zur Einsicht der Beteiligten an Gerichtsstelle offen gelegt werden.

Sachsen. § 42. In einfachen Fällen sowie dann, wenn sich das tatsächliche Verhältnis aus den vorliegenden Akten oder Urkunden feststellen läßt, kann sofort, ohne vorhergehenden Schriftenwechsel, der Termin zur mündlichen Verhandlung anberaumt werden. Dem Beklagten ist alsdann gleichzeitig mit der Vorladung zum Termine die Abschrift der Klage und ihrer Anlagen mitzuteilen oder im Falle des § 41 Absatz 2 die Einsicht der Anlagen freizustellen.

§ 43. Das Gericht kann ohne vorhergehende mündliche Verhandlung entscheiden, wenn beide Parteien ausdrücklich darauf verzichten.

Ist von einer Partei die Einrede der Unzuständigkeit der Verwaltungsgerichte erhoben, so kann das Gericht darüber durch Urteil vorab entscheiden.

§ 44. Der Termin zur mündlichen Verhandlung wird von dem Vorsitzenden anberaumt.

Die Parteien werden von dem Termine mit dem Bemerken in Kenntnis gesetzt, daß im Falle ihres Ausbleibens auf Grund der Akten entschieden werde. Zwischen der Zustellung dieser Benachrichtigung und der mündlichen Verhandlung muß, abgesehen von dringenden Fällen, mindestens eine Woche liegen.

Den Parteien steht es frei, ihre Erklärungen vor dem Termine schriftlich einzureichen oder zu ergänzen. Die Abschrift dieser Erklärungen ist der Gegenpartei zuzufertigen. Kann dies nicht mehr vor dem Termine geschehen, so wird ihr wesentlicher Inhalt in der mündlichen Verhandlung mitgeteilt.

§ 45. Das Gericht kann auf Antrag oder von Amtswegen Dritte, deren Interesse durch das Urteil berührt wird, zur mündlichen Verhandlung beiladen. Hierbei ist ihnen der Grund der Beiladung und der Stand der Sache mitzuteilen.

Durch die Beiladung werden sie Partei.

Sowohl gegen die Beiladung wie gegen die Verwerfung des Antrages auf Beiladung ist Beschwerde zulässig.

§ 46. Die mündliche Verhandlung findet in der Regel am Sitze des Gerichtes statt. Sie kann jedoch an einem anderen Orte des Bezirkes abgehalten werden, wenn dies zweckmäßig erscheint, um Kosten oder Reisen zu ersparen, den Sachverhalt aufzuklären oder die Beweisaufnahme zu erleichtern. Sachsen.

§ 47. Der Vorsitzende eröffnet und leitet die mündliche Verhandlung. Er erteilt das Wort und kann es entziehen, wenn seinen Anordnungen nicht Folge geleistet wird.

Die mündliche Verhandlung beginnt damit, daß der Vorsitzende oder der von ihm ernannte Berichterstatter den Sachverhalt vorträgt. Hierauf werden die erschienenen Parteien oder ihre Vertreter gehört.

Die Parteien können ihre tatsächlichen und rechtlichen Ausführungen ergänzen oder berichtigen und die Klage abändern, insofern nicht nach dem Ermessen des Gerichtes die Abänderung das Verteidigungsrecht der Gegenpartei schmälert oder das Verfahren erheblich verzögert. Sie haben, soweit es nicht bereits geschehen ist, sämtliche Beweismittel anzugeben und die ihnen zu Gebote stehenden schriftlichen Beweismittel vorzulegen, auch können sie Zeugen zur Vernehmung mitbringen.

§ 48. Werden Anträge, Angriffs- oder Verteidigungsmittel vorgebracht, die nicht schon in den vorbereitenden Schriftsätzen enthalten waren, so ist, soweit es notwendig erscheint, um den Sachverhalt aufzuklären oder das Verteidigungsrecht der Gegenpartei zu wahren, ein Termin zur weiteren mündlichen Verhandlung anzuberaumen.

§ 49. Der Vorsitzende hat dahin zu wirken, daß der Sachverhalt vollständig aufgeklärt und die zweckdienlichen Anträge von den Parteien gestellt werden. Schriftstücke werden nur insoweit verlesen, als es auf ihren wörtlichen Inhalt ankommt.

Jedem Mitgliede des Gerichtes ist es gestattet, Fragen zu stellen.

Sachsen. § 50. Zur mündlichen Verhandlung ist ein vereidigter Protokollführer zuzuziehen.

Das Protokoll muß das Wesentliche der Verhandlung angeben. Es wird von dem Vorsitzenden und dem Protokollführer unterzeichnet und zur Einsicht der Parteien ausgelegt.

§ 51. Das Gericht erhebt den nach seinem Ermessen zur Aufklärung des Sachverhaltes erforderlichen Beweis ohne Rücksicht darauf, ob ihn die Parteien angetreten haben oder nicht.

Das Gericht kann zu diesem Zweck Untersuchungen an Ort und Stelle veranlassen, Zeugen und Sachverständige laden und, nach Befinden auch eidlich, vernehmen, jederzeit das persönliche Erscheinen der Parteien oder ihrer gesetzlichen Vertreter anordnen und für den Fall des Nichterscheinens eine Geldstrafe bis zu dreihundert Mark androhen.

Die verwirkte Strafe wird von dem Gerichte festgesetzt. Gegen den Beschluß kann Beschwerde erhoben werden.

Ist die Partei verhindert, vor dem erkennenden Gerichte zu erscheinen, oder hält sie sich in großer Entfernung von seinem Sitze auf, so kann eine andere Behörde ersucht werden, sie zu vernehmen. Hierbei gelten wegen der Strafe die vorstehenden Bestimmungen mit der Maßgabe, daß sie von der ersuchten Behörde angedroht und festgesetzt wird.

§ 52. Der Beweis wird in der Regel in der mündlichen Verhandlung erhoben.

Das Gericht ist jedoch befugt, ihn durch ein Mitglied erheben zu lassen oder eine andere Behörde darum zu ersuchen oder damit zu beauftragen, geeignetenfalls ihn auch schon vor der mündlichen Verhandlung zu erheben. Hat eine Partei zur Sicherung des Beweises beantragt, ihn vor der mündlichen Verhandlung zu erheben, so hat das Gericht alsbald darüber zu entscheiden. Gegen die Ablehnung kann Beschwerde eingelegt werden.

Über die Beweisverhandlungen ist von einem vereidigten Protokollführer ein Protokoll aufzunehmen.

Werden sie außerhalb des Termins zur mündlichen Verhandlung vorgenommen, so sind die Parteien vorher zu benachrichtigen. Sachsen.

§ 53. Auf die Ablehnung der Sachverständigen, auf die Verpflichtung, sich als Zeuge oder Sachverständiger vernehmen zu lassen, auf die Zulässigkeit der Beeidigung und auf die Folgen des Nichterscheinens oder der Weigerung sind die Vorschriften der §§ 380 bis 390, 393, 400 406 bis 409 und 411 Abs. 2 der Zivilprozeßordnung entsprechend anzuwenden.

Vereidigt werden die Zeugen und Sachverständigen, wenn das überhaupt für erforderlich erachtet wird, erst nach dem Abschlusse der Vernehmung oder Begutachtung. Die §§ 392 und 410 der Zivilprozeßordnung sind hierbei entsprechend anzuwenden.

Die Zeugen und Sachverständigen erhalten Gebühren nach Maßgabe der Gebührenordnung in der Fassung vom 20. Mai 1898 (RGBl. S. 689). Die Gebühren werden von dem Vorsitzenden und, wenn die Zeugen oder Sachverständigen auf Ersuchen von einer anderen Behörde vernommen worden sind, von dieser festgestellt. Hiergegen kann Beschwerde erhoben werden.

Der Beweis durch Eideszuschiebung ist ausgeschlossen, dagegen kann der Eid einer Partei auferlegt werden.

§ 54. Das Gericht entscheidet, soweit gesetzlich nichts anderes bestimmt ist, nach seiner freien, aus dem ganzen Inhalte der Verhandlung und dem Ergebnis der Beweisaufnahme geschöpften Überzeugung.

Die von einer Partei vorgebrachten Tatsachen können, wenn sich die Gegenpartei nicht im Termine oder sonst darüber erklärt hat, für zugestanden erachtet werden.

Mit der Entscheidung in der Hauptsache ist stets auch die Entscheidung über die Kosten des Verfahrens zu verbinden.

§ 55. Das Gericht beratet und beschließt in geheimer Sitzung.

Sachsen. Das Urteil kann nur von denjenigen Mitgliedern gefällt werden, welche der ihm zugrunde liegenden mündlichen Verhandlung beigewohnt haben. Hat inzwischen die Besetzung des Gerichtes gewechselt, so genügt es, wenn das Ergebnis der bisherigen Verhandlung und Beweisaufnahme mit vorgetragen wird.

§ 56. Der Vorsitzende verkündet die auf Grund der mündlichen Verhandlung gefaßten Beschlüsse in öffentlicher Sitzung, indem er den Beschluß, bei Urteilen die Urteilsformel vorliest.

Wird es für angemessen erachtet, auch die Gründe zu verkünden, so werden sie vorgelesen oder ihrem wesentlichen Inhalte nach mündlich mitgeteilt.

Kann der Beschluß nicht in dem Termine, worin die mündliche Verhandlung geschlossen worden ist, verkündet werden, so genügt seine Zustellung (§ 58).

§ 57. Die Urteile werden in der Urschrift von dem Vorsitzenden und, wenn ein besonderer Berichterstatter ernannt war, auch von diesem unterzeichnet.

Im Eingange des Urteiles sind die Mitglieder, die dabei mitgewirkt haben, namentlich auszuführen, auch ist der Sitzungstag anzugeben, an dem es gefällt worden ist.

§ 58. Den Parteien ist baldigst eine amtlich vollzogene Ausfertigung des Urteiles herzustellen.

Ebenso sind die mit der Beschwerde (§ 70) anfechtbaren Verfügungen und Entscheidungen den Beteiligten alsbald zuzustellen, andere Verfügungen und Entscheidungen dagegen nur dann, wenn sie nicht verkündet worden sind.

§ 59. Schreibfehler, Rechenfehler und ähnliche offenbare Unrichtigkeiten, die in einer Entscheidung vorkommen, können jederzeit von dem Gericht auch von Amtswegenund ohne vorhergehende mündliche Verhandlung berichtigt werden.

Der Beschluß, der eine Berichtigung ausspricht, wird auf der Entscheidung und den Ausfertigungen bemerkt. Gegen ihn ist Beschwerde zulässig.

§ 60. Wenn ein von einer Partei geltend gemachter Anspruch oder der Kostenpunkt in dem Urteile ganz oder teilweise übergangen ist, so ist es auf Antrag zu ergänzen. Sachsen.

Die nachträgliche Entscheidung muß binnen zwei Wochen nach der Zustellung des Urteiles bei dem Gerichte schriftlich oder zu Protokoll beantragt werden.

Die mündliche Verhandlung erstreckt sich nur auf den nicht erledigten Teil des Streitgegenstandes.

§ 61. Das rechtskräftige Urteil bindet für den Streitgegenstand außer den Parteien sowohl die Verwaltungsgerichte als auch die Verwaltungsbehörden und zwar diese mit der Wirkung, daß sie gegen den Willen der Parteien nichts verfügen können, was davon abweicht.

3. Berufung.

§ 62. Gegen die Urteile der Kreishauptmannschaften steht den Parteien die Berufung an das Oberverwaltungsgericht zu. Die Berufung ist ausgeschlossen, wenn die Urteile nach besonderer gesetzlicher Vorschrift endgültig sind.

In den Fällen des § 21 Ziffer 5 geht die Berufung unmittelbar an das Bundesamt für das Heimatwesen, wenn die streitenden Armenverbände verschiedenen Bundesstaaten angehören (§ 46 des Reichsgesetzes über den Unterstützungswohnsitz vom 6. Juni 1870 — BGBl. S. 360 —).

§ 63. Der Beurteilung des Oberverwaltungsgerichtes unterliegen die dem Urteile vorausgegangenen Entscheidungen nicht, soweit sie mit der Beschwerde anfechtbar sind.

§ 64. Die Zurücknahme der Berufung hat den Verlust des Rechtsmittels und die Verpflichtung zur Folge, die dadurch entstandenen Kosten zu tragen. Auf den Antrag des Gegners sind diese Wirkungen durch Urteil auszusprechen.

Sachsen. Ist ein Vertreter des öffentlichen Interesses bestellt, so muß auf sein Verlangen über die Berufung trotz ihrer Zurücknahme entschieden werden.

§ 65. Die Berufung ist binnen vier Wochen schriftlich oder zu Protokoll bei dem Gericht einzulegen, dessen Urteil angefochten wird.

Die Frist gilt für gewahrt, wenn die Berufung innerhalb dieser Zeit schriftlich bei dem Oberverwaltungsgericht eingegangen ist.

Die Berufung soll die Beschwerdepunkte bezeichnen und rechtfertigen sowie die neuen Tatsachen und Beweismittel angeben, welche die Partei geltend zu machen beabsichtigt, ohne daß jedoch die Wirksamkeit der Berufung hiervon abhinge.

§ 66. Der Berufungsbeklagte kann sich der Berufung anschließen, selbst wenn er auf die Berufung verzichtet hat, oder wenn die Berufungsfrist verstrichen ist.

Der Anschluß verliert seine Wirkung, wenn die Berufung zurückgenommen oder als unzulässig verworfen wird. Dies gilt jedoch nicht in dem Falle des § 64 Absatz 2.

Hat sich der Berufungsbeklagte innerhalb der Berufungsfrist der Berufung angeschlossen, so wird es so angesehen, als hätte er die Berufung selbständig eingelegt.

§ 67. Die Berufung hat, soweit gesetzlich nichts anderes bestimmt ist, aufschiebende Wirkung; den Verwaltungsbehörden verbleibt jedoch das Recht, die durch das öffentliche Interesse gebotenen Anordnungen einstweilen zu treffen.

§ 68. Nach Eingang der Berufung werden die Akten dem Oberverwaltungsgericht eingesandt oder von ihm eingefordert.

Ist die Berufung versäumt oder sonst unzulässig, so wird sie in der Regel ohne weiteres verworfen.

Andernfalls wird die Abschrift der Berufung mit Sachsen.
ihren Anlagen der Gegenpartei zugefertigt und ihr anheimgegeben, binnen einer bestimmten, von einer bis vier Wochen bemessenen Frist eine Gegenschrift einzureichen. Dasselbe gilt auch für die Beigeladenen.

Auf das weitere Verfahren sind die Vorschriften der §§ 39 Abs. 2, 40, 41, 43, 44, 45 Abs. 1 und 2, 47 bis 51, 52 Abs. 2 und 3, 53 bis 61 entsprechend anzuwenden, soweit im § 69 nichts anderes bestimmt ist.

§ 69. Vorbereitende Erklärungen müssen schriftlich eingereicht werden.

In der mündlichen Verhandlung trägt der vom Präsidenten ernannte Berichterstatter den Sachverhalt vor.

Die Klage kann selbst mit Einwilligung des Gegners nicht abgeändert werden.

In dem Protokoll ist der erschienene Vertreter des öffentlichen Interesses zu benennen.

Die Urschrift des Urteiles wird von allen Mitgliedern, die bei der Entscheidung mitgewirkt haben, unterzeichnet. Ist ein Richter verhindert, seine Unterschrift beizufügen, so wird dies unter Angabe des Grundes von dem Präsidenten und, wenn dieser verhindert ist, von dem ältesten beisitzenden Richter unter dem Urteile bemerkt.

Die Urteile werden dem Vertreter des öffentlichen Interesses unmittelbar von dem Oberverwaltungsgerichte, den übrigen Beteiligten durch die Vermittelung des Gerichtes zugestellt, gegen dessen Entscheidung die Berufung eingelegt ist.

Der Beschluß, worin der Präsident die Gebühren der Zeugen und Sachverständigen feststellt, ist unanfechtbar.

4. Beschwerde.

§ 70. Die Beschwerde ist in den in diesem Gesetze bestimmten Fällen sowie dann zulässig, wenn von der Kreishauptmannschaft oder dem Vorsitzenden die Einleitung oder Fortsetzung des Verfahrens abgelehnt wird.

Sachsen. Die Beschwerde ist bei dem Gerichte, dessen Entscheidung oder Verfügung angefochten wird, binnen zwei Wochen nach ihrer Zustellung schriftlich oder zu Protokoll einzulegen.

Die Frist gilt für gewahrt, wenn die Beschwerde binnen zwei Wochen schriftlich bei dem Oberverwaltungsgericht eingegangen ist.

§ 71. Erachtet das Gericht oder der Vorsitzende, dessen Entscheidung angefochten wird, die Beschwerde für begründet, so ist ihr ohne weiteres abzuhelfen.

In den Fällen der §§ 102, 387, 406 der Zivilprozeßordnung, sowie der §§ 45 und 91 dieses Gesetzes ist das Gericht erster Instanz nicht befugt, die durch die Beschwerde angegriffene Entscheidung abzuändern.

§ 72. Die Beschwerde hat nur in den Fällen der §§ 380, 390, 409 der Zivilprozeßordnung, der §§ 180 und 182 des Gerichtsverfassungsgesetzes und der §§ 28 Absatz 3, 45 Absatz 3, 51 Absatz 3 und 91 Absatz 3 dieses Gesetzes aufschiebende Wirkung.

Das Gericht kann anordnen, daß die Vollziehung der angefochtenen Entscheidung oder Verfügung ausgesetzt werde. Die gleiche oder eine sonstige einstweilige Anordnung kann das Oberverwaltungsgericht erlassen.

5. Anfechtungsklage.

Die in §§ 73ff. geregelte Anfechtungsklage richtet sich gegen behördliche Entscheidungen und bezieht sich nicht auf die stets als Parteistreitigkeiten zu behandelnden Streitsachen unter Armenverbänden.

V. Wiederaufnahme des Verfahrens.

§ 85. Gegen rechtskräftige Urteile der Verwaltungsgerichte steht sowohl den Beteiligten wie dem Vertreter des öffentlichen Interesses die Klage auf Wiederaufnahme des Verfahrens zu, soweit sie nicht nach reichsgesetzlicher Bestimmung ausgeschlossen ist.

Auf die Klage sind die §§ 578 bis 583 und 586 bis 589 der Zivilprozeßordnung entsprechend anzuwenden, doch beträgt die Frist zur Erhebung der Klage vier Wochen. Sachsen.

Im übrigen richtet sich das Verfahren im allgemeinen nach den Vorschriften über die Anfechtungsklage.

Zuständig ist ausschließlich das Oberverwaltungsgericht, bei dem die Klage schriftlich zu erheben ist.

§ 86. Die Klage hat keine aufschiebende Wirkung; doch kann das Oberverwaltungsgericht, wenn die Vollstreckung einen nicht oder nur schwer zu ersetzenden Nachteil brächte, auf Antrag anordnen, daß die Vollstreckung gegen oder ohne Sicherheitsleistung einstweilen eingestellt oder nur gegen Sicherheitsleistung durchgeführt werde, und die zur Vollstreckung getroffenen Maßregeln gegen Sicherheitsleistung aufheben.

§ 87. Erachtet das Oberverwaltungsgericht die Klage für begründet, so hebt es das angefochtene Urteil und das Verfahren, soweit dieses von dem Anfechtungsgrunde betroffen wird, auf und verweist die Sache an die geeignete Instanz.

Diese ist an die in dem Wiederaufhebungsbeschlusse aufgestellten Grundsätze sowie an die ihm zugrunde gelegten tatsächlichen Feststellungen gebunden.

VI. Kompetenzstreitigkeiten.

§ 89. Die Verwaltungsgerichte haben ihre Zuständigkeit von Amtswegen zu prüfen.

Entsteht unter mehreren Verwaltungsgerichten Streit über ihre Zuständigkeit, so ist die Entscheidung des Oberverwaltungsgerichtes einzuholen.

Die §§ 88, 90 beziehen sich nicht auf das armenrechtliche Streitverfahren.

VII. Zwangsvollstreckung.

§ 91. Die Zwangsvollstreckung in streitigen Verwaltungssachen liegt den Verwaltungsbehörden gemäß den

Sachsen. Vorschriften über die Zwangsvollstreckung in Verwaltungssachen ob.

Über Einwendungen, die den Streitgegenstand, wegen dessen die Vollstreckung verfügt ist, betreffen, oder gegen die Zulässigkeit der Vollstreckung gerichtet sind, entscheidet das Verwaltungsgericht, welches in erster Instanz erkannt hat, in den Fällen der Anfechtungsklage das Oberverwaltungsgericht. Hierbei gelten sinngemäß die Vorschriften des § 767 Absatz 2 und 3 der Zivilprozeßordnung. Einer vorhergehenden mündlichen Verhandlung bedarf es nicht.

Gegen die Entscheidung der Kreishauptmannschaft ist Beschwerde zulässig.

VIII. Kosten.

§ 92. Das Verfahren in streitigen Verwaltungssachen ist stempelfrei.

§ 93. Auf die Kosten des Verfahrens in Parteistreitigkeiten sind neben den Bestimmungen dieses Gesetzes die §§ 91 Absatz 1, 92 bis 98, 99 Absatz 1 und 3, 100, 102 bis 106, 278 Absatz 2 und 283 Absatz 2 der Zivilprozeßordnung sowie die §§ 5, 6, 86 bis 89, 91 bis 93 und 97 des Gerichtskostengesetzes in der Fassung vom 20. Mai 1898 (RGBl. S. 659) entsprechend anzuwenden.

§ 94. Für das Verfahren in Parteistreitigkeiten wird eine nach der Wichtigkeit des Streitgegenstandes und nach dem Umfange der Verhandlungen zu bemessende Gebühr erhoben und zwar von den Kreishauptmannschaften bis zu 60 M., von dem Oberverwaltungsgerichte bis zu 100 M. Der Fiskus des Deutschen Reiches und des Königreiches Sachsen ist von der Zahlung der Gebühr befreit.

Die Gebühren für die Zeugen und Sachverständigen sowie die Kosten der Bekanntmachungen in öffentlichen Blättern sind nicht mit inbegriffen. Ebenso sind Abschriften, welche die Beteiligten auf ihr Verlangen erhalten, nach den geordneten Sätzen besonders zu bezahlen. Inwieweit sonstige bare Auslagen, insbesondere Reisekosten, zu erstatten sind, entscheidet das Gericht nach freiem Ermessen. Sachsen.

Bei dem Oberverwaltungsgerichte wird keine Gebühr erhoben, wenn das Gericht nicht in die Zurücknahme der Klage gewilligt hat (§ 35 Absatz 1) oder wenn über die Berufung trotz ihrer Zurücknahme auf Verlangen des Vertreters des öffentlichen Interesses entschieden worden ist (§ 64 Absatz 2).

§ 95 betrifft die Anfechtungsklage (§§ 73ff.).

§ 96. Über Erinnerungen des Zahlungspflichtigen oder der Staatskasse gegen den Ansatz von Gebühren oder Auslagen entscheidet das Gericht der Instanz gebührenfrei. Die Entscheidung kann von dem Gerichte, das sie getroffen hat, sowie in der höheren Instanz von dem Oberverwaltungsgerichte von Amtswegen abgeändert werden.

Der Zahlungspflichtige kann nur innerhalb eines Jahres von der Abforderung der Kosten an Erinnerungen erheben.

Gegen die Entscheidung der Kreishauptmannschaft ist Beschwerde zulässig.

3. **Württemberg.** Die Art. 31 ff. des Ausf.Ges. v. 17. April 1873 sind ersetzt durch die Vorschriften des Gesetzes über die Verwaltungsrechtspflege vom 16. Dezember 1876 (RegBl. S. 485). Württemberg.

Art. 1. Der Verwaltungsrechtsweg findet statt bei Streitigkeiten und Beschwerden in Beziehung auf Ansprüche und Verbindlichkeiten aus dem öffentlichen Recht in den im gegenwärtigen Gesetz bezeichneten Fällen.

Art. 3. Die höchste landesgesetzliche Instanz für Verwaltungsrechtssachen bildet der Verwaltungsgerichtshof.

Württemberg. Die Art. 3—5 handeln von dessen Besetzung und Rechtsstellung im Behördenorganismus.

Art. 6. Als Verwaltungsgerichte erster Instanz haben in den im Gesetz (Art. 10) bezeichneten Fällen die Kreisregierungen zu verhandeln und zu entscheiden.

Art. 7. Der Verwaltungsgerichtshof verhandelt und beschließt in der Besetzung mit fünf Mitgliedern, einschließlich des Vorsitzenden. Die Kreisregierungen als Verwaltungsgerichte erster Instanz verhandeln und beschließen in der Besetzung mit drei Mitgliedern, einschließlich des Vorsitzenden . . . Verfügungen, welche die Fortleitung des Verfahrens betreffen, werden ohne kollegialische Beschlußfassung von dem Vorstand oder einem von demselben beauftragten Gerichtsmitglied erlassen.

Art. 8. In Ansehung der Behinderung oder Ablehnung der Mitglieder der Verwaltungsgerichte finden die Vorschriften der bürgerlichen Prozeßordnung Anwendung.

Abs. 2 behandelt die Beiziehung von Ergänzungsrichtern im Notfalle.

Art. 10. Den Kreisregierungen kommt als Verwaltungsgerichten erster Instanz die Verhandlung und Entscheidung zu über Streitigkeiten, welche betreffen:

1. Die Befugniß einer Gemeinde zu Abweisung eines Neuanziehenden sowie zur Versagung der Fortsetzung des Aufenthalts in den Fällen der §§ 4 u. 5 des Reichsgesetzes über die Freizügigkeit vom 1. November 1867, ferner, soweit sie noch in Geltung sind, in den Fällen des Art. 11 Absatz 2 des revidirten Bürgerrechtsgesetzes v. 4. Dezember 1833 (RegBl. S. 513), vorbehaltlich der vorgängigen Entscheidung des Oberamts.

Ist dem Antrag der Gemeinde durch das Oberamt entsprochen worden, so ist Seitens des Ausgewiesenen die Klage gegen die Gemeindebehörde binnen acht Tagen von der Eröffnung der Verfügung an einzureichen, widrigenfalls letztere vollstreckbar wird. Im entgegengesetzten Falle ist die Klage von der Gemeindebehörde gegen denjenigen zu richten, welchem der Aufenthalt oder die Fortsetzung desselben in der Gemeinde versagt werden will. Württemberg.

2. Ansprüche, welche gegen einen württembergischen Armenverband von einem andern württembergischen Armenverband auf Grund des Reichsgesetzes über den Unterstützungswohnsitz vom 6. Juni 1870 erhoben werden, desgleichen die Erstattung der Kosten der Unterstützung eines aus dem Ausland übernommenen Deutschen im Fall des Art. 27 des Gesetzes vom 17. April 1873, betreffend die Ausführung des Reichsgesetzes über den Unterstützungswohnsitz (RegBl. S. 109), sowie den Ersatz der Kosten für die Unterbringung der in Art. 28 desselben Gesetzes bezeichneten Personen;

3. die Anwendung der Bestimmungen der Art. 3 bis 6 des Gesetzes vom 17. April 1873 (RegBl. S. 110);

10. die Ausscheidung der kirchlichen Stiftungen von den der öffentlichen Armenunterstützung gewidmeten Stiftungen nach Maßgabe des Art. 11 und 12 des Ausführungsgesetzes zum Reichsgesetz über den Unterstützungswohnsitz vom 17. April 1873 (RegBl. S. 113), soweit die stiftungsmäßige Bestimmung der Stiftung oder eines Vermögenstheils einer solchen in Frage steht;

11. die gegenseitigen öffentlichrechtlichen Beziehungen zwischen der politischen Gemeinde und der örtlichen Stiftung;

Württemberg.

12. die gegenseitigen öffentlichrechtlichen Verhältnisse zwischen der Gesammtgemeinde und den Theilgemeinden bei zusammengesetzten Gemeinden, insbesondere hinsichtlich der Verbindlichkeit der Gesammtgemeinde zur Theilnahme an den Kosten der Verwaltung der Theilgemeinde, die Vertheilung des Aufwands zwischen der Gesammtgemeinde und den Theilgemeinden, sowie das Recht auf den Bezug von Einkünften, auch soweit diese Verhältnisse durch Uebereinkunft geregelt sind;

13. die im Fall der Bildung von Gesammtarmenverbänden zwischen mehreren Gemeinden oder Theilgemeinden (Art. 8 Abs. 3 des Gesetzes vom 17. April 1873, RegBl. S. 11) durch eine solche Uebereinkunft begründeten Rechte und Verpflichtungen;

14. die gegenseitigen öffentlichrechtlichen Ansprüche und Verbindlichkeiten der Gemeinden und Amtskorporationen und die Vertheilung der Lasten unter ihnen;

15. die durch Vereinigung mehrerer Landarmenverbände nach Maßgabe des Art. 21 Abs. 2 des Gesetzes vom 17. April 1873 (RegBl. S. 117) begründeten Rechte und Verpflichtungen.

Art. 11. Der Verwaltungsgerichtshof verhandelt und entscheidet in erster Instanz.

1. Streitigkeiten über Ansprüche, welche von einem nichtwürttembergischen Armenverband gegen einen württembergischen Armenverband auf Grund des Reichsgesetzes über den Unterstützungswohnsitz vom 6. Juni 1870 erhoben werden.

Art. 12. In zweiter Instanz entscheidet der Verwaltungsgerichtshof in denjenigen Fällen, in welchen in erster Instanz nach Art. 10 die Kreisregierungen zu entscheiden haben . . .

Art. 13. Außerdem entscheidet der Verwaltungsgerichtshof vorbehaltlich der hiernach bezeichneten Ausnahmen über Beschwerden gegen Entscheidungen oder Verfügungen der Verwaltungsbehörden, wenn Jemand, sei es eine einzelne Person, ein Verein oder eine Korporation, behauptet, daß die ergangene, auf Gründe des öffentlichen Rechts gestützte Entscheidung oder Verfügung rechtlich nicht begründet, und daß er hiedurch in einem ihm zustehenden Recht verletzt oder mit einer ihm nicht obliegenden Verbindlichkeit belastet sei. Württemberg

Ausgeschlossen ist die Beschwerde, wenn und soweit die Verwaltungsbehörden durch das Gesetz nach ihrem Ermessen zu verfügen berechtigt sind.

Art. 15. Die Beschwerde bei dem Verwaltungsgerichtshof findet nicht statt:

1. in denjenigen Fällen, in welchen vermöge besonderer gesetzlicher Bestimmung einer Verwaltungsbehörde oder anderen Organen die endgültige Entscheidung zugewiesen ist.

IV. Von dem Verfahren.

Art. 17. Die Verwaltungsgerichte treten auf Antrag der Betheiligten in Thätigkeit.

Dieselben dürfen bei der Entscheidung über bestimmte Gesuche der Parteien nicht hinausgehen.

In Ansehung der Erforschung der für die Entscheidung erheblichen Thatsachen und der Erhebung von Beweisen sind die Verwaltungsgerichte an die Anträge der Parteien nicht gebunden.

Art. 18. Kein Thatumstand oder Beweismittel darf der Entscheidung zu Grunde gelegt werden, worüber nicht den Parteien Gelegenheit gegeben war, sich zu äußern.

Art. 19. Die Parteien können sich nach Maß-

Württemberg. gabe der Vorschriften der bürgerlichen Prozeßordnung durch Bevollmächtigte vertreten lassen.

Die Parteien und ihre Vertreter haben die Befugniß, jeder Zeit von den Akten des Verwaltungsgerichts Einsicht zu nehmen und Abschrift auf ihre Kosten sich geben zu lassen.

Art. 20. In Fällen, in welchen eine Betheiligung des öffentlichen Interesses stattfindet, kann der vermöge seiner dienstlichen Obliegenheiten zur Wahrung desselben berufene Beamte oder ein von dem zuständigen Ministerium für denselben aufgestellter Vertreter an den Prozeßverhandlungen Theil nehmen.

Die Aufstellung eines Vertreters des öffentlichen Interesses kann in den dazu geeigneten Fällen auch von dem Verwaltungsgericht veranlaßt werden.

Einem solchen Vertreter ist in gleichem Umfang wie den Parteien rechtliches Gehör zu gestatten.

Art. 21. Die Verhandlung vor den Verwaltungsgerichten ist vorbehaltlich der in den Art. 24 u. ff. getroffenen näheren Bestimmungen öffentlich und mündlich.

Die Oeffentlichkeit der Verhandlung kann durch einen Beschluß des Gerichts wegen Gefahr für die Sittlichkeit, das öffentliche Wohl oder die öffentliche Ordnung ausgeschlossen werden.

In den im Art. 9 bezeichneten Fällen wird von den Behörden erster Instanz auf Grund schriftlicher Verhandlungen erkannt.

Art. 22. Soweit schriftliche Verhandlung stattfindet, sind die einzureichenden Schriftsätze und deren Anlagen stets in doppelter, beziehungsweise wenn auf Seiten der Gegenpartei mehrere Betheiligte sind, in so vielfacher Ausfertigung einzureichen, daß jedem der Betheiligten ein Exemplar zugestellt werden kann.

Art. 23. In Beziehung auf die Verhandlung der in Art. 10 und 11 bezeichneten Streitsachen in erster Instanz gelten die nachfolgenden Bestimmungen. Württemberg.

Art. 24. Die Klage ist dem zuständigen Gericht schriftlich einzureichen.

In derselben ist ein bestimmter Antrag zu stellen, und sind die Person des Beklagten, der Gegenstand des Anspruchs, sowie die den Antrag begründenden Thatsachen genau zu bezeichnen.

Art. 25. Zuständig zur Verhandlung und Entscheidung ist in den Fällen des Art. 10 Ziff. 1 bis 25 diejenige Kreisregierung, in deren Verwaltungsbereich der Gegenstand des Streits gehört.

Für Streitigkeiten über Ersatzforderungen auf Grund des Art. 3 des Gesetzes vom 17. April 1873, betreffend die Ausführung des Reichsgesetzes über den Unterstützungswohnsitz, ist die Regierung des Kreises zuständig, in welchem die Armenunterstützung geleistet ist.

Die Wahl eines gesetzlich nicht zuständigen Gerichts im Wege freiwilliger Uebereinkunft ist unzulässig.

Art. 26. Wenn die Klage den in Art. 24 Abs. 2 enthaltenen Vorschriften nicht entspricht und dieser Mangel der Einleitung der Verhandlung im Wege steht, desgleichen wenn ein Mangel hinsichtlich der Prozeßlegitimation obwaltet, so wird unter Bezeichnung des Mangels die Klage durch prozeßleitende Verfügung (Art. 7 Abs. 3) zurückgewiesen.

Art. 27. Stellt sich die eingereichte Klage sofort als rechtlich unzulässig oder unbegründet heraus, so kann dieselbe ohne Weiteres durch einen mit Gründen versehenen Bescheid zurückgewiesen wer-

Württemberg.

den. In dem Bescheid ist dem Kläger zu eröffnen, daß derselbe befugt sei, innerhalb einer zehntägigen Frist vom Tage der Zustellung an gegen den Bescheid Einspruch zu erheben und die Anberaumung einer mündlichen Verhandlung zu beantragen.

Wird kein Einspruch erhoben, so gilt der Bescheid vom Tag seiner Zustellung ab als Endurtheil.

Art. 28. Wenn weder eine die Klage zurückweisende prozeßleitende Verfügung (Art. 26) noch ein dieselbe zurückweisender Vorbescheid (Art. 27) erlassen oder wenn gegen einen solchen Vorbescheid Einspruch erhoben worden ist, so wird die Klageschrift der Gegenpartei mit der Aufforderung zugefertigt, ihre Vernehmlassung innerhalb vier Wochen nach der Zustellung schriftlich einzureichen.

Die Vernehmlassung wird, wenn ihr Inhalt dazu Anlaß bietet, der klagenden Partei mit der Aufforderung zur weiteren Erklärung innerhalb der Frist von zwei Wochen zugestellt.

Die Aufforderung zur Abgabe der Vernehmlassung und der in Abs. 2 bezeichneten weiteren Erklärung kann unter dem Androhen erlassen werden, daß die in dem mitgetheilten Schriftsatz von der Gegenpartei behaupteten Thatsachen für zugestanden und die damit in beweisfähiger Form überreichten Urkunden für anerkannt würden erachtet werden.

Im Falle der Dringlichkeit können die vorerwähnten Fristen abgekürzt werden.

Art. 29. Die Parteien haben in den von ihnen eingereichten Schriftsätzen die Beweismittel, deren sie sich zum Beweis oder zur Widerlegung thatsächlicher Behauptungen bedienen wollen, anzugeben und die in ihren Händen befindlichen Urkunden, auf welche sie in den Schriftsätzen Bezug nehmen, denselben im Original beizulegen.

Art. 30. Die Vorladung zur mündlichen Verhandlung erfolgt in der Regel unter der Verwarnung, daß im Falle Ausbleibens der Parteien nach Lage der Akten Verfügung ergehen werde. Württemberg.

Wenn die nach Maßgabe des Art. 28 Abs. 2 von der klagenden Partei eingeforderte Erklärung neues thatsächliches Vorbringen erheblicher Art enthält, so kann die Vorladung der Gegenpartei, welcher diese Erklärung gleichzeitig mit der Ladung zuzustellen ist, unter der im Art. 28 Abs. 3 bezeichneten Verwarnung erfolgen.

Art. 31. In einfacheren Fällen, sowie dann, wenn das thatsächliche Verhältniß aus vorliegenden öffentlichen Akten oder Urkunden sich feststellen läßt oder sonst eines vorgängigen Schriftwechsels nicht zu bedürfen scheint, können die Parteien sofort zur mündlichen Verhandlung geladen werden.

Die Vorladung der beklagten Partei kann in diesem Fall unter Androhung des in Art. 28 Abs. 3 bezeichneten Rechtsnachtheils geschehen.

Art. 32. Die mündliche Verhandlung erfolgt in öffentlicher Sitzung des erkennenden Gerichts.

In derselben sind die Parteien oder ihre Vertreter, sowie zutreffenden Falls der Vertreter des öffentlichen Interesses zu hören.

Das Ausbleiben der Parteien steht der Verhandlung und Entscheidung der Sache nicht im Wege. Bei Ausbleiben beider Parteien oder auch nur einer derselben wird die Verhandlung mit einem Vortrag des Sachverhältnisses auf Grund der Akten durch den Berichterstatter eingeleitet.

Art. 33. Das Vorbringen neuer Thatsachen und Beweismittel in der mündlichen Verhandlung

Württemberg. ist zulässig. Falls jedoch durch die Verhandlung hierüber in Folge des verspäteten Vorbringens besondere Kosten erwachsen, so sind diese von der säumigen Partei zu tragen.

Das neue Vorbringen ist durch zu übergebende schriftliche Bemerkungen oder durch das Sitzungsprotokoll festzustellen.

Schriftliche Verhandlung über dasselbe findet nicht statt. Vielmehr ist erforderlichen Falls eine weitere mündliche Verhandlung anzuberaumen, wobei bezüglich der Ladung die Bestimmung in Art. 31 Abs. 2 Anwendung findet.

Art. 34. Der Vorsitzende leitet die Verhandlung und handhabt die Sitzungspolizei. Er sorgt von Amtswegen für vollständige Erörterung der Angelegenheit und für Beiseitelassung unerheblicher Nebenumstände.

Die Mitglieder des Gerichts haben das Recht, zur Aufklärung des Sachverhalts an die Parteien Fragen zu stellen.

Art. 35. Ueber die mündliche Verhandlung ist ein Protokoll aufzunehmen, welches von dem Vorsitzenden und dem Protokollführer zu unterzeichnen ist.

In Beziehung auf den Inhalt des Protokolls finden die Vorschriften der bürgerlichen Prozeßordnung Anwendung.

Art. 36. Die Verwaltungsgerichte sind befugt, — geeigneten Falls schon vor Anberaumung der mündlichen Verhandlung — Untersuchungen an Ort und Stelle zu veranlassen, Zeugen und Sachverständige zu laden und eidlich zu vernehmen, überhaupt den angetretenen oder den nach ihrem Ermessen erforderlichen Beweis in vollem Umfang zu erheben.

Art. 37. Das Gericht kann den Beweis durch eines seiner Mitglieder oder erforderlichen Falls durch eine zu dem Ende zu ersuchende sonstige Behörde erheben lassen. Es kann verordnen, daß die Beweiserhebung in der mündlichen Verhandlung stattfinden soll. Württemberg.

Zu den Beweisverhandlungen, welche außerhalb der öffentlichen Sitzung vorgenommen werden, sind die Parteien zu laden, auch sind zu denselben Urkundspersonen oder ein beeidigter Protokollführer beizuziehen.

Das Ergebniß des auf diese Art erhobenen Beweises ist in öffentlicher Sitzung durch den Berichterstatter auf Grund der Akten vorzutragen. Den Parteien steht das Recht der Ergänzung und Berichtigung zu.

Art. 38. Die nach Maßgabe der Art. 28 Abs. 3, 30 Abs. 2, 31 Abs. 2, 33 Abs. 3 an die Versäumung von Fristen und Tagfahrten geknüpften Rechtsnachtheile treten kraft Gesetzes ein, ohne daß es eines auf Verwirklichung des Rechtsnachtheils gerichteten Antrags oder einer Versäumnißverfügung bedarf.

Die Folgen der Versäumung können durch Wiedereinsetzung in den vorigen Stand nach Maßgabe der hierüber in der bürgerlichen Prozeßordnung geltenden Vorschriften wieder aufgehoben werden.

Art. 39. Die Entscheidung erfolgt im Namen des Königs.

Die Verwaltungsgerichte haben nach ihrer freien, aus dem ganzen Inbegriff der Verhandlungen und Beweise geschöpften Ueberzeugung zu beschließen.

Die Endentscheidung ist mit Gründen zu versehen.

Art. 40. Mit der Entscheidung in der Haupt-

Württemberg. sache ist stets auch das Erkenntniß über die Kosten des Verfahrens zu verbinden.

In Beziehung auf die Kostenersatzpflicht und die Feststellung der Kosten, zu deren Ersatz die Gegenpartei verpflichtet ist, finden die Vorschriften der bürgerlichen Prozeßordnung entsprechende Anwendung.

Das Gleiche ist der Fall in Betreff der Zulassung zum Armenrecht.

Art. 41. Für Endentscheidungen wird eine nach der Bedeutung des Streitgegenstandes und dem Umfang der Verhandlungen zu bemessende Sportel angesetzt, und zwar für Erkenntnisse der Kreisregierungen von drei bis zu einhundertfünfzig Mark, für Erkenntnisse des Verwaltungsgerichtshofs von zehn bis dreihundert Mark.

Art. 42. Die Verkündigung der auf Grund der mündlichen Verhandlung gefaßten Beschlüsse erfolgt in der öffentlichen Sitzung entweder sofort oder an einer späteren, alsbald zu bestimmenden Tagfahrt, welche in der Regel nicht über eine Woche hinaus anzusetzen ist.

Bei der Verkündigung von Endurtheilen werden auch die wesentlichen Entscheidungsgründe mitgetheilt.

Neben der Verkündigung in der Gerichtssitzung wird bei Endurtheilen jeder Partei eine schriftliche Ausfertigung des Urtheils und der Gründe zugestellt.

3. Von den Rechtsmitteln.

Art. 43. Gegen die von den Kreisregierungen ergangenen Endurtheile steht den Parteien und dem Vertreter des öffentlichen Interesses, auch wenn derselbe nicht schon in erster Instanz an den Verhandlungen sich betheiligt hat (vgl. Art. 20), das

Rechtsmittel der Berufung an den Verwaltungsgerichtshof u. Württemberg.

Art. 44. Wer die Berufung erheben will, muß binnen der unerstrecklichen Frist eines Monats, von der Zustellung des Urtheils an gerechnet, die Berufungsschrift bei der Kreisregierung, gegen deren Entscheidung sie gerichtet ist, oder bei dem Verwaltungsgerichtshof einreichen.

Die Versäumung der Frist hat den Verlust des Rechtsmittels zur Folge.

Wenn der Vertreter des öffentlichen Interesses nicht schon in erster Instanz an den Verhandlungen sich betheiligt und deshalb eine Zustellung des Urtheils an ihn nicht stattgefunden hat, so ist für ihn die Berufung ausgeschlossen, sobald die den Parteien zustehenden Fristen abgelaufen sind.

Eine Belehrung über das Berufungsrecht und die Berufungsfrist findet nicht statt.

Bezüglich der Wiedereinsetzung in den vorigen Stand gegen die Versäumung der Frist gilt die Bestimmung des Art. 38 Abs. 2. Es entscheidet hierüber der Verwaltungsgerichtshof.

Art. 45. Die Berufungsschrift muß die Erklärung, daß die Partei Berufung erhebe, und die Bezeichnung des angefochtenen Urtheils enthalten.

Die Berufungsschrift soll ferner enthalten die Bezeichnung und Rechtfertigung der Beschwerdepunkte in thatsächlicher und rechtlicher Beziehung, ohne daß jedoch ein Mangel dieser Erfordernisse auf die wirksame Erhebung der Berufung einen Einfluß hat.

Art. 46. Die Begründung der Beschwerden durch neues Vorbringen in thatsächlicher Beziehung, sowie durch Angabe neuer Beweismittel ist zulässig, vgl. Art. 33.

Württemberg.

Art. 47. Die eingelegte Berufung hemmt die Vollstreckbarkeit der angefochtenen Entscheidung, vorbehaltlich der Bestimmung in § 53 des Reichsgesetzes über den Unterstützungswohnsitz vom 6. Juni 1870 und unbeschadet des Rechts der Verwaltungsbehörden, die durch das öffentliche Interesse gebotenen vorsorglichen Anordnungen zu treffen.

Art. 48. Nach Einlauf der Berufungsschrift sind die Akten von dem Gericht erster Instanz dem Verwaltungsgerichtshof vorzulegen, beziehungsweise von diesem einzufordern.

Ist die Frist zur Erhebung der Berufung versäumt und ein Gesuch um Wiedereinsetzung in den vorigen Stand nicht eingereicht, so wird die Berufung ohne weitere Verhandlung abgewiesen.

Art. 49. Außer dem Fall des Art. 48 Abs. 2 wird die Berufungsschrift der Gegenpartei mit der Aufforderung zugestellt, die schriftliche Vernehmlassung hierauf binnen der Frist von vier Wochen einzureichen.

Im Falle der Dringlichkeit kann diese Frist abgekürzt werden.

Wenn die Berufungsschrift neue Thatsachen oder Beweismittel enthält, so ist die Androhung des in Art. 28 Abs. 3 bezeichneten Rechtsnachtheils zulässig.

Auf das Vorbringen neuer Thatsachen und Beweismittel findet der Art. 33 Anwendung.

Art. 50. Der Berufungsbeklagte ist berechtigt, der Berufung insoweit als durch dieselbe die Rechtskraft des Urtheils gehemmt ist, sich anzuschließen.

Das Recht der Anschließung fällt weg, wenn die Berufung zurückgenommen wird, ehe die Anschließung geltend gemacht wurde, oder wenn die Berufung als unstatthaft oder versäumt verworfen wird, vgl. Art. 45 Abs. 1 und Art. 48 Abs. 2. Württemberg.

Ueber die Anschließungsbeschwerde wird nach Maßgabe des Art. 49 verhandelt.

Art. 51. Wenn in erster Instanz eine mündliche Verhandlung stattgefunden hat und beide Parteien auf die mündliche Verhandlung in zweiter Instanz ausdrücklich verzichtet haben, so kann der Verwaltungsgerichtshof auf Grund der verhandelten Akten erkennen.

Außerdem erfolgt nach dem Schlusse des Schriftenwechsels die Vorladung zur mündlichen Verhandlung.

Auf das weitere Verfahren finden die Vorschriften der Art. 30, 32—42 entsprechende Anwendung.

Für Erkenntnisse des Verwaltungsgerichtshofs, wodurch eine Streitsache zur weiteren Verhandlung in die erste Instanz zurückgewiesen wird, findet kein Sportelansatz statt.

Art. 52. Gegen rechtskräftige Erkenntnisse der Kreisregierungen sowie gegen Erkenntnisse des Verwaltungsgerichtshofs in den im Art. 10 und 11 Ziff. 2 bezeichneten Streitsachen steht das Rechtsmittel der Wiederaufnahmeklage den Parteien und dem Vertreter des öffentlichen Interesses nach Maßgabe der Bestimmungen der bürgerlichen Prozeßordnung zu.

Art. 53. Die Wiederaufnahmeklage ist binnen der Frist von einem Monat von dem Tage an, an welchem die Partei im Stande war, von dem Rechtsmittel Gebrauch zu machen, zu erheben.

Die Versäumung der Frist zieht den Verlust des Rechtsmittels nach sich.

Eine Wiedereinsetzung in den vorigen Stand gegen die Versäumung findet nicht statt.

Württemberg. Nach Ablauf von vier Jahren von dem Tage an, an welchem das Urtheil die Rechtskraft erlangt, findet die Wiederaufnahmeklage nicht mehr statt.

Art. 54. Die Wiederaufnahmeklage ist schriftlich bei derjenigen Behörde zu erheben, welche das angefochtene Urtheil erlassen hat.

Durch die Erhebung derselben wird die Vollstreckung des Urtheils nicht gehemmt.

Wenn die Gefahr eines unersetzlichen oder schwer zu ersetzenden Schadens vorhanden ist, kann das Gericht auf Antrag verfügen, daß die Vollstreckung gegen Sicherheitsleistung aufgehoben sein oder die Fortsetzung der Vollstreckung nur gegen Sicherheitsleistung stattfinden solle.

Art. 55. Auf die Verhandlung der Wiederaufnahmeklage finden die Vorschriften über das Verfahren in derjenigen Instanz Anwendung, in welcher dieselbe zu verhandeln ist.

Ist die Wiederaufnahmeklage statthaft und begründet, so wird mit dem Urtheil über dieselbe das Urtheil in der Hauptsache verbunden.

Art. 56. Gegen das Urtheil über die Wiederaufnahmeklage finden dieselben Rechtsmittel statt, wie gegen das Urtheil, gegen welches sie gerichtet war.

4. Vom Vollstreckungsverfahren.

Art. 58 ist durch Art. 14 des Gesetzes über die Zwangsvollstreckung wegen öffentlichrechtlicher Ansprüche vom 18. Aug. 1879 (RegBl. S. 202) aufgehoben worden.

Die Zwangsvollstreckung wegen armenrechtlicher Erstattungsforderungen erfolgt lediglich nach den Bestimmungen dieses Gesetzes.

Die Art. 59—71 enthalten besondere Bestimmungen in Ansehung der Rechtsbeschwerden an den Verwaltungsgerichtshof. Württemberg.

6. Aushülfsweise Anwendung der bürgerlichen Prozeßordnung.

Art. 72. Soweit nicht Bestimmungen des gegenwärtigen Gesetzes entgegenstehen, finden auf das Verfahren vor den Verwaltungsgerichten die Vorschriften der jeweils bestehenden bürgerlichen Prozeßordnung, auch soweit sie in gegenwärtigem Gesetz nicht ausdrücklich für anwendbar erklärt sind, entsprechende Anwendung.

4. **Baden.** § 4 Ausf.Ges. v. 14. März 1872. Baden.

Oeffentlichrechtliche Streitigkeiten über Ersatzansprüche der Armenverbände auf Grund der §§ 4 und 5 des Landesgesetzes vom 5. Mai 1870 über die öffentliche Armenpflege, über Ersatzansprüche dritter Personen und Forderungen der Aerzte und Apotheker (§§ 6 und 7 des Landesgesetzes), über Umlagen für die Armenpflege (§§ 31 und 32 des Landesgesetzes) und über die aus § 34 des Landesgesetzes entstehenden Rechte und Verbindlichkeiten entscheiden die Verwaltungsgerichte.[1], [2]

Das Gleiche gilt von Streitigkeiten zwischen verschiedenen Ortsarmenverbänden über die öffentliche Unterstützung Hülfsbedürftiger.

Für Streitigkeiten über öffentlichrechtliche Ansprüche an die Kreise als Armenverbände ist der Bezirksrath des Bezirks, in welchem die Verwaltung des Kreises ihren Sitz hat, das im ersten Rechtszug zuständige Verwaltungsgericht.

Bei Streitigkeiten über Ersatzansprüche im Falle des § 33 des Landesgesetzes entscheidet der Verwaltungsgerichtshof.

Baden. Ueber die Hülfsbedürftigkeit, die Art und das Maß der Unterstützungn entscheiden die Verwaltungsbehörden.[3]

1. Die §§ 4 bis 7 des Landesgesetzes siehe Anh. A (S. 90 ff.); die §§ 31 bis 34 gelten nicht mehr. (S. 159 ff.)

2. § 1 Abs. 3 Ges. v. 5. Okt. 1863, die Organisation der inneren Verwaltung betr. (RegBl. S. 399): Die Rechtspflege in bestimmten Streitigkeiten über öffentliches Recht wird in erster Instanz regelmäßig von den Bezirksräten unter dem Vorsitz der Bezirksbeamten und in der letzten Instanz (s. jedoch am Schlusse der Anm.) von dem Verwaltungsgerichtshof ausgeübt.

3. Gesetz betr. die Verwaltungsrechtspflege vom 14. Juni 1884 (Ges. u. VerBl. S. 197; in Kraft getreten am 15. Sept. 1884).

§ 1. Der Entscheidung der gesetzlich bestehenden Verwaltungsgerichte, der Bezirksräte und des Verwaltungsgerichtshofes unterliegen die in den Gesetzen ihnen zugewiesenen Streitigkeiten über Ansprüche und Verbindlichkeiten aus dem öffentlichen Rechte. Die Entscheidung ergeht unbeschadet aller privatrechtlichen Verhältnisse.

§ 2. Die Verwaltungsgerichte — in erster Instanz der Bezirksrat, in zweiter Instanz der Verwaltungsgerichtshof (s. am Schlusse der Anm.) — entscheiden folgende Streitigkeiten des öffentlichen Rechts:

10. über Streitigkeiten der Armenverbände unter sich oder mit der Staatskasse über öffentliche Unterstützung Hilfsbedürftiger, über Ersatzansprüche der Armenverbände auf Grund des § 5 des Ges. v. 5. Mai 1870, die öffentliche Armenpflege betreffend, über Ansprüche an die Armenverbände auf Ersatzleistungen und auf Gebühren in den Fällen der §§ 6 und 7 des Ges. v. 5. Mai 1870.

Die Klage ist bei dem Vorsitzenden des Bezirksrats schriftlich unter Anschluß von Doppelschriften für jeden

Beteiligten oder zu Protokoll anzubringen (§ 17). Der Vorsitzende bestimmt den Termin zur mündlichen Verhandlung und verfügt die Ladung der Parteien. Die Einlassungsfrist beträgt in der Regel einen Monat (§ 18). Innerhalb derselben ist unter Vermittelung des Vorsitzenden mittels schriftlicher Erklärungen die mündliche Verhandlung vorzubereiten durch Angabe der tatsächlichen Behauptungen, Beweismittel, Beweiseinreden und Anträge (§ 19). — Im Übrigen ist das Verfahren vor dem Bezirksrat in engem Anschlusse an die Vorschriften der Deutschen Zivilprozeßordnung geregelt. (Vgl. a. wegen der Zuständigkeit §§ 5, 6, 9, wegen Ausschließung und Ablehnung der Gerichtspersonen § 10, wegen der Vertreter § 12, Prozeßkosten § 13, Zustellung § 14 a. a. O. [vgl. dazu Ver. v. 22. Sept. 1884, Ges. u. VerBl. S. 401]; und wegen der Zusammensetzung der Bezirksräte §§ 2—4 des VerwOrgGes. v. 5. Oktober 1863 und §§ 2—4 der VollzVer. v. 12. Juli 1864 [RegBl. S. 133].) Baden.

§ 32. Gegen Endurteile des Bezirksrats steht den Parteien und aus Gründen des öffentlichen Interesses dem Vorsitzenden die Berufung an den Verwaltungsgerichtshof zu.

(Vgl. über die Zusammensetzung des Verwaltungsgerichtshofs § 7 und über die Anhörung eines Ministerialbevollmächtigten § 8 a. a. O.)

§ 33. Die Notfrist zur Einlegung der Berufung beträgt einen Monat. Die Berufungsfrist beginnt für die Parteien mit der Zustellung des Endurteils (vgl. § 14 Abs. 1 a. a. O.). Innerhalb dieser Frist muß die Berufung schriftlich oder zu Protokoll bei dem Vorsitzenden des Bezirksrats oder schriftlich bei dem Verwaltungsgerichtshof eingelegt werden.

§ 34. Die Berufungsschrift muß enthalten:

1. die Bezeichnung des angefochtenen Urteils,
2. die Erklärung, daß und inwieweit gegen dieses

Baden. Urteil Berufung eingelegt und welche Abänderungen desselben beantragt werden.

Sie soll ferner die Angabe derjenigen neuen Tatsachen und Beweismittel, welche die Partei geltend zu machen beabsichtigt, enthalten.

§ 35. Der Berufungsbeklagte kann sich nach Maßgabe der §§ 482 Abs. 1, 483 der Zivilprozeßordnung der Berufung anschließen, selbst wenn die Berufungsfrist verstrichen ist.

§ 36. Nach Einlauf der Berufungsschrift sind die Prozeßakten dem Verwaltungsgerichtshof einzusenden, bzw. von diesem einzufordern.

Ist die Berufung an sich unstatthaft oder nicht in der gesetzlichen Form oder Frist eingelegt, so ist sie von Amtswegen, in der Regel ohne weitere mündliche Verhandlung, durch den Verwaltungsgerichtshof als unzulässig zu verwerfen.

§ 37 handelt von der Einlegung der Berufung durch den Vorsitzenden des Bezirksrats,

§§ 38, 39 von dem Verfahren vor dem Verwaltungsgerichtshofe.

§ 42. Gegen die Entscheidungen des Verwaltungsgerichtshofes steht dem Vertreter des Staatsinteresses die Nichtigkeitsbeschwerde wegen Unzuständigkeit oder Gewaltsüberschreitung zu.

Die Nichtigkeitsbeschwerde ist binnen einer Notfrist von zwei Wochen, von der Zustellung des Urteils (§ 8 schreibt vor, daß alle Endurteile des Verwaltungsgerichtshofes dem Ministerialbevollmächtigten zu behändigen sind) an gerechnet, bei dem Verwaltungsgerichtshof einzureichen, welcher die Akten dem Vorsitzenden des Kompetenzgerichtshofes übersendet und die Parteien hiervon unter Mitteilung von Abschriften der Nichtigkeitsklage benachrichtigt.

Über die Nichtigkeitsbeschwerde entscheidet der Kompetenzgerichtshof unter Beobachtung der §§ 10—13 des Ges. v. 30. Jan. 1879, „die Entscheidung von Kompetenzkonflikten betreffend."

§ 43. Gegen rechtskräftige Endurteile der Verwaltungsgerichte findet die Klage auf Wiederaufnahme des Verfahrens statt. Baden.

Auf diese Klage finden die §§ 541—546, 549, 550, 552 der Zivilprozeßordnung entsprechende Anwendung.

Zuständig ist ausschließlich der Verwaltungsgerichtshof. Erachtet er die Klage für begründet, so wird unter Aufhebung der angefochtenen Entscheidung die Sache zur weiteren Verhandlung und Entscheidung im ordentlichen Verfahren verwiesen.

Für Armenstreitsachen ist zu berücksichtigen:

a) daß im Falle des § 56 Abs. 2 UWG., sofern ein nicht badischer Armenverband beteiligt ist, das Bundesamt die zweite Instanz bildet;

b) daß in interterritorialen Sachen gegen die Entscheidung des Verwaltungsgerichtshofes die Berufung an das Bundesamt stattfindet (§§ 37 Abs. 2, 41 UWG.), gegen dessen Entscheidung auch eine Wiederaufnahme des Verfahrens nicht stattfindet.

3. Die Verwaltungsbehörden sind für das ganze Land, das Ministerium des Innern und der demselben untergeordnete Verwaltungsgerichtshof; in den Bezirken die Bezirksämter (teils in Verbindung mit den Bezirksräten) vgl. §§ 1, 6—8, 20, 21 VerwOrgGes., §§ 1, 3—15, und über den Rekurs gegen Entscheidungen der Bezirksämter §§ 75—88 VollzVer. v. 12. Juli 1864 (RegBl. S. 133). — Die Entscheidungen nach Absatz 5 erfolgen ohne Mitwirkung der Bezirksräte und des Verwaltungshofes.

5. **Hessen.** Ausf.Ges. v. 14. Juli 1871. Hessen.

Art. 9. Die Vorschriften der §§ 38—51 des Reichsgesetzes vom 6. Juni 1870, betreffend das Verfahren in Streitsachen zwischen Armenverbänden, welche verschiedenen Bundesstaaten angehören, finden

Hessen. auch auf diejenigen Streitsachen Anwendung, bei welchen nur Armenverbände des Großherzogthums betheiligt sind.[1]

1. § 52 UWG. Damit ist die Zuständigkeit des Bundesamts nach Maßgabe des § 41 UWG. begründet. Vgl. auch Art. 15 d. Ges. u. Art. 98, 2. g., Art. 111 Abs. 4 und 6, 112 Abs. 3 des Ges., betr. die innere Verwaltung usw., v. 12. Juni 1874. — Das Rechtsmittel wird Rekurs genannt.

Art. 10. Die Entscheidung von Streitigkeiten, welche gegen einen Hessischen Armenverband von einem anderen Deutschen Armenverband erhoben werden, steht dem Administrativ-Justizhof[1] zu.

1. jetzt dem Provinzialausschuß der Provinz, welcher der beklagte Armenverband angehört. Art. 98, 2. g. a. a. O. Die Provinzialausschüsse haben ihren Sitz für die Provinz Starkenburg in Darmstadt; für die Provinz Oberhessen in Gießen; für die Provinz Rheinhessen in Mainz.

Art. 11—13 handeln von dem Verfahren; sie stimmen überein mit den §§ 46—48 PrAG.; Art. 12 Abs. 3 gestattet jedoch nur eine einmalige Erstreckung der Fristen für die Gegenerklärung und die Schlußerklärung und auch nur auf längstens 14 Tage. — Im Uebrigen sind für das Verfahren vor dem Provinzialausschuß die §§ 39, 40, und für die Einlegung des Rekurses (Berufung) und die Verhandlung desselben vor dem Bundesamte die §§ 42—51 UWG. maßgebend (Art. 110 und 112, Ges., betr. die innere Verw. v. 12. Juni 1874)

Art. 14. Das ganze Verfahren in Streitsachen der Armenverbände ist stempelfrei.[1]

Der unterliegende Theil hat die in dem Verfahren entstandenen baaren Auslagen und Anwaltskosten, namentlich die Gebühren für Zeugen und

Sachverständige, zu tragen und dem obsiegenden Theile die durch das Verfahren verursachten nothwendigen Kosten zu ersetzen. Hessen.

Die zu erstattenden baaren Auslagen, Gebühren und Kosten werden von dem Administrativ-Justizhof[2] endgültig festgesetzt.

1. vgl. Art. 70, 71, 113 des Gesetzes v. 12. Juni 1874.

2. jetzt dem Provinzialausschuß.

Art. 15. Soweit die Organisation oder die örtliche Abgrenzung der einzelnen Armenverbände Gegenstand des Streites[1] ist, bewendet es endgültig bei der Entscheidung des Administrativ-Justizhofes.[2]

1. s. a. Art. 2 Abs. 1 d. Ges. in Anh. B (S. 159) — § 41 UWG.

2. Die Entscheidung steht nach Art. 48 II. 4. Ges., betr. die innere Verw. usw., vom 12. Juni 1874 dem Kreisausschusse zu, ist aber nicht endgültig; vielmehr findet Rekurs an den Provinzialausschuß und unter Umständen an den obersten Verwaltungsgerichtshof statt, Art. 67 Abs. 1 a. a. O.

Art. 16 übereinstimmend mit § 56 PrAG.

Art. 17 übereinstimmend mit § 59 Abs. 1 PrAG.

Art. 18. Ist ein Armenverband zur Zahlung und Erstattung der ihm endgültig auferlegten Kosten und Gebühren laut Bescheinigung des betreffenden Kreisamts[1] ganz oder theilweise außer Stande (§ 59 des Reichsgesetzes), so muß deren Erstattung der betreffende Landarmenverband aufkommen.

1. Es beschließt darüber der Kreisausschuß, in zweiter Instanz der Provinzialausschuß (Art. 48 III. 13; Art. 67 Abs. 2 Ges., betr. die innere Verw., v. 12. Juni 1874).

Mecklenburg-Schwerin.

6. **Mecklenburg-Schwerin.** Ausf.Ver. vom 20. Februar 1871.

§ 8. Die Vorschriften des § 38 Abs. 1 und der §§ 39 und 40 des Bundesgesetzes über den Unterstützungswohnsitz vom 6. Juni 1870 sollen auch dann zur Anwendung kommen, wenn es sich um Streitigkeiten zwischen Ortsarmenverbänden, beziehungsweise zwischen einem solchen und dem Landarmenverbande handelt.

§ 9. Wird ein Ortsarmenverband, bzw. der Landarmenverband des Großherzogthums auf Erstattung der Kosten oder auf Uebernahme eines Hülfsbedürftigen in Anspruch genommen, so normiren die nachstehenden Bestimmungen:

1. Die erste Instanz und die vorgesetzte Behörde der Armenverbände im Sinne der §§ 14, 27, 34 des Bundesgesetzes über den Unterstützungswohnsitz vom 6. Juni 1870 bildet unter dem Namen:
„Großherzogliche Kommission für das Heimathwesen"
eine von Uns für Unsere Lande in der Residenzstadt Schwerin niederzusetzende, unter dem Ministerium des Innern stehende Behörde von drei zum Richteramte qualifizirten Mitgliedern, welche zu diesem Amt besonders zu beeidigen sind und von denen eines vom Großherzog aus drei vom engeren Ausschusse zu präsentirenden Personen zu ernennen ist. Jedoch können dem Großherzogthum angehörige Armenverbände, wenn sie Ansprüche gegen eine Domanialgemeinde erheben wollen, sich nach ihrer Wahl statt an diese Kommission auch an dasjenige Domanialamt wenden, welches der in Anspruch genommenen Domanialgemeinde vorgesetzt

ist, sofern dasselbe nicht zugleich den klagenden Armenverband zu vertreten hat, und im Umfange dieser Kompetenz gelten die Domanialämter auch im Sinne der §§ 14 und 27 als vorgesetzte Behörden der Domanialgemeinden. Mecklenburg-Schwerin.

2. Die zweite Instanz bildet:
   a) wenn beide streitende Theile den hiesigen Landen angehören, das Staatsministerium,
   b) wenn der den Anspruch erhebende Armenverband einem der übrigen Bundesstaaten angehört, das Bundesamt für das Heimathwesen.

Verordnung über das Verfahren in Heimathsachen v. 30. Juni 1871 (RgBl. S. 323).

§ 1. In den vor die Kommission für das Heimathwesen gehörigen, im Verwaltungswege zu erledigenden (vgl. § 38 des Bundesgesetzes über den Unterstützungswohnsitz vom 6. Juni 1870) Streitsachen der Armenverbände hat der den Anspruch erhebende Armenverband die betreffende Klage bei der Kommission schriftlich einzureichen.

In der Klageschrift ist der Armenverband, dessen Verurtheilung verlangt wird, und der Gegenstand des erhobenen Anspruchs genau zu bezeichnen; es ist insbesondere ausdrücklich auszusprechen, ob die Uebernahme des betreffenden Hülfsbedürftigen oder welche sonstige Leistung verlangt wird.

§§ 2—3 gleichlautend mit §§ 47, 48 PrAG.

§ 4. Die Kommission hat die Sache für die von ihr zu treffende Entscheidung, soweit erforderlich, weiter zu instruiren und zu solchem Zwecke nach ihrem Ermessen weitere Erklärungen von den Par-

Mecklenburg-Schwerin. teien zu erfordern und alle diejenigen Ermittelungen vorzunehmen resp. vornehmen zu lassen, welche für die Beurtheilung der Sache wesentlich erscheinen.

Abs. 2 und 3 übereinstimmend mit § 49 PrAG. Der Rekurs (Abs. 3) geht an die für die Hauptsache zuständige Rekursbehörde.

§ 5. Die Kommission kann die Beweiserhebung durch eines ihrer Mitglieder oder durch eine andere Behörde bewirken lassen.

Abs. 2 gleichlautend mit § 51 PrAG.

§ 6. Die Kommission kann, insofern sie es nach Lage des einzelnen Falles für erforderlich erachtet, vor Abgabe der Entscheidung einen Termin zur schließlichen Verhandlung anberaumen. Bei dieser terminlichen Verhandlung ist es den Parteien gestattet, einen Beistand zuzuziehen oder sich auf Grund einer schriftlichen Vollmacht vertreten zu lassen.

Die Ladung zu den Terminen erfolgt unter der Verwarnung, daß im Falle des Ausbleibens nach Lage der Akten werde entschieden werden.

Auf Berücksichtigung der in dem Termine etwa vorgebrachten neuen Thatsachen oder Beweismittel haben die Parteien nur insofern Anspruch, als ihnen bei dem verspäteten Vorbringen eine schuldbare Verzögerung nicht zur Last fällt.

§ 7. Nach Beendigung des Instruktionsverfahrens wird, wenn eine Bescheidung in der Sache nöthig wird, und die Sache nicht etwa aus besonderen Gründen beruhen zu lassen ist, die zu gebende Entscheidung in Form eines schriftlichen, mit Gründen versehenen Bescheides erlassen.

Die Kommission hat nach ihrer freien, aus dem ganzen Inbegriffe der Verhandlungen und Beweise geschöpften Ueberzeugung zu beschließen. Die Entscheidung kann auf Abweisung des klagenden oder auf Verurtheilung des in Anspruch genommenen Armenverbandes gerichtet sein. Letzteren Falles ist in der Entscheidung ausdrücklich auszusprechen, ob der Armenverband zur Uebernahme des betreffenden Hülfsbedürftigen oder nur zu einer sonstigen Leistung verpflichtet sein soll. Mecklenburg-Schwerin.

§ 8. Das Verfahren ist stempelfrei. An Kosten wird für das Verfahren außer den baaren Auslagen statt der Gebühren ein Pauschquantum erhoben, welches im Höchstbetrage zwanzig Thaler nicht übersteigen darf und welches gleich den der Kommission erwachsenen baaren Auslagen, insofern letztere nicht unmittelbar durch Anträge der einen oder der anderen Partei veranlaßt sind, vorläufig als von jeder Partei zur Hälfte geschuldet angesehen wird.

Rücksichtlich der Verpflichtung zur Erstattung der Kosten sind die Bestimmungen des geltenden bürgerlichen Prozeßrechtes analog anzuwenden, jedoch mit der Beschränkung, daß von den durch die Zuziehung eines Sachwalters dem obsiegenden Theile erwachsenen Kosten dem unterliegenden Theile nur die Gebühren zur Last zu legen sind, welche der obsiegende Theil im Falle einer vor der Kommission stattgehabten terminlichen Schlußverhandlung seinem Sachwalt für das Beziehen des Termins zu entrichten hat.

Das Pauschquantum sowie sämmtliche zu erstattende Auslagen und Gebühren der Bevollmächtigten werden von der Kommission endgültig festgestellt.

§ 9. Gegen die Entscheidung der Kommission für das Heimathwesen findet, wenn beide streitende

Mecklenburg-Schwerin. Theile den hiesigen Landen angehören, die Berufung an das Staatsministerium statt (vgl. 9 Nr. 2 der Ausführungsverordnung zum Bundesgesetze über den Unterstützungswohnsitz vom 20. Februar 1871).

Abs. 2—6 ordnen das Verfahren übereinstimmend mit den §§ 46—49 UWG.

Die Entscheidung des Staatsministeriums erfolgt stempel- und gebührenfrei. Dieselbe wird schriftlich, mit Gründen versehen, den Parteien durch Vermittelung der Kommission für das Heimathwesen zugefertigt.

Die unterliegende Partei ist verpflichtet, der Gegenpartei die ihr in der Berufsinstanz entstandenen baaren Auslagen zu erstatten.

Für die Berufung an das Bundesamt für das Heimathwesen (vgl. § 9, Nr. 2b der Ausführungsverordnung vom 20. Februar 1871) normiren die Bestimmungen im § 46 flgd. des Bundesgesetzes über den Unterstützungswohnsitz vom 6. Juni 1870.

§ 10. In denjenigen Fällen, wo dem Großherzogthum angehörige Armenverbände, welche Ansprüche gegen eine Domanialgemeinde erheben wollen, von der ihnen (nach § 9, Nr 1 der Ausführungsverordnung vom 20. Februar 1871 zum Bundesgesetz über den Unterstützungswohnsitz) zustehenden Befugniß Gebrauch machen und sich statt an die Kommission für das Heimathwesen an dasjenige Domanialamt wenden, welches der in Anspruch genommenen Domanialgemeinde vorgesetzt ist, kommen die Vorschriften der vorstehenden §§ 1—9 mit folgenden Modalitäten zur Anwendung:

1. Es genügt, wenn die Domanialgemeinden ihre Vorträge resp. Erklärungen, statt dieselben schriftlich einzureichen, durch den Ge-

meindevorstand bei dem betreffenden Domanialamte mündlich zur Registratur geben und dabei die als Beweismittel in Bezug genommenen Urkunden im Original oder in Abschrift überreichen. Mecklenburg-Schwerin.

Die Registratur, sowie die etwaigen Anlagen werden dann der Gegenpartei, resp. unter dem betreffenden Präjudize abschriftlich zugefertigt.

2. Die Entscheidung des Amtes erfolgt stempel- und gebührenfrei.
3. Die gegen die Entscheidung des Domanialamtes stattfindende Berufung an die Landesregierung ist binnen 14 Tagen (vgl. oben § 9) bei dem Domanialamte, gegen dessen Entscheidung sie gerichtet ist, anzumelden.

§ 11. Die direkten Verhandlungen zwischen verschiedenen Armenverbänden in Heimathsachen, sowie die nach Maßgabe der §§ 14, 27 und 34 des Bundesgesetzes über den Unterstützungswohnsitz erfolgenden Anträge und Anmeldungen sind stempel- und gebührenfrei.

7. **Sachsen-Weimar.** Ausf.Ges. vom 23. Februar 1872. Sachsen-Weimar.

§ 9. Bei Streitigkeiten zwischen verschiedenen Armenverbänden des Großherzogthums über die öffentliche Unterstützung Hülfsbedürftiger finden die Vorschriften in den §§ 38—51, 56 Abs. 2 des Bundesgesetzes mit den in den nachfolgenden Paragraphen des gegenwärtigen Gesetzes enthaltenen Erläuterungen gleichfalls Anwendung.

§ 10. Zur Erörterung und Entscheidung der zwischen verschiedenen Armenverbänden entstehenden

Sachsen-Weimar.

Streitigkeiten ist in erster Instanz der Bezirksausschuß desjenigen Verwaltungsbezirks zuständig, welcher dem in Anspruch genommenen Armenverbande vorgesetzt ist und, wenn die auf Grundstücksbezirken begründeten Ortsarmenverbände oder der Landarmenverband in Anspruch genommen werden, derjenige Bezirksausschuß, in dessen Bezirke die zur Vertretung derselben berufenen Behörden (§§ 2, 3) ihren Sitz haben.

Gegen die erstinstanzliche Entscheidung ist, soweit die Organisation oder örtliche Abgrenzung der einzelnen Armenverbände Gegenstand des Streites ist, Berufung an das Staatsministerium, Departement des Innern, in allen übrigen Fällen, auch in den § 56 alin. 2 des Bundesgesetzes über den Unterstützungswohnsitz vom 6. Juni 1870 gedachten, nur Berufung an das Bundesamt für das Heimathwesen zulässig; dieselbe muß jedoch bei Vermeidung des Ausschlusses binnen 14tägiger Frist, von der Eröffnung der angefochtenen Entschädigung an gerechnet,[1] bei derjenigen Behörde, gegen deren Entscheidung sie gerichtet ist, schriftlich angemeldet werden. Streitigkeiten blos über die Höhe der in § 6 alin. 2 und § 8 dieses Gesetzes[2] gedachten Entschädigung werden durch die Bezirksausschüsse endgültig entschieden.

1. § 11 Nr. I Abs. 2.

2. Anhang B S. 169.

§ 11. Für das Verfahren sind die nachfolgenden Vorschriften maßgebend:

I. Der Bezirksdirektor als Vorsitzender des Bezirksausschusses bereitet die Entscheidung selbstständig unter Benutzung aller zulässigen Beweismittel und mit geeigneter Berücksichtigung der Anträge der Parteien vor. Nach dem Schlusse der Instruktion macht er die Parteien mit dem Stande der Sache bekannt und fordert sie auf, etwaige Anträge auf Vervollständigung binnen einer ausschließlichen achttägigen Frist zu stellen. Sachsen-Weimar.

Die Entscheidung des Bezirksausschusses erfolgt in öffentlicher Sitzung nach Vortrag des Referenten und Anhörung der vorgeladenen Parteien, jedoch auch in Abwesenheit der letzteren, wenn dieselben der geschehenen Ladung ungeachtet nicht erschienen sind. Dieselbe ist schriftlich mit Gründen versehen, den Betheiligten in Kraft der Eröffnung zu behändigen.

II. Wird Berufung gegen die Entscheidung des Bezirksausschusses eingewendet, so kann die Angabe der Beschwerden, sowie die Rechtfertigung der Berufung entweder zugleich mit der Anmeldung der letzteren oder innerhalb vier Wochen nach diesem Termine bei derselben Behörde eingereicht werden.

Von sämmtlichen Schriftsätzen, sowie von den etwaigen Anlagen derselben sind Duplikate beizufügen.

Die eingegangenen Duplikate werden von der Behörde, welche in erster Instanz gesprochen hat, der Gegenpartei zur schriftlichen, binnen vier Wochen nach der Behändigung in zwei Exemplaren einzureichenden Gegenerklärung zugefertigt.

Nach Ablauf dieser Frist legt die Behörde die sämmtlichen Verhandlungen nebst ihren Akten der zur zweitinstanzlichen Entscheidung anzurufenden Behörde vor.

Erachtet die letztere vor Fällung einer Entscheidung noch eine Aufklärung über das Sach- und Rechtsverhältniß für nöthig, so darf eine solche angeordnet werden.

Die Entscheidung wird schriftlich mit Gründen versehen der Behörde erster Instanz zur Eröffnung an die Parteien zugefertigt.

Mecklenburg-Strelitz.

8. **Mecklenburg-Strelitz.**

§ 8 der Ausf.Ver. für Strelitz und Ratzeburg ist gleichlautend mit § 8 der Ausf.-Ver. für Mecklenburg-Schwerin. Der § 9 stimmt ebenfalls im Wesentlichen überein mit § 9 der betr. Meckl.-Schwerinschen Ver. Der Eingang derselben lautet für Strelitz nach der deklaratorischen Ver. v. 31. Okt. 1874 (OffAnz. S. 116): „Wird ein Ortsarmenverband beziehungsweise der Landarmenverband des Stargard'schen Kreises auf Erstattung u. s. w." An Stelle des Ministeriums des Innern bez. des Staatsministeriums tritt in Strelitz und Ratzeburg die Landesregierung. Die Kommission für das Heimathwesen hat für beide Landestheile ihren Sitz in Neu-Strelitz; sie wird aus drei Mitgliedern zusammengesetzt, „welche zu diesem Amte besonders zu beeidigen sind und von denen eines zu den Mitgliedern Unserer Justiz-Kanzlei gehören, ein zweites Rechtsgelehrter sein und ein drittes Unserer freien Bestimmung vorbehalten bleiben soll."

Die Verordnung, betr. das Verfahren in Heimathsachen für Strelitz v. 4. Juli 1871 (OffAnz. S. 215); für Ratzeburg v. 4. Juli 1871 (OffAnz. S. 169), entsprechen überall der Ver. v. 30. Juni 1871 für Mecklenburg-Schwerin mit den sich aus §§ 8 und 9 der Ausf.-Ver. ergebenden Modifikationen. — Auch ist überall nur Gebührenfreiheit des Verfahrens bez. der Entscheidung, nicht zugleich Stempelfreiheit gewährt.

Oldenburg.

9. **Oldenburg.** Gesetz, betr. die Verwaltungsgerichtsbarkeit v. 9. Mai 1906 (GBl. 693 ff).

Dieses Gesetz ist vom 1. Dez. 1906 seinem vollen Umfange nach in Kraft getreten. (Ver. v. 9. Mai 1906

GBl. 756) und mit diesem Tage das Ges. v. 28. Januar 1882 betr. das Verfahren in Streitigkeiten über den UW. außer Kraft getreten. (§ 104 Ges. v. 9. Mai 1906.) Oldenburg.

I. **Verwaltungsgerichte.**

§ 1. Die Verwaltungsgerichtsbarkeit wird ausgeübt:

1. durch Verwaltungsgerichte;[1]
2. durch das Oberverwaltungsgericht, welches seinen Sitz in Oldenburg hat.[2]

1. Die Verwaltungsgerichte für die Fürstentümer Lübeck und Birkenfeld haben ihren Sitz in Eutin bzw. in Birkenfeld (§ 7, auch über deren Zusammensetzung); im Herzogtum Oldenburg sind Verwaltungsgerichte für die Amtsbezirke am Sitze der Ämter und in den Städten Oldenburg, Varel, Jever und Delmenhorst gebildet (§ 9, auch über die Zusammensetzung). — Über die Zuständigkeit der Verwaltungsgerichte auf dem Gebiet des Armenrechts s. unten.

2. über ihre Zusammensetzung usw. s. §§ 2—6.

II. **Sachliche Zuständigkeit.**

§ 10 Abs. 1. Vor die Verwaltungsgerichte gehören die ihnen durch Gesetz oder Verordnung (§ 58) zugewiesenen Angelegenheiten (Verwaltungsstreitsachen).

§ 11 Abs. 1. Die Zulässigkeit des Verwaltungsstreitverfahrens schließt eine Beschwerde im Verwaltungswege aus, vorbehaltlich abweichender besonderer Bestimmungen des Gesetzes.

§ 17. Der Entscheidung im Verwaltungsstreitverfahren durch die Verwaltungsgerichte unterliegen ferner:

— — —

4. Streitigkeiten zwischen einer durch die Verpflegung ihrer Armen überlastete Gemeinde

Oldenburg.

mit dem Amtsverbande um Gewährung einer Beihülfe.

§ 19. Der Entscheidung der Verwaltungsgerichte unterliegen die nach den §§ 37 und 38 des Reichsgesetzes vom 6. Juni 1870 über den Unterstützungswohnsitz im Verwaltungswege zu erledigenden Streitigkeiten, welche gegen einen oldenburgischen Armenverband von einem anderen oldenburgischen oder von einem sonstigen deutschen Armenverband erhoben werden. Die Entscheidung erfolgt:

1. im Herzogthum Oldenburg durch das Oberverwaltungsgericht;
2. in den Fürstenthümern Lübeck und Birkenfeld:
   a) wenn der Anspruch gegen einen Ortsarmenverband gerichtet ist, durch das Verwaltungsgericht zu Eutin, bzw. Birkenfeld,
   b) wenn die Regierung als Vertreterin des Landarmenverbandes bei der Sache betheiligt ist, durch das Oberverwaltungsgericht.

Soweit die Organisation oder die örtliche Abgrenzung der einzelnen Armenverbände Gegenstand des Streites ist, bewendet es, vorbehältlich der Berufung gegen die Entscheidungen der Verwaltungsgerichte für die Fürstenthümer an das Oberverwaltungsgericht, endgültig bei der Entscheidung der Verwaltungsgerichte.

Im Uebrigen findet gegen die Entscheidungen des Oberverwaltungsgerichts und der Verwaltungsgerichte, sowie gegen die im § 56 des Reichsgesetzes vom 6. Juni 1870 erwähnte Anordnung die Berufung an das Bundesamt für das Heimathwesen statt.

III. Verfahren.

Olden- burg.

1. Allgemeine Vorschriften.

§ 54. Zuständig in erster Instanz ist . . .

— — —

2. . . . das Verwaltungsgericht, in dessen Bezirk die beklagte Partei . . ., welche von einer öffentlichen Behörde vertreten wird, ihren Sitz hat.[1]

1. Nach Abs. 2 bestimmt das Oberverwaltungsgericht das zuständige Verwaltungsgericht, wenn . . . . mehrere Beklagte in Anspruch genommen werden, die in verschiedenen Bezirken ihren Sitz haben, sowie wenn das an sich zuständige Gericht infolge Ausscheidens ausgeschlossener oder abgelehnter Mitglieder beschlußunfähig wird.

§ 56. Die Fristen . . . im Verwaltungsstreitverfahren sind Ausschlußfristen und beginnen mit der Eröffnung oder der Zustellung . . . Für die Berechnung der Fristen sind die Vorschriften der Zivilprozeßordnung entsprechend anzuwenden. § 57 handelt von der Wiedereinsetzung in den vorigen Stand bei unverschuldeter Versäumung der Ausschlußfrist. Nach § 58 erfolgen die Zustellungen von Amtswegen nach den Vorschriften der ZPO.; sie können auch dann an die Parteien selbst geschehen, wenn diese einen Prozeßbevollmächtigten bestellt haben.

§ 60. Das Gericht hat seine Zuständigkeit von Amtswegen zu prüfen. Wird die Einrede der Unzuständigkeit erhoben, so kann das Gericht darüber vorab entscheiden.

§ 61. Die Bestimmungen der Zivilprozeßordnung über Ausschließung und Ablehnung der Richter finden sinngemäße Anwendung. Die Entscheidung über das Ablehnungsgesuch erfolgt ohne vorgängige mündliche Verhandlung. Wird das Ablehnungs-

Olden- gesuch durch Beschluß des Verwaltungsgerichts für
burg. unbegründet erklärt, so steht der mit dem Gesuch zurückgewiesenen Partei innerhalb zwei Wochen die Beschwerde an das Oberverwaltungsgericht zu.

Der Umstand allein, daß ein Mitglied des Gerichts amtlich in der Sache thätig gewesen ist, ist kein Grund, es auszuschließen oder abzulehnen.

§ 62. Vor der Entscheidung kann das Gericht, wenn für die Verwirklichung der Rechte einer Partei oder für das Gemeinwohl von dem Aufschub der Entscheidung nicht oder schwer ersetzliche Nachtheile zu besorgen sind, die zur Abwendung solcher Nachtheile nöthigen einstweiligen Verfügungen treffen. In dringenden Fällen steht diese Befugniß auch dem Vorsitzenden des Gerichts zu.

Gegen die Verfügung des Verwaltungsgerichts steht den Betheiligten innerhalb zwei Wochen die Beschwerde an das Oberverwaltungsgericht zu.

§ 63. Die Vollstreckung der Entscheidung des Gerichts erfolgt im Wege des Verwaltungszwangsverfahrens. Sie wird Namens des Gerichts, welches in der ersten Instanz entschieden oder beschlossen hatte, von dessen Vorsitzenden verfügt.

§ 64. Gegen Verfügungen des Vorsitzenden, welche die Leitung des Verfahrens, den Erlaß einer einstweiligen Verfügung, oder die Vollstreckung der Entscheidung des Gerichts zum Gegenstande haben, findet innerhalb zwei Wochen die Beschwerde an das Gericht statt.

Gegen die Entscheidung des Verwaltungsgerichts in den Fällen des ersten Absatzes findet innerhalb zwei Wochen die Beschwerde an das Oberverwaltungsgericht statt.

2. Verfahren bis zum Urtheil.

§ 65. Die Klage ist bei dem zuständigen Gerichte . . . schriftlich einzureichen oder zu Protokoll anzubringen. Oldenburg.

. . . Ist die Klage bei einem unzuständigen Verwaltungsgerichte eingereicht . . ., so ist sie unter Benachrichtigung des Klägers unverzüglich an das zuständige Gericht abzugeben. Gegen die Abgabe der Klage an ein anderes Gericht findet innerhalb zwei Wochen die Beschwerde an das Oberverwaltungsgericht statt.

§ 66 übereinstimmend mit § 63 Satz 3 des Pr.-LandesverwGes. (S. 251).

§ 67 Abs. 1—3 übereinstimmend mit § 64 Abs. 1—3 PrLandesverwGes. (S. 252).

Gegen den Bescheid steht innerhalb zwei Wochen nach dem Tage der Zustellung in dem Falle des Abs. 1 dem Kläger, in dem des Abs. 2 dem Beklagten der Antrag auf Anberaumung der mündlichen Verhandlung zu.

In dem Bescheide ist ausdrücklich anzugeben, daß er auf Grund des § 67 erlassen ist und daß gegen den Bescheid ein Antrag auf Anberaumung der mündlichen Verhandlung zulässig ist.

Wird der Antrag auf mündliche Verhandlung nicht gestellt, so gilt der Bescheid als endgültiges Urtheil.

§ 68. Aufforderung zur Gegenerklärung.

§ 69. Angabe der Beweismittel.

§ 70. Entscheidung ohne mündliche Verhandlung, wenn ein Antrag auf mündliche Verhandlung nicht gestellt ist.

§ 71. Anberaumung der mündlichen Verhandlung §§ 68—71 übereinstimmend mit §§ 65—68 PrLandesverwGes. (S. 253—255).

§ 72. Beiladung. Satz 1 übereinstimmend

Oldenburg. mit § 70 PrLandesverwGes. Satz 1 S. 254. — Durch die Beiladung werden sie Partei. Die Beiladung kann auch noch nach einer mündlichen Verhandlung, die nicht zum Erlasse des Urtheils geführt hat, stattfinden.

Sowohl gegen die Beiladung, wie gegen die Verwerfung des Antrags auf Beiladung ist innerhalb zwei Wochen Beschwerde an das Oberverwaltungsgericht zulässig.

§ 73. Gang der mündlichen Verhandlung übereinstimmend mit § 71 Abs. 1 u. 2 PrLandesverwGes.

§ 74. Aufgaben des Vorsitzenden. Fragerecht der Mitglieder übereinstimmend mit § 71 Abs. 3 und 4 PrLandesverwGes. (S. 254, 255).

§ 75. Oeffentlichkeit der Verhandlung; Sitzungspolizei übereinstimmend mit § 72 PrLandesverwGes.

§ 76. Zulassung von Bevollmächtigten und Vertretern übereinstimmend mit § 73 Abs. 1 u. 2 PrLandesverwGes. (S. 256).

§ 77. Die Vertretung einer Behörde erfolgt durch einen von ihr allgemein oder in jedem einzelnen Falle zu bestimmenden Beamten.

§ 78. Das Staatsministerium ist befugt, allgemein oder in jedem einzelnen Falle einen Kommissar für die mündliche Verhandlung zu bestellen. Der Kommissar ist vor Erlaß des Urtheils mit seinen Ausführungen und Anträgen zu hören.

§ 79. Sitzungsprotokoll übereinstimmend mit § 75 PrLandesverwGes. (S. 256).

§ 80. Das Gericht erforscht den Sachverhalt von Amtswegen. Es erhebt den nach seinem Ermessen zur Aufklärung des Sachverhalts erforderlichen Beweis ohne Rücksicht darauf, ob ihn die Parteien angetreten haben oder nicht.

Abs. 2 übereinstimmend mit § 76 PrLandesverwGes. (S. 257). Oldenburg.

§ 81. Anordnung der Beweisaufnahme; übereinstimmend mit § 77 PrLandesverwGes.

§ 82 Abs. 1—3. Zeugnißpflicht, Ungehorsamstrafen; übereinstimmend mit § 78 Abs. 1 u. 2 PrLandesverwGes. (Ein Maximalbetrag der Geldbuße ist nicht festgesetzt.)

Abs. 4 betr. die Gebühren der Zeugen und Sachverständigen.

§ 83. Das Gericht entscheidet nach seiner freien, aus dem ganzen Inbegriffe der Verhandlungen und Beweise geschöpften Ueberzeugung, wobei es zwar nicht über den Gegenstand der Verhandlung hinausgehen darf, im Uebrigen aber weder an die gestellten Anträge noch an die zu ihrer Rechtfertigung vorgebrachten Gründe gebunden ist, insbesondere eine angefochtene Entscheidung auch zum Nachtheile dessen, der die Klage oder das Rechtsmittel angebracht hat, abändern kann.

Beim Ausbleiben einer Partei oder in Ermangelung einer Erklärung derselben können die von der Gegenpartei vorgebrachten Thatsachen für zugestanden erachtet werden.

Die Entscheidungen dürfen nur die Parteien einschließlich der Beigeladenen betreffen.

Mit der Entscheidung in der Hauptsache ist stets die Entscheidung über die Kosten zu verbinden.

Ist eine Entscheidung in der Hauptsache nicht ergangen, so findet gegen die Entscheidung des Verwaltungsgerichts über den Kostenpunkt innerhalb zwei Wochen die Beschwerde an das Oberverwaltungsgericht statt. Vor der Entscheidung über die Beschwerde ist der Gegner zu hören.

§ 84. Verzicht der Parteien auf mündliche

Oldenburg. Verhandlung übereinstimmend mit § 80 PrLandesverwGes. (S. 258).

§ 85. Verkündung und Zustellung der Entscheidung übereinstimmend mit § 81 PrLandesverwGes.

§ 86. Schreibfehler, Rechenfehler und ähnliche offenbare Unrichtigkeiten, die in einer Entscheidung vorkommen, können vom Gericht jederzeit auch von Amtswegen und ohne mündliche Verhandlung berichtigt werden. Der die Berichtigung aussprechende Beschluß wird auf der Entscheidung und den Ausfertigungen bemerkt. Gegen einen solchen Beschluß des Verwaltungsgerichts findet innerhalb zwei Wochen die Beschwerde an das Oberverwaltungsgericht statt.

§ 87. Wenn ein von einer Partei geltend gemachter Anspruch oder der Kostenpunkt in der Entscheidung ganz oder theilweise übergangen ist, so ist sie auf Antrag oder von Amtswegen durch eine nachträgliche Entscheidung zu ergänzen. Die mündliche Verhandlung beschränkt sich auf den Gegenstand der nachträglichen Entscheidung.

3. Berufung gegen die Urtheile des Verwaltungsgerichts.

4. Wiederaufnahme des Verfahrens.

Diese Abschnitte finden, soweit nach § 41 Satz 2 UWG. die Berufung an das Bundesamt stattfindet, auf das anmaßliche Streitverfahren keine Anwendung.

§ 98. Gegen die im Verwaltungsstreitverfahren ergangenen, rechtskräftig gewordenen Urtheile findet, unbeschadet der Bestimmung im § 41 Satz 1 des

Reichsgesetzes über den Unterstützungswohnsitz, die Klage auf Wiederaufnahme des Verfahrens unter denselben Voraussetzungen, in demselben Umfange und innerhalb derselben Fristen statt, wie nach der Civilprozeßordnung die Nichtigkeitsklage und die Restitutionsklage. Zuständig ist ausschließlich das Oberverwaltungsgericht. Oldenburg.

Erachtet das Oberverwaltungsgericht die Klage für begründet, so hebt es das angefochtene Urtheil und das Verfahren, soweit das letztere von dem Anfechtungsgrunde betroffen wird, auf und entscheidet anderweit in der Sache selbst; wenn aber das angefochtene Urtheil ein solches eines Verwaltungsgerichtes ist, verweist es die Sache an dieses. Das Verwaltungsgericht ist an die in der aufhebenden Entscheidung aufgestellten Grundsätze sowie an die ihr zu Grunde gelegten thatsächlichen Feststellungen gebunden.

5. Kosten des Verfahrens.

§ 99. Die unterliegende Partei hat die Kosten des Verwaltungsstreitverfahrens zu tragen und die dem Gegner durch das Verwaltungsstreitverfahren erwachsenen Kosten zu erstatten, soweit die letzteren nach freiem Ermessen des Gerichts zur zweckentsprechenden Rechtsverfolgung oder Rechtsverteidigung nothwendig waren. Die Kostenerstattung umfaßt auch die Entschädigung des Gegners für die durch nothwendige Reisen oder durch die nothwendige Wahrnehmung von Terminen entstandene Zeitversäumniß; die für die Entschädigung von Zeugen geltenden Vorschriften finden entsprechende Anwendung.

Die Kosten bleiben der obsiegenden Partei zur Last, soweit sie durch eigenes Verschulden entstanden sind.

Oldenburg. Im Bescheide (§§ 67, 70) und im Urtheile ist der Werth des Streitgegenstandes festzusetzen.

Die Gebühren der Rechtsanwälte bestimmen sich nach den Gesetzen für das Herzogthum Oldenburg und das Fürstenthum Birkenfeld vom 19. Februar 1900 und für das Fürstenthum Lübeck vom 13. März 1903, betreffend die landesgesetzlichen Vorschriften über die Gebühren der Rechtsanwälte.

§ 100 betrifft den Pauschsatz der Gebühren der Verwaltungsgerichte (vgl. dazu die Tabellen A und B).

§ 101 behandelt die Fälle, in denen die Erhebung des Pauschsatzes nicht stattfindet.

§ 102. Kostenfestsetzung — übereinstimmend mit § 108 PrLandesverwGes. (S. 261).

Braunschweig. **10. Braunschweig.** Ausf.Ges. v. 5. Juni 1871.

§ 11. Lehnt ein Braunschweigischer Armenverband den gegen ihn von einem andern Armenverbande erhobenen Anspruch auf Erstattung von Unterstützungskosten oder auf Uebernahme eines Hülfsbedürftigen ab, so wird über einen solchen Anspruch auf dahin gerichtete Klage von der Deputation für Heimathwesen[1] entschieden.

1. Nach § 10 des Gesetzes, betreffend die Verwaltungsrechtspflege vom 5. März 1895 ist mit dem Tage des Inkrafttretens dieses Gesetzes — 1. April 1896 — an die Stelle der Deputation für Heimatwesen der Verwaltungsgerichtshof getreten. Doch hat die Deputation für Heimatwesen die am 1. April 1896 bei ihr anhängigen Sachen noch nach den bisherigen Vorschriften zu erledigen. (§ 72 a. a. O.)

Mit dem Verwaltungsgerichtshof ist auch das Verfahren vor demselben, soweit dies nach der Natur der armenrechtlichen Streitsachen angängig ist, in Geltung getreten.

Dadurch sind die §§ 12 bis 29 des Ausf.Ges. v. 5. Juni 1871 in Wegfall gekommen. Braunschweig.

Ges. v. 5. März 1895 (Ges. u. VerBl. S. 79 ff.):

§ 50. Armenangelegenheiten. Die Klage findet statt, wenn ein Armenverband den gegen ihn von einem anderen Armenverbande erhobenen Anspruch auf Erstattung von Unterstützungskosten oder auf Uebernahme eines Hülfsbedürftigen ablehnt. Ist der Landarmenverband einer der streitenden Theile, so wird derselbe durch die betreffende Kreisdirektion vertreten.

Bei Verurtheilung eines in Anspruch genommenen Armenverbandes ist in der Entscheidung auszusprechen, ob der Armenverband zur Uebernahme des betreffenden Hülfsbedürftigen oder zu welcher sonstigen Leistung verpflichtet sein soll.

Soweit die Organisation oder die örtliche Abgrenzung der einzelnen Armenverbände Gegenstand des Streites ist, bewendet es endgültig bei der Entscheidung des Verwaltungsgerichtshofes; im Uebrigen findet gegen dessen Entscheidung die Berufung an das Bundesamt für das Heimathwesen statt.

Die im § 56 des Reichsgesetzes über den Unterstützungswohnsitz erwähnten Anordnungen sind von der Kreisdirektion des Kreises zu treffen, in welchem der Ortsarmenverband des Aufenthaltsorts eines Auszuweisenden belegen ist, und findet gegen die Anordnung der Kreisdirektion, wenn die streitenden Armenverbände dem Herzogthume angehören, Berufung an den Verwaltungsgerichtshof statt, bei dessen Entscheidung es endgültig bewendet.

§ 17 übereinstimmend mit PrLandesverwGes. § 63.

§ 18 Abs. 1 u. 2 übereinstimmend mit PrLandesverwGes. § 64 Abs. 1 u. 2 (oben S. 251 ff.).

Braunschweig. (§ 64 Abs. 3 — Bescheid des Vorsitzenden — fehlt im Braunschweigischen Gesetze.)

Abs. 3: In dem Bescheide ist den Parteien zu eröffnen, daß sie befugt seien, innerhalb zweier Wochen, vom Tage der Zustellung ab, die Anberaumung der mündlichen Verhandlung zu beantragen.

Abs. 4: Wird mündliche Verhandlung nicht beantragt, so gilt der Bescheid als endgültiges Urtheil.

§§ 19—24 übereinstimmend mit §§ 65—71 PrLandesverwGes. (oben S. 253 ff.).

§ 25. Bezüglich der Oeffentlichkeit des Verfahrens und der Sitzungspolizei kommen die Vorschriften der §§ 170, 173—185 des Deutschen Gerichtsverfassungsgesetzes und des Reichsgesetzes vom 5. April 1888 Art. I—IV — RGBl. S. 133 — zu entsprechender Anwendung.

§ 26 Abs. 1 u. 2 übereinstimmend mit § 73 Abs. 1 und Abs. 2 Satz 1 des PrLandesverwGes. (oben S. 256).

Abs. 3. Das Gericht kann fordern, daß Parteien, welche nach Ansicht desselben zur eigenen Vertretung ihrer Rechte unfähig sind, innerhalb einer bestimmten Frist einen Vertreter bestellen.

§ 27. Die Vertretung einer Behörde erfolgt durch einen ihrer Beamten. Dieselbe kann auch durch einen Rechtsanwalt erfolgen. Das Staatsministerium ist befugt, in jedem Falle einen besonderen Kommissar zur Wahrnehmung des öffentlichen Interesses für die mündliche Verhandlung zu bestellen. Der Kommissar ist vor Erlaß des Endurtheils mit seinen Ausführungen und Anträgen zu hören.

§§ 28—39 übereinstimmend mit §§ 75—77 PrLandesverwGes. (oben S. 256 ff.).

§ 31 übereinstimmend mit § 78 Abs. 1 Pr.-LandesverwGes. — doch fehlt die diesem beigefügte Maßgabe. Braunschweig.

§ 32 Abs. 1 übereinstimmend mit § 79 Pr.-LandesverwGes. — doch lautet der letzte Satz des Abs. 1: Die Entscheidungen dürfen nur die zum Verfahren vorgeladenen oder beigeladenen (§ 23) Parteien und die in demselben erhobenen Ansprüche betreffen.

Abs. 2 hat für das armenrechtliche Streitverfahren keine Bedeutung.

§§ 33, 34 übereinstimmend mit §§ 80, 81 Pr.-LandesverwGes. (oben S. 258).

§ 35 handelt von Beschwerden gegen Verfügungen des Vorsitzenden und Beschlüsse des Verwaltungsgerichshofes und von der gegen endgültige Entscheidungen des Verwaltungsgerichtshofes lediglich stattfindenden Klage auf Wiederaufnahme des Verfahrens. — Dieses Rechtsmittel findet im armenrechtlichen Streitverfahren nicht statt (§ 50).

§ 36 übereinstimmend mit §§ 102, 103 Pr.-LandesverwGes. (oben S. 258).

§ 37 übereinstimmend mit § 104 PrLandesverwGes.

§ 38. An Gerichtsgebühren kommt ein Pauschsatz zur Hebung, welcher im Höchstbetrage 150 Mark nicht übersteigen darf. Für die Berechnung des Pauschsatzes ist vom Staatsministerium ein Tarif aufzustellen.

Für die Gebühren der Zeugen und Sachverständigen sowie für die Schreibgebühren gelten die in Civilprozessen zur Anwendung kommenden Vorschriften.

§ 39. Die Erhebung des Pauschsatzes findet nicht statt:

Braunschweig.

1. wenn der unterliegende Theil eine Behörde ist;
2. wenn die Entscheidung ohne vorgängige mündliche Verhandlung erfolgt ist;
3. von denjenigen Personen, denen nach den Reichs- oder Landesgesetzen Gebührenfreiheit in bürgerlichen Rechtsstreitigkeiten zusteht.

§ 40. Alle Kosten und Auslagen werden von dem Verwaltungsgerichtshofe endgültig festgesetzt (vgl. jedoch § 35).

§ 41. Imgleichen entscheidet der Verwaltungsgerichtshof endgültig darüber, ob dem unterliegenden Theile nach Maßgabe der Bestimmungen im § 7 des Ausführungsgesetzes zum Deutschen Gerichtskostengesetze u. s. w. vom 11. Juli 1879 Nr. 40, oder wenn sonst ein besonderer Anlaß dazu vorliegt, gänzliche oder theilweise Kostenfreiheit oder Kostenstundung bewilligt werden soll.

§ 42. Die Vollstreckung der Entscheidungen des Verwaltungsgerichtshofes erfolgt, soweit erforderlich, im Wege des Verwaltungszwangsverfahrens. Die Vollstreckung wird Namens des Verwaltungsgerichtshofes von dem Vorsitzenden desselben verfügt.

§ 43. Die Zustellungen und Ladungen erfolgen von Amtswegen und es finden die bezüglichen Vorschriften der bürgerlichen Prozeßgesetze entsprechende Anwendung. Die beeidigten Verwaltungsbeamten genießen den öffentlichen Glauben der Gerichtsvollzieher.

Sachsen-Meiningen.

11. Sachsen-Meiningen. a) Ausf.Ges. v. 24. Febr. 1872.

Die Art. 14—21, 23 u. 27 sind aufgehoben

durch Art. 41 des Ges., betr. das Verwaltungsstreitverfahren (unter b). Sachsen-Meiningen.

Dagegen sind noch ferner geltend

Art. 22. Die Entscheidung erfolgt durch schriftlichen mit Gründen versehenen Beschluß; sofern dabei für den in Anspruch genommenen Armenverband eine Verpflichtung zur Uebernahme des Hülfsbedürftigen begründet ist, muß dies im Bescheide ausdrücklich ausgesprochen werden.

Art. 24 übereinstimmend mit § 56 Abs. 1 PrAG. Statt des „Pauschquantum" heißt es im zweiten Satze „die Kosten".

Art. 25 übereinstimmend § 58 PrAG. Statt „des Bundesamts" heißt es „der höheren Instanz".

Art. 26 übereinstimmend mit § 59 Abs. 2 PrAG.

Art. 31 betr. die Vollstreckung der Entscheidungen in Armensachen.

b. Gesetz betr. das Verwaltungsstreitverfahren vom 15. März 1897.

Art. 1. Auf die Verhandlung und Entscheidung solcher streitiger Verwaltungssachen, für welche

a) nach den Reichsgesetzen das Verwaltungsstreitverfahren zugelassen ist,
oder welche
b) nach den Bestimmungen unter II, Art. 10 bis 12 im Verwaltungsstreitverfahren zu entscheiden sind,

ist das nachstehend geordnete Verfahren anzuwenden.

Art. 2. Die Gerichtsbarkeit in streitigen Verwaltungssachen wird von dem Kreisverwaltungs-

Sachsen-Meiningen. gericht (Art. 3), von dem Landesverwaltungsgericht (Art. 4) und von dem Oberverwaltungsgericht (Art. 5) ausgeübt.

Durch die Entscheidung der Verwaltungsgerichte wird die Beschreitung des Rechtsweges, soweit derselbe gesetzlich zulässig ist, nicht ausgeschlossen.

Art. 3—8 behandeln die Zusammensetzung der Verwaltungsgerichte. — Die Vorschriften der Zivilprozeßordnung über Ausschluß und Ablehnung der Gerichtspersonen finden entsprechende Anwendung. Art. 9 betr. die Geschäftsleitung.

Art. 10. Fälle der Anwendung. Die Entscheidung im Verwaltungsstreitverfahren findet statt:

2) in Streitsachen zwischen Armenverbänden gemäß Art. 41;
3) in Streitsachen zwischen Armenverbänden und denjenigen Personen, welche nach Art. 1 des Gesetzes vom 26. April 1888 auf Ersatz öffentlicher Armenunterstützung in Anspruch genommen werden, an Stelle der Entscheidung nach Art. 3 und 4 des angeführten Gesetzes.

Art. 41 Abs. 1. In den Fällen des Art. 10 Ziff. 2, ist gegen die Entscheidung des Landesverwaltungsgerichts, wenn beide Streittheile dem Herzogthum angehören, oder wenn die Organisation oder die örtliche Abgrenzung der einzelnen Armenverbände Gegenstand des Streites ist, die Berufung an das Oberverwaltungsgericht, außerdem die Berufung an das Bundesamt für das Heimathwesen zulässig.

Art. 13—28 betr. das Verfahren in erster Instanz.

Das Verfahren beginnt mit der Erhebung der Klage (Art. 13). Zur Entscheidung ist das Landes-

verwaltungsgericht zuständig, wenn der Landarmen- Sachsen-Meiningen.
verband als Partei betheiligt ist (Art. 14 Nr. 2 d); in andern Fällen das Kreisverwaltungsgericht (Nr. 3). Die Klage ist bei dem zuständigen Verwaltungsgericht anzubringen (Art. 15); sie ist schriftlich einzureichen, kann auch, wenn das Kreisverwaltungsgericht zuständig ist, bei dem Landrath zu Protokoll erklärt werden (Art. 16). — Im Uebrigen bestimmt:

Art. 16. In der Klage ist ein bestimmter Antrag zu stellen und sind der Gegenstand der Klage, sowie die den Antrag begründenden Thatsachen unter Angabe der Beweismittel zu bezeichnen. Die als Beweismittel in Bezug genommenen Urkunden sind, soweit thunlich, in Urschrift oder Abschrift beizufügen.

Sind in der Sache bereits Verhandlungen vor einer Verwaltungsbehörde ergangen, so darf in der Klage auf diese Bezug genommen werden.

Von der Klage und deren etwaigen Anlagen ist, sofern die Klage schriftlich eingereicht wird, Abschrift für den Beklagten beizufügen.

Die Klage ist von dem Kläger selbst oder von seinem gesetzlichen Vertreter oder von seinem Bevollmächtigten zu unterzeichnen. Die Vollmacht ist schriftlich zu ertheilen.

Zur weiteren Ausführung einer Klage darf, sofern deren Anbringung an eine Frist gebunden ist, dem Kläger auf Antrag eine weitere Frist bis zu vier Wochen vom Vorsitzenden des Verwaltungsgerichts ertheilt werden.

Art. 17. Die Klageschrift wird dem Gegner in Abschrift mit der Aufforderung zugefertigt, seine schriftliche Gegenerklärung binnen einer bestimmten, von einer bis zu vier Wochen zu bemessenden Frist einzureichen, widrigenfalls die Entscheidung nach

Sachsen-Meiningen. Lage der Akten erfolgen werde. Der Gegenerklärung ist eine Abschrift beizufügen.

Die letztere wird dem Kläger zugefertigt, geeigneten Falls mit der dieselbe Verwarnung enthaltenden Aufforderung, seine weitere Erklärung binnen bestimmter, wie vorsteht, zu bemessender Frist einzureichen.

Auf diese Erklärungen finden die Vorschriften über die Klagschrift entsprechende Anwendung.

Art. 18. Die Entscheidung erfolgt auf Grund mündlicher Verhandlung vor dem Gericht.

Der Vorsitzende beraumt hierzu Termin an und benachrichtigt die Parteien hiervon mit dem Bemerken, daß im Falle ihres Ausbleibens nach Lage der Akten werde entschieden werden. Hält er das Erscheinen einer Partei für angemessen, so sind die nach Lage des Falles an das Nichterscheinen sich knüpfenden Nachtheile in der Vorladung besonders zu bezeichnen.

Art. 19. In Fällen, in welchen entweder der erhobene Anspruch sofort als rechtlich unzulässig oder unbegründet oder als begründet sich herausstellt, oder wenn das thatsächliche Verhältniß aus vorliegenden Akten und Urkunden sich feststellen läßt, kann

a) die Entscheidung auch ohne mündliche Verhandlung erfolgen,
oder
b) ohne vorgängigen Schriftwechsel, jedoch unter Zufertigung der Klage an den Gegner, mündliche Verhandlung anberaumt werden.

Art. 20 u. 21 betr. den Ort der Verhandlung, Oeffentlichkeit und Sitzungspolizei.

Art. 22. Die mündliche Verhandlung beginnt mit der Darstellung des Sachverhalts durch den

Vorsitzenden oder einen von diesem ernannten Berichterstatter. Demnächst sind die erschienenen Parteien oder deren bevollmächtigte Vertreter zu hören. Sachsen-Meiningen.

Vertreter, welche ohne Rechtsanwälte oder Beamte einer Partei zu sein, die Vertretung geschäftsmäßig besorgen, können zurückgewiesen werden.

Das Gericht hat dahin zu wirken, daß der Sachverhalt vollständig aufgeklärt und die sachdienlichen Anträge von den Parteien gestellt werden. Es hat nöthigenfalls die Betheiligten zur thatsächlichen Begründung ihrer Anträge, zur Erläuterung und Ergänzung ihrer thatsächlichen Angaben aufzufordern und kann die vom Gegner nicht bestrittenen thatsächlichen Angaben einer Partei für zugestanden erachten. Es hat den nach seinem Ermessen zur Klarstellung des Sachverhalts erforderlichen Beweis in vollem Umfang zu erheben, ohne an die Anträge der Parteien gebunden zu sein.

Das Gericht ist befugt, Untersuchungen an Ort und Stelle zu veranlassen, Zeugen und Sachverständige zu laden und eidlich zu vernehmen, auch die Beweise durch ein Mitglied oder durch eine beauftragte oder ersuchte Behörde erheben zu lassen.

Die Befugniß zur Beweiserhebung steht geeigneten Falls auch dem Vorsitzenden schon vor der mündlichen Verhandlung zu, ebenso die Befugniß zur Vorladung von Zeugen und Sachverständigen zu dieser Verhandlung.

In jedem Fall sind die Beweisverhandlungen nach Benachrichtigung der Parteien unter Zuziehung eines verpflichteten Protokollführers aufzunehmen und die Parteien zu denselben zuzulassen.

Art. 23. Hinsichtlich der Verpflichtung, sich als Zeuge oder Sachverständiger vernehmen zu lassen, sowie hinsichtlich der im Falle des Ungehor-

Sachsen-Meiningen. sams zu verhängenden Strafen kommen die Bestimmungen der Civilprozeßordnung in Anwendung.

Gegen die hierüber ergehenden Entscheidungen des Kreisverwaltungsgerichts steht binnen zwei Wochen die Beschwerde an das Landesverwaltungsgericht, gegen die erstinstanzlichen Entscheidungen des letzteren an das Oberverwaltungsgericht zu.

Art. 24. Das Gericht entscheidet nach freier, aus dem ganzen Inbegriff der Verhandlungen und Beweise geschöpften Ueberzeugung nach Maßgabe der Gesetze.

Die Beschlüsse des Gerichts werden nach Stimmenmehrheit und in der Regel in nicht öffentlicher Sitzung gefaßt. An der Beschlußfassung nach vorausgegangener mündlicher Verhandlung nehmen nur diejenigen Mitglieder Theil, vor welchen diese Verhandlung stattgefunden hat.

Art. 25. Die Entscheidung erfolgt durch schriftlichen, mit Gründen versehenen Beschluß, welcher von dem Vorsitzenden und sämmtlichen Beisitzern zu unterschreiben ist.

Die Entscheidung wird nach vorgängiger mündlicher Verhandlung in der Regel in öffentlicher Sitzung durch Vorlesung des Beschlusses oder der Entscheidungsformel, außerdem durch schriftliche Zufertigung an die Parteien verkündet und ist auch im ersteren Fall den Parteien in beglaubigter Abschrift mitzutheilen.

Art. 26. In der Entscheidung ist über die Verpflichtung zur Tragung der Kosten und Auslagen des Verfahrens und über Erstattung der den Parteien erwachsenen baaren Auslagen Bestimmung zu treffen.

Die Erstattung der Gebühren des Rechtsanwalts einer Partei kann dem Gegner nur insoweit auf-

Sachsen-Meiningen.

erlegt werden, als dieselben für die Wahrnehmung der öffentlichen Verhandlung zu zahlen sind.

Die Gebühren der Rechtsanwälte sind nach den entsprechenden Gebührensätzen für Handlungen vor den ordentlichen Gerichten zu bemessen.

Nöthigenfalls ist der Werth des Streitgegenstandes in der Entscheidung festzustellen.

Art. 27 betr. die Protokollführung.

Art. 28 betr. einstweilige Verfügungen.

Art. 29—34 behandeln die Berufung.

Art. 29. Gegen die Entscheidungen des Kreisverwaltungsgerichts steht den Parteien, sowie aus Gründen des öffentlichen Interesses dem Vorsitzenden, die Berufung an das Landesverwaltungsgericht, gegen die Entscheidungen des letzteren, wenn sie nicht nach gesetzlicher Bestimmung endgültig sind, oder die Entscheidung der Vorinstanz lediglich bestätigen, den Parteien die Berufung an das Oberverwaltungsgericht zu.

Die Berufung ist binnen zwei Wochen nach der Zufertigung der Entscheidung bei dem entscheidenden Gericht oder bei dessen Vorsitzenden bei Verlust des Rechtsmittels schriftlich anzumelden. Die Frist ist gewahrt, wenn die Anmeldung innerhalb derselben bei dem Berufungsgericht oder dessen Vorsitzenden oder dem Staatsministerium erfolgt ist.

Die Vorschriften des Art. 16 Abs. 3—6 über die Klagschrift finden auf die Berufungsschrift entsprechende Anwendung.

Art. 30. Ist die Berufung nicht rechtzeitig angemeldet oder gesetzlich unzulässig, so ist sie von dem Vorsitzenden des entscheidenden Gerichts (Art. 29 Abs. 2) durch einen mit Gründen versehenen Bescheid zurückzuweisen.

Der Bescheid wird endgültig, wenn nicht binnen

Sachsen-Meiningen.

zwei Wochen von dessen Zustellung der Berufende Verhandlung vor dem Berufungsgericht beantragt. Dies ist in dem Bescheid dem Berufenden zu eröffnen.

Art. 31. Ist die Berufung rechtzeitig und zulässig befunden, oder gegen den zurückweisenden Bescheid (Art. 3) Verhandlung beantragt, so wird die Abschrift der Berufungsschrift der Gegenpartei zur schriftlichen Gegenerklärung innerhalb einer bestimmten von einer bis zu vier Wochen zu bemessenden Frist zugefertigt.

Zur Ausführung der Berufung kann in nicht schleunigen Sachen eine angemessene weitere Frist von einer bis zu vier Wochen gewährt werden.

Art. 32. Der Gegner des Berufenden kann sich der Berufung anschließen, selbst wenn die Berufungsfrist seinerseits versäumt ist.

Art. 33. Nach Ablauf der Frist zur Gegenerklärung sind die Verhandlungen dem Berufungsgericht einzureichen.

Die Parteien sind hiervon rücksichtlich unter Mittheilung der eingegangenen Gegenerklärung zu benachrichtigen.

Die Vorschriften der Artikel 18 bis 28 finden auf das Verfahren vor dem Berufungsgericht entsprechende Anwendung.

Art. 34. Die Entscheidungen des Oberverwaltungsgerichts sind endgültig, vorbehaltlich der Bestimmung des Art. 2 Absatz 2.

Art. 35. Die Wiederaufnahme eines durch endgültige Entscheidung beendeten Verfahrens findet statt durch Wiedereinsetzung in den vorigen Stand.

Dieselbe kann beantragen, wer durch außerhalb seines Willens liegende Verhältnisse abgehalten worden ist, die für das Verwaltungsstreitverfahren vorgeschriebenen Fristen einzuhalten, und dies glaubhaft bescheinigt. Sachsen-Meiningen

Ueber den Antrag entscheidet das Gericht, dem die Entscheidung für die versäumte Streithandlung zusteht. Die versäumte Streithandlung ist unter Anführung der Thatsachen, welche die Wiedereinsetzung begründen, sowie der Beweismittel innerhalb zwei Wochen nachzuholen. Der Lauf der Frist beginnt mit dem Ablauf des Tages, an welchem die Abhaltung behoben worden ist.

Nach Ablauf eines Jahres, von dem Ende der versäumten Frist gerechnet, findet der Antrag auf Wiedereinsetzung in den vorigen Stand nicht mehr statt.

Art. 38. Bescheide (Art. 30) und Entscheidungen, welche nicht endgültig sind, können, die ersteren vom Vorsitzenden, die letzteren vom Gericht für vorläufig vollstreckbar erklärt werden, wenn die Aussetzung der Vollstreckung einen der in Artikel 28 bezeichneten Nachtheile besorgen läßt.

Art. 39. Der Vorsitzende des Gerichts und sofern dies nicht bereits von diesem geschehen, das Gericht, kann auf Antrag oder von Amtswegen verfügen, daß ein Dritter, welcher in der Sache betheiligt erscheint, zur mündlichen Verhandlung beigeladen werde.

Die auf erfolgte Beiladung ergehende Entscheidung wird auch für den Dritten gültig, der Berufung fähig und ergeblich rechtskräftig, wenn in der Beiladung hierauf hingewiesen war.

12. **Sachsen-Altenburg.** Ausf.Ver. v. 3. Juni 1871. Sachsen-Altenburg.

§ 8. Streitigkeiten zwischen verschiedenen Armenverbänden über die öffentliche Unterstützung

Sachsen-Altenburg. Hülfsbedürftiger sind im Verwaltungswege zu entscheiden.[1]

Lehnt ein Altenburgischer Armenverband den gegen ihn, sei es von einem Altenburgischen oder einem andern Deutschen Armenverband erhobenen Anspruch auf Erstattung der Kosten oder auf Uebernahme eines Hülfsbedürftigen ab, so wird auf Antrag desjenigen Armenverbandes, welcher die öffentliche Unterstützung vorläufig gewährt hat, über den erhobenen Anspruch von dem Landrathsamt (Ges. v. 13. Juni 1876) desjenigen Kreises entschieden, zu welchem der in Anspruch genommene Armenverband gehört.

1. § 2 des Ausf.Ges. zur ZivProzOrd. v. 4. Mai 1899 (GS. S. 64).

Die Vorschriften der Zivilprozeßordnung über Zustellungen, über die Berechtigung zur Verweigerung eines Zeugnisses, über die Verpflichtung zur Erstattung eines Gutachtens, über die Vernehmung von Zeugen und Sachverständigen, über die zur Erzwingung eines Zeugnisses oder Gutachtens zulässigen Maßregeln, über den Umfang der Verpflichtung dritter Personen zur Vorlegung von Urkunden und über das Verfahren bei der Abnahme von Eiden finden . . . auf Streitigkeiten auf Grund des § 8 der Verordnung betr. die Ausführung des Bundesgesetzes über den Unterstützungswohnsitz vom 3. Juni 1871 entsprechende Anwendung.

Die Stelle des Gerichtsschreibers vertritt hierbei erforderlichenfalls ein verpflichteter Protokollführer.

§ 9. Das Verfahren in solchen Streitigkeiten vor den Herzoglichen Landrathsämtern richtet sich bis auf Weiteres nach den Vorschriften des Gesetzes über den unbestimmt summarischen Prozeß u. s. w. vom 7. April 1823 unter Berücksichtigung der durch die Prozeßnovelle vom 14. Oktober 1852 gegebenen Abänderungen dieses Gesetzes, insoweit nicht das Bundesgesetz selbst (§ 40, oder diese Ausführungsverordnung besondere Vorschriften enthält. Sachsen-Altenburg.

Abs. 2 übereinstimmend mit § 46 PrAG.

Abs. 3 übereinstimmend mit dem Schlußsatz des § 52 PrAG.

§ 10. Soweit die Organisation oder örtliche Abgrenzung der einzelnen Armenverbände Gegenstand des Streites ist, erfolgt die erste und letzte Entscheidung durch das Herzogl. Ministerium, Abtheilung des Innern.

§ 11. Gegen die nach §§ 8 und 9 gefällten Entscheidungen der Herzogl. Landrathsämter findet, unter Ausschluß aller sonstigen Rechtsmittel, nach Maßgabe der Bestimmung in §§ 46 ff. des Bundesgesetzes über den Unterstützunswohnsitz die Berufung an das Bundesamt für das Heimathwesen statt.

§ 12 übereinstimmend mit § 59 Abs. 1 PrAG.

§ 13. Kommt es in Streitigkeiten zwischen Armenverbänden zur Vollstreckung der Exekution (§§ 53 ff. des Bundesgesetzes), so ist die Gerichtsbehörde, unter deren Jurisdiktion der verpflichtete Armenverband sich befindet, gehalten, dem Landrathsamt das Erforderliche an Dienerpersonal und an etwa nöthigen Räumlichkeiten zur Verfügung zu stellen.

Das Landrathsamt ist jedoch berechtigt, zur Vornahme wirklicher Hülfsvollstreckungsakte die zuständige Gerichtsbehörde zu requiriren.

13. Sachsen-Coburg-Gotha. Ausf.Ges. v. 31. Mai 1871. **Sachsen-Coburg-Gotha.**

§ 15. Zur Entscheidung von Streitigkeiten, welche gegen einen Armenverband der Herzogthümer

Sachsen-Coburg-Gotha.

Coburg und Gotha von einem andern Coburg-Gothaischen oder sonstigen Deutschen Armenverbande erhoben werden, wird für jedes der beiden Herzogthümer eine Behörde eingesetzt, welche den Namen „Deputation für das Heimathwesen" führt, und für das Herzogthum Coburg in Coburg und für das Herzogthum Gotha in Gotha ihren Sitz hat.

§ 16 übereinstimmend mit § 41 Abs. 1, 4 und 5 PrAG.

Den richterlichen und den Verwaltungsbeamten ernennt der Herzog, und die übrigen drei Mitglieder, welche Angehörige der Herzogthümer Coburg und Gotha sein müssen, werden vom Landtage des betreffenden Herzogthums auf die Dauer von 4 Jahren gewählt.

Den Vorsitzenden und dessen Stellvertreter ernennt der Herzog aus der Zahl der Mitglieder. Der Vorsitzende wird vom Staatsministerium verpflichtet, die übrigen Mitglieder verpflichtet der Vorsitzende. Die Verpflichtung geschieht durch Handschlag an Eidesstatt. Das erforderliche Hülfspersonal und Geschäftslokal wird der Deputation durch das Staatsministerium zur Verfügung gestellt.

§ 17 gleichlautend mit § 42 PrAG.

§ 18 Abs. 1 gleichlautend mit Satz 1; Abs. 2 übereinstimmend mit Abs. 2 des § 43 PrAG. (Vgl. Regulativ f. Coburg v. 9. November 1872 [GS. Nr. 768]; für Gotha v. 5. Oktober 1872 [GS. Nr. 27].)

§ 19. Die gewählten Mitglieder erhalten eine entsprechende Vergütung, welche vom Staatsministerium festzustellen und wie der obige Aufwand der Deputation aus der Staatskasse zu bestreiten ist.

§§ 20—24 übereinstimmend mit §§ 45—49

PrAG. § 24 hat den Zusatz: Die Vollstreckung anerkannter Strafen erfolgt auf Requisition der Deputation durch den zuständigen Einzelrichter. Sachsen-Coburg-Gotha.

§§ 25—30 übereinstimmend mit §§ 50—55 PrAG.

§ 31 übereinstimmend mit Abs. 2 und 3 des § 56 PrAG.

§§ 32—34 übereinstimmend mit §§ 57—59 PrAG.

Nach § 34 Abs. 2 erfolgt die Erstattung der Auslagen und Gebühren aus der betreffenden Staatskasse.

§ 35. Ist von einem Ortsarmenverband eines der Herzogthümer gegen einen andern Ortsarmenverband desselben Herzogthums, welcher nicht aus einer der Städte Coburg, Rodach, Neustadt, Königsberg, Gotha, Ohrdruf, Waltershausen gebildet ist, ein Streit zu führen, so hat der den Anspruch erhebende Ortsarmenverband, ehe er den Streit bei der Deputation anhängig macht, sich an die landräthliche Behörde des Bezirks, welchem der in Anspruch zu nehmende Ortsarmenverband angehört, zuvörderst wegen Veranstaltung eines Sühneversuchs zu wenden.

Die landräthliche Behörde hat die Ausgleichung des Streites in geeigneter Weise zu versuchen und ist berechtigt, zu diesem Behufe die Betheiligten zur mündlichen Verhandlung vorzuladen, über die Sache zur Feststellung der Streitpunkte zu vernehmen und nach ihrem Ermessen Vorschläge zu machen. Findet eine Einigung statt, so ist dieselbe urkundlich festzustellen und es ist solche sodann im Verwaltungswege vollstreckbar.

Schlägt der Sühneversuch fehl, so ist dem Ortsarmenverbande, welcher den Anspruch erhebt, dar-

Sachsen-Coburg-Gotha. über von der landräthlichen Behörde eine Bescheinigung zu ertheilen, welche der Klageschrift (§ 23) beizufügen ist, widrigenfalls dieselbe von der Deputation für das Heimathwesen ohne Weiteres zurückzuweisen ist.

Auf die Ansprüche gegen die Ortsarmenverbände der Städte Coburg, Rodach, Neustadt, Königsberg, Gotha, Ohrdruf und Waltershausen finden vorstehende Bestimmungen keine Anwendung.

Anhalt. **14. Anhalt.** Ausf.Ges. v. 29. Juni 1871.

§ 31. Zur Entscheidung von Streitigkeiten, welche gegen einen Anhaltischen Armenverband von einem andern Deutschen Armenverbande erhoben werden, wird eine Behörde eingesetzt, welche den Namen „Deputation für das Heimathwesen“ führt und in der Hauptstadt des Landes ihren Sitz hat.

Sind hierbei Fragen über die Organisation, sowie über die örtliche Abgrenzung der einzelnen Armenverbände streitig, so ist für diese der Ausspruch der zuständigen Verwaltungsbehörde maßgebend.

§ 32. Die Deputation für das Heimathwesen besteht aus drei von Uns zu ernennenden Mitgliedern, von welchen mindestens zwei die Qualifikation zum Richteramte besitzen müssen. Zur Ergänzung des Kollegiums für den Fall der Behinderung eines Mitgliedes desselben wird ein ständiger Stellvertreter ernannt.

§ 33. Die Funktion eines Mitgliedes der Deputation für das Heimathwesen kann unmittelbaren Staatsdienern als Nebenamt übertragen werden. Dieselben dürfen indes nicht zugleich Mitglieder der Land-Armenverwaltung (§ 14) sein.

§ 34. Die Mitglieder der Deputation sind für ihre Entscheidungen nach den für richterliche Beamte geltenden Grundsätzen verantwortlich. Dieselben unterliegen in dieser ihrer Eigenschaft den für richterliche Beamte geltenden Disziplinarvorschriften. Anhalt.

Der äußere Geschäftsgang bei der Deputation wird durch ein vom Staatsministerium zu erlassendes Regulativ geordnet. Die Besoldungen der Mitglieder, sowie die übrigen Kosten der Deputation für das Heimathwesen fallen dem Staate zur Last.

§§ 35—45 übereinstimmend mit §§ 46—56 PrAG.

Bezüglich des Kostenpauschquantums s. §§ 1—8 des Ges. v. 15. April 1880 (GS. Nr. 565 S. 41) und den dazu gehörigen Tarif.

Ueberschüsse fließen zur Landeshauptkasse.

§§ 46—48 übereinstimmend mit den §§ 57—59 PrAG.[1]

1. Nach § 48 Abs. 1 findet gegen die in § 56 des Reichsgesetzes erwähnten Anordnungen die Berufung an das Bundesamt für das Heimatwesen auch in denjenigen Fällen statt, in denen ein Streit zwischen zwei Anhaltischen Armenverbänden besteht. — Diese Vorschrift war durch § 4 des Gesetzes Nr. 778, betr. die sachliche Zuständigkeit der Verwaltungsgerichte v. 27. März 1888 (GS. S. 65) abgeändert. Der § 4 a. a. O. ist durch Ges. v. 13. März 1901 (GS. S. 139) wieder aufgehoben worden.

§ 49. Betreffs solcher Streitigkeiten, in welchen ein Ortsarmenverband von einem anderen inländischen Armenverbande in Anspruch genommen wird, ist der ersterem vorgesetzte Kreisausschuß verpflichtet, auf Antrag beider streitenden Theile der schiedsrichterlichen Entscheidung sich zu unterziehen.

Anhalt. Für das Verfahren kommen die Bestimmungen §§ 35, 38, 39, 41 und 43 mit der Maßgabe zur Anwendung, daß auf die im § 38 bezeichnete Strafe der Kreisausschuß erkennt und der Rekurs an die Deputation für das Heimathwesen zusteht.

Alle übrigen Theile des Verfahrens regelt der Kreisausschuß in jedem einzelnen Falle; insbesondere kann in jeder Lage des Verfahrens ein Sühneversuch von demselben veranlaßt werden.

Der Kreisausschuß entscheidet in der Hauptsache endgültig mit Ausschluß jeder Berufung.

Die Entscheidungen erfolgen gebühren- und stempelfrei; jedoch sind dem unterliegenden Theile die vom Ausschusse festzusetzenden baaren Auslagen des Verfahrens und die des obsiegenden Theils, aber mit Ausschluß der Gebühren eines Bevollmächtigten, zur Last zu legen.

Die Entscheidungen der Deputation und der Kreisausschüsse, sowie die urkundlich von denselben festgestellten Einigungen sind im Verwaltungswege vollstreckbar.

Schwarzburg-Sondershausen. **15. Schwarzburg-Sondershausen.** (Die §§ 8 und 10 des Ausf.Ges. v. 25. Januar 1872 sind in § 1 des Ges. v. 28. Okt. 1872 aufgehoben.)

§ 1 Abs. 2 Ges. v. 28. Okt. 1872. Zur Erörterung und Entscheidung von Streitigkeiten über Ansprüche, welche gegen einen Armenverband des Fürstenthums von einem Armenverbande desselben oder eines andern Deutschen Staates erhoben werden, ist die auf Grund des § 9 des Ausf.Ges. v. 25. Januar d. J. gebildete Deputation für das Heimathwesen zuständig.

§ 9 Ges. v. 25. Januar 1872. Die Deputation für das Heimathwesen besteht aus zwei richterlichen und einem Verwaltungsbeamten, sämmtlich vom Fürsten ernannt. Der Vorsitzende wird aus der Zahl der Mitglieder vom Fürsten ernannt. Die Deputation hat ihren Sitz in Sondershausen. Der äußere Geschäftsgang derselben wird durch ein Regulativ geordnet, welches das Ministerium erläßt. Schwarzburg-Sondershausen.

(Regul. v. 29. April 1872, GS. S. 89.)

§ 2 Ges. v. 28. Okt. 1872 Abs. 1 übereinstimmend mit § 46 PrAG.

Abs. 2. In der Klage sind die Beweismittel alsbald anzugeben und, wenn diese in Urkunden bestehen, wenigstens in Abschrift beizufügen.

§ 3 a. a. O. Die Deputation für das Heimathwesen bereitet die Entscheidung unter Berücksichtigung der Anträge der Parteien vor unter Benutzung aller zulässigen Beweismittel.

Von den schriftlichen Eingaben der Parteien müssen Duplikate zur Mittheilung an die Gegenpartei mit überreicht werden.

Zur Instruktion der Sache kann die Deputation die Parteien zu Erklärungen und Gegenerklärungen unter Androhung sachgemäßer Präjudize und Festsetzung angemessener Fristen auffordern. Sie kann die Fürstlichen Landräthe um Aufnahme der Sach-Instruktion und der Beweise oder um einzelne desfallsige Handlungen requiriren.

Nach geschlossener Instruktion ertheilt die Behörde ihre Entscheidung mit Gründen und eröffnet sie den Parteien mittelst schriftlicher Zufertigung.

§ 4 a. a. O. Die Entscheidung erfolgt gebührenfrei. Dem unterliegenden Theile sind aber die baaren Auslagen des Verfahrens, desgleichen die baaren Auslagen einschließlich der Anwaltsgebühren des obsiegenden Theiles zur Last legen. Sämmtliche zu erstattende Auslagen werden von der Deputation endgültig festgesetzt.

Schwarzburg-Sondershausen.

§ 5 a. a. O. gleichlautend mit § 57 PrAG.

§ 6 a. a. O. übereinstimmend mit § 59 Abs. 1 PrAG.

§ 7 a. a. O. übereinstimmend mit § 58 PrAG.

§ 8 a. a. O. In allen Streitigkeiten unter Armenverbänden des Fürstenthums hat der Armenverband, welcher den Anspruch erhebt, sich vor Anbringung der Klage bei der Deputation für das Heimathwesen zuvörderst an den Landrath des Bezirks, welchem der in Anspruch zu nehmende Armenverband angehört, wegen Veranstaltung eines Sühneversuchs zu wenden.

Der Landrath hat die Ausgleichung in geeigneter Weise zu versuchen und ist berechtigt, zu diesem Behufe die Betheiligten zur mündlichen Verhandlung vorzuladen, über die Sache zur Feststellung der Streitpunkte zu vernehmen und nach seinem Ermessen Vorschläge zu machen. Findet eine Einigung statt, so ist dieselbe urkundlich festzustellen.

Schlägt der Versuch fehl, so ist dem Armenverband, welcher den Anspruch erhebt, darüber von dem Landrathe eine Bescheinigung zu ertheilen, welche der Klageschrift (§ 2) beizufügen ist, widrigenfalls letztere von der Deputation ohne weiteres zurückgewiesen wird.

§ 9 a. a. O. Die Vollstreckung der Entscheidungen, Anerkenntnisse und Einigungen (§§ 53 und 55 des Bundesges. v. 6. Juni 1870 und § 8 des gegenwärtigen Gesetzes) ist bei der Deputation für das Heimathwesen zu beantragen. Die Hülfsvollstreckung selbst geschieht auf Requisition der Deputation durch den Fürstlichen Landrath, in dessen Bezirk der in Anspruch genommene Ortsarmenverband sich befindet; gegen den Landarmenverband durch denjenigen Landrath, in dessen Bezirk das Fürstliche Ministerium, Abtheilung des Innern (§ 2 Ges. v. 25. Januar 1872), seinen Sitz hat.

16. **Schwarzburg-Rudolstadt.** Gesetz v. 23. Juni 1871. Schwarzburg-Rudolstadt.

§ 3. Zur Entscheidung von Streitigkeiten, welche gegen einen Armenverband des Fürstenthums von einem andern Deutschen Armenverband erhoben werden, wird in Rudolstadt eine Behörde eingesetzt, welche den Namen: „Deputation für das Heimathwesen" führt.

§ 4. Die Deputation für das Heimathwesen besteht aus drei vom Fürsten zu bestellenden Mitgliedern, von denen eins dem Richterstande angehören muß.

Für Behinderungsfälle werden drei ständige Stellvertreter ernannt.

§§ 5—8 übereinstimmend mit §§ 46—49 PrAG. Der Rekurs (§ 8 Schlußsatz) geht an das Ministerium.

§§ 9—14 gleichlautend mit §§ 50—55 PrAG.

§ 15. Die Entscheidung erfolgt gebührenfrei. Dem unterliegenden Theil u. s. w., wie Abs. 3 § 56 PrAG. — Doch fehlen die Worte: „Das Pauschquantum".

§§ 16—18 übereinstimmend mit §§ 57—59 PrAG.

§ 19 übereinstimmend mit § 8 des Schwarzburg-Sondershausenschen Ausf.Ges. — Statt „Landrath" heißt es „Landrathsamt".

17. **Waldeck.** Ausf.Ges. v. 29. Juni 1871. Waldeck.

§ 10. Lehnt ein inländischer (Waldecker) Armenverband den von einem anderen inländischen oder von einem andern Deutschen Armenverbande gegen ihn erhobenen Anspruch auf Erstattung von Unterstützungskosten oder auf Uebernahme eines

Waldeck. Hülfsbedürftigen ab, so wird über solchen Anspruch auf dahin gerichtete Klage von der Kommission für das Heimathwesen entschieden. Dieselbe wird aus dem Landesdirektor als Vorsitzenden, einem von dem Appellationsgericht in Cassel bestimmten richterlichen Beamten und einem von den Landständen auf 3 Jahre gewählten und von dem Vorsitzenden durch Handschlag an Eidesstatt zu verpflichtenden Mitgliede gebildet. Für jeden der beiden Beisitzer wird ein Stellvertreter bestimmt, beziehungsweise gewählt.

§§ 11—15 übereinstimmend mit §§ 46—50 PrAG.

§§ 16—19 übereinstimmend mit §§ 52—55 PrAG.

§ 20. Das Verfahren ist gebührenfrei.

Abs. 2 übereinstimmend mit Abs. 3 des § 56 PrAG.

Doch fehlen die Worte: „Das Pauschquantum".

§§ 21—23 übereinstimmend mit §§ 57, 58, 59 Abs. 1 PrAG.

§ 24. Ist ein Ortsarmenverband nach Entscheidung des Landesdirektors zur Zahlung oder Erstattung der ihm auferlegten Kosten ganz oder theilweise außer Stande (§ 59 des Bundesgesetzes), so muß der betreffende Landarmenverband für dieselben aufkommen.

Reuß ä. L. 18. **Reuß** (Greiz) **ä. L.** (Das Ges. v. 25. Januar 1871 und § 2 des Ges. v. 5. Juli 1879 sind ausdrücklich aufgehoben durch § 18 des Gesetzes v. 9. Januar 1886.)

Ges. v. 9. Januar 1886.

§ 16. Ueber die in den §§ 37 und 38 des Bundesgesetzes über den Unterstützungswohnsitz vom

6. Juni 1870 beregten Streitigkeiten zwischen verschiedenen Armenverbänden, auch wenn die eine Partei der Landarmenverband ist, entscheidet in erster Instanz das Landrathsamt, in zweiter Instanz ein in der Regel aus einem Mitgliede Unserer Landesregierung und zwei weiteren juristisch gebildeten Beamten zusammengesetztes Collegium mit der Bezeichnung „Heimathsamt", in welchem ersterer den Vorsitz führt. Der Vorsitzende und die Mitglieder werden durch Landesherrliche Entschließung zu ihren bezüglichen Stellungen widerruflich bestimmt. Reuß ä. L.

Die Funktionen des Heimathsamtes können jedoch von Uns einer bereits bestehenden gleichermaßen organisirten Verwaltungsbehörde bis auf Weiteres übertragen werden.[1]

Die zweitinstanzliche Entscheidung ist dann, wenn die streitenden Armenverbände dem Fürstenthume angehören, sowie im Falle von § 41 des cit. Bundesgesetzes endgültig.

Mit der in erster Instanz vom Landrathsamte zu übenden spruchrichterlichen Thätigkeit kann von Uns eine juristisch gebildete Persönlichkeit beauftragt werden. In Ermangelung eines solchen Landesherrlichen Auftrags ist Unsere Landesregierung ermächtigt, derartige Kommissionen für einzelne Fälle zu ertheilen.

Die innere Einrichtung des in zweiter Instanz zur Entscheidung zuständigen Heimathsamts und die Ordnungs- und Exekutiv-Strafgewalt desselben wird durch Anordnung unserer Landesregierung bestimmt. Durch dieselbe wird der gedachten spruchrichterlichen Behörde auch das erforderliche Hülfspersonal zugewiesen und über die nöthigen Geldmittel zur Unterhaltung der Behörde Verfügung getroffen.

1. Durch Ver. v. 6. Febr. 1886 (GS. S. 69) sind

Reuß j. L. die Funktionen des Heimatsamts der durch das Gesetz v. 7. Januar 1884 errichteten Aufsichtsbehörde über städtische Gemeindeverwaltung bis auf weiteres übertragen.

§ 17. Die in den §§ 39 und 40 des citirten Bundesgesetzes ausgedrückten Vorschriften finden auch auf Streitigkeiten zwischen hierländischen Armenverbänden Anwendung.

Die Berufung gegen die erstinstanzliche Entscheidung ist bei Verlust des Rechtsmittels binnen 14 Tagen von der Bekanntmachung an gerechnet bei dem Landrathsamte schriftlich anzubringen und kann binnen fernerer 14 Tagen weiter ausgeführt werden.

Von sämmtlichen Schriftsätzen und deren etwaigen Beilagen sind Duplikate beizufügen.

Die eingegangenen Duplikate werden von dem Landrathsamte der Gegenpartei zur schriftlichen, binnen 14 Tagen nach der Behändigung einzureichenden Gegenerklärung zugefertigt.

Nach Ablauf dieser Frist legt das Landrathsamt die sämmtlichen Verhandlungen nebst den Akten dem Heimathsamte vor.

Ges. v. 1. Juli 1878.

Verfahren in Streitsachen der Armenverbände vor dem Landrathsamt.

§ 15 übereinstimmend mit § 46 PrAG. In der dem Landrathsamt einzureichenden Klageschrift sind die den Antrag begründenden thatsächlichen Verhältnisse darzulegen.

§ 16 Abs. 1 u. 2 übereinstimmend mit Abs. 1 und 2 § 47 PrAG.

Die Replik wird der Gegenpartei unter gleicher Verwarnung zur Schlußerklärung innerhalb 14 Tagen zugefertigt.

Abs. 3. Die vorgedachten Fristen können auf

Antrag der betreffenden Partei drei Mal verlängert werden Eine noch weitere Fristerstreckung findet nur auf Bescheinigung besonderer und für triftig zu erachtender Behinderungsgründe statt. Reuß ä. L.

Abs. 4. Vor Eröffnung dieses schriftlichen Verfahrens kann jedoch das Landrathsamt in jedem ihm passend erscheinenden Falle, in welchem es sich um den Regreßanspruch eines inländischen Armenverbandes gegen einen andern resp. den Landarmenverband handelt, die Vertreter der streitenden Armenverbände zu einem Vorbescheide laden, in welchem die Einreden und sonstigen Erklärungen des verklagten Theils auf das Klagevorbringen zunächst nach mündlichem Vortrage gehört und sodann die hiernach hervortretenden Streitpunkte zum Zwecke einer Vergleichsherstellung eventuell nach dem Dafürhalten des Landraths bei genügender Bereitschaft der beiderseitigen Beweismittel und bei Einwilligung der Parteien zur alsbaldigen Vorbereitung der Beweiserhebung und erstinstanzlichen Entscheidung mündlich zu Protokoll erörtert werden.

§ 17 Abs. 1 übereinstimmend mit § 48 PrAG. Den Prozeßschriften ist auch die etwaige Bezeichnung der Zeugen oder Sachverständigen und der von der Partei ausgehende Antrag auf Besichtigung beizufügen.

Abs. 2 übereinstimmend mit § 53 PrAG. Statt der Eingangsworte heißt es: „Nach dem Schlusse des gedachten Verfahrens".

§ 18 übereinstimmend mit § 49 PrAG. Der Rekurs geht an die Landesregierung. Die Vollstreckung erkannter Strafe erfolgt auf Requisition des Landrathsamts durch die Justizämter.

§ 19 Abs. 1 u. 2 übereinstimmend mit §§ 50, 51 PrAG.

Reuß ä. L. Abs. 3. Das Landrathsamt entscheidet mittels schriftlichen motivirten Beschlusses, welcher den Parteien zuzustellen ist.

Abs. 4. Die Entscheidung kann auf völlige oder theilweise Abweisung u. s. w., übereinstimmend mit § 54 PrAG.

§ 20. Die Kosten und baaren Auslagen des Verfahrens — desgleichen die baaren Auslagen des obsiegenden Theils mit Einschluß der Gebühren, welche derselbe seinem Bevollmächtigten resp. der Landarmenverband seinem Direktor, wenn dieser die Vertretung des Verbandes im Streitverfahren selbst besorgt, vorausgesetzt, daß diese betreffenden Personen zur Ausübung der advokatorischen Praxis im hiesigen Fürstenthum berechtigt sind, zu entrichten hat — sind dem unterliegenden Theile zur Last zu legen. Dieselben sind von den erkennenden Behörden sowohl erster als zweiter Instanz — was die Kosten anlangt nach der niedrigsten Klasse der für den summarischen Prozeß geltenden Taxen — zu berechnen und zu erheben; die Kosten (ohne die baaren Auslagen) sollen jedoch in keiner Instanz mehr als 60 Mark betragen.

Die Parteien, welche sich sachwalterischer Hülfe in dem bezeichneten Verfahren und in der Rechtsmittelinstanz bedienen, haben selbstverständlich die Verläge ihrer Anwälte und die Gebühren der von den praktizirenden Sachwaltern gefertigten Arbeiten und besorgten Mühewaltungen zu tragen. Die Gebühren und Verläge werden nach derjenigen Sporteltaxe berechnet, welche der zu Geldwerth veranschlagte Gegenstand des Streites zufolge der für den Civilprozeß gegebenen Vorschriften an die Hand giebt.

Die Verpflichtung der unterliegenden Partei zur Erstattung von Sachwalterkosten beschränkt sich für die erste und zweite Instanz auf das Maß von je 40 Mark. Reuß ä. L.

§ 21. In allen Streitsachen zwischen Armenverbänden ist die unterliegende Partei verpflichtet, der Gegenpartei die ihr in der Berufungsinstanz entstandenen baaren Auslagen (vgl. § 20) zu erstatten.

19. Reuß (Gera) j. L. Ges. v. 21. Juni 1871. Reuß j. L.

§ 17. Zur Entscheidung von Streitigkeiten, welche gegen einen Armenverband des Fürstenthums von einem andern Armenverbande desselben oder einem andern Deutschen Armenverbande erhoben werden, sowie zur Besorgung der dieser Behörde durch das gegenwärtige Gesetz ferner zugewiesenen Geschäfte wird in Gera eine kollegiale Behörde eingesetzt, welche den Namen „Deputation für das Heimathwesen" führt.

§ 18. (Fassung des Gesetzes v. 25. Mai 1878.) Die Deputation für das Heimathwesen besteht aus drei von dem Fürsten bestellten Mitgliedern, unter denen sich mindestens Ein richterlicher Beamter befindet. Der Fürst ernennt den Vorsitzenden.

Für Verhinderungsfälle werden zwei ständige Stellvertreter bestellt, von denen ein Jeder verpflichtet ist, im Bedarfsfall für jedes Mitglied der Deputation einzutreten.

§§ 19—22 übereinstimmend mit §§ 46—49 PrAG.

§ 22 Abs. 2. Die Vollstreckung erkannter Strafen erfolgt auf Requisition der Deputation für das Heimathwesen durch die Fürstlichen Justizämter.

§§ 23—28 übereinstimmend mit §§ 50—55 PrAG.

Reuß j. L. § 29 Abs. 1 gleichlautend dem zweiten Satze des Abs. 2 § 56 PrAG.

Abs. 2 gleichlautend dem Abs. 3 a. a. O.; Abs. 4 gleichlautend dem ersten Satze von Abs. 4 a. a. O.

§§ 30—32 gleichlautend den §§ 57—59 PrAG.

Schaumburg-Lippe. **20. Schaumburg-Lippe.** Ausf.Ges. v. 7. März 1872.

§ 25. Alle Streitigkeiten zwischen Schaumburg-Lippeschen Armenverbänden wie auch eines andern Deutschen Armenverbandes gegen einen Schaumburg-Lippeschen Armenverband werden in erster Instanz von einer Behörde entschieden, welche unter dem Namen „Deputation für das Heimathwesen" eingesetzt wird und in Bückeburg ihren Sitz hat.

§ 26. Die Deputation für das Heimathwesen besteht aus einem richterlichen Beamten, einem Verwaltungsbeamten und ferneren drei vom Landtage zu wählenden Mitgliedern.

Der richterliche Beamte und der Verwaltungsbeamte werden von Uns ernannt. Der Landtag ist nicht gehalten, die von ihm zu ernennenden Mitglieder aus seiner Mitte zu wählen. Dieselben werden auf die Dauer von drei Jahren erwählt und von dem Vorsitzenden durch Handschlag an Eidesstatt verpflichtet.

In gleicher Weise wird für jedes Mitglied ein bestimmter Stellvertreter ernannt bzw. gewählt.

Der Vorsitzende der Deputation und dessen Stellvertreter wird von Uns aus der Zahl der Mitglieder ernannt.

Ges. betr. die Abänderung des Ausführungsgesetzes v. 7. März 1872 — v. 20. April 1901 (Landesverordnungen S. 56).

Art. 1. Hinter § 26 des Gesetzes werden folgende §§ als § 26 a, § 26 b und § 26 c eingeschaltet: Schaumburg-Lippe.

§ 26 a. Die Bestimmungen im Buch I, Abschnitt I Titel IV der Civilprozeßordnung für das Deutsche Reich über Ausschließung und Ablehnung der Gerichtspersonen finden auf die Mitglieder der Deputation für das Heimathwesen und auf den zugezogenen Protokollführer (§§ 36, 40) sinngemäße Anwendung.

Wenn der von Uns zum Mitgliede der Deputation ernannte Verwaltungsbeamte oder dessen Stellvertreter einer der Landräthe ist, so darf aus der innerhalb dessen Zuständigkeit geübten amtlichen Thätigkeit kein Grund zu seiner Ablehnung wegen Besorgniß der Befangenheit entnommen werden.

Ueber das Ablehnungsgesuch entscheidet die Deputation in nicht öffentlicher Sitzung. Der Beschluß, durch welchen das Gesuch für begründet erklärt wird, ist endgültig. Wird das Gesuch für unbegründet erklärt, so steht der mit demselben zurückgewiesenen Partei innerhalb einer ausschließlichen Frist von zwei Wochen die Beschwerde an Unser Ministerium zu. Dieses hat auch dann zu entscheiden, wenn die Deputation durch das Ausscheiden ausgeschlossener oder abgelehnter Mitglieder beschlußunfähig wird.

§ 26 b. Tritt infolge endgültiger Ausschließungen und Ablehnungen von Mitgliedern der Deputation ihre Beschlußunfähigkeit ein, so ist das Verfahren in der betreffenden Sache solange auszusetzen, bis zum Zweck ihrer Aburtheilung von Uns ein anderer richterlicher Beamter oder ein anderer Verwaltungsbeamter in die Deputation berufen oder diese durch die dem Landtage zustehende Wahl in dessen nächster Sitzung ergänzt ist.

Schaumburg-Lippe. § 26 c. Der § 2 Abs. 2 und 3 des Gesetzes vom 22. April 1880, betreffend Zusatzbestimmungen zum Ausführungsgesetze vom 30. Juni 1879, findet bei Behinderungen des von Unserm Ministerium zu bestellenden Protokollführers sinngemäße Anwendung.

Art. II. Der § 27 des Gesetzes erhält folgende Fassung:

Die Deputation ist beschlußfähig, wenn außer dem Vorsitzenden oder dessen Stellvertreter zwei Mitglieder, darunter die ernannten, anwesend sind. Sind außer dem Vorsitzenden oder dessen Stellvertreter drei Mitglieder erschienen, so nimmt von diesen das dem Lebensalter nach jüngste gewählte an der Abstimmung keinen Theil. War dieses Mitglied zum Berichterstatter bestellt, so scheidet an seiner Stelle von den drei Mitgliedern das zweitjüngste gewählte und in Ermangelung eines gewählten das zweitjüngste bei der Abstimmung aus.

§ 28 Abs. 1 gleichlautend mit Satz 1. — Abs. 2 übereinstimmend mit Abs. 2 des § 43 PrAG. Das Regulativ ist von der Regierung zu erlassen.

Regulativ v. 8. Sept. 1872 (LandVer. S. 367).

§ 29 handelt von den Tagegeldern und Reisekosten der Deputationsmitglieder.

§ 30 übereinstimmend mit § 45 PrAG.

§ 31 (Fassung nach Art. IIb Ges. v. 20. April 1901) übereinstimmend mit § 63 Satz 2 PrLVG.

§ 32 übereinstimmend mit § 47 PrAG.

§ 33 (Fassung des Art. III Ges. v. 20. April 1901):

In der Klagschrift und in den im § 32 erwähnten weiteren Erklärungen der Parteien sind die

Beweismittel, welcher sich die Partei zum Nachweise oder zur Widerlegung thatsächlicher Behauptungen bedienen will, genau zu bezeichnen, sowie die Erklärungen über die vom Gegner bezeichneten Beweismittel abzugeben. Schaumburg-Lippe.

Die als Beweismittel in Bezug genommenen Urkunden sind im Original und in Abschrift beizufügen.

Von allen Schriftstücken oder deren Anlagen sind Duplikate einzureichen.

Die Deputation kann geeigneten Falles gestatten, daß statt der Einreichung von Duplikaten die Urkunden selbst zur Einsicht der Betheiligten auf der Gerichtsschreiberei des Fürstlichen Amtsgerichts Bückeburg niedergelegt werden.

§ 34 Abs. 1 übereinstimmend mit § 76 PrLVG.

Abs. 2 (Fassung des Art. IV Ges. v. 20. April 1901) übereinstimmend mit § 73 PrLVG.

Die Beschwerde geht „an Unser Ministerium bzw. an das Bundesamt für das Heimathwesen“.

§§ 35—37 übereinstimmend mit §§ 50—52 PrAG.

§ 38 (Fassung des Art. V Ges. v. 20. April 1901).

Abs. 1 u. 2 übereinstimmend mit § 68 Abs. 2 und 3 PrLVG.

Abs. 3 u. 4 übereinstimmend mit § 71 Abs. 2 bis 4 PrLVG.

§ 38 a (Fassung des Art. VI Ges. v. 20. April 1901) betrifft den Ausschluß der Oeffentlichkeit bei der mündlichen Verhandlung und die Handhabung der Sitzungspolizei (übereinstimmend mit § 72 Abs. 2 u. 3 Satz 1 PrLVG. und unter Hinweisung auf § 15 des Regulativs v. 8. Sept. 1872).

Schaumburg-Lippe.

§ 38 b übereinstimmend mit § 73 Abs. 1—3 PrLVG.

§ 39 übereinstimmend mit § 54 PrAG.

§ 40 (Fassung des Art. VIIa Ges. v. 20. April 1901).

§ 41 (Fassung des Art. VII Ges. v. 20. April 1901). Abs. 1 übereinstimmend mit § 56 Abs. 1 u. 2 PrAG.

Abs. 2 u. 3 übereinstimmend mit § 103 Abs. 1 PrLVG.

Abs. 4. Die Kosten und baaren Auslagen bleiben dem obsiegenden Theile zur Last, soweit sie durch sein eigenes Verschulden entstanden sind.

Abs. 5 übereinstimmend mit § 103 Abs. 2 PrLVG.

Abs. 6. Der Werth des Streitgegenstandes, das Pauschquantum sowie sämmtliche zu erstattenden Auslagen und Rechtsanwaltgebühren werden von der Deputation festgesetzt, der Werth des Streitgegenstandes und das Pauschquantum jedenfalls schon in der Endentscheidung. Gegen den Festsetzungsbeschluß findet innerhalb einer ausschließlichen Frist von zwei Wochen die Beschwerde an Unser Ministerium statt. Soweit aber der Festsetzungsbeschluß in der Endentscheidung enthalten ist, kann er anstatt mit der Beschwerde gleichzeitig mit der Entscheidung in der Hauptsache durch Berufung angefochten werden. Im Uebrigen kann die Entscheidung über den Kostenpunkt (Abs. 2 und 4) nur gleichzeitig mit der Entscheidung in der Hauptsache angefochten werden.

§ 42. Gegen die Entscheidung der Deputation findet das Rechtsmittel der Berufung statt.

§ 43. Die Berufungsinstanz bildet:

1. In allen Streitsachen der Schaumburg-

Lippeschen Armenverbände Unsere Regierung;[1] Schaumburg-Lippe.

2. in Streitsachen eines anderen Deutschen Armenverbandes gegen einen Schaumburg-Lippeschen Armenverband, soweit die Organisation oder die örtliche Abgrenzung der einzelnen Armenverbände Gegenstand des Streites ist, ebenfalls Unsere Regierung, sonst das Bundesamt für das Heimathwesen.

1. Gesetz betr. die Zuständigkeit des Bundesamts f. d. Heimatwesen bei Streitigkeiten über den Unterstützungswohnsitz v. 30. März 1898 (GesBl. Nr. 108).

§ 1. Auf Grund des § 52 des Reichsgesetzes über den Unterstützungswohnsitz werden die Streitigkeiten zwischen Ortsarmenverbänden und dem Landarmenverband in zweiter Instanz (vgl. Nr. 1 § 43 des Landesgesetzes v. 7. März 1872) . . . . dem Bundesamt für das Heimatwesen zur Entscheidung überwiesen.

§ 2. In den vorgedachten Fällen regelt sich das Verfahren nach den Vorschriften der §§ 38—51 des Reichsgesetzes über den Unterstützungswohnsitz.

Vgl. Entsch. 30 S. 168.

§ 44. Die Bestimmung der §§ 46—50 des Bundesgesetzes über das Berufungsverfahren vor dem Bundesamte finden sinngemäß auch auf das Verfahren vor Unserer Regierung Anwendung.

§ 45. Wenn Unsere Regierung die Berufungsinstanz bildet, so ist die unterliegende Partei verpflichtet, der Gegenpartei die ihr in dieser Instanz entstandenen baaren Auslagen, sowie die Gebühren eines sie in der öffentlichen Sitzung der Regierung vertretenden Rechtsverständigen zu erstatten.

§ 46. Gegen die Entscheidung Unserer Regierung oder des Bundesamtes (§ 51 des Bundesgesetzes) ist ein weiteres Rechtsmittel nicht zulässig.

Schaumburg-Lippe.

§ 47 übereinstimmend mit § 59 Abs. 2 PrAG.

§ 48 Abs. 1 übereinstimmend mit § 60 Abs. 1 PrAG.

In jedem Amt und jeder Stadt wird eine Kommission gebildet.

Die Kommission besteht aus einem von Uns zu ernennenden Vorsitzenden und zwei Mitgliedern, welche in den Aemtern von den Amtsversammlungen, in den Städten durch den Magistrat und das Bürgervorsteher-Collegium in gemeinschaftlicher Sitzung gewählt werden.

Für den Vorsitzenden wird von Uns und für jedes der beiden andern Mitglieder von deren Wählern ein Stellvertreter ernannt.

Für die herrschaftlichen Armenbezirke ist eine aus drei Mitgliedern bestehende entsprechende Kommission von Unserer Rentkammer einzusetzen.

§§ 49—50 übereinstimmend mit §§ 61—62 PrAG.

§ 56a (Art. VIII Ges. v. 20. April 1901). Alle Fristen sind rechtsausschließend und beginnen mit der Zustellung. Für die Berechnung der Fristen sind die Vorschriften der Civilprozeßordnung für das Deutsche Reich maßgebend.

§ 56b. (a. a. O.) Die Wiedereinsetzung in den vorigen Stand kann beantragen, wer durch Naturereignisse oder andere unabwendbare Zufälle verhindert worden ist, die in dem gegenwärtigen Gesetze (s. auch § 44 in Verbindung mit § 46 Abs. 1 des Reichsgesetzes über den Unterstützungswohnsitz) vorgeschriebenen Fristen einzuhalten. Als unabwendbarer Zufall ist es anzusehen, wenn der Antragsteller von einer Zustellung ohne sein Verschulden keine Kenntniß erlangt hat. Ueber den Antrag entscheidet die Deputation für das Heimathwesen und im Falle des § 44 Unser Ministerium. Die versäumte Streithandlung ist unter Anführung der Thatsachen, mittels deren der Antrag auf Wiedereinsetzung begründet werden soll, sowie der Beweismittel innerhalb zwei Wochen nachzuholen; der Lauf dieser Frist beginnt mit dem Ablauf des Tages, mit welchem das Hinderniß gehoben ist. Die Bestimmungen in § 234 Absatz 3 und § 238 Absatz 3 der Deutschen Civilprozeßordnung finden Anwendung. Schaumburg-Lippe.

21. Lippe. a. Ges. betr. die sachliche Zuständigkeit der Verwaltungsgerichte v. 9. Februar 1898 (GS. S. 298). Lippe.

§ 2. Alle durch das Gesetz vom 12. September 1877 zur Ausführung des Reichsgesetzes über den Unterstützungswohnsitz (L.-V. 17, S. 125 folg.) der Deputation für das Heimathwesen zugewiesenen Armenstreitsachen einschließlich der in den §§ 4 und 5 des Freizügigkeitsgesetzes vom 1. November 1867 berührten Angelegenheiten sind fortan in dem durch das Gesetz über die Verwaltungsgerichte geordneten Verfahren in erster Instanz vom Oberverwaltungsgerichte zu erledigen.

An die Stelle der im § 32 des Ausführungsgesetzes vorbehaltenen Klage vor den ordentlichen Gerichten tritt die Verwaltungsklage.[1]

1. Die für Verwaltungsklagen in § 4 a. a. O. vorgesehene rechtsausschließende vierwöchige Frist findet auf die von den Verwaltungsämtern als Vertreter eines AV. abgegebenen Erklärungen keine Anwendung (Entsch. 32 S. 108).

b. Ges. betr. die Verwaltungsgerichte und das Verwaltungsstreitverfahren vom 9. Februar 1898 (GS. S. 281 ff.).

§ 11 behandelt die Zusammensetzung des Oberverwaltungsgerichts.

Lippe. §§ 17, 18 ordnen die Ausschließung und Ablehnung der Gerichtspersonen übereinstimmend mit §§ 61, 62 PrLVG.

Auf das Verfahren beziehen sich die §§ 19 ff.

§§ 19—24 übereinstimmend mit §§ 63—68 PrLVG.

§§ 25—28 übereinstimmend mit §§ 70—73 PrLVG.

§ 29 behandelt die Bestellung eines Kommissars zur Wahrnehmung des öffentlichen Interesses.

§§ 30—35 übereinstimmend mit §§ 75—81 PrLVG.

§ 34 enthält gegenüber dem § 79 a. a. O. den Zusatz: Zwischenurtheile und Theilurteile zu verbessern ist zulässig.

§ 47 Abs. 1 u. 2 übereinstimmend mit § 103 Abs. 1 u. 2 PrAG.

Abs. 3: Für die Berechnung der Rechtsanwaltsgebühren ist vom Staatsministerium ein Tarif aufzustellen. Die Auslagen der Rechtsanwälte sind nach der Reichsgebührenordnung vom 7. Juli 1879 zu berechnen.

§§ 48—53 übereinstimmend mit §§ 104—109 PrLVG.[1] Die höchste Pauschsumme beträgt beim Obverwaltungsgericht 300 Mark.

1. zu § 52 ist das Abänderungsgesetz v. 5. März 1902 (GS. S. 420) ergangen, welches die Festsetzung der Kosten usw. an Stelle des Gerichts dessen Vorsitzenden überträgt, gegen dessen Beschluß binnen 2 Wochen die Beschwerde an das Oberverwaltungsgericht stattfindet.

§ 54 Abs. 1 Satz 1. Die Vollstreckung der Entscheidung der Verwaltungsgerichte erfolgt im Wege des Verwaltungszwangsverfahrens.

§ 61. Die Wiedereinsetzung in den vorigen Stand kann beantragen, wer durch Naturereignisse oder andere unabwendbare Zufälle verhindert worden ist, die in dem gegenwärtigen Gesetze oder in dem Gesetze, betreffend die sachliche Zuständigkeit der Verwaltungsgerichte, vorgeschriebenen Fristen einzuhalten. Als unabwendbarer Zufall ist anzusehen, wenn der Antragsteller von einer Zustellung ohne sein Verschulden keine Kenntniß erlangt hat. Ueber den Antrag entscheidet das Gericht, welchem die Entscheidung über die versäumte Streithandlung zusteht. Die versäumte Streithandlung ist unter Anführung der Thatsachen, mittels deren der Antrag auf Wiedereinsetzung begründet werden soll, sowie der Beweismittel innerhalb zwei Wochen nachzuholen; der Lauf dieser Frist beginnt mit dem Ablauf des Tages, mit welchem das Hinderniß gehoben ist. Nach Ablauf eines Jahres, von dem Ende der versäumten Frist an gerechnet, findet die Nachholung der versäumten Streithandlung bzw. der Antrag auf Wiedereinsetzung nicht mehr statt. Die durch Erörterung des Antrags auf Wiedereinsetzung entstehenden baaren Auslagen trägt in allen Fällen der Antragsteller. Lippe.

c. Ausf.Ges. v. 12. Sept. 1877.

§ 25 übereinstimmend mit § 57 PrAG. Hinter „Rechtsmittel" ist hinzugefügt „einschließlich der Wiedereinsetzung in den vorigen Stand".

§ 26 übereinstimmend mit § 58 PrAG.

§ 27 übereinstimmend mit § 59 Abs. 1 PrAG.

§ 28 übereinstimmend mit § 59 Abs. 2 PrAG.

22. **Lübeck.** Ausf.Ver. v. 29./30. März 1871. Lübeck.

§ 3. Für Streitigkeiten zwischen verschiedenen Armenverbänden, sei es, daß beide oder daß nur der in Anspruch genommene Armenverband dem Lü-

Lübeck. beckischen Freistaate angehört (§§ 37 und 38 des Bundesgesetzes), ist die aus drei Mitgliedern des Senats bestehende „Senatskommission für Angelegenheiten der Armenverbände“, welcher ein Sekretär des Senates als Protokollführer beigeordnet wird, zuständig. Das Verfahren vor derselben ist durch ein besonderes Gesetz geregelt.

Gegen die Entscheidungen der Senatskommission für Angelegenheiten der Armenverbände findet nicht nur die Berufung an das Bundesamt für das Heimathwesen statt und treten die Vorschriften der §§ 38—51 und des § 56 Absatz 2 des Bundesgesetzes auch für die Streitsachen zwischen Armenverbänden des Lübeckischen Freistaates in Wirksamkeit.

Gesetz, das Verfahren bei Streitigkeiten zwischen verschiedenen Armenverbänden betreffend, vom 29./30. März 1871. — GS. Nr. 15.

§ 1. Alle an die „Senatskommission für Angelegenheiten der Armenverbände“ bestimmten Eingaben sind bei dem Vorsitzenden derselben schriftlich, und zwar sammt den Anlagen in zwei Ausfertigungen, einzureichen.

§ 2. Eine der eingereichten Ausfertigungen ist von der Kommission ohne Verzug der Gegenpartei zur schriftlichen, binnen 14 Tagen nach der Behändigung in zwei Ausfertigungen einzureichenden Gegenerklärung zuzustellen. Die Versäumung dieser Frist hat zur Folge, daß die in der Eingabe enthaltenen thatsächlichen Anführungen als zugestanden angenommen werden.

§ 3. Beide Theile haben ihre Behauptungen mit den ihnen zu Gebote stehenden Beweismitteln zu begleiten. Die Eideszuschiebung oder die Auflage eines nothwendigen Eides ist jedoch unzulässig. Lübeck.

§ 4. Es bleibt dem Ermessen der Kommission vorbehalten, nach Einreichung der Gegenerklärung, beziehungsweise nach Ablauf der für dieselbe im § 2 vorgeschriebenen Frist, einen weiteren Schriftwechsel anzuordnen.

§ 5. Die Kommission ist befugt, Untersuchungen an Ort und Stelle zu veranlassen, Zeugen und Sachverständige zu laden und eidlich zu vernehmen, überhaupt den angetretenen Beweis in vollem Umfange zu erheben. (Bundesgesetz § 39.)

§ 6. Die Entscheidung erfolgt in öffentlicher Sitzung der Kommission nach erfolgter Ladung und Anhörung der Parteien oder ihrer mit Vollmacht versehenen Vertreter; sie ist, unter Berücksichtigung des § 40 des Bundesgesetzes über den Unterstützungswohnsitz, schriftlich und mit Gründen versehen den Parteien zuzufertigen.

§ 7. Wird gegen die Entscheidung der Kommission die Berufung an das Bundesamt für das Heimathwesen (§ 42 des Bundesgesetzes) angemeldet, so kommen die im Bundesgesetze über den Unterstützungswohnsitz §§ 46—51 enthaltenen Vorschriften zur Anwendung.

§ 8. Mit der Vollstreckung der Entscheidungen der Kommission ist nach Maßgabe der §§ 53 bis 59 des Bundesgesetzes über den Unterstützungswohnsitz zu verfahren. Sowohl das Polizeiamt, als das Stadt- und Landgericht haben den desfallsigen Requisitionen der Kommission Folge zu leisten, indem die einem Armenverbande endgültig auferlegten Kosten (§ 59 des Bundesgesetzes) nach Maßgabe des § 147, 2 der Civilprozeßordnung vom 28. April 1862 den öffentlichen Gefällen gleichgesetzt werden.

Lübeck. § 9. Alle Eingaben an die Senatskommission für Angelegenheiten der Armenverbände, sowie die von derselben abgegebenen Verfügungen und Entscheidungen sind stempelfrei und werden für letztere auch Gebühren nicht berechnet.

Bremen. 23. **Bremen.** Ausf.Ver. v. 2. Januar 1871.

§ 3. Streitigkeiten zwischen verschiedenen Bremischen Armenverbänden oder Verwaltungen werden von der Senatskommission für Angelegenheiten der Armenverbände im Verwaltungswege entschieden.

§ 4. Der Wirkungskreis der in dem § 38 des Bundesgesetzes über den Unterstützungswohnsitz erwähnten Spruchbehörde ist der im § 3 genannten Senatskommission übertragen.

§ 5 aufgehoben und ersetzt durch Abs. 1 Ges. v. 18. November 1877:

Gegen die Entscheidungen der Senatskommission für Angelegenheiten der Armenverbände über Streitigkeiten zwischen verschiedenen Armenverbänden oder Verwaltungen nach §§ 3 und 4 Ver. v. 2. Januar 1871 Nr. II findet lediglich die Berufung an das Bundesamt für Heimathwesen in Gemäßheit der §§ 42—51 und 56 Abs. 2 des Reichsges. v. 6. Juni 1870 über den Unterstützungswohnsitz statt.

§ 6. Das Verfahren bei den in den vorstehenden §§ 3, 4 benannten Behörden regelt ein besonderes, am heutigen Tage erlassenes Gesetz.

Ges., betr. das Verfahren bei Streitigkeiten zwischen verschiedenen Armenverbänden v. 2. Januar 1871.

§ 1. Die ständige „Kommission für Angelegenheiten der Armenverbände“ besteht aus drei Mitgliedern des Senats. Bremen.

§ 2. Alle Eingaben an dieselbe werden schriftlich, und zwar sammt den Anlagen in zwei Ausfertigungen, von denen eine durch die Behörde von Amtswegen der Gegenpartei ohne Verzug mitzutheilen ist, eingereicht.

§ 3. Der Gegner hat die Eingabe des Antragstellers binnen 14 Tagen, nachdem ihm dieselbe zugestellt ist, zu beantworten, widrigenfalls die darin enthaltenen thatsächlichen Behauptungen als zugestanden angenommen werden sollen.

§§ 4—7 übereinstimmend mit §§ 3—8 des Lübecker Gesetzes.

§§ 8—10 aufgehoben durch das Ges. v. 18. November 1877.

§ 11. Mit der Vollstreckung wird nach Maßgabe der §§ 53—59 des Bundesgesetzes über den Unterstützungswohnsitz verfahren.

24. Hamburg. Ausf.Ver. v. 23. Juni 1871. Hamburg.

§ 4. Für Streitigkeiten, welche zwischen zwei Hamburgischen Armenverbänden oder Armenverwaltungen (§ 37 des Bundesgesetzes), sowie zwischen dem Armenverbande eines andern Bundesstaates und dem von diesem in Anspruch genommenen Hamburgischen Armenverbande entstehen (§ 38 des Bundesgesetzes) bildet eine aus fünf Senatsmitgliedern bestehende Kommission für die Angelegenheiten der Armenverbände die zuständige, im Verwaltungswege in erster Instanz entscheidende Spruchbehörde, der ein beeidigter Protokollführer beigeordnet wird. Zur Abgebung einer gültigen Entscheidung ist die Anwesenheit von mindestens drei Mitgliedern erforderlich.

Hamburg.

Soweit diese Streitigkeiten die Nothwendigkeit des Transports oder die Art der Ausführung desselben betreffen, steht dieser Senatskommission die endgültige Entscheidung zu (§ 58 des Bundesgesetzes).

§ 5. Gegen diejenigen Entscheidungen dieser in § 4 erwähnten Spruchbehörde, welche in Streitigkeiten zwischen Hamburgischen Armenverbänden abgegeben werden, und welche in Streitigkeiten Hamburgischer Armenverbände mit Armenverbänden eines anderen Bundesstaats in Beziehung auf die Organisation oder örtliche Abgrenzung Hamburgischer Armenverbände erfolgen, ist der Rekurs an den Senat, als letzte endgültig entscheidende Instanz, zulässig (§§ 38—41 des Bundesgesetzes).

Gegen anderweitige Entscheidungen der in erster Instanz erkennenden Senatskommission findet die Berufung, so weit eine solche zulässig, an das Bundesamt für das Heimathwesen statt (§§ 42 bis 51 des Bundesgesetzes).

§ 6. In Beziehung auf das Verfahren vor den in den §§ 4 und 5 benannten hiesigen Spruchbehörden kommen die folgenden Vorschriften zur Anwendung.

Das Verfahren ist ein schriftliches.

Alle Eingaben und deren Anlagen sind in zwei Ausfertigungen auf der Staatskanzlei einzureichen, von denen das abschriftliche Exemplar auf Verfügung der Senatskommission der Gegenpartei zugestellt wird.

Sämmtliche Eingaben sowie alle Verfügungen und Entscheidungen sind stempelfrei und werden für die letzteren keine Gebühren berechnet.

Die an die Senatskommission zur Verfolgung des geltend zu machenden Anspruchs zu richtende

Eingabe, sowie desgleichen die von der Gegenpartei Seitens der Senatskommission einzuziehende Gegenerklärung müssen eine Angabe aller zu benutzenden Beweismittel enthalten; Urkunden müssen in Original und Abschrift beigefügt sein. Hamburg.

Die Senatskommission ist befugt, Untersuchungen an Ort und Stelle zu veranlassen, Zeugen und Sachverständige zu laden, eidlich oder an Eidesstatt vernehmen zu lassen und überhaupt Alles, was sie zur Instruirung der Sache und zur Erhebung der angetretenen Beweise erforderlich oder dienlich erachtet, zu verfügen.

Die gegen die Entscheidung der Senatskommission nach § 5 zulässige Berufung an den Senat muß binnen 14 Tagen, von dem Zeitpunkte der erfolgten Insinuation der erstinstanzlichen Entscheidung an gerechnet, bei Verlust des Berufungsrechtes bei der Senatskommission schriftlich eingereicht und gerechtfertigt werden.

Die Senatskommission zieht, falls erforderlich, von der Gegenpartei eine Erklärung auf die Berufungsschrift ein und übergiebt, event. nach Ablauf der für die Beibringung des Schriftsatzes ertheilten Frist, die Akten an den Senat, welcher etwa erforderliche weitere Aufklärungen über das Sach- und Rechtsverhältniß durch die Senatskommission vornehmen läßt.

Die Entscheidung des Senats geht mit den Vorakten an die Senatskommission zurück, welche die Insinuation der Entscheidung anordnet.

Mit der Vollstreckung der Entscheidungen wird nach Maßgabe der §§ 53—59 des Bundesgesetzes verfahren.

F.

Verhältnis der Armenverbände zu dem Unterstützten und zu anderweit Verpflichteten.

Einf.Ges. z. BGB. Art. 103:

Unberührt bleiben die landesgesetzlichen Vorschriften, nach welchen der Staat sowie Verbände und Anstalten, die auf Grund des öffentlichen Rechtes zur Gewährung von Unterhalt verpflichtet sind, Ersatz der für den Unterhalt gemachten Aufwendungen von der Person, welcher sie den Unterhalt gewährt haben, sowie von denjenigen verlangen können, welche nach den Vorschriften des Bürgerlichen Gesetzbuchs unterhaltspflichtig waren.

Preußen. **1. Preußen** (einschließlich Kreis Herzogthum Lauenburg). Ausf.Ges. v. 8. März 1871.

§ 65. Auf den Antrag des Armenverbandes, der einen Hülfsbedürftigen unterstützen muß, können durch einen mit Gründen versehenen Beschluß der Verwaltungsbehörde nach Anhörung der Betheiligten der Ehemann, die Ehefrau, die ehelichen Eltern, die uneheliche Mutter, sowie die ehelichen Kinder, und die unehelichen Kinder in Beziehung auf die Mutter, angehalten werden, dem Hülfsbedürftigen nach Maßgabe ihrer gesetzlichen Verpflichtung die erforderliche laufende Unterstützung zu gewähren.[1]

Die Beschlußfassung steht dem Landrathe[2] desjenigen Kreises, und im Regierungsbezirke Sigma-

ringen dem Oberamtmanne[1] desjenigen Oberamts- Preußen.
bezirkes zu, in welchem der in Anspruch genommene Angehörige des Hülfsbedürftigen seinen Wohnsitz hat, beziehungsweise wenn die Gemeinde des Wohnsitzes weder in Kommunal- noch in Polizeiangelegenheiten der Aufsicht des Landrathes unterworfen ist, dem Gemeindevorstande.[2]

Hat der gedachte Angehörige im Inlande keinen Wohnsitz, so treten an die Stelle der Behörden des Wohnsitzes die Behörden des Aufenthaltsortes.

In den Fällen der §§ 31, 31a, d und e sind auch die Kreise und die anderen daselbst bezeichneten Kommunalverbände berechtigt, die Gewährung der erforderlichen laufenden Unterstützung von den im Absatz 1 aufgeführten Personen nach Maßgabe ihrer gesetzlichen Verpflichtung zu fordern. Findet eine Vereinbarung über die Höhe dieser Kosten nicht statt, so beschließt auf den Antrag der Berechtigten nach Anhörung der Betheiligten der Bezirksausschuß endgültig, vorbehaltlich des ordentlichen Rechtsweges.

Die in schriftlicher, von beiden Theilen vollzogener Fassung vereinbarten und die von dem Bezirksausschusse festgesetzten Beträge unterliegen der Beitreibung im Verwaltungszwangsverfahren.[3]

Übereinstimmend mit Abs. 1—3 § 53 Ausf.Ges. f. Lauenburg. Die Beschlußfassung (Abs. 2) steht dem Amtmanne des betr. Bezirks[1] zu.

1. Die Zwangsvollstreckung findet im Verwaltungszwangsverfahren statt (Ver. v. 15. Nov. 1899). Über die gegen Dritte (Ehegatten, Eltern), welche kraft Gesetzes zur Leistung oder zur Duldung der Zwangsvollstreckung (in Frauen- und Kindervermögen) verpflichtet sind, zulässige Anordnung des Zwangsverfahrens s. § 3 a. a. O.

2. An Stelle des Landrats bzw. des städtischen Gemeindevorstandes beschließt nach § 43 Nr. 2 ZustGes. v. 1. August 1883

Preußen der Kreis- (Stadt-) Ausschuß vorbehaltlich des ordentlichen Rechtsweges endgültig. Dasselbe gilt bzw. der Entscheidung des Amtmanns in Lauenburg. — In Hohenzollern tritt an die Stelle des Oberamtmannes der Amtsausschuß (§ 5 LVG.).

3. Die Abs. 4 u. 5 sind dem § 65 durch Art. II des Gesetzes vom 11. Juli 1891 hinzugefügt. Das Gesetz ist mit dem 1. April 1893 in Kraft getreten.

§ 66. Gegen die Entscheidung der Verwaltungsbehörde (§ 65) steht innerhalb zehn Tagen nach deren Zustellung sowohl dem in Anspruch genommenen Angehörigen wie dem betheiligten Armenverbande der Rekurs an die Deputation für das Heimathwesen zu, welche letztere nach Anhörung der Gegenpartei im Verwaltungswege endgültig entscheidet.[1] Beiden Theilen bleibt überdies die Verfolgung ihrer Rechte im gerichtlichen Verfahren vorbehalten.

Übereinstimmend § 54 Ausf.Ges. f. Lauenburg.

1. siehe Anm. 1 zu § 65.

§ 67. Die Entscheidungen der Verwaltungsbehörde (§§ 65, 66) sind vorläufig und so lange vollstreckbar,[1] bis auf erhobenen Rekurs im Verwaltungswege oder mittelst rechtskräftigen gerichtlichen Urtheils eine abändernde Entscheidung erfolgt ist.

Im letzteren Falle hat der Armenverband dem in Anspruch genommenen Angehörigen das bis dahin Geleistete beziehungsweise das zu viel Geleistete zu erstatten; im Weigerungsfalle ist er hierzu im Aufsichtswege anzuhalten.

Hatte jedoch der eine solche Erstattung Fordernde die gerichtliche Klage nicht innerhalb sechs Monaten nach Zustellung des von ihm angefochtenen Beschlusses der Verwaltungsbehörde angebracht, so kann er nur dasjenige zurückfordern, was er für den Zeitraum seit Anbringung der Klage zu viel geleistet hat. Preußen.

Übereinstimmend § 55 Ausf.Ges. f. Lauenburg.

1. im Verwaltungszwangsverfahren. § 60 LVG. Ver. vom 15. Nov. 1899 (GS. S. 545).

§ 68. Die Erstattung bereits verausgabter Unterstützungskosten kann ein Armenverband in allen Fällen, soweit nicht die §§ 40 ff., betreffend das Verfahren in Streitsachen der Armenverbände, zur Anwendung kommen, nur im gerichtlichen Verfahren beanspruchen.[1] Der Erstattungsanspruch im gerichtlichen Verfahren steht in den Fällen der §§ 31, 31a, d und e auch den Kreisen und den anderen daselbst bezeichneten Kommunalverbänden zu. Die Klage ist gegen den Unterstützten und gegen seine alimentationspflichtigen Angehörigen zulässig.[2]

Übereinstimmend mit Abs. 1 § 56 Ausf.Ges. f. Lauenburg.

1. Vgl. §§ 50, 55, 65, 67 II 19 ALR. Entsch. des ObTrib. 11 S. 413; für gemeines Recht s. aber RG. Entsch. 14 S. 197; — für französisches Recht Urt. des ObLG. Köln v. 4. Februar 1885. PrVerwBl. 1884/85 S. 395. Im übrigen Anm. 2.

2. Diese beiden Sätze sind dem § 68 durch Art. III des Gesetzes v. 11. Juli 1891 hinzugefügt (vgl. auch Anm. 2 zu § 65). Der dritte Satz des § 68 bezieht sich auch auf den ersten und erkennt für den ganzen Umfang des Staats den Ersatzanspruch gegen den Unterstützten und seine unterhaltspflichtigen Verwandten an. (Schäfer in Gruchot 41 S. 104ff s. a. 36 44. — Über die sehr bestrittene Frage vgl. PrVerwBl. 27 S. 387).

2. Sachsen. Armenordnung v. 22. Oktober 1840. Sachsen.

§ 5. Die Verpflichtung der Verwandten in auf-

Sachsen. und absteigender Linie, sowie der Ehegatten, zu gegenseitiger Ernährung, Versorgung und Unterstützung ist nach den bestehenden Civilgesetzen zu beurtheilen.

Wenn Seitenverwandte und verschwägerte Personen nicht vermöge eines besonderen Rechtstitels für ihre verarmten Angehörigen zu sorgen verbunden sind, so können sie doch von den Armenverbänden zur Erfüllung der ihnen diesfalls obliegenden moralischen Verpflichtungen auf angemessene Weise aufgefordert werden.

§ 6. Die Verpflichtung der Korporationen zur Versorgung und Unterstützung ihrer Mitglieder und Angehörigen beruht auf besonderen, ihre gesellschaftliche Verfassung betreffenden Polizeigesetzen, Statuten und Ordnungen.

§ 7. Oeffentliche Unterstützung ist zwar auch denen, welche die nöthige Hülfe von den dazu verpflichteten und vermögenden Personen nicht sogleich beim eintretenden Bedarf wirklich erhalten können, inmittelst nicht zu versagen. Der öffentliche Armenfonds ist jedoch solchenfalls berechtigt, von gedachten Personen der Gesellschaften den Ersatz des geleisteten Verlags zu fordern.

§ 65. Jede öffentliche Armenunterstützung ist nur als ein Vorschuß zu betrachten, insoweit nicht nach den Funktionen und dem Zwecke der vorhandenen Anstalten, Kranken-, Armen- und Waisenhäuser, die Aufnahme und Verpflegung als eine unwiderrufliche Wohlthat anzusehen ist.

§ 66. Nach diesem Grundsatze ist jeder Arme, welcher nicht bloß durch eigene Thätigkeit und Anstrengung, sondern durch äußere zufällige Glücksumstände zu besserem Vermögen gelangt, das Genossene, Almosen oder andere Unterstützungen, der

Armenkasse wieder zu erstatten verbunden. Um jedoch solchenfalls dem gewesenen Armen nicht die Mittel, sich forthin ohne Unterstützung selbst zu erhalten, zu nehmen oder zweckwidrig zu schmälern, ist demselben nach Ermessen der Armenbehörde, oder im Falle letztere klagbar geworden, durch richterlichen Ausspruch, zu verstatten, den Wiederersatz in leidlichen Fristen zu bewirken. Sachsen.

3. **Württemberg.** Ausf.Ges. v. 17. April 1873. Württemberg.

Art. 3. Personen, welche ungeachtet des Besitzes genügender Mittel auf Grund des gegenwärtigen Gesetzes öffentliche Armenunterstützung erlangt haben, sind zum Ersatze des Empfangenen verpflichtet.

Außerdem ist jede auf Grund dieses Gesetzes an eine Person über 18 Jahre für sich, ihre Ehefrau oder Kinder, welche mit ihr in häuslicher Gemeinschaft stehen, aus einer Armenkasse abgegebene Unterstützung, mit Ausnahme des Aufwandes für Schulunterricht, als ein Vorschuß zu betrachten, dessen Wiedererstattung die Armenbehörde verlangen kann, sobald der Unterstützte in eine Lage gekommen ist, welche ihm die Ersatzleistung, unbeschadet der Sicherstellung seiner und der Seinigen Lebensunterhaltes, ermöglicht. (Instr. § 6.)[1]

1. Die Entscheidung erfolgt im Verwaltungsrechtswege. § 10 Nr. 3 Ges. v. 16. Dez. 1876 Anh. E.

Art. 48. Ansprüche von Armenverbänden, welche die Uebernahme der Unterstützung eines Hülfsbedürftigen von privatrechtlich dazu verpflichteten Personen zum Zwecke haben, und ebenso Ansprüche der Armenverbände auf Erstatung bereits

Württemberg. verausgabter Unterstützunskosten durch solche Personen können nur im Civilrechtswege geltend gemacht werden.

Baden. **4. Baden.** Ges. v. 5. Mai 1870, betr. die öffentliche Armenpflege (Ges. u. VerBl. S. 387).

§ 5. Der Unterstützte, welcher zu hinreichendem Vermögen gelangt, ist zur Rückerstattung der von seinem 18. Lebensjahr an von der öffentlichen Armenpflege ihm gewährten Unterstützung in angemessenen Fristen verpflichtet.

Sofern nicht arme Notherben vorhanden sind, ist auch der Nachlaß des Unterstützten ersatzpflichtig. Gegen den überschuldeten Nachlaß findet die Rückforderung nicht statt.

§ 25. Die Gemeinde des Unterstützungswohnsitzes oder der Kreis können, wenn sie auf Ersatz belangt werden, nicht auf dritte Verpflichtete verweisen, vorbehaltlich jedoch ihres eigenen Rückgriffs auf dieselben.

Mecklenburg-Schwerin. **5. u. 6. Mecklenburg-Schwerin, -Strelitz und Ratzeburg.** Ausf.Ver. v. 20. Februar und 27. April 1871.

§ 5. 1. Die von einem Armenverbande gewährte öffentliche Unterstützung ist ein dem Unterstützten gewährter Vorschuß, zu dessen Erstattung er dem betreffenden Armenverbande gegenüber verpflichtet bleibt.[1] Die Beitreibung solcher Vorschüsse geschieht in dem im § 7 vorgeschriebenen Wege.

Unterstützungen, die Kinder unter 14 Jahren gewährt sind, sind von diesen selbst nicht zurückzufordern.

Zur Erstattung ist der Nachlaß des Unterstützten

vorzugsweise verhaftet, und hat die Erstattungs-Forderung die Vorzüge einer Forderung wegen öffentlicher Abgaben. Die zur Regulirung des Nachlasses kompetente Behörde hat die zur Sicherung des Anspruches des betreffenden Armenverbandes nöthigen Schritte von Amtswegen zu thun, wenn ihr bekannt war, daß der Verstorbene ein Armen-Benefiziat war. Die von der Orts-Armenbehörde eingereichten Extrakte aus ihren Rechnungen liefern vollen Beweis. Mecklenburg-Schwerin.

1. Vgl. Art. II Ver. v. 26. Febr. 1896 (RgBl. S. 34). Alle Unterstützungen sind nur Vorschüsse, welche zu erstatten sind:

1. von dem Unterstützten, wenn er dazu imstande ist,
2. von den zur Alimentation Verpflichteten, vorausgesetzt, daß die Verpflichtung an sich unbestritten, oder durch richterliche Entscheidung festgestellt ist.

§ 7. Wenn von Seiten eines Armenverbandes die gesetzlich bestehende Alimentationspflicht des Ehegatten, der Aszendenten, beziehungsweise des unehelichen Vaters und der Deszendenten des Hülfsbedürftigen zur Geltung gebracht werden soll, so hat dieses, und zwar auch dann, wenn es sich um Erstattung der von der Armenkasse geleisteten Vorschüsse handelt, im Verwaltungswege ohne Unterschied des Gerichtsstandes auf Antrag der Armenbehörde zu geschehen, sofern der Verpflichtungsgrund unbestritten oder durch richterliche Entscheidung festgestellt ist, sollte gleich die Suffizienz des Vermögens bestritten sein. Mit dem betreffenden Antrage hat sich die Armenbehörde, welche übrigens auch für den gerichtlichen Prozeß legitimirt ist, an die Obrigkeit des Verpflichteten, beziehungsweise an das betreffende Patrimonialgericht (vgl. § 6, s. Anh. A) zu wenden.

Sowohl dem Verpflichteten als der beantragenden Armenbehörde steht gegen die im Verwaltungsweg ergangene Entscheidung der Rekurs an Unsere Landesregierung frei. Bei diesen sind auch die gegen den Inhaber der Ortsobrigkeit etwa nothwendig werdenden exekutivischen Maßregeln zu beantragen.

Uebereinstimmend: Mecklenburg-Strelitz, §§ 5, 7. — Ratzeburg §§ 5, 7.

Sachsen-Weimar. 7. **Sachsen-Weimar.** Ausf.Ges. z. BGB.

§ 199 Abs. 1. Der Staat, sowie Verbände und Anstalten, die auf Grund des öffentlichen Rechts zur Gewährung von Unterhalt verpflichtet sind, können Ersatz der für den Unterhalt gemachten Aufwendungen von der Person, welcher sie den Unterhalt gewährt haben, sowie von denjenigen verlangen, welche nach den Vorschriften des bürgerlichen Rechts unterhaltspflichtig sind.

Abs. 3. Soweit in den bestehenden Gesetzen Vorschriften über die Höhe des zu leistenden Ersatzes und das Verfahren zur Feststellung der Kosten enthalten sind, behält es bei diesen Vorschriften sein Bewenden.

Oldenburg. 8. **Oldenburg.** RevGemOrd. v. 15. April 1873.

Art. 71 § 2. Eine Verweisung an dritte Verpflichtete ist . . . nicht zulässig, wenn der Unterstützungsbedürftige sich in einer Lage befindet, welche alsbaldige Hülfe erfordert; vielmehr hat in solchem Falle die Armenkommission die nothwendige Unterstützung zu leisten, vorbehaltlich des Ersatzanspruchs an die dazu nach öffentlichem oder bürgerlichem Rechte Verpflichteten.

Gleichlautend Art. 14 Abs. 2 des Ges. über das Armenwesen für das Fürstentum Birkenfeld, Art. 78 § 2 rev. GemOrd. für das Fürstentum Lübeck. Oldenburg.

§ 3 übereinstimmend mit § 65 Abs. 1 PrAG. — Statt „Armenverband": „Armenkommission"; der Beschluß ist von der vorgesetzten Verwaltungsbehörde zu fassen. Durch § 43 Nr. I des Ausf.Ges. z. BGB. sind in Art. 71 § 3 der rev. GemOrd. die Worte „die uneheliche Mutter" ersetzt durch die Worte „die unehelichen Eltern".

§ 4 übereinstimmend mit § 66 PrAG. — Statt „Armenverband": „Armenkommission". Der Rekurs geht an die weiter vorgesetzte Verwaltungsbehörde. Die Rekursfrist ist 7 Tage.

§ 5 übereinstimmend mit § 67 PrAG.

Mit §§ 65 Abs. 1, 66, 67 PrAG. stimmen auch überein Art. 18 des Ges. über das Armenwesen für das Fürstentum Birkenfeld, Art. 78 §§ 3—5 rev. GemOrd. für das Fürstentum Lübeck. Auch in diesen Landesteilen sind durch die Ausf.Ges. z. BGB. (Lübeck § 40, Birkenfeld § 86) die Worte die „uneheliche Mutter" durch die Worte „die unehelichen Eltern" ersetzt.

§ 6. Die auf Ersatz in Anspruch genommene Gemeinde des Unterstützungswohnsitzes kann nicht auf dritte Verpflichtete verweisen, vorbehaltlich jedoch ihres eigenen Rückgriffs auf dieselben.

Gleichlautend Art. 15 Ges. über das Armenwesen für das Fürstentum Birkenfeld, Art. 78 § 6 rev. GemOrd. für das Fürstentum Lübeck.

Art. 73. Jede einem Hülfsbedürftigen nach zurückgelegtem 18. Lebensjahre gewährte Unterstützung ist als vorschußweise geleistet anzusehen und kann von der Armenkommission, wenn der Unterstützte nach billigem Ermessen derselben dazu im Stande ist, zurückgefordert, auch aus dem Nachlasse des Unterstützten mit einfachen Zinsen ersetzt verlangt werden. Die Erstattung kann nur im gerichtlichen Wege verfolgt werden.

Gleichlautend Art. 20 Armenges. für Birkenfeld; Art. 80 rev. GemOrd. für Lübeck.

Braunschweig. 9. Braunschweig. Ausf.Ges. v. 5. Juni 1871.

§ 31 Abs. 1 und 3 übereinstimmend mit § 65 PrAG. Abs. 1 u. 3.

Abs. 2. Die Beschlußfassung steht der Kreisdirektion desjenigen Kreises, in welchem der in Anspruch genommene Angehörige des Hülfsbedürftigen seinen Wohnsitz hat, in der Stadt Braunschweig der Herzogl. Polizeidirektion zu.

§ 32 übereinstimmend mit § 67 PrAG. Doch fehlen im Abs. 1 die Worte „auf erhobenen Rekurs im Verwaltungswege oder".

§ 33 übereinstimmend mit § 68 PrAG. Abs. 1.[1]

1. Vgl. dazu § 200 Städteordnung v. 18. Juni 1892 und § 142 der Landgemeindeordnung v. 18. Juni 1892 (Ges. u. VerSamml. S. 281, 357): Die geleisteten Unterstützungen sind als Vorschüsse zu betrachten, welche von den unterstützten Armen selbst, sowie von den alimentationspflichtigen Verwandten oder von den Erben des Unterstützten im Wege der Klage zurückverlangt werden können.

Sachsen-Meiningen. 10. Sachsen-Meiningen. a) Ausf.Ges. v. 24. Februar 1872.

Art. 29. Der Ehemann, die Ehefrau, die ehelichen Eltern, die uneheliche Mutter, sowie die ehelichen Kinder eines Hülfsbedürftigen und die unehelichen Kinder in Bezug auf die hülfsbedürftige

Mutter können durch Beschluß des Kreisvorstandes des Aufenthaltsorts angehalten werden, dem Hülfsbedürftigen nach Maßgabe der gesetzlichen Verpflichtung die erforderliche laufende Unterstützung zu gewähren, auch einem Armenverbande die bereits verausgabten Unterstützungskosten zu erstatten. Sachsen-Meiningen.

Gegen diese Verfügung ist binnen 14 Tagen Ausschlußfrist Rekurs an das Herzogl. Staatsministerium, Abtheilung des Innern, zulässig, bei dessen Entscheidung es vorbehaltlich des Rechtsweges bewendet.

Art. 30. Die Verfügungen der Verwaltungsbehörde (Art. 29) sind vorläufig und solange vollstreckbar, bis auf erhobenen Rekurs eine abändernde Entscheidung erfolgt ist.

Im letzteren Falle hat der Armenverband dem in Anspruch genommenen Angehörigen das bis dahin Geleistete, beziehungsweise das zu viel Geleistete zu erstatten; im Weigerungsfalle ist er hierzu im Aufsichtswege anzuhalten.

b) Ges. v. 26. April 1888, betr. den Ersatz empfangener öffentlicher Armenunterstützung (Samml. S. 219).

Art. 1. Personen, welche ungeachtet des Besitzes genügender Mittel öffentliche Armenunterstützung erlangt oder nach Empfang solcher Unterstützung in Verhältnisse gekommen sind, welche ihnen ohne Gefährdung ihres Lebensunterhalts die Erstattung ermöglichen, sind zum Ersatz des Empfangenen verpflichtet.

Der Ersatz kann auch aus dem Nachlaß der unterstützten Personen verlangt werden.

Art. 2. War die hülfsbedürftige Person in einem Armen- oder Krankenhause untergebracht, so richtet sich die Höhe der zu erstattenden Kosten nach

Sachsen-Meiningen. den am Orte der stattgehabten Unterstützung geltenden Grundsätzen und dürfen für die Verpflegung und ärztliche Behandlung nur die von der Aufsichtsbehörde festgestellten allgemeinen Sätze neben den für Arzneien und sonstige besondere Aufwendungen erwachsenen baaren Auslagen in Anrechnung gebracht werden.

Der Tag der Aufnahme und der Entlassung wird hierbei nur als ein Tag berechnet.

Die Tarife sind öffentlich bekannt zu machen.

Art. 3 u. 4 sind ersetzt durch Art. 10 Nr. 3 des Ges. betr. das Verwaltungsstreitverfahren, s. Anh. E.

Art. 5. Die Entscheidungen der Verwaltungsbehörde (jetzt des Verwaltungsgerichts) sind vorläufig und solange vollstreckbar, bis auf erhobenen Rekurs (jetzt Berufung) eine abändernde Entscheidung erfolgt ist.[1] Im letzteren Fall hat der Armenverband dem in Anspruch genommenen das von ihm bis dahin Geleistete beziehungsweise das zu viel Geleistete zu erstatten, im Weigerungsfalle ist ersterer hierzu im Aufsichtswege anzuhalten.

1. Über die vorläufige Vollstreckbarkeit s. Art. 36 des Ges. betr. Verwaltungsstreitverfahren v. 15. März 1897.

Art. 6 betrifft die Vollstreckung der Entscheidungen.

Art. 7. Ueber den Anspruch auf Erstattung der Unterstützungskosten gegen die im Art. 29 des Gesetzes vom 24. Februar 1872 genannten Personen bleiben die Bestimmungen jenes Gesetzes, insbesondere Artikel 29, 30 und 31 in Geltung.

Auch die aus anderen Titeln zur Alimentirung oder Unterstützung eines hülfsbedürftigen Verpflichteten haben für die in Folge der Nichterfüllung ihrer Verbindlichkeit nothwendig gewordene öffentliche

Armenunterstützung Ersatz zu leisten. Gegen die letzteren ist der Anspruch, soweit für dessen Verfolgung nicht ein besonderes Verfahren geordnet ist, im Rechtswege zu verfolgen. Sachsen-Meiningen.

11. **Sachsen-Altenburg.** Ausf.Ver. v. 3. Juni 1871. Sachsen-Altenburg.

§ 16. Die Ausführung aller auf das Band der Verwandtschaft oder der Ehe gegründeten Ansprüche auf Gewährung von Unterstützung, ingleichen die Verfolgung von Regreßansprüchen wegen geleisteter Unterstützung gegen solche Personen, die von den Bestimmungen des Bundesgesetzes über den Unterstützungswohnsitz (§ 61 daselbst) nicht betroffen werden, bleibt dem Rechtsweg vorbehalten.

§ 103 Ausf.Ges. z. BGB.

Abs. 1 übereinstimmend mit Ausf.Ges. z. BGB. für Sachsen-Weimar § 199 (oben unter 7).

Abs. 2. Die Beitreibung der hiernach von den unterhaltenen Personen zu ersetzenden Beträge erfolgt im Verwaltungswege nach Maßgabe des Gesetzes v. 31. März 1879, die Zwangsvollstreckung wegen Geldleistung in Verwaltungssachen betreffend (GesSamml. S. 99).

Vgl. auch § 7 des Ausf.Ges. zur Civilprozeßordnung.

12. **Sachsen-Coburg-Gotha.** Ausf.Ges. v. 31. Mai 1871. Sachsen-Coburg-Gotha.

§§ 38—41 übereinstimmend mit §§ 65 Abs. 1 bis 3, 66, 67, 68 Abs. 1 PrAG.

Art. 46 Ausf.Ges. z. BGB.

Abs. 1 übereinstimmend mit dem Ausf.Ges. z. BGB. für Sachsen-Weimar § 199 (oben unter 7).

Sachsen-Coburg-Gotha. Abs. 2. Die Einziehung erfolgt vorbehaltlich des Rechtsweges über die Verpflichtung zur Zahlung im Verwaltungszwangsverfahren.

Anhalt. **13. Anhalt.** Ausf.Ges. v. 29. Juni 1871.

§§ 51—54 übereinstimmend mit §§ 65 Abs. 1 bis 3, 66, 67, 78 Abs. 1 PrAG. — § 51 Abs. 2 und 3 lauten:

Die Beschlußfassung steht der Direktion desjenigen Kreises zu, in welchem der in Anspruch genommene Angehörige des Hülfsbedürftigen seinen Wohnsitz hat.

Hat der gedachte Angehörige im Inlande keinen Wohnsitz, so treten an die Stelle der Behörden des Wohnsitzes die Behörden des Aufenthaltsortes.[1]

In § 53 fehlt der dritte Absatz des § 67 PrAG.

1. Der nach § 52 zugelassene Rekurs an die Deputation für das Heimatwesen ist nach § 3 des Ges. betr. die sachliche Zuständigkeit der Verwaltungsgerichte v. 27. März 1888 (GS. S. 65) im Wege der Klage beim Landesverwaltungsgericht einzulegen.

Durch das Abänderungsgesetz v. 27. April 1904 (Nr. 1189) sind folgende Fassungsänderungen bzw. Einschaltungen verordnet:

Art. 4. Im § 51 erhält der Abs. 1 folgende Fassung:

Auf den Antrag eines Armenverbandes, der einen Hilfsbedürftigen unterstützen muß (§§ 1 und 2), können durch einen mit Gründen versehenen Beschluß der Verwaltungsbehörde nach Anhörung der Beteiligten die nach den Vorschriften des Bürgerlichen Gesetzbuchs Unterhaltspflichtigen angehalten werden, dem Hilfsbedürftigen nach Maßgabe ihrer eigenen Kräfte die nach diesem Gesetze erforderliche Unterstützung zu gewähren.

Art. 5. Hinter § 53 wird folgender § 53a eingeschaltet: Anhalt.

Die Armenverbände können Ersatz der auf Grund der §§ 1 und 2 dieses Gesetzes gemachten Aufwendungen für hilfsbedürftige Personen von letzteren sowie von den nach den Vorschriften des Bürgerlichen Gesetzbuchs Unterhaltspflichtigen verlangen, wenn und soweit diese Personen unter Berücksichtigung ihrer sonstigen Verpflichtungen ohne Gefährdung ihres standesmäßigen Unterhaltes zur Leistung des Ersatzes imstande sind.

Art. 6. Hinter § 54 wird folgender § 54a eingeschaltet:

Den Armenverbänden steht an dem Nachlasse derjenigen Personen, denen sie Unterstützung (§§. 1 und 2) gewährt haben, unbeschadet der Vorschriften des Artikels 72 des Ausführungsgesetzes zum Bürgerlichen Gesetzbuche vom 18. April 1899 (Nr. 1038 der Gesetz-Sammlung), ein Erbrecht zu, wenn die Unterstützung bis zum Tode gedauert oder erst in den letzten 60 Tagen vor dem Todestage aufgehört hat.

Das Erbrecht besteht nicht, wenn die für die Unterstützung gemachten Aufwendungen vor dem Tode erstattet sind.

Das durch Absatz 1 gewährte Erbrecht geht dem Erbrecht der durch das Bürgerliche Gesetzbuch zur Erbfolge berufenen Personen vor und kann weder durch letztwillige Verfügung noch durch Erbvertrag ausgeschlossen oder beschränkt werden.

Der nach Befriedigung der Nachlaßgläubiger und nach Deckung der gewährten Unterstützungen sowie der Unkosten verbleibende Überschuß ist den durch das Erbrecht des Armenverbandes ausgeschlossenen Personen auszuzahlen, und zwar nach dem

Anhalt. Verhältnis der Anteile, zu denen sie als Erben des Unterstützten berufen wären, wenn der Armenverband die Erbschaft ausgeschlagen hätte.

Schwarzburg-Sondershausen. 14. **Schwarzburg-Sondershausen.** Ausf. Ges. v. 25. Januar 1872.

§§ 11—13 übereinstimmend mit §§ 65 Abs. 1—3, 66, 67 PrAG.

§ 11 Abs. 2 lautet:

Die Verfügung steht dem Fürstlichen Landrathe desjenigen Bezirks zu, in welchem der in Anspruch genommene Angehörige des Hülfsbedürftigen seinen Wohnsitz hat. Diese Zuständigkeit wird, wenn der gedachte Angehörige im Fürstenthume keinen Wohnsitz hat, auch durch dessen bloßen Aufenthalt für den Landrath begründet, in dessen Bezirk der Aufenthaltsort liegt.

Der Rekurs geht nach § 12 an das Fürstliche Ministerium, Abtheilung des Innern.

Art. 55 Ausf. Ges. z. BGB. übereinstimmend mit § 199 Abs. 1 des Ausf.Ges. z. BGB. für Sachsen-Weimar (oben unter 7).

Schwarzburg-Rudolstadt. 15. **Schwarzburg-Rudolstadt.** Ausf. Ges. v. 23. Juni 1871.

§§ 22—25 übereinstimmend mit §§ 65 Abs. 1—3, 66, 67, 68 Abs. 1 PrAG.

Art. 163 Ausf.Ges. z. BGB. übereinstimmend mit § 199 Abs. 1 des Ausf.Ges. z. BGB. für Sachsen-Weimar (oben unter 7).

Waldeck. 16. **Waldeck.** Ausf.Ges. v. 29. Juni 1871.

§§ 27—30 übereinstimmend mit §§ 65 Abs. 1—3, 66, 67, 68 Abs. 1 PrAG.

§ 27 Abs. 2 lautet: Die Beschlußfassung steht dem Amtmann desjenigen Kreises zu, in welchem der in Anspruch genommene Angehörige des Hülfsbedürftigen seinen Wohnsitz hat. Waldeck.

§ 32. Die auf besonderen gesetzlichen Bestimmungen oder auf sonstigen Rechtstiteln beruhende Verpflichtung des Staats zur Verpflegung und Heilung armer geisteskranker Personen, sowie vermögensloser Nervenfieberkranken wird durch gegenwärtiges Gesetz nicht berührt.

17. Reuß (Greiz) ä. L. Ges. v. 1. Juli 1878. Reuß ä. L.

§ 1 Abs. 3. Hinsichtlich der Beitrittspflicht zu Hülfskassen bleiben neben den reichsgesetzlichen auch die landesrechtlichen resp. ortsstatutarischen Vorschriften in Gültigkeit.

Abs. 4. Die auf andern Titeln (Familien- und Dienstverhältniß, Vertrag, Genossenschaft, Stiftung u. s. w.) beruhenden Verpflichtungen, einen Hülfsbedürftigen zu unterstützen, werden von den Bestimmungen dieser Verordnung nicht betroffen. Der nach dem Bundesgesetz vom 6. Juni 1870 zur Unterstützung verpflichtete Armenverband kann jedoch deren Leistung durch Berufung auf einen solchen Titel nicht versagen oder beanstanden. Es bleibt demselben lediglich die Verfolgung seiner Ansprüche gegen den Verpflichteten nachgelassen.

Abs. 5 übereinstimmend mit Abs. 1 § 65 PrAG.

Die Beschlußfassung steht dem Landrathsamte zu.

Abs. 6. Gegen den Beschluß der Verwaltungsbehörde steht beiden Theilen Berufung auf den Rechtsweg zu. Erfolgt diese innerhalb 10 Tagen von dem einen oder dem andern Theil, so hat der Armenverband seinen Anspruch im gerichtlichen Verfahren

Reuß ä. L. zu verfolgen. Ist innerhalb dieser Frist von keinem Theile auf den Rechtsweg provozirt, so wird der Beschluß der Verwaltungsbehörde vorläufig vollstreckbar. Es steht jedoch dem in Anspruch genommenen Angehörigen frei, wegen Erstattung des Geleisteten oder zu viel Geleisteten gerichtliche Klage zu erheben. Erfolgt eine Abänderung des Beschlusses der Verwaltungsbehörde mittelst rechtskräftigen Urtheils, so hat der Armenverband u. s. w., wie in § 67 Abs. 2 PrAG.

Abs. 7 übereinstimmend mit § 67 Abs. 3 PrAG. Die Frist für Anbringung der Klage ist jedoch nur drei Monate.

Abs. 8 übereinstimmend mit § 68 Abs. 1 PrAG.

Abs. 9. Dasselbe Verfahren findet auch überall da ausschließlich statt, wenn ein Armenverband, der einen Hülfsbedürftigen unterstützt, vollbürtige Geschwister desselben oder außer den Familienangehörigen vorhandene, auf Grund von Privatrechtstiteln Verpflichtete zur Unterstützungsgewähr resp. Beitragsleistung heranzuziehen bezweckt.

§ 124 Ausf.Ges. z. BGB. übereinstimmend mit § 199 Abs. 1 des Ausf.Ges. z. BGB. für Sachsen-Weimar (oben unter 7). — Die Einziehung des Ersatzes erfolgt — vorbehaltlich des Rechtswegs über die Verpflichtung zur Zahlung — im Verwaltungszwangsverfahren.

Reuß j. L. 18. **Reuß** (Gera) j. L. Ges. v. 21. Juni 1871.

§§ 35—38 übereinstimmend mit §§ 65 Abs. 1—3, 66, 67, 68 Abs. 1 PrAG.

§ 35 Abs. 2. Die Beschlußfassung steht für die Ortschaften des platten Landes dem Landrathe desjenigen Bezirks zu, in welchem der in Anspruch genommene Angehörige des Hülfsbedürftigen seinen

Wohnsitz hat, für die Städte dem Stadtgemeindevorstand. Reuß j. L.

§ 97 Ausf.Ges. z. BGB. übereinstimmend mit § 199 Abs. 1 des Ausf.Ges. für Sachsen-Weimar (oben unter 7). Die Beitreibung der von den einzelnen unterhaltenen Personen zu ersetzenden Beträge erfolgt im Verwaltungswege nach den Vorschriften des Gesetzes, die Zwangsvollstreckung im Verwaltungswege betreffend.

19. **Schaumburg-Lippe.** Ausf.Ges. v. 7. Mai 1872. Schaumburg-Lippe.

§§ 54—57 übereinstimmend mit §§ 65 Abs. 1—3, 66, 67, 68 Abs. 1 PrAG.

§ 54 Abs. 2. Die Beschlußfassung steht dem Amte bzw. dem Stadtmagistrate desjenigen Bezirks zu, in welchem der in Anspruch genommene Angehörige des Hülfsbedürftigen seinen Wohnsitz hat; beziehungsweise wenn derselbe seinen Wohnsitz innerhalb Unseres eximirten herrschaftlichen Besitzes hat, Unserer Regierung, welche letztere in diesem Falle endgültig im Verwaltungswege entscheidet.

§ 55. Gegen die Entscheidung der Aemter und Magisträte (§ 54) steht u. s. w., wie in § 66 PrAG.

§ 39 Ausf.Ges. z. BGB. übereinstimmend mit § 199 Abs. 1 des Ausf.Ges. z. BGB. für Sachsen-Weimar (oben unter 7).

20. **Lippe.** Ausf.Ges. v. 12. Sept. 1877. Lippe.

§§ 31—34 übereinstimmend mit §§ 65 Abs. 1—3, 66, 67, 68 Abs. 1 PrAG.

Die Beschlußfassung (§ 31) steht der Regierung zu. Der Rekurs geht an das Kabinetsministerium. Die Rekursfrist ist 14 Tage. Beiden Theilen bleibt

Lippe. überdies die Verfolgung ihrer Rechte im gerichtlichen Verfahren vorbehalten (§ 32).[1]

1. An Stelle der Klage vor den ordentlichen Gerichten tritt die Verwaltungsklage (§ 2 JustGes. v. 9. Febr. 1898, GS. S. 298).

§ 36. Die Ortsarmenverbände sind befugt, bei dem zuständigen Gerichte darauf anzutragen, daß etwaige Verschwender unter Kuratel gestellt werden.

Bremen. 21. **Bremen.** a) Gesetz, betr. das Verhältniß der Armenverbände zu unterstützungspflichtigen Verwandten des Hülfsbedürftigen v. 4. Sept. 1884 (GesBl. S. 113).

§ 1. Ein deutscher Armenverband, welcher einen Hülfsbedürftigen nach Vorschrift des Bundesgesetzes über den Unterstützungswohnsitz vom 6. Juni 1870 zu unterstützen hat, ist befugt, von dem Ehemann, der Ehefrau und den Aszendenten und Deszendenten desselben die für den Hülfsbedürftigen erforderliche laufende Unterstützung in demselben Maße und unter denselben Voraussetzungen zu fordern, als dem Hülfsbedürftigen ein Recht auf Unterstützung gegen diese Personen zusteht.

Soweit der Unterstützungspflichtige die Unterstützung durch Naturalleistungen zu gewähren hat, ist der Armenverband befugt, wenn der Unterstützungspflichtige dieser Verpflichtung nicht oder nicht vollständig genügt hat, für die Zukunft an Stelle der Naturalleistungen den entsprechenden Geldbetrag zu fordern.

§ 2. Beruht die Alimentationspflicht auf Gesetz, so hat auf Antrag des Armenverbandes die zuständige Polizeibehörde nach Anhörung der Betheiligten

vorbehaltlich des Rechtsweges für dieselben über den Bremen.
Anspruch durch eine mit Gründen zu versehende Entscheidung zu befinden.

Der Armenverband kann bei der Polizeibehörde die Erhöhung einer von derselben festgesetzten Unterstützung beantragen, wenn sich die Verhältnisse des Unterstützungspflichtigen wesentlich verbessert oder diejenigen des Bedürftigen sich wesentlich verschlechtert haben.

Zuständig für die Entscheidung ist die Polizeibehörde des Wohnorts des Alimentationspflichtigen, und, wenn der Alimentationspflichtige im Bremischen Staatsgebiet keinen Wohnsitz, wohl aber einen nach § 21 der Civilprozeßordnung den Gerichtsstand begründeten Aufenthaltsort hat, die Polizeibehörde seines Aufenthaltsortes.

Nach Maßgabe dieser Bestimmungen ist die zuständige Polizeibehörde

für die Stadt Bremen die Polizeidirektion,
für die Hafenstädte die dortigen Aemter,
für das Landgebiet der Landherr.

§ 3. Die Entscheidungen der Polizeibehörden sind vorläufig vollstreckbar. Die Zwangsvollstreckung erfolgt durch die Polizeibehörden nach Maßgabe der über die Zwangsvollstreckung im Verwaltungswege geltenden Bestimmungen.

Die Vollstreckbarkeit der polizeilichen Entscheidung hört auf, sobald die polizeiliche Entscheidung mittels rechtskräftigen gerichtlichen Urtheils abgeändert ist, sowie für die Dauer der Wirksamkeit eines dieselbe abändernden, für vorläufig vollstreckbar erklärten gerichtlichen Urtheils oder einer die Sistirung der Zwangsvollstreckung aussprechenden gerichtlichen einstweiligen Verfügung. Sie hört ferner auf, wenn im Fall des § 4 entweder der Armenverband die Frist zur Klageerhebung ver-

Bremen. säumt, oder durch vollstreckbares gerichtliches Urtheil über den Anspruch erkannt ist.

§ 4. Will der Unterstützungspflichtige gegen eine in Gemäßheit des § 2 ergangene Entscheidung der Polizeibehörde den Rechtsweg beschreiten, so kann er dies der Polizeibehörde, welche die Entscheidung erlassen hat, schriftlich oder zu Protokoll anzeigen. Der Armenverband ist von solcher Anzeige durch die Polizeibehörde sofort in Kenntniß zu setzen und hat dann innerhalb vier Wochen seinen Anspruch gegen den Unterstützungspflichtigen bei dem zuständigen Gerichte klagend geltend zu machen.

§ 5. Der Armenverband hat im Fall einer durch rechtskräftiges gerichtliches Urtheil erfolgten abändernden Entscheidung dem in Anspruch genommenen Dritten das nach Maßgabe dieses Urtheils zu viel Geleistete zurückzuerstatten. Falls jedoch der die Rückerstattung Fordernde nicht innerhalb sechs Monaten nach Verkündigung oder Zustellung der von ihm angefochtenen Entscheidung die in § 4 zugelassene Anzeige gemacht oder bei Gericht Klage erhoben hat, kann er nur dasjenige zurückfordern, was er für die Zeit seit der Anzeige oder der Klageerhebung zu viel geleistet hat.

§ 6. Die Erstattung bereits verausgabter Unterstützungskosten kann ein Armenverband nur im gerichtlichen Verfahren beanspruchen (s. unter b u. c).

b) Gesetz, betr. Erstattung von Armenunterstützungen v. 18. Juli 1899.

§ 1. Jeder von einem bremischen Armenverbande Unterstützte ist verpflichtet, sobald er dazu nach Bestreitung des nothdürftigen Unterhalts im Stande ist, alle ihm gewährten Unterstützungen dem Armenverbande zu ersetzen.

§ 2. Die bremischen Armenverbände genießen Stempelfreiheit; Gerichtsgebühren werden von denselben nicht erhoben, soweit dieselben nicht von Gegnern zu erlangen sind. Bremen.

§ 3. Zum Zweck der Rückerlangung der gewährten Unterstützungen (§ 1) ist der Armenverband befugt,

1. ausstehende Forderungen der Unterstützten einzuziehen (§ 4),
2. das Vermögen Minderjähriger und anderer Unterstützter, welche nach dem Ermessen des Vorstandes des Armenverbandes zur eigenen Beurtheilung und Wahrnehmung ihrer Geschäfte unfähig sind, bis zur Volljährigkeit, beziehungsweise während der Dauer jener Unfähigkeit, zu verwalten.

§ 4. Ausstehende Forderungen der Unterstützten gelten als dem Armenverbande abgetreten von dem Zeitpunkte an, an welchem dem Schuldner die schriftliche Zahlungsaufforderung seitens des Armenverbandes zugekommen ist.

Die Armenpflege hat über die eingezogenen Gelder mit dem Unterstützten abzurechnen und ihm den Ueberschuß auszuzahlen.

§ 5. Den bremischen Armenverbänden steht an dem Nachlasse der von ihnen innerhalb der letzten fünf Jahre vor dem Erbfall unterstützten Personen, sofern die gewährten Unterstützungen in diesem Zeitpunkte nicht schon zurückerstattet sind, nach Maßgabe der folgenden Vorschriften vor den Verwandten erster Ordnung ein gesetzliches Erbrecht zu; der Pflichttheil besteht in dem vollen Werthe des gesetzlichen Erbtheils.

Der Armenverband kann die Befriedigung eines Nachlaßgläubigers insoweit verweigern, als der

Bremen. Nachlaß nicht ausreicht; die für die Haftung des Erben geltenden Vorschriften der §§ 1990, 1991 BGB. finden entsprechende Anwendung.

Innerhalb eines Monats nach der Zeit des Erbfalles soll der Armenverband, sofern er die Erbschaft nicht ausschlägt, über den Nachlaß ein Inventar aufnehmen und bei dem Nachlaßgerichte einreichen; zur Aufnahme des Inventars kann er sich eines seiner Beamten bedienen.

Innerhalb derselben Frist sind diejenigen Personen, welche durch das Erbrecht des Armenverbandes von der Erbfolge ausgeschlossen sind, von dem Erbfall und von der Annahme der Erbschaft durch den Armenverband zu benachrichtigen, falls sie ihm bekannt sind und sich im Bremischen Staate aufhalten.

Der nach Befriedigung der Nachlaßgläubiger und nach Deckung der gewährten Unterstützungen sowie der Unkosten verbleibende Ueberschuß ist den im vorhergehenden Absatz bezeichneten Personen auszuzahlen und zwar nach dem Verhältniß der Antheile, zu denen sie als Erben des Unterstützten berufen wären, wenn der Armenverband die Erbschaft ausgeschlagen hätte.

§ 6. Wenn und solange ein Unterstützter minderjährig ist, gelten folgende besondere Vorschriften:

1. Dem unterstützenden Armenverbande fallen nur die während der Dauer der Unterstützung eingehenden Auskünfte des von ihm nach § 3 unter 2 verwalteten Vermögens des Minderjährigen zu; nach Wegfall der Unterstützung hat der Armenverband das Vermögen an den zum Empfange Berechtigten auszukehren.

2. In der Regel ist das Vermögen des unterstützten Minderjährigen zu Gelde zu machen und

allein oder mit dem Vermögen anderer unterstützter Minderjähriger vereinigt auf den Namen des Armenverbandes nach den für die Anlegung von Mündelgeld geltenden Vorschriften zinslich zu belegen. Bremen.

3. Stirbt der Minderjährige, während er eine Unterstützung genießt, so kann der Armenverband das Vermögen zum Ersatz der gewährten Unterstützungen, soweit diese nicht durch die Aufkünfte (Nr. 1) gedeckt worden sind, in Anspruch nehmen. Sind jedoch minderjährige Erben vorhanden, die von dem Armenverbande noch unterstützt werden, so fallen diesen ihre Erbtheile zu.

c) Gesetz betr. die stadtbremische Armenpflege v. 25. April 1900.

§ 11. Die unterhaltspflichtigen Verwandten eines Unterstützten sind zur Erstattung der ihm von der Armenpflege zu Theil gewordenen Aufwendungen verpflichtet. Außerdem ist der Unterstützte verpflichtet, sobald er dazu nach Bestreitung des nothdürftigen Unterhalts im Stande ist, alle ihm gewährten Unterstützungen der Armenpflege zu ersetzen.

§§ 12—16 übereinstimmend mit §§ 2—6 des Gesetzes vom 18. Juli 1899 (unter b).

22. **Hamburg.** Gesetz, betr. das Armenwesen v. 18. Mai 1892, GS. Nr. 32, bestimmt für das Gebiet der allgemeinen Armenanstalt (Anh. B S. 215) in § 14: Hamburg.

Die einem Armen zustehenden Rechte an Todtenladen oder Sterbekassen gehen für die Dauer der Unterstützung auf die Allgemeine Armenanstalt über.

Hamburg. Die Allgemeine Armenanstalt ist berechtigt, sobald der Arme in eine bessere Vermögenslage geräth, jede von ihr gewährte Unterstützung zurückzufordern (die Einziehung erfolgt nach Abs. 3 im Verwaltungswege). An dem Nachlasse verstorbener Armen steht der Allgemeinen Armenanstalt das ausschließliche Erbrecht zu hinsichtlich derjenigen, welche innerhalb der letzten 5 Jahre vor ihrem Ableben mindestens 150 Wochen hindurch unterstützt worden sind.

G.

Schluß- und Übergangsbestimmungen.

1. **Preußen** (einschl. Kreis Herzogthum Lauenburg). Preußen.

Ges. v. 8. März 1871.

§ 73 verordnet den Zeitpunkt des Inkrafttretens des Ausführungsgesetzes (1. Juli 1871).

§ 74 führt die mit diesem Tage außer Kraft tretenden Gesetze auf. — Nicht aufgehoben sind die §§ 14—18, 77, 78, 81, 82 der schleswig-holsteinischen Armenordnung vom 29. Dezember 1841 (GesSamml. S. 267 ff.), soweit sie die gesetzliche Alimentationspflicht der Verwandten und die Verpflichtungen der Dienstherrschaft gegenüber den Dienstboten zum Gegenstande haben, und des § 9 des Nassauischen Gesetzes, betr. die Verwaltung der öffentlichen Armenpflege vom 18. Dezember 1848 (Nass. VerBl. S. 303 ff.), soweit derselbe die Alimentationspflicht der Verwandten und der Ehegatten zum Gegenstande hat.

2. **Die Ausführungsgesetze der übrigen Bundesstaaten bestimmen gleichfalls den Zeitpunkt ihres Inkrafttretens und die Aufhebung älterer Gesetze. Im Uebrigen enthalten sie keine z. Z. noch bedeutsame Vorschriften.**

Nachweisung der im Anhange abgedruckten oder ihrem Inhalte nach wiedergegebenen landesgesetzlichen Bestimmungen.

1. Preußen (einschließlich Kreis Herzogtum Lauenburg).

1871 Ausführungsgesetz v. 8. März, (§ 1) 80, (§§ 2—36) **110–136**, (§ 37) **239**, (§§ 38, 39) **133** ff., (§§ 40—56) **264** ff., (§§ 57—62) **262** ff., (§ 63) **81**, (§ 64) **243**, (§§ 65—68) **374** ff., (§ 69) **6**, (§ 70) **135**, (§§ 73, 74) **401**.

— Ausführungsgesetz f. Lauenburg v. 24. Juni, (§ 1) **80**, (§§ 2–26) **111—136**, (§ 27) **239**, (§ 28) **133**, (§ 51) **82**, (§ 52) **243**, (§§ 53—56) **374**, (§ 57) **6**.

1876 Tarif v. 2. Juli **225**.

1883 Ges., betr. die allgemeine Landesverwaltung v. 30. Juli (§ 7) **238**, (§§ 54, 57, 60—81, 102—109) **249** ff., (§§ 153, 158) **248**.

— Zuständigkeitsgesetz v. 1. August (§ 39) **249**, (§ 40) **119**, **121**, (§ 41) **82**, (§ 42) **133**, (§ 43) **375**, (§§ 44, 160) **119**, **126**.

1891 Ges., betr. Abänderung der §§ 31, 65, 68 des Ausführungsgesetzes v. 11. Juli (Art. I) **126** ff., (Art. II) **376**, (Art. III) **377**.

2. Sachsen.

1834 Heimatsgesetz v. 26. November **137**.

1840 Armenordnung v. 22. Oktober, (§§ 5—7) **377**, (§§ 4, 23—29, 32, 33, 49, 50, 59) **82** ff., (§§ 65, 66) **378**.

1871 Ausführungsverordnung v. 6. Juni, (§§ 1 bis 5) **136** ff., (§ 6) **240**, (§ 7) **267**, (§ 10) **244**.

1873 Ges., betr. die Organisation der Behörden für die innere Verwaltung v. 21. April **138**.

1876 Weitere Ausführungsverordnung v. 15. Juni, (§ 1) **137**, (§ 2) **139**, (§ 3) **62** (§ 5) **226**.

1900 Ges. über die Verwaltungsrechtspflege v. 19. Juli **268—287**.

3. Württemberg.

1873 Ausf.Ges. v. 17. April, (Art. 1—7) **86** ff., (Art. 8—14) **140** ff., (Art. 19—26) **150** ff., (Art. 27) **240**, (Art. 28—30) **154** ff., (Aufhebung der Art. 31 ff.) **287**, (Art. 47) **244**, (Art. 48) **379**, (Art. 49) **6**.

1876 Ges. über die Verwaltungsrechtspflege v. 16. Dezember, (Art. 1, 3, 6—8, 10—15, 17—56, 58, 72) **287—303**.

1879 Ges. über Zwangsvollstreckung wegen öffentlich-rechtlicher Ansprüche v. 18. August **302**.

1889 Ges., betr. Abänderung des Ausf.Ges. v. 17. April 1873, v. 2. Juli 1889 (Art. 1—11) **146** ff., (Art. 12) **141**, (Art. 13) **152**, (Art. 14) **87**, (Art. 16, 17) **140**, **152**, **156**.

1891 Tarif v. 25. Juni **228**.

1906 Gemeindeordnung v. 28. Juli **142** ff.

4. Baden.

1863 Ges., betr. die Organisation der inneren Verwaltung v. 6. Oktober **304**, **307**.

1870 Ges., die öffentliche Armenpflege betr., v. 5. Mai (§ 1) **156** (§§ 2—4, 6—8, 18—21) **89** ff., (§ 5) **380**, (§§ 16 Abs. 3, 26—34) **156** ff., (§ 25) **380**.

1872 Ausführungsgesetz v. 14. März, (§ 1) **156** (§ 2) **241**, (§ 4) **93**, **303**; — MinVerf. v. 6. Dezember 1872 nebst Zusatzverordnung v. 27. Januar 1877, betr. das Verfahren zur Erwirkung des Ersatzes usw. **6**, **61**.

1884 Ges., betr. die Verwaltungsrechtspflege v. 14. Juni (§§ 1, 2 Nr. 10, 5—14, 17—19, 32—39, 42, 43) **304** ff.

1888 Tarif v. 30. Juli **229**.

1896 Zusatz zum Tarif v. 19. Dezember **230**.

5. Hessen.

1871 Ausf.Ges. v. 14. Juli, (Art. 1) **93**, (Art. 2—7) **159** ff., (Art. 8) **241**, (Art. 9—18) **307** ff., (Art. 19) **93**, (Art. 20) **245**, (Art. 21) **6**.

1874 Ges., betr. die innere Verwaltung usw., v. 12. Juni **93**, **160**, **307** ff.

1893 Ges., betr. die Kosten der Landarmenpflege v. 24. Mai **161** ff.

6. Mecklenburg-Schwerin.

1871 Ausf.Ver. v. 20. Februar, (§§ 2, 3, 5) **162** ff., (§§ 4, 4a, 6) **98**, (§§ 5, 7) **380** (§§ 8, 9) **310**.

— Ver. über das Verfahren in Heimatsachen v. 30. Juni, (§§ 1—11) **311** ff.

1896 Ver. v. 26. Februar (Art. II) **381**.

1900 Zusatzverordnung v. 26. Mai **94**.

7. Sachsen-Weimar.

1872 Ausf.Ges. v. 23. Februar, (§§ 1—3) **167** ff., (§ 4) **95**, (§§ 5 - 8) **168** ff., (§§ 9 - 11) **315** ff.

1887 Ges. v. 6. März (Tarif) (§§ 1—5) **231**.

1899 Ausf.Ges. z. BGB. (§ 199) **382**.

8. Mecklenburg-Strelitz (und Ratzeburg).

1871 Ausf.-Ver. v. 20. Februar u. 27. April, (§§ 2, 3, 5) **170** ff., (§§ 4, 4a, 6) **96**, (§§ 5, 7) **382**, (§§ 8, 9) **318**.

— Ver. über das Verfahren in Heimatsachen v. 4 Juli 8, (§§ 1—11) **318**.

1891 Ver. v. 10. Februar **170**.

1896 Ver. v. 26. Februar (Art. II) **382**.

1900 Zusatzverordnung v. 14. Juni **96**.

9. Oldenburg.

1873 Rev. GemOrd. für das Herzogtum Oldenburg v. 15. April, (Art. 68, 69) **172**, (Art 70 - 71 § 1) **97**, (Art. 71 § 2) **382**, (Art. 72 § 1, 73, 74) **98**, (Art. 75) **174**, (Art. 76) **245**, (Art. 77) **241**,(Art. 78 – 80, 82 – 92), **175** ff.

1876 Ges. über das Armenwesen für das Fürstentum Birkenfeld v. 28. März, (Art. 2—12) **178** ff., (Art. 13) **97**, (Art. 14, 15) **98**, **382**, (Art. 16) **246**, (Art. 17) **241**, (Art. 18) **383**, (Art. 19—21) **98**, (Art. 22—24) **183**.

— Rev. GemOrd. für das Fürstentum Lübeck, (Art. 69—76) **183** ff., (Art. 77) **98**, (Art. 78) **98**, **382**, (Art. 79 – 81) **98**, (Art. 82) **246**, (Art. 83) **241**.

1882 Ges. über das Verfahren in Streitigkeiten über den UW. v. 28. Januar aufgehoben durch Ges. v. 9. Mai 1900.

1888 Ges. v. 5. März, betr. Abänderungen des Unterrichtsges. **99**.

1894 Ges., betr. Abänderung des Ges. über das Armenwesen für das Fürstentum Birkenfeld v. 22. Januar **181**.

1906 Ges. v. 9. Mai, betr. die Verwaltungsgerichtsbarkeit **319** ff.

— Ges. v. 12. Mai, betr. Abänderung der Gemeindeordnung **173**, **177**.

10. Braunschweig.

1871 Ausf.Ges. v. 5. Juni, (§ 1) **99**, (§§ 2—7, 9, 10) **185** ff., (§ 8) **241**, (§§ 11—29) **328** ff., (§ 30) **246**, (§§ 31—33) **384**, (§ 34) **6**.

1892 Städteordnung und Landgemeindeordnung v. 18. Juni **99**, **186**, **384**.

1895 Ges. betr. die Verwaltungsrechtspflege v. 5. März, (§ 10) **328**, (§§ 17—43) **329** ff., (§ 50) **329**, (§ 72) **328**.

11. Sachsen-Meiningen.

1872 Ausf.Ges. v. 24. Februar, (Art. 1) **99**, (Art. 2—13) **189** ff., (Art. 14—27) **332** ff., (Art. 28) **246**, (Art. 29, 30) **384**, (Art. 31) **333**.

1878 Ausschreiben des Min. d. Inn. v. 1. Oktober (Tarif) **232**.

1888 Ges., betr. den Ersatz empfangener Armenunterstützung v. 26. April **385**.

1889 Ges. v. 14. Dezember **190**.

1897 Ges., betr. das Verwaltungsstreitverfahren v. 15. März **333** ff.

12. Sachsen-Altenburg.

1833 Ges. üb. Heimatsrecht u. Armenwesen (§ 134) **100**.

1871 Ausf.Ver. v. 3. Juni, (§ 1) **100**, (§§ 2—7) **191**, (§§ 8—13) **341** ff., (§ 14) **101**, (§ 15) **246**, (§ 16) **387**, (§ 17) **6**.

1897 Ges., betr. den außerordentlichen Armenaufwand v. 10. April 1897 u. Novelle v. 8. Januar **1906** **192**, **193**.

1899 Ausf.Ges. z. BGB. (§ 103) **387**.

13. Sachsen-Coburg-Gotha.

1871 Ausf.Ges. v. 31. Mai, (§ 1) **101**, (§§ 2—14) **193**, (§§ 15—35) **343** ff., (§ 36) **101**, (§ 37) **246**, (§§ 38—41) **387**, (§ 42) **6**.

1899 Ausf.Ges. z. BGB. (Art. 46) **387**.

14. Anhalt.

1871 Ausf.Ges. Nr. 263 v. 29. Juni, (§§ 1, 2) **101**, (§ 3) **247**, (§§ 4—30) **195** ff., (§§ 31—49) **346** ff., (§ 50) **103**, (§§ 51—54) **388**.

1876 Tarif v. 28. Juli **232**.

1888 Ges. Nr. 778, betr. die sachliche Zuständigkeit der Verwaltungsgerichte v. 27. März **196**, **328**, **367**.

1901 Ges. v. 13. März **347**.

1904 Ges. v. 27. April Nr. 1189 (Art. 1) **101**, (Art. 2) **198**, (Art. 3) **200**, (Art. 4, 5) **388**, (Art. 6) **389**.

15. Schwarzburg-Sondershausen.

1872 Ausf.Ges. v. 25. Januar, (§§ 1—3, 5—7) **203** ff., (§ 4) **103**, (§§ 8—10) **348** ff., (§§ 11—13) **390**.

— Weiteres Ausf.Ges. v. 28. Oktober, (§§ 1—9) **348** ff., (§ 10) **103**.

1899 Ausf.Ges. z. BGB. (Art. 55) **390**.

16. Schwarzburg-Rudolstadt.

1871 Ausf.Ges. v. 23. Juni, (§ 1) **103**, (§ 2) **207**, (§§ 3—19) **351**, (§ 20) **104**, (§ 21) **247**, (§§ 22—25) **390**, (§ 26) **6**.

— Ver. v. 23. Juni, betr. die Organe der öffentlichen Unterstützung (§§ 1—4) **207** ff.

1879 Tarif v. 28. März **232**.

1899 Ausf.Ges. z. BGB. (Art. 163) **390**.

17. Waldeck.

1871 Ausf.Ges. v. 29. Juni, (§ 1) **104**, (§§ 2—8) **208**, (§ 9) **242**, (§§ 10—24) **351**, (§ 25) **104**, (§ 26) **247**, (§§ 27—30) **390**, (§ 31) **6**.

— Tarif v. 28. Dezember 233.

18. Reuß (Greiz) ä. L.

1871 Ausf.Ges. v. 25. Januar **211**, **242**, **352**.

1878 Ausf.Ges. v. 1. Juli, (§ 1) **6**, **104**, **391**, (§ 2) **209**, (§ 3) **104**, (§§ 4—12) **210** ff., (§ 13) **214**, (§ 14) **212**, (§§ 15—21) **354** ff.

1879 Nachtrags-Ges. v. 5. Juli (§ 1) **247**, (§ 2) **352**.

1886 Ges. betr. die Organisation und den Geschäftsbereich des Landarmenverbandes, v. 9. Januar (§§ 1—12) **211**, (§ 13) **242**, (§§ 14, 15) **213**, (§§ 16, 17) **352**.

1899 Ausf.Ges. z. BGB. (§ 124) **392**.

1905 Tarif v. 16. Febr. **233**.

19. Reuß (Gera) j. L.

1871 Ausf.Ges. v. 21. Juni, (§ 1) **105**, (§§ 2—15) **214** ff., (§ 16) **242**, (§§ 17—32) **357**, (§ 33) **105**, (§ 34) **247**, (§§ 35—38) **392**, (§ 39) **6**.

1899 Ausf.Ges. z. BGB. (§ 97) **370**.

20. Schaumburg-Lippe.

1872 Ausf.Ges. v. 7. März, (§ 1) **106**, (§ 2) **237**, (§§ 3 —23) **216** ff., (§ 24) **242**, (§§ 25 - 50) **358** ff., (§§ 51, 52) **106**, (§ 53) **247**, (§§ 54 – 57) **393**, (§ 58) **6**.

1898 Ges., betr. die Zuständigkeit des Bundesamtes v. 30. März **363**.

1899 Ausf.Ges. z. BGB. (§ 39) **393**.

1901 Ges. v. 20. April betr. die Abänderung des Ausf.-Ges. **358** ff.

21. Lippe.

1877 Ausf.Ges. v. 12. September, (§§ 1, 2) **106**, (§§ 3—8) **220**, (§ 9) **242**, (§§ 25—28) **367**, (§ 29) **107**, (§ 30) **247**, (§§ 31—34) **393**, (§ 35) **6**, (§ 36) **107**.

— Tarif v. 8. Dezember **237**.

1898 Ges. v. 9. Februar betr. die sachliche Zuständigkeit der Verwaltungsgerichte **365**, **394**.

— Ges. v. 9. Februar betr. die Verwaltungsgerichte und das Verwaltungsstreitverfahren **365** ff.

22. Lübeck.

1871 Ver. u. Ges. v. 29./30. März, (§ 1) **230**, (§ 2) **107**, (§ 3) **367**.

— Ges., betr. das Verfahren in Streitigkeiten der AV., v. 29./30. März (§§ 1—9) **368** ff.

1883 Bekanntmachung v. 5. Februar **221**.

23. Bremen.

1871 Ver. u. Ges. v. 2. Januar, (§ 1) **221**, (§ 2) **107**, (§§ 3—6) **370**.

— Ges., betr. das Verfahren bei Steitigkeiten der AV., v. 2. Januar (§§ 1—11) **370**.

1877 Ges., betr. die Berufung in Sachen der Armenverbände v. 18. November **370**.

1879 Ges., betr. Abänderung der Ver. v. 2. Januar 1871, v. 2. November **222**.

1884 Ges., betr. Verhältnis der Armenverbände zu unterstützungspflichtigen Verwandten des Hilfsbedürftigen, v. 8. September **394**.

1899 Ges., betr. die Erstattung von Armenunterstützungen v. 18. Juli **396**.

1900 Ges., betr. die stadtbremische Armenpflege v. 25. April (§§ 1—10) **222**, (§§ 11—16) **399**.

24. Hamburg.

1871 Ges. v. 23. Juni, (§§ 1, 2) **222** ff., (§ 3) **108**, (§§ 4—6) **371** ff.

1878 Ges., betr. das Armenwesen in den Vororten v. 12. April **223**.

1892 Ges., betr. das Armenwesen v. 18. Mai (§§ 1—11) **223**, (§§ 12, 13, 15) **108**, (§ 14) **399**.

— Ges., betr. die öffentliche Waisenpflege v. 8. Juli **109**.

1879 revidierte Geschäftsordnung für die Armenpflege der Allgemeinen Armenanstalt v. 25. Februar **109**.

1898 Bek. v. 27. Juni (Tarif) **237**.

Sachregister.

(Die Zahlen bedeuten die Seiten.)

B.

H.

L.

M.

N.

O.

P.

R.

U.

V.

Herrosé & Ziemsen, G. m. b. H., Wittenberg.

Verzeichnis

der

Guttentag'schen Sammlung Deutscher Reichs- und Preussischer Gesetze

Text-Ausgaben

mit Anmerkungen u. Sachregister